黃慶萱　注譯

新譯周易六十四卦經傳通釋（中）

三民書局　印行

新譯周易六十四卦經傳通釋　目次

中冊

遯卦經傳通釋第三十三

大壯卦經傳通釋第三十四

晉卦經傳通釋第三十五

明夷卦經傳通釋第三十六

家人卦經傳通釋第三十七

睽卦經傳通釋第三十八

蹇卦經傳通釋第三十九

解卦經傳通釋第四十

損卦經傳通釋第四十一

益卦經傳通釋第四十二

夬卦經傳通釋第四十三

姤卦經傳通釋第四十四

萃卦經傳通釋第四十五

升卦經傳通釋第四十六

困卦經傳通釋第四十七

井卦經傳通釋第四十八

革卦經傳通釋第四十九

鼎卦經傳通釋第五十

咸卦經傳通釋第三十一

卦辭

䷞ 艮下兌上 咸(ㄒㄧㄢˊ)❶：亨(ㄏㄥ)❷，利(ㄌㄧˋ)貞(ㄓㄣ)❸，取(ㄑㄩˇ)女(ㄋㄩˇ)吉(ㄐㄧˊ)❹。

注釋

❶ ䷞ 艮下兌上 咸

咸，《歸藏》與楚竹書、漢帛書皆作「欽」。《尚書・堯典》：「欽明文思安安。」馬融《注》：「威儀表備謂之欽。」鄭玄《注》：「敬事節用謂之欽。」是欽有敬事節用、威儀悉備之義，以之釋卦爻辭，皆可通。阜陽漢簡與今本作「咸」。尚秉和《周易尚氏學》：「《詩・秦風》：『憂心欽欽。』《傳》：『思望之心，中欽欽然。』蓋以少男仰求少女，有欽慕之情。是欽亦有感意，與咸義同。」以為咸、欽二字，古義相同，故得通用。〈彖傳〉曰：「咸，感也。」鄭玄、虞翻、孔穎達、程頤、朱熹，皆從其說。程《傳》：「咸有皆義，男女交相感也。」《郭氏傳家易說》記白雲曰：「《易》卦六爻皆相應者，有：泰、否、咸、恆、損、益、既濟、未濟八卦。雖名義各有所主，而其為道皆大。咸以感為義，蓋无所不感，故謂之咸。」是咸更有无所不感，以兼咸為義也。就物象言，鄭玄《注》曰：「艮為山，兌為澤；山氣下，澤氣上；二氣通而相應，以生萬物，故曰咸也。」以人事言，艮為少男，兌為少女；少男仰求少女，兩情相感相悅也。傳統之說如此。民國高亨《周易大傳今注》：「咸，斬傷，即今之砍字。但爻辭諸咸字皆被外物所傷之義，不限于斬，故宜直訓為傷。」周策縱教授以為：針，古作鍼、箴，其初文即咸字，咸在先秦有刺傷與調和兩義，《世本》、《呂氏春秋》、《說文》並言「巫咸初作醫」，是其人應與針刺醫術有關。於是證成「咸字實即古針刺醫術的針字」。見所撰《《易經》裏的針灸醫術紀錄考釋》。其說發千古之未發。當咸卦六爻皆少，也就是本卦、之卦都是咸；或損䷨六爻皆老，也就是損之咸：這兩種情形，都以咸卦辭占。

❷**亨**

鄭玄以「嘉會禮通」注「亨」，蓋據〈文言傳〉「亨者嘉之會也」、「嘉會足以合禮」而云然。程《傳》：「物之相感，莫如男女，而少復甚焉。凡君臣上下以至萬物，皆有相感之道。物之相感，則有亨通之理。君臣能相感，則君臣之道通；上下能相感，則上下之志通；以至父子、夫婦、親戚、朋友，皆情意相感，則和順而亨通。事物皆然，故咸有亨之理也。」蓋皆以咸為感，所以亨也。若依楚竹漢帛咸字作欽，則敬事節用，威儀悉備亦具亨通之道。《論語・學而》記孔子曰：「君子不重則不威，學則不固。主忠信，……過則勿憚改。」又〈為政〉：「季康子問使民敬忠以勸，如之何？子曰：臨之以莊，則敬；孝慈，則忠；舉善而教不能，則勸。」又〈衛靈公〉：「子張問行。子曰：言忠信，行篤敬，雖蠻貊之邦行矣；言不忠信，行不篤敬，雖州里行乎哉？」都說明有威儀，能篤敬，可以受人民敬重，通行於鄉里及異邦。若依周策縱說咸為針灸醫術，病癒則身體健康，亦可致亨通。

❸**利貞**

鄭玄《注》云：「和順于義，幹事能正。」蓋據〈文言傳〉：「利者義之和也，貞者事之幹也。」「利物足以和義，貞固足以幹事。」以利、貞為二德而云然。孔穎達《正義》：「利在貞正。」伊川申之，《傳》云：「利貞，相感之道利在於正也。不以正則入於惡矣！如夫婦之以淫姣，君臣之以媚說，上下之以邪僻，皆相感之不以正也。」二說可以並存互補。若依楚竹漢帛卦名作欽，則威儀悉備，敬事節用亦利貞之道。

若咸為鍼，鍼灸之術，正確則利。

❹取女吉

《釋文》：「取，本亦作娶。」鄭玄《周易注》：「三十之男，有此三德，以下二十之女，正而相親說，取之則吉也。」考《周禮・媒氏》：「令男三十而娶，女二十而嫁。」鄭玄《周禮注》云：「二、三者，天地相承覆之數也。《易》曰：『參天兩地而倚數』焉！」鄭玄兼精《易》、《禮》，每以彼經說此經，相互灌注。惟但以三德責之於男，似未如男女皆宜遵三德為善也。孔氏《正義》：「既感通以正，即是婚媾之善，故云：咸亨利貞，取女吉也。」已以感通以正，責諸婚媾之雙方。又案：卦辭惟言三德而未言「元」。李道平《周易集解纂疏》云：「不言元者，大哉乾元，至哉坤元，天地之德存乎物先，故不言也。」個人以為：感通為婚媾之始，夫婦為五倫之首，咸之必具元德，固不待言。愚意似可與《纂疏》言兼存。依楚竹漢帛，卦名為欽，則敬事節用，威儀悉備，如此娶妻，自吉也。周策縱以咸為「巫咸」，〈易經裏的針灸醫術紀錄考釋〉云：「傳說中『巫咸作筮』，又『作醫』，或『作巫』。巫醫的工作之一可能與『高禖』求子祭有關。古人認定婚姻與生育乃人生大事，而巫醫本有助於此等事，難怪『咸』卦的〈卦辭〉就要說到『取女』的事情了。」

語譯

三畫的艮在下，三畫的兌在上，重疊成六畫的咸卦。有敬重、感通、針灸各種意思。人我之間，相互敬重，彼此感通；疾病得到適當針灸、氣血暢通：這些都是亨通之道。要做得適宜、正確，利於遵守正道。如此，連娶老婆也會吉祥。

附錄古義

《荀子・大略篇》：「《易》之咸見夫婦。夫婦之道不可不正也，君臣父子之本也。咸，感也。以高下下，以男下女，柔上而剛下。聘士之義，親迎之道：重始也。」

彖傳

咸，感也❶。柔上而剛下，二氣感應以相與❷。止而說❸，男下女❹，是以亨，利貞，取女吉也❺。天地感而萬物化生❻；聖人感人心而天下和平❼：觀其所感，而天地萬物之情可見矣❽。

注釋

❶咸，感也

此釋卦名。《說文》：「感，動人心也。从心，咸聲。」感為从咸得聲的形聲字，訓詁學稱為「聲子」；咸為形聲字感的聲符，訓詁學稱為「聲母」。以感釋咸，此訓詁學上以聲子釋聲母之例。《周易・彖傳》：「咸，感也。」「夬，決也。」「兌，說也。」皆從此例。張載《橫渠易說》：「咸之為道，以虛受為本，有意於中則滯於方體而隘矣！」《正蒙・乾稱篇下》更詳言之：「無所不感者，虛也；感即合也，咸也。以萬物本一，故一能合異；以其能合異，故謂之感；若非有異，則無合。天性，乾坤，陰陽也。二端，故有感；本一，故能合。天地生萬物，所受雖不同，皆無須臾之不感，所謂性即天道也。感者，性之神；性者，感之體。」以感能合異而推言萬物二端而一本，並較論感、性之關係，於橫渠理一分殊之說，此可見其端倪。又論咸而及於乾坤，蓋乾坤為上經之始，咸卦為下經之首，相提並論，能彰顯其所以分居上下經之首之地位也。案：王應麟《困學紀聞》：「咸之感無心，感以虛也；兌之說无言，說以誠也。」然則〈彖傳〉

又云：「夬，決也。」其可謂「夬之決无水，決以斷也」乎？說雖巧而似嫌附會，讀者自思可也。

❷柔上而剛下，二氣感應以相與

此釋卦辭亨字。王弼《注》：「是以亨也。」柔上而剛下，虞翻、蜀才皆以為咸卦本從否卦坤下乾上變成。《集解》引虞翻曰：「坤三之上成女；乾上之三成男。」又引蜀才曰：「此本否卦。」認為否卦坤下六三往上爻位置，於是乾上變成兌上，為少女；乾上上九來到三爻位置，於是坤下變成艮下，為少男。程《傳》除採虞翻蜀才之變卦說外，更云：「又兌女在上，艮男居下，亦柔上剛下也。」說更周延。二氣感應以相與，虞翻以為是「乾坤氣交以相與」；而鄭玄、王肅皆採〈說卦傳〉「山澤通氣」說之。鄭說已見咸卦辭注釋❶，王肅云：「山澤以氣通。」上述虞、鄭、王之言，皆見《集解》引。程《傳》：「陰陽二氣相感相應而和合，是相與也。」坤為地，為母；兌為澤，為少女：陰也。乾為天，為父；艮為山，為少男：陽也。天地絪緼，男女和悅，皆陰陽二氣相感相應而和合也。伊川蓋合乾坤、山澤、男女，而名之為陰陽二氣，推天道以言人事，尤能彰顯《易》旨。項安世《周易玩辭》：「九三、上六二爻，艮、兌二卦，皆柔上剛下之象；山澤相感，六爻相應，皆二氣感應之象。」說剛柔感應相與之象最簡明。

❸止而說

此釋卦辭「利貞」。弼《注》：「故利貞也。」咸之為卦，艮下為止，兌上為悅，故曰止而說。楊時《龜山易說》：「夫婦之道，止而不說則離；說而不止則亂。」專以夫婦說之。朱震《漢上易傳》：「剛下柔而為艮之九三，正也；柔上剛而為兌之上六，亦正也。艮，止也；兌，說也。上下相感以正，則止而說矣！相感之道利於正；不正則淪胥以敗。男女相說，朋友非義，君臣不以道合，非止而說也。故辭曰『利貞』；〈彖〉曰『止而說』。」釋義尤詳。

❹男下女

此釋卦辭「取女吉」。弼《注》：「取女吉也。」就象言，艮為少男而居下，兌為少女而在上，有少男在下仰慕少女之象。就義言，《集解》引王肅曰：「山澤以氣通，男女以禮感。男而下女，初婚之所以為禮也。」考《儀禮・士昏禮》：「壻御婦車，授綏，姆辭不受。婦乘以几，姆加景，乃驅，御者代。壻乘其車，先俟于門外。婦至，主人揖婦以入。」《禮記・昏義》所記略同。原來古代婚禮，新郎要親自駕車去載新娘，像僕人一樣地把車上的挽手繩子捧給新娘，新娘的保姆也禮貌地表示不敢當。新娘踩著矮凳登上車，保姆為新娘披上罩衣。新郎駕車，輪子滾了三圈後，再由車夫代為駕車。新郎要另駕一車先趕回家門口等候迎接。新娘到了夫家，新郎彎腰作揖請新娘入門……。從這些迎親的儀式中，可以看見婚禮上「男下女」的隆重。隆重的儀式恆能啟發莊重的心態，「男下女」的「取女」過程之所以「吉」在此。

❺**是以亨，利貞，取女吉也**

《集解》引王肅曰：「通、義、正，取女之所以為吉也。」蓋以通釋亨，以義之和釋利，以正釋貞。具此三德，取女乃吉也。《折中》引馮當可曰：「柔上剛下，感應相與，所以為亨；止而說，所以利貞；男下女，所以取女吉也。」全襲王弼說。弼《注》已散見注釋❷、❸、❹。

❻**天地感而萬物化生**

《集解》引荀爽曰：「乾下感坤，故萬物化生于山澤。」又引陸績曰：「天地因山澤孔竅以通其氣，化生萬物也。」物之化生，所賴有四：陽光、泥土、空氣、水。綜荀、陸所說，此四者皆備，萬物因而化生也。王弼《注》：「二氣相與，乃化生也。」參閱注釋❷。

❼**聖人感人心而天下和平**

《集解》引虞翻曰：「此保合太和，品物流形也。」保合太和是〈彖傳〉解釋乾卦辭利貞的；品物流形是〈彖傳〉解釋乾卦辭亨字的用語。咸卦辭也有「亨利貞」，虞翻就引彼以注此，頗富啟發性。孔穎達《正義》：「聖人設教感動人心，使變惡從善，然後天下和平。」程《傳》：「聖人至誠以感億兆之心而天下和平；天下之心所以和平，由聖人感之也。」皆平實而淺出之。張載《正蒙・至當篇》：「能通天下之志者為能感人心。聖人同乎人而無我，故和平天下，莫盛於感人心。」呂大臨《易章句》：「理義者，人心之所同然，感无不應。……好色好貨，親親長長，以斯心加諸彼，未有不和不平者也。天地萬物形氣雖殊，同生乎一理。」王夫之《張子正蒙注》闡之云：「天下之人，嗜好習尚移其志者無所不有，而推其本原，莫非道之所許。故不但兵農禮樂為所必務，即私親、私長、好貨、好色，亦可以其情之正者為性之所弘。聖人達於太和絪緼之化，不執己之是以臨人之非，則君子樂得其道，小人樂得其欲，無不可感也，所以天下共化於和。」於是聖人感人心，所以能使天下和平之深意，始得大明。船山《易內傳》：「聖人窮理通變，以達天則。見陰陽之變化，為兩間必有之理數，初無不善之幾，而但在觀察之審，因而善用之耳！……故陰陽一相接，而萬物怒生，無所待也。聖人觸物而應，仁義沛然，若決江河。深求之者，固感之深；淺求之者，即感以淺。從其所欲，終不踰矩。天下乃以不疑聖人之難從，而和平旋效。」易道之境界亦然，雖有深淺，而深求淺求，皆有所得。

❽觀其所感，而天地萬物之情可見矣

此句承託以上二句，而作結論。其，指天地與聖人。所感，指感化萬物與人心之道。情，兼指天地交感而感生萬物之情況，與萬物受天地之感而化生，人心受聖人之感而天下和平之情況。程《傳》：「觀天地交感化生萬物之理，與聖人感人心致和平之道，則天地萬物之情可見矣！」朱震《漢上易傳》：「天地至大，萬物至眾，感則化生；天地一氣，萬物同體，未有感而不動者也。故曰：觀其所感而天地萬物之情可見矣！」伊川說「情」，而上溯「理」與「道」，蓋情可見，而道、理在情之中，亦可觀察也。漢上說天地「至大」而上溯「一氣」，說萬物「至眾」而上溯「同體」，蓋本橫渠「二端故有感，本一故能合」之說引申之。皆可參考。案：言物曰萬，此可見情之多元與複雜性，然皆本於道理。《莊子・知北遊》：「東郭子問於莊子曰：『所謂道，惡乎在？』莊子曰：『無所不在。』東郭子曰：『期而後可。』莊子曰：『在螻蟻。』曰：『何其下邪？』曰：『在稊稗。』曰：『何其愈下邪？』曰：『在瓦甓。』曰：『何其愈甚邪？』曰：『在屎溺。』東郭子不應。莊子曰：『夫子之問也，固不及質。……汝唯莫必，无乎逃物。至道若是，大言亦然。周、徧、咸三者，異名同實，其指一也。』」東郭先生一定要莊子指出道之所在，莊子就說在螻蟻、稊稗、瓦甓、甚至屎溺裡面，越舉越卑下。因為莊子覺得東郭先生的問題，沒有接觸到道的本質。人必須放棄「道必然只存在於一些高貴事物中」這種成見，不能避開事物而言道，道是離不開物的。最高的道如此，最偉大的言論也如此。這就說明了天地萬物，皆有一個作為本質的道理，包含感通的道理在內，並且不可否定某些主觀認定為卑下、低俗的事物，其中也有一些道理的。王夫之所說：「不但兵農禮樂為所必務，即私親、私長、好貨、好色，亦可以其情之正者為性之所弘。」在這種理念下，才能理解；而且情之多元與複雜性，也才得以理解。人人各正其情，各弘其性，相互理解，相互感通，正是天下和平的基礎。《孟子・梁惠王》記載：齊宣公坦言「寡人有疾，寡人好勇」，孟子勉以效法周文王、周武王，「一怒而安天下之民」；齊宣王又說「寡人有疾，寡人好色」，孟子勉以「與百姓同之」，使「內無怨女，外無曠夫」。就是聖人所感之情最生動的例子。

語譯

咸，是都能彼此感通的意思。輕柔的物質上升，沉重的物質下降，陰陽二氣交感互應而和諧合作。止於禮而兩情相悅，少男以謙恭的儀式迎娶少女，所以卦辭說「相互敬重，彼此感通，利於遵守正道，連娶妻也會吉祥」。天地交感而萬物各依其性化育成長。聖人感受人心的千變萬化而因勢利導，於是天下和平。觀察天地均衡地化育萬物，聖人因材施教，那麼天地萬物能多元發展，並行不悖的情況就可以發現了。

附錄古義

《申鑒・雜言下》見乾〈彖傳〉「乾道變化」條。

象傳

山上有澤，咸❶；君子以虛受人❷。

注釋

❶山上有澤，咸

咸卦艮下兌上。艮為山，本高於地，今反居澤下；兌為澤，本低於地，今反居山上。大抵如臺灣日月潭，居於中央山脈之上；浙江溫州雁蕩山，上有雁蕩湖；吉林長白山，上有天池，皆山上有澤。〈說卦傳〉言「山澤通氣」，崔憬採以釋此。《集解》引其言曰：「山高而降，澤下而升，山澤通氣，咸之象也。」程《傳》：「澤性潤下，土性受潤。澤在山上，而其潤漸通徹，是二物之氣相感通也。」對山澤通氣有具體的說明。《朱子語類》：「兌上缺，有澤口之象；兌下二陽畫，有澤底之象。艮上一畫陽，有土之象；下二陰畫中虛，便是滲水之象。」咸之為卦，兌上艮下。朱子乃依爻象立說，說得就更具體了。參閱下條注釋。

❷君子以虛受人

上條注釋提到日月潭，那是幾條斷層帶相交塌陷形成的山頭地塹；雁蕩湖、天池，則是火山口。地塹、火山口都是下凹中空的，所以能蓄積雨水而成湖澤。君子由此啟示，也能虛心容納他人，感化他人。《論語・子罕》：「子絕四：毋意，毋必，毋固，毋我。」孔子認為：胡亂揣測，期待必得，固執不化，只顧自己，這四種毛病，都要戒絕。四者有一，就非虛心。程《傳》：「虛中者，无我也。中无私主，則无感不通。」《橫渠易說》：「感物之善，莫若以虛受人。有所繫慕，皆非正吉也。」《郭氏傳家易說》記白雲曰：「充虛中之道，故至於无所不感，无所不通，然後盡感之道矣。聖人寂然不動，感而遂通天下之故，蓋本諸此。」

語譯

山頭上有凹地，積水成了湖澤，這是山澤感通的現象，構成了咸卦。君子受到啟示，因此也以虛心謙卑的胸懷，接納別人的教導，體諒別人的苦衷，彼此感化。

附錄古義

《中論·虛道》：「人之為德，其猶器歟？器虛則物注，滿則止焉。故君子常虛其心志，恭其容貌，不以逸羣之才加乎眾人之上；視彼猶賢，自視猶不足也。故人願告之而不厭，誨而不倦。《易》曰：『君子以虛受人。』」

序卦傳

有天地然後有萬物；有萬物然後有男女；有男女然後有夫婦❶；有夫婦然後有父子；有父子然後有君臣；有君臣然後有上下；有上下然後禮義有所錯❷。

注釋

❶**有天地然後有萬物；有萬物然後有男女；有男女然後有夫婦**

〈序卦傳〉全篇計分二節，第一節說明自乾、坤到坎、離共三十卦次序安排的道理；第二節說明自咸、恆到既濟、未濟共三十四卦次序安排的道理。本複句是第二節的開端，有二個問題必須先澄清。一、六十四卦分為上下的問題。這可能是因為《周易》簡帙繁多，因而分為上下二篇。上篇三十卦，計十八簡；下篇三十四卦，亦十八簡。而上經始於乾坤，為萬物資始資生之元；下經始於咸恆，為人道五倫之首，也有深意存焉。《集解》引干寶曰：「上經始于乾坤，有生之本；下經始于咸恆，人道之首也。《易》之興也，當殷之末世，有妲己之禍；當周之盛德，有三母之功。以言天不地不生，夫不婦不成，相須之至，王道之端。故《詩》以〈關雎〉為國風之始；而《易》以咸恆備論禮義所由生也。」但晉元帝時人干寶，他的話似乎被晚他半世紀的晉簡文帝時人韓康伯誤解了。這段公案，孔穎達有所著墨。《周易正義》曰：「先儒以《易》之舊題分自此以上三十卦為上經，已下三十四卦為下經。〈序卦〉至此又別起端首。先儒皆以上經明天道，下經明人事。然韓康伯注〈序卦〉破此義云：『夫《易》六畫成卦，三才必備，錯綜天人，以效變化，豈有天道人事偏於上下哉？』案：上經之內，明飲食必有訟，訟必有眾起，是兼於人事，不專天道；既不專天道，則下經不專人事，理則然矣。但孔子〈序卦〉，不以咸繫離，〈繫辭〉云：『二篇之策。』則是六十四卦，舊分上下。乾坤象天地，咸恆明夫婦。乾坤乃造化之本，夫婦實人倫之原，因而擬之，何為不可？」孔君首述先儒上經明天道下經明人事之說，而引韓康伯之言以破之，且代為舉例以證。蓋「上經明天道下經明人事」為「全稱命題」，有一例外，即可證明其非真而破斥之。然上經固始於乾坤，下經固始於咸恆，「乾坤象天地，咸恆明夫婦」二句，為「特稱命題」，皆可證明其為真者也。故孔氏以為「有何不可」。程頤作《易傳》，曰：「天地，萬物之本；夫婦，人倫之始。所以上經首乾坤，下經首咸，繼以恆也。」仍從干寶、孔穎達之說。及南宋末期，李心傳《丙子學易編》：「先儒謂上經天道，下經人道，晉韓康伯非之當矣。程子復論分上下經之故，其說甚詳。晦庵則以為簡帙重大而已。信斯言也，則諸卦自可平分為二，曷為多寡之不齊乎？愚嘗考之上下篇之卦數雖不齊，而反覆觀之，皆為十有八。故〈繫辭傳〉亦言『二篇之策』，則其來蓋遠，未為无意也。」民國崔適作《史記探源》亦曰：「《周易》分上經為三十卦，下經為三十四卦者，卦畫初成，各以十八簡書之。上經：乾純陽，坤純陰，頤、大過、坎、離，皆陰陽反對，不能共簡，故六卦分為六簡。屯倒之為蒙，蒙倒之為屯，他卦皆然，故二十四卦合為十二簡，總為十八簡。下經：惟既濟、未濟（崔適蓋偶誤，當曰中孚、小過），各為一簡，其餘三十二卦各為十六簡，總亦為十八簡。及為卦辭、爻辭後，卦數分上下經，即源於此。」則倡上下經各十八簡之說，與「乾坤象天地，咸恆明夫婦」說，兩不相礙也。二、咸卦不繫之於離卦的問題。按照〈序卦傳〉的文例，前後兩卦間，必言其受之之故。則此當言：「麗必有所感，故受之以咸。咸者，感也。」《漢上易傳》即云「一本」如此。個人以為：正因為咸卦是下經之始，另成〈序卦傳〉的第二節，所以就略去與離卦的連繫關係不說。韓康伯《注》：「咸柔上而剛下，感應以相與，夫婦之象，莫美乎斯。人倫之道，莫大乎夫婦，故夫子慇懃深述其義以崇人倫之始，而不係之於離也。」也間接承認了夫婦是人倫中最「大」的，這正是咸卦所以作為下經之首另一個重要原因。釐清以上兩個問題後，於是才可以注釋文本。這一段文本，「夫婦」是一界線。吳澄《易纂言》：「先言天地萬物男女者，有夫婦之所由也；後言父子君臣上下者，有夫婦之所致也。」良是。張栻《南軒易說》：「未有天地，而萬物安從生？及夫天位乎上而施其氣，地處乎下而生其形，此有天地然後有萬物也。夫乾，天也，故稱乎父，所以成男；坤，地也，故稱乎母，所以成女，此有萬物然後有男女也。男女者，言其自然之別也。男正位乎外，必有以代其終；女正位乎內，必有以造其始者，此男女睽而其志通，故有男女然後有夫婦者，言其自然之配也。」所釋亦詳。可參閱家人卦、睽卦之〈彖傳〉。

❷**有夫婦然後有父子；有父子然後有君臣；有君臣然後有上下；有上下然後禮義有所錯**

錯，通措，措施也。干寶《周易注》：「錯，施也，此詳言人道三綱六紀有自來也。人有男女陰陽之性，則自然有夫婦配合之道；有夫婦配合之道，則自然有剛柔尊卑之義；陰陽化生，血體相傳，則自然有父子之親；以父立君，以子資臣，則必有君臣之位；有君臣之位，故有上下之序；有上下之序，則有禮以定其體，義以制其宜。明先王制作，蓋取之于情者也。」所言甚是。「自然」，猶言自自然然，為副詞而非名詞。吳澄《易纂言》：「有夫婦則其所生為父子；由家而國，雖非父子，而君尊臣卑之分如父子也；由國而天下，雖非君臣，而上貴下賤之分如君臣也。禮義所以分別尊卑貴賤之等，錯猶置也。乾、坤、咸不出卦名者，以其為上下篇之首卦，特別異之。程子曰：『天地萬物之本；夫婦人倫之始。』所以上經首乾坤，下經首咸恆也。」亦可參考。前賢之注既詳，故不復贅言。

語譯

有了天地，然後才能化生萬物；有了萬物的化生，然後才有男性、女性的分別；有了男女的性別，然後才有男女組合為家庭的制度；有了夫婦家庭，然後才有父母、子女的人倫關係；有了父母、子女人倫關係，推廣到更大的團體，於是有領導、幹部的區分；有了領導和幹部，然後有尊有卑；有尊有卑，然後禮儀、辨事才有適宜的規範。

雜卦傳

咸（ㄒㄧㄢˊ），速（ㄙㄨˋ）也（ㄧㄝˇ）❶。

注釋

❶**咸，速也**

速，迅速，並有感召之意。心相感應，以男下女，所以感召迅速也。韓康伯《注》：「物之相應，莫速乎咸。」《漢上易傳》：「以剛下柔，其感必速。」《折中》引蔡清曰：「咸非訓速也；天下之事，無速於感通者，故曰咸速。」

語譯

咸，是感召迅速的意思。

初六爻辭

初六❶：咸其拇❷。

注釋

當咸初爻為老，他爻皆少，即由咸之革䷰；或蒙䷃初爻為少，他五爻皆老，即蒙之咸：這兩種情形，都以咸初六爻辭占。

❶初六

❷咸其拇

拇，《釋文》：「馬（融）、鄭（玄）、薛（貞）云：足大指也。子夏作踇。」即今所言腳拇指。咸其拇，楚竹書作欽亓拇；漢帛書作欽亓栂，栂字从木，誤也。行止須依足大指，自應慎重，故曰欽其拇。今本作咸其拇，《正義》：「拇是足大指也。體之最末。初應在四，俱處卦始，為感淺末，取譬一身，在於足指而已，故曰咸其拇也。」言感應尚在身體最下面的足拇指而已。又曰：「初六所感淺末，則譬如拇指，指雖小動，未甚躁求。凡吉凶悔吝，生於動者也。以其本實未傷於靜，故无吉凶悔吝之辭。」對咸初六僅有〈象辭〉而無占辭有所說明。高亨《周易古經今注》：「咸其拇，出門則小傷之象。」周策縱〈易經裏的針灸醫術紀錄考釋〉，則以為是「針刺足大趾」。並據明朝萬曆醫官楊繼洲所著《針灸大全》，指出「十二經脈」第十二「足厥陰肝經經穴」的第一穴「大敦」，穴位恰好在「足大趾端」。

語譯

咸卦初位是陰爻，感應在腳大拇指開始了，要謹慎走路啊！如果有病，針刺足大趾端的大敦穴。

象傳

咸其拇，志在外也❶。

注釋

❶志在外也

《集解》引虞翻曰：「失位遠應，之四得正，故志在外，謂四也。」以為初六失位，遠應九四。初與四陰陽相換，則初九、六四皆得正。這是象數派的說法。弼《注》：「處咸之初，為感之始。所感在末，故有志而已。如其本實，未至傷靜，四屬外也。」孔《疏》：「外謂四也。與四相應，所感在外；處於感初，有志而已。故云志在外也。」代表義理派的說法。「如其本實，未至傷靜」，孔《疏》已見咸初六爻辭注釋❷。考〈繫辭傳下〉：「吉凶悔吝者，生乎動者也。」蓋如《中庸》所言：「喜怒哀樂之未發謂之中」，「發而皆中節謂之和」。中節則吉；不中節，則視其失節之大小程度而有凶、悔、吝之別也。

語譯

腳拇指受到感應，謹慎地踮起行走，存心要出外奮鬥啊！

六二爻辭

六二❶：咸其腓，凶❷；居，吉❸。

當咸第二爻為老，他爻皆少，即由咸之大過䷛；或頤䷚第二爻為少，他爻皆老，即頤之咸：這兩種情形，都以咸六二爻辭占。

注釋

❶六二

❷咸其腓，凶

咸其腓為象，凶，占也。腓，踝上膝下脛骨後之肌肉，今俗稱小腿肚子。《釋文》云荀（爽）作「肥」。咸其腓，楚竹書作欽丌⿱非月，漢帛書作欽亓⿱己豆。⿱非月、⿱己豆，皆腓之異體字，三字音義相同。弼《注》：「咸道轉進，離拇升腓，腓體動躁者也。感物以躁，凶之道也。」《集解》引崔憬曰：「腓，腳膊，次于拇上，二之象也。得位居中，于五有應，若感應相與，失艮止之禮，故凶。」傳統注釋如此。徐志銳《周易大傳新注》：「艮體的六二與兌體的九五剛柔相應又居中，這象徵少男對少女十分鍾情，很想接近少女，就由最初六的足拇指動進而想抬腿邁步。但是男女由相愛到最終結為夫妻需要有個婚聘的過程，現在僅升到二位還未到求婚迎親之時，在這種情況下，抬腿邁步則『凶』。」對傳統注釋有生動的發揮。高亨《周易大傳今注》：「咸，傷也。腓，脛後肉也，今語謂之腿肚子。傷其腓，是凶象。」另出新解。周策縱云：「如果針刺過小腿後就出外去走動，那會有惡果的。」以針灸醫術立說，似最得當。

❸居，吉

居為象，吉為占。楚竹書居作尻，蓋異體字也。弼《注》：「居則吉矣，處不乘剛，故可以居而獲吉。」崔憬曰：「居而承於三，順止而隨于禮，當，故吉也。」王弼以六二處初六之上，是不承剛。崔憬以六二上承九三，是能順上；居於艮體，艮為止。順上能止於禮，得當故吉。皆依象說義。徐志銳曰：「深居靜守稍事等候才吉。」高亨曰：「居家不出，則吉。」皆有新意。周策縱曰：「古時用的是石針或竹木粗針，刺在小腿上，也許會很不便走動。」「只有居家休息纔會吉利。」則以針刺療程可能出現的情況說之。

語譯

咸卦陰爻居第二位，感應及於小腿肚子，要慎重；如果急躁進行，會有凶險；安居靜處，才有美滿的收穫。

象傳

雖凶居吉，順不害也❶。

注釋

❶順不害也

弼《注》：「陰而為居順之道也。不躁而居，順不害也。」程《傳》：「二居中得正，所應又中正，其才本善。以其在咸之時，質柔而上應，故戒以先動求君則凶，居以自守則吉。〈象〉復明之云，非戒之不得相感，唯順理則不害，謂守道不先動也。」皆依象而明理。徐志銳云：「根據時間條件順序而漸進才能無害婚姻的正配而有利。……此爻在告誡少男切不可操之過急。」以順為順時漸進，並扣住婚姻說，很淺明生動。高亨云：「順當讀為慎，謹慎也。……言動其腓以遠行雖凶，但謹慎不出，安居不動，則无災害，乃吉也。」以順當作慎，亦通。倘依周策縱說，則可言順應療程，暫勿外出，乃吉。

語譯

雖然急躁進行，會有凶險，但安居靜處，卻有美滿收穫，謹慎守自己本分，順從時空環境，就不致於受害。

九三爻辭

九三❶：咸其股，執其隨❷。往，吝❸。

注釋

❶九三

當咸第三爻為老，他爻皆少，即由咸之萃䷬；或大畜䷙第三爻為少，他爻皆老，即大畜之咸：這兩種情形，都以咸九三爻辭占。

❷咸其股，執其隨

楚竹作「欽亓脊埶亓陸」，漢帛作「欽亓䏶執其隨」。弼《注》：「股之為物，隨足者也。進不能制動，退不能靜處。所感在股，志在隨人者也。」蓋以咸為感，股為大腿，執為執志，隨為隨人。崔憬云：「股脾而次于腓上，三之象也。剛而得位，雖欲感上，以居艮極，止而不前。二隨于己，志在所隨，故執其隨，下比二也。」以九三居小腿之上，有股之象。得位而應上六，又與六二相比，依違兩陰之間，以說明其困境。程《傳》：「九三以陽居剛……應於上六，陽好上而說陰，上居感說之極，故三感而從之。」主九三隨從上六。朱《義》：「股，隨足而動，不能自專者也。執者，主當持守之意。下二爻皆欲動者，三亦不能自守而隨之。」主九三隨從初六與六二。似亦各言之成理。周策縱認為：「隨」本是古代針刺醫術上的專用詞彙，並引《黃帝內經・靈樞》：「往者為逆，來者為順。明知逆順，正行無間。迎而奪之，惡得無虛；隨而濟之，惡得無實。迎之隨之，以意和之，鍼道畢矣。」說明「隨」是順刺輕補的針刺法。「執其隨者，謂持續針刺於大腿。」訓執為持，乃保持、持續之意。

❸往，吝

楚竹作「吝」，漢帛作「閵」，皆無「往」字。程《傳》：「九三不能自主，隨物而動如股然，其所執守者，隨於物也。剛陽之才，感於所說而隨之，如此而往，可羞吝也。」周策縱認為：大腿針刺太久，則出行將有「吝」。吝，艱難也。

語譯

咸卦陽爻居第三位，感應到了大腿的位置，要慎重啊。固執著跟人結伴的主意；貿然前往，可會丟臉遺憾呢。

象傳

咸其股，亦不處也❶；志在隨人，所執下也❷。

注釋

❶咸其股，亦不處也

亦，承〈象傳〉言初六「咸其拇，志在外也」，六二「雖凶居吉，順不害也」而說。朱熹《本義》：「言亦者，因前二爻皆欲動而云也。二爻陰躁，其動也宜；九三陽剛，居止之極，宜靜而動，可吝之甚也。」

❷志在隨人，所執下也

弼《注》：「志在隨人，所執亦以賤矣！用斯以往，吝其宜也。」程《傳》：「有陽剛之質，而不能自主，志反在於隨人，是所操執者，卑下之甚也。」

語譯

感應及於大腿，和腳拇指和小腿肚一樣，也不能靜止啊；打定主意，和人作伴，隨波逐流，所固執的也未免有些卑賤。

九四爻辭

九四❶：貞吉，悔亡❷。憧憧往來，朋從爾思❸。

當咸第四爻為老，他爻皆少，即由咸之蹇䷦；或睽䷥第四爻為少，他爻皆老，即由睽之咸：這兩種情形，都以咸九四爻辭占。

注釋

❶**九四**

❷**貞吉，悔亡**

占也。亡，消除。楚竹書作「貞吉亡𢘅」；漢帛書作「貞吉𢘅亡」。𢘅、悔，古今字。悔亡，悔憾消除；亡悔，根本沒有悔憾的事。弼《注》：「處上卦之初，應下卦之始，居體之中，在股之上，二體始相交感，以通其志，心神始感者也。凡物始感而不以之於正，則至於害，故必貞然後乃吉，吉然後乃得亡其悔也。」據卦體爻位而言義理甚好。朱《義》：「九四居股之上，脢之下，又當三陽之中，心之象，咸之主也。心之感物，當正而固，乃得其理，今九四乃以陽居陰，為失其正而不能固。故因占設戒，以為能正而固，則吉而悔亡。」一更有所補充。周策縱認為：悔、痗二字，古可通用，原義乃是一種輕微的憂鬱症。悔亡，指輕微的憂鬱症已消失，已用不著灼灸，所以不再說到如何醫治。咸卦其他爻辭都用「咸其」字樣起頭，而九四獨無，原因亦在此。

❸**憧憧往來，朋從爾思**

象也。憧憧，心神不安寧。《集解》引劉（表）云「意未定也」。朋，朋友，指初六；爾，你，指九四。

字本應作「儞」，作「爾」是省去人旁，作「你」是省「爾」作「尔」，都可說是簡體字。楚竹僅存首字作「僮」，末字作「志」。漢帛作「童童往來，傰從璽思」。此二句頗有《詩・靜女》：「靜女其姝，俟我於城隅。愛而不見，搔首踟躕。」之意趣。弼《注》：「始在於感，未盡感極，不能至於无思，以得其黨，故有憧憧往來，然後朋從其思也。」張載《橫渠易說》：「體悅之初，應止之始；己勞於上，朋止於下。故憧憧得朋，未為光大。」皆得《易》旨。後儒受〈繫辭傳〉之影響，於義理更多所發揮。《朱子語類》記朱熹與弟子間之問答，尤其如此，沈僴所錄最詳：「或說『……一往一來皆感應之常理也，加憧憧焉則私矣。此以私感，彼以私應，所謂朋從爾思，非有感必通之道矣。』先生然之。又問：『往來是心中憧憧然往來，猶言往來于懷否？』曰：『非也。下文分明說日往則月來，月往則日來，寒往則暑來，暑往則寒來，安得為心中之往來！……一往一來，感應之常理也，自然如此。』又問：『是憧憧於往來之間否？』曰：『亦非也。這箇只是對那日往則月來底說那箇是自然之往來；此憧憧者是加私意不好底往來。憧憧只是加一箇忙迫底心，不能順自然之理。……方往時又便要來；方來時又便要往：只是一箇忙。』」沈僴又記：「問：『憧憧往來，朋從爾思，莫是此感彼應，憧憧是添一箇心否？』曰：『往來固是感應，憧憧是一心方欲感他，一心又欲他來應。如正其義便欲謀其利；明其道便欲計其功。又如赤子入井之時，此心方怵惕要去救他；又欲他父母道我好。這便是憧憧底病。』」朱熹所說，蓋可上溯《孟子・公孫丑上》之言「不動心」，並可與《莊子・大宗師》所說「坐忘」，佛教《金剛經》所說「無住」較論。

語譯

咸卦陽爻居第四位，如果遵循正常的道理行事，就有美滿的收穫，悔恨也能消除。要是心情不寧來來回回彷徨著，朋友們也會跟著你焦思苦慮。

象傳

貞吉悔亡，未感害也❶；憧憧往來，未光大也❷。

注釋

❶未感害也

此與爻辭「貞吉悔亡」互為因果。弼《注》：「未感於害，故可正之得悔亡也。」以未感害為因；程《傳》：「貞則吉而悔亡，未為私感所害也。」以未感害為果。案：《孟子‧公孫丑》記孟子之言曰：「夫志，氣之帥也。……持其志，無暴其氣。……今夫蹶者、趨者，是氣也；而反動其心。」貞吉悔亡與未感害也之互為因果，亦猶孟子所言志與氣之互為因果也。呂祖謙《東萊易說》：「所以貞吉悔亡，由其思不出位，未為外物所誘，故正；正者，其良心良知之所在，固无交感之害也。」已以二者互為因果立說。

❷未光大也

光大，猶言廣大。孔《疏》：「非感之極，不能无思无欲，故未光大也。」考〈繫辭傳上〉：「易无思也，无為也，寂然不動，感而遂通天下之故。非天下之至神，其孰能與於此！」韓康伯《注》：「夫非忘象者，則无以制象；非遺數者，无以極數。至精者，无籌策而不可亂；至變者，體一而无不周；至神者，寂然而无不應：斯蓋功用之母，象數所由立。故曰：非至精、至變、至神，則不得與於斯也。」孔《疏》：「任運自然，不關心慮，是无思也；任運自動，不須營造，是无為也。既无思无為，故寂然不動，有感必應，萬事皆通，是感而遂通天下之故也。故謂事故。易理神功不測，非天下萬事之中至極神妙，其孰能與於此也。」孔言「不能无思无欲，故未光大」，蓋據〈繫辭傳〉而云然。

語譯

遵循正常的道理行事，就有美滿的收穫，悔恨也能消除，因為未感受到害處，也就不會蒙受傷害。心情不定彷徨著，害得朋友跟著你焦慮，那就顯示心胸不夠闊廣偉大！

繫辭傳下

《易》曰：「憧憧往來，朋從爾思❶。」子曰：「天下何思何慮？天下同歸而殊塗，一致而百慮❷，天下何思何慮？日往則月來，月往則日來，日月相推而明生焉❸；寒往則暑來，暑往則寒來，寒暑相推而歲成焉❹；往者屈也，來者信也，屈信相感而利生焉❺。尺蠖之屈，以求信也；龍蛇之蟄，以存身也❻。精義入神，以致用也；利用安身，以崇德也❼。過此以往，未之或知也❽；窮神知化，德之盛也❾。」

注釋

❶憧憧往來，朋從爾思

帛書《周易・繫辭》作「童童往□傰從壐思」。以下漫漶，可辨者僅「子曰天下」四字。

❷天下同歸而殊塗，一致而百慮

塗，道路，今多作「途」。程《傳》：「夫以思慮之私心感物，所感狹矣。天下之理一也，塗雖殊而歸則同，慮雖百而其致極則一。雖物有萬殊，事有萬變，統之以一則无能違者，故貞其意，則窮天下无不感通焉！」指出〈繫辭傳〉已用「理一」與「貞其意」，把「往來」感通從「爾」、「朋」間私心感物的狹境，擴充到窮天下無不感通的範圍。《折中》引蔡清曰：「天下感應之理，本同歸也；但事物則千形萬狀，而其塗各殊耳。天下感應之理，本一致也；但所接之事物不一，而所發之意亦因之有百耳。夫慮雖百而其致則一，塗雖殊而其歸則同，是其此感彼應之理，一出於自然而然，而不必少容心於其間者，吾之應事接物，一惟順其自然之理而已矣！」認為天下感應之理，發乎自然，何必為個人焦思苦慮，說得就更清楚了。拙作〈乾道變化與理一分殊〉一文（已收在《周易縱橫談》書中），曾言：「所謂『同歸一致』亦『理一』之意；『殊塗百慮』亦『分殊』之意。允許『分殊』，這是因為『道並行而不相悖』；允許『百慮』，也顯示『多元觀』存在之必要。」與程頤、朱熹等所言「理一分殊」較論，強調道並行而不相悖的多元觀。移此作為補充。案：《史記．太史公自序》論六家要指，《漢書．藝文志》諸子略序，皆曾引〈繫辭傳〉此二句，參見附錄古義。

❸**日往則月來，月往則日來，日月相推而明生焉**

由日月往來，順乎自然，初無思慮，說明「日月之道，貞明者也」（〈繫辭傳下〉）的道理。張栻《南軒易說》：「天地之道，日月寒暑，任氣之自運，初无思慮也。」《折中》案語曰：「夫子引此爻，是發明貞一之理，故亦從天地日月說來。日月有往來，而歸於生明，所謂貞明者也。」

❹**寒往則暑來，暑往則寒來，寒暑相推而歲成焉**

歲，木星，約十二年繞日一周，所以古人觀察歲星位置而判斷一周年。《尚書．堯典》：「朞，三百六旬有六日，以閏月定四時，成歲。」引申指一年的收成。《左傳．昭三十二年》：「閔閔然如農夫之望歲。」此由寒暑往來，順乎自然，初無思慮，說明「天地之道，貞觀者也」（〈繫辭傳下〉）的道理。《郭氏傳家易說》記白雲曰：「蓋朋從爾思者，爾所感也；不從爾思者，非爾所感，其往來自相感也，日月寒暑是也。」《折中》案語曰：「寒暑有往來，而歸於成歲，所謂貞觀者也。」王夫之《周易內傳》：「歲成，謂生成之歲功以登也。」

❺ 往者屈也，來者信也，屈信相感而利生焉

兩「屈」字《集解》本皆作「詘」，彎曲收縮之意。信，通「伸」，伸展。《集解》引荀爽曰：「陰氣往則萬物詘者也；陽氣來則萬物信者也。」蓋承上文以月往寒往為陰，日來暑來為陽；並啟下文以尺蠖之屈、龍蛇之蟄為陰，求信存身為陽也。又引虞翻曰：「感，咸象，故相感也。『天地感而萬物化生；聖人感人心而天下和平』，故利生。」引〈彖傳〉文以釋〈繫辭傳〉「利生」之義。孔穎達《正義》：「此覆明上日往則月來，寒往則暑來，自然相感而生利之事也。往是去藏，故為屈也；來是施用，故為信也。一屈一信，遞相感動，而利生，則上云明生歲成是利生也。」說明上下脈絡甚明。《周易內傳》：「屈信以指喻同此一體，特用異爾。屈信相感者，達於屈信之理而感其心，以不凝滯於往來之迹，而於屈存信，於信存屈也。利生者，信亦利，屈亦利，無所不合於義也。此夫子博觀於天地人物之化，生死得喪之常，而見一理之循環，無非可受之命，可行之道，故極言之，以見同歸一致之理，而無事思慮，以從其朋，感物而喪其志也。往者，非果往也，屈而已矣；來者，非終來也，信而已矣。故死此生彼，非有區畫之報，而歸於大化之絪縕。善吾生者，所以善吾死。屈則鬼而信則神，聽其往來之自致，而貞一之體不喪，則清剛和順之德不息於兩閒，形神聚散，交無所亂矣。死生且然，而況於物之順逆，事之得喪乎？同一指也，同歸而一致者也。其殊塗而百慮者，為得為喪為進為退為利為害，聖人視之，屈信異而指無殊。」闡發《易》義，詳矣盡矣。

❻ 尺蠖之屈，以求信也；龍蛇之蟄，以存身也

尺蠖，尺蠖蛾的幼蟲，其特點是腹足大多只有兩對，最多三對。步行時，前足伸前，體成直線，後足跟進，軀體便呈弓形。《周易內傳》：「古人布手知尺，以大指中指一屈一信而為一尺，此蟲似之，故名尺蠖。」今或稱「造橋蟲」。尺蠖又是擬態高手，靜時宛若樹枝；成蛾後白天將翅平展樹幹上，酷似樹皮或枯葉。屈，《集解》本作詘。信，通伸。《集解》引虞翻曰：「蟄，潛藏也。龍潛而蛇藏。」又引侯果曰：「不

詘則不信，不蟄則无存，則屈蟄相感而後利生矣。以況无思得一，則萬物歸思矣。」已將屈伸和上文所言何思何慮同歸一致義相連繫。《周易內傳》：「屈信，自然之理勢，皆無所容其思慮。而人之朋從其思者，當其屈不安於屈而求信，而不知屈之所以信，乃同歸一致之理，故以尺蠖龍蛇為擬，而言不能屈則不能信。故舜惟與木石鹿豕同其屈，而沛然江河之善，莫之能禦，有天下而若固有之，皆其豫定之誠，受命以事天，而不於往來之順逆勞其思慮，喪其守而不足以行也。」舉舜為例，更拈出「誠」字，語亦沛然！

❼精義入神，以致用也；利用安身，以崇德也

精義，韓康伯以為「物理之微者也」；朱熹以為「精研其義」。入神，入吾心而與我道德之主宰相感應；或以為進入神妙之境界；致用，達到參贊天地化育之效用。利用，使其用能得利；安身，使其身能安祥；崇德，提升自己和人人的德行。韓《注》：「精義，物理之微者也。神寂然不動，感而遂通，故能乘天下之微，會而通其用也。利用之道，皆安其身而後動也。精義由於入神以致其用，利用由於安身以崇其德。理必由乎其宗，事各本乎其根，歸根則寧，天下之理得也。若役其思慮以求動用，忘其安身以徇功美，則偽彌多而理愈失，名彌美而累愈彰矣。」與上文何思何慮貫通而言之。朱《注》：「精研其義，至於入神，屈之至也，然乃所以為出而致用之本；利其施用，无適不安，信之極也，然乃所以為入而崇德之資。內外交相養，互相發也。」案：凡德行，皆必合內外，兼體用，此義，我在乾九三〈文言傳〉「忠信所以進德也」已發之。張載《正蒙・神化篇》：「『精義入神』，事豫吾內，求利吾外也；『利用安身』，索利吾外，致養吾內也。」或為朱熹「內外交相養」說之所本。俞琰《周易集說》：「精研義理，無毫釐之差，而深造於神妙，所以致之於用也。見於用而利，施於身而安，所以為崇德之資也。精義入神，內也，致用，外也，自內而達外，猶尺蠖之屈以求信也；利用安身，外也，崇德，內也，即外以養內，亦猶龍蛇之蟄以存身也。」詮釋文義，辨別內外，並闡明與屈信之關係，於是義理更清晰矣！吾友吳怡作《易經繫辭傳解義》，以為「精義入神以致用」有三層意思：一、義理必須精微，入於神化，才能致用。二、精義和致用必須相輔相成。三、從精義入神，自然的會致用。又釋「利用安身以崇德」，引《禮記・儒行》「愛其死以有待也，養其身以有為也」，以為真正能利用萬物，真正能安身立命的人，是為了提升人類的德行。條分縷析，尤其明白。

❽過此以往，未之或知也

此，指上文日月相推而明生，寒暑相推而成歲，屈信相感而利生，尺蠖屈以求信，龍蛇蟄以存身，精義入神以致用，利用安身以崇德。未之或知，或未知之也。吳怡《解義》：「『過此以往』是指在『致用』、『崇德』以上的，是一個形而上的境界，這是人類認知作用所無法完全了解的，『或知』的這個『或』字，是半肯定、半否定之辭。否定的是，從知上不可能完全了解陰陽莫測的神化；而肯定的是，可以從致用和崇德上去體現神化。」吳怡大學部讀的是國文系，研究所讀的卻是哲學。既具文字訓詁之根柢，又能在哲學思辨上邁入更高層次。此解可見其功力，亦可知解《易》之途徑。

❾窮神知化，德之盛也

窮神，極盡己之道德主體與人人道德主體互相感應的神妙境界；知化，知天地變化之道及參贊化育之道。孔穎達《正義》：「窮極微妙之神，曉知變化之道，乃是聖人德之盛極也。」文字訓詁而已。張載撰《正蒙》，屢言「窮神知化」。即以〈神化篇〉所言，一則曰：「《易》謂窮神知化，乃德盛仁熟之致，非智力能強也。」再則曰：「窮神知化，與天為一，豈有我所能勉哉？乃德盛而自致爾。」三則曰：「窮神知化，乃養盛自致，非思勉之能強。故崇德而外，君子未或致知也。」又曰：「德盛者，窮神則知不足道，知化則養不足云。」朱熹以為「自誠而明相似」，見《語類》。《橫渠易說》所言尤詳，此不贅錄。俞琰《周易集說》：「神無方，妙而不可測者也；化無迹，泯而不可見者也。自精義入神，真積力久，以至於窮盡其神，是以知化。窮神而知化，則從容中道，遊于何思何慮之天，而與天為一矣，茲非德之盛乎？故曰『窮神知化德之盛也』，窮神，猶言窮理盡性；知化，猶言至於命。橫渠張子曰：『窮神是窮盡其神也，入神是僅能入於神也。言入如自外而入，義固自有淺深。』」上接「何思何慮」，再與〈說卦傳〉「窮理盡性以至於命」較論，末引張載語以明窮神、入神之異。於是義旨大明。綜觀〈繫辭傳〉釋咸九四爻辭，正如《語類》所記朱熹之言：「天下何思何慮一句，便先打破那箇思字。卻說同歸殊塗，一致百慮，又再說天下何思何慮，謂何用如此憧憧往來。尺蠖龍蛇之屈信，皆是自然底道理，不往則不來，不屈則亦不信也。今之為學，亦只是如此。精義入神，用力於內，乃所以致用乎外；利用安身，求利乎外，乃所以崇德乎內。只是如此作將去，雖至於窮神知化地位，亦只是德盛仁熟之所致，何思何慮之有？」蓋以「何思何慮」貫串全段，以釋爻辭「朋從爾思」之「思」字也。

語譯

《周易》咸卦九四爻辭說：「心情不定彷徨著，害得朋友跟著你焦慮。」孔子說：「天下的事情有什麼好苦思，有什麼好焦慮的？天下萬事萬物生生不息，總是有相同的歸宿，可是道路卻不同；道理是一致的，可是考慮的卻有許多不同。天下的事情有什麼好苦思，有什麼好焦慮的呢？白天太陽下去了，晚上月亮就出來了；晚上月亮下去了，白天太陽就出來了。太陽月亮交相感應，互相推進，光明就自然產生了。寒冷的冬天過去了，炎熱的夏天會來到；炎熱的夏天過去了，寒冷的冬天會來到。寒冬暑夏交相感應，互相推進，一年的收穫自然會有成就。日往夜來，暑往寒來，就休息一下，委屈一時；日來夜往，暑來寒往，就努力一下，伸展一時。休息與努力，委屈與伸展，互相感應，互相推進，於是萬物各得其所，生生不息的利益就自然產生了。尺蠖蛾的幼蟲，也就是造橋蟲，弓起身軀，是為了求取伸展前進；龍蛇這些動物，冬眠潛藏，是為了保存身體生命。精研物理之微而得其奧義，入我心並與我道德主體相感應而進入神妙境界，由此來完成參贊天地化育之效用啊。使我參贊化育的效用對天地有所助益，使我與人人身體平安，萬物生態均衡安定，由此來提升自己和人類的德行啊。超過這些『來往』、『屈伸』、『感應』、『致用』、『崇德』以外的，或許就很難知曉了。極盡自己與人人之道德主體互相感應的神妙作用，知道天地變化的規律及參贊化育的方法，這是德行豐沛成熟的表現。」

附錄古義

《史記・太史公自序》：「司馬談論六家要指云：『《易大傳》：「天下一致而百慮，同歸而殊塗。」夫陰陽、儒、墨、名、法、道德，此務為治者也。直所從言之異路，有省不省耳。』」

《漢書・藝文志》：「諸子十家，其可觀者九家而已。皆起於王道既微，諸侯力政，時君世主好惡殊方，是以九家之說蠭出並作，各引一端，崇其所善，以此馳說，取合諸侯。其言雖殊，辟猶水火，相滅亦相生也。仁之與義，敬之與和，相反而相成也。《易》曰：『天下同歸而殊塗，一致而百慮。』」

《後漢書・郎顗傳》：「顗對問云：『今去奢即儉以先天下，改易名號，隨事稱謂。《易》曰：「君子之道，或出或處。同歸殊塗，一致百慮。」是知變常而善，可以除災；變常而惡，必致於異。』」

《後漢書・郎顗傳》：「顗拜章云：『夫寒往則暑來，暑往則寒來，此言日月相推寒暑相避以成物也。今立春之後，火卦用事，當溫而寒，違反時節，由功賞不至而刑罰必加也。』」

《漢書・五行志・下之上》已見乾卦〈文言傳〉「雲從龍」條。

《文獻通考・二百八・引子思子》已見乾卦〈文言傳〉「元者善之長也」條。

《許沖進說文表》：「臣伏見陛下神明盛德，承遵聖業，上考度于天，下流化于民，先天而天不違，後天而奉天時，萬國咸寧，神人以和。猶復深惟五經之妙，皆為漢制，博采幽遠，窮理盡性以至于命。先帝詔侍中騎都尉賈逵修理舊文，殊藝異術，王教一耑，苟有可以加于國者，靡不悉集。《易》曰：『窮神知化，德之盛也。』」

九五爻辭

九五❶：咸其脢❷，无悔❸。

當咸第五爻為老，他爻皆少，即由咸之小過䷽；或中孚䷼第五爻為少，他爻皆老，即中孚之咸：這兩種情形，都以咸九五爻辭占。

注　釋

❶九五

❷咸其脢

楚竹書作欽亓（或以為「丌」，非也。初、二、三爻字皆作「亓」，此爻「亓」字特上一畫漫漶不清耳。）拇，漢帛書作欽亓股。脢字若作拇則雷同於初六，若作股則雷同於九三，蓋皆傳寫之誤。晁說之《錄古周易》：「脢，或作脥、作膴、作骸。」音義相近，為通假字或異體字。脢，為背部脊椎兩邊的肉。《釋文》引鄭玄云「背脊肉」，《集解》引虞翻曰「夾脊肉」，《正義》引王肅曰「在背而夾脊」，並是。背部夾脊肉與心臟相背，神經和微血管分布較稀疏，感覺亦較遲鈍，更不能見，不能聞，不能嗅。項安世《周易玩辭》引陸佃（農師）云：「脢在口下心上，即喉中之梅核。」蓋即軟腭，飲食時上提，可隔絕口腔與鼻腔之通道，說話或思考時則開閉不定，故同時飲食則易噎也。陸佃之言，亦可備一說。咸其脢，程《傳》：「脢，背肉也，與心相背而所不見也。」朱熹《本義》：「在心上而相背，不能感物，而無私繫。九五適當其處，故取其象。」呂祖謙《東萊易說》：「大抵為學最要識向背。若任私心而行，私心所喜則感，不喜則不感；所見者感，所不見者不感：如此則所感淺狹。」依象說義可從。高亨《周易大傳今注》以為〈經〉意為「傷其背肉」，《傳》意為「動其背肉以負物」。周策縱以為「刺夾脊肉」，包括第四、五、六、七胸椎棘突間的斜方肌、菱形肌、背闊肌，主治腰背僵痛、飲食不下、胸悶氣滿等等云。

❸无悔

九五居天子之尊位，下應六二，上比上六，最怕師心自用，徇其比應；幸好背脊肉遲鈍，既無感，亦無悔。程《傳》：「九居尊位，當以至誠感天下；而應二比上，若繫二而說上，則偏私淺狹，非人君之道，豈能感天下乎？脢背肉也，與心相背而所不見也，言能背其私心，感非其所見而說者，則得人君感天下之正而无悔也。」

語譯

咸卦陽爻居第五位，感應及於背部脊椎兩邊的肉。感覺遲鈍，也就沒有多少懊惱的事。

象傳

咸其脢，志末也❶。

注釋

❶志末也

九五志在天下，當為民造福，今無見無感無悔，其志亦淺末矣！案：程《傳》云：「繫二而說上，感於私欲也。」與上文言「能背其私心」似相矛盾。又李鼎祚《集解》案語、朱震《漢上易傳》、王宗傳《童溪易傳》、何楷《古周易訂詁》皆以為末指上六，初為本，上為末也。

語譯

居於全卦最尊貴的地位，感應卻遲鈍得像背部夾脊肉一樣，心志也未免太微末了。

上六爻辭

上六❶：咸其輔頰舌❷。

當咸上爻為老，他爻皆少，即由咸之遯䷠；或臨䷒上爻為少，他爻皆老，即臨之咸：這兩種情形，都以咸上六爻辭占。

注釋

❶上六

❷咸其輔頰舌

楚竹書作「欽頌夾䏦」。頌夾䏦為輔頰舌之異體字。漢阜簡僅存「其父」二字。漢帛書作「欽亓肞陜舌」，肞為異體，陜為假借。《釋文》：「輔，虞（翻）作酺。」「頰，孟（喜）作俠。」案：輔，本字當作俌。俌頰，即酺頰，今或省作面頰。面頰與舌，皆語言與飲食之器官也。《集解》引虞翻曰：「耳目之間稱酺頰。……兌為口舌，故曰咸其酺頰舌。」弼《注》：「咸道轉末，故在口舌言語而已。輔頰舌者，所以為語之具也。」朱熹《本義》：「輔頰舌，皆所以言者，而在身之上。上六以陰居說之終，處感之極。感人以言，而无其實。又兌為口舌，故其象如此，凶咎可知。」蓋合虞象弼義而綜言之。高亨以經意為「傷其腮與舌」，傳意「咸，動也；餘與經意同」。周策縱依據《針灸大全》，指出下頷角上方有「地倉穴」，針刺入四分，能治「口噤不語、失音、口眼歪」等症；又自「頰車穴」刺入三分，治「偏風口歪、失音不語」等症。又「舌上中心」有「聚泉穴」，「隔薑灸兼小針放血」，主治「木舌」；舌下右側有「玉液穴」，以三稜針放血，可治「重舌、喉閉」。是針灸醫法有鍼其輔頰舌者。綜觀咸之六爻，項安世《周易玩辭》析云：

「初以柔在下體之始故為拇；不為趾者，趾剛而止不受感也。二以柔在下體之中故為腓；不為脛者，脛亦剛也。三以剛在下體之上故為股。……四在三陽之中為心，上在兌之上為口。五在心之上與口之下，上不為言，下不為思，故靜而為脢。……下三爻皆感於人，上三爻皆感人者也。」又鄭汝諧《東谷易翼傳》則較論卦、爻之異，曰：「卦言感應之理，六爻皆不純乎吉，何也？卦合而言之，全體也；爻析而言之，偏體也。天地感而萬物化生，聖人感人心而天下和平，咸之全也；六爻之所感不同，咸之偏也。其不純乎吉者，以六爻私相應也。自初至上皆取人身為象。身者，我也，囿於有我，安能无所不感也。於有我之中，又有所囿焉。拇囿於履，腓股囿於動，心囿於思，輔囿於言，各當其處而各囿於一能。六者以私相應，非所謂无心於感應者，是以爻辭多凶吝，其善者僅免於悔而已。」皆可作參考。

語譯

咸卦最上面的位置是陰爻，注意感應作用已到達臉頰舌頭的部位。

象傳

咸其輔頰舌，滕口說也❶。

注釋

❶滕口說也

滕騰通用，字皆從朕得聲。程《傳》：「唯至誠為能感人，乃以柔說騰揚於口舌言說，豈能感於人乎？」滕，《集解》本作媵。引虞翻曰：「媵，送也。」《釋文》：「鄭（玄）云送也。」《正義》：「鄭玄又作媵，媵送也。咸道極薄，徒送口舌，言語相感而已，不復有志於其間。」義可兩通。

語譯

感應作用已到達臉頰舌頭，張口說空話而已。

恆卦經傳通釋第三十二

卦辭

䷟ 巽下震上 恆❶：亨，无咎，利貞❷；利有攸往❸。

注釋

❶䷟巽下震上恆

恆，楚竹書作「𠄨」，《說文解字・二部》有「恆」字，古文作「𠄨」。漢帛書作「亙」，楷定為「恆」字。恆，是長久經常，包括兩層意思：一是擇善固執，始終如一。所以〈繫辭傳下〉說「恆，德之固也」。又說：「恆以一德。」二是行之不止，終而又始。所以〈繫辭傳下〉又說「恆，雜而不厭」。雜，據王引之《經義述聞》：「當讀為帀；帀，周也。」是周流循環的意思。恆卦上接咸卦。咸卦是少男少女相感相悅，結為夫婦；恆卦是長女長男白首偕老，代表夫婦之道的永久性。達成這種永久性是有一些原則的：一、丈夫要剛毅地為家庭奮鬥；妻子能溫柔地體貼丈夫。二、像雷風配合，化育萬物，夫妻要共同教養子女。三、要順著事理而行動。四、一剛一柔，能夠互助合作，推而廣之，凡事要求其永久，都必須如此。《集解》引鄭玄曰：「恆，久也。巽為風，震為雷，雷風相須而養物；猶長女承長男，夫婦同心而成家，久長之道也。」朱熹《周易本義》：「恆，常久也。為卦震剛在上，巽柔在下；震雷巽風，二物相與；巽順震動，為巽而動；二體六爻，陰陽相應：四者皆理之常，故為恆。」當恆六爻皆少，也就是本卦、之卦都是恆；或益䷩六爻皆老，也就是益之恆：這兩種情形，都以恆卦辭占。

❷亨，无咎，利貞

楚竹書作「鄉利貞无咎」，漢帛書作「亨无咎利貞」。甲文亨享為一字，又鄉、饗古多通用，享、饗亦多通用，故楚竹作「鄉」也。〈文言傳〉之釋「亨、利、貞」曰：「亨者，嘉之會也；利者，義之和也；貞者，事之幹也。」鄭玄《注》：「夫婦以嘉會禮通，故无咎；其能和順幹事，所行而善矣！」殆據〈文言傳〉而云然。王弼則以能「亨」則為「无咎」，能「恆通无咎」則為「利貞」。《注》云：「恆而亨，以濟三事也。恆之為道，亨乃无咎也；恆通无咎，乃利貞也。」程頤承弼《注》，更強調有恆所以能夠亨通而不致發生差錯，要以遵守正道為其前提。換句話說，利貞是恆亨无咎的必要條件。程《傳》：「恆之道可以亨通，恆而能亨，乃无咎也；恆而不可以亨，非可恆之道也，為有咎矣。如君子之恆於善，可恆之道也；小人恆於惡，失可恆之道也。恆所以能亨，由貞正也，故云利貞。」案：恆卦辭言「利貞」；而初六爻辭言「貞凶」，九三爻辭言「貞吝」：似有矛盾。項安世對此有所說明。《周易玩辭》：「恆之〈彖〉以貞為利，而爻辭皆不利於貞者，〈彖〉論卦德，爻各言其位也。卦得其道，故當以貞守之；爻多不正，正者又不得中，皆失其道，不可貞也。」「彖」，指卦辭。又卦辭言「亨」「利貞」而未言「元」。劉百閔《周易事理通義》：「然〈彖傳〉則曰：『終則有始。』則其為有始也，故能有終；恆具元亨利貞四德矣。」

❸利有攸往

楚竹書無此四字，漢帛書有此四字。弼《注》云「恆而亨以濟三事」，一為无咎，二為利貞，注釋❷已言之。其三為利有攸往，《注》云：「各得所恆，修其常道，終則有始，往而无違，故利有攸往也。」程頤更強調：「恆，謂可常久之道，非守一隅而不知變也，故利有攸往。唯其有往，故能恆也。一定則不能常矣！」有往故能恆，一定不能常，頗有深意，請參閱恆〈彖傳〉注釋❽。上文言「亨无咎利貞」，是就恆之第一義「擇善固執」上說；此言「利有攸往」，是就恆之第二義「行之不止」上說。郭雍《郭氏傳家易說》：「恆，久也。其道可久，斯无不通，无不通則无過舉，內利以固，外利以行，此其所以為恆也。恆之卦辭，止有二義，恆亨无咎利貞，一也，久於其道之謂也；利有攸往，一也，終則有始之義也。久於其道，天地同也；終則有始，日月四時同也。」《周易折中》引徐幾云：「恆有二義，有不易之恆，有不已之恆。利貞者，不易之恆也；利有攸往者，不已之恆也。合而言之，乃常道也；倚於一偏，則非道矣。」

語譯

三畫的巽卦在下，三畫的震卦在上，重疊成六畫的恆卦。恆，是擇善固執，始終如一，奉行不息，終而又始的意思。有恆，能夠獲得亨通而不致發生差錯，就必須遵守行為常規。並且要勇往直前，自強不息。

附錄古義

《中論·貴驗》：「孔子曰：『欲人之信己也，則微言而篤行之。篤行之則用日久；用日久則事著明；事著明則有目者莫不見也，有耳者莫不聞也，其可誣哉？故根深而枝葉茂，行久而名譽遠。《易》曰：「恆亨，无咎，利貞。」言久于其道也。』」

彖傳

恆，久也❶。剛上而柔下❷，雷風相與❸，巽而動❹，剛柔皆應❺：恆。恆，亨，无咎，利貞：久於其道也❻。天地之道，恆久而不已也❼。利有攸往，終則有始也❽。日月得天而能久照❾，四時變化而能久成❿，聖人久於其道而天下化成⑪。觀其所恆，而天地萬物之情可見矣⑫！

注釋

❶恆，久也

先解釋卦名「恆」的意義。孔穎達《周易正義》：「恆久也者，訓釋卦名也。」恆字，甲文作「[illegible]」，從「二」，像天地；從「[illegible]」，像月。是天地之間，月之圓缺運行不息，所以有恆久的意思。金文作「[illegible]」、「[illegible]」，旁加「心」字，表示心之運思，如月之恆。楚帛書作「亙」。許慎《說文解字》：「亙，古文恆，从月。《詩》曰：『如月之恆』。」

❷剛上而柔下

此以卦變、卦體解釋卦名「恆」之義，乃恆久條件之一。《集解》引虞翻曰：「乾初之坤四。」以為三陰三陽之卦，多自「泰䷊」來。泰卦乾下之初九與坤上之六四互換，是剛爻往上，柔爻來下，變成「恆䷟」卦。此即以卦變立說。王弼《周易注》：「剛尊柔卑，得其序也。」孔穎達《周易正義》：「此就二體以釋恆也。震剛而巽柔，震則剛尊在上，巽則柔卑在下，得其順序，所以為恆也。」此即就卦體立說。程頤綜合兩說，程《傳》：「剛上而柔下，謂乾之初上居於四，坤之四下居於初，剛爻上而柔爻下也。二爻易處，則成震巽，震上巽下，亦剛上而柔下也。剛處上而柔居下，乃恆道也。」然皆就象而言，而不及其所以然。楊時《龜山易說》：「男下女，婚姻之始也；男上而女下，居室之常分也。盡其常分而後有可久之道焉。」朱震承楊時之說，更擴之於社會，《漢上易傳》曰：「剛上而柔下，尊卑各得其序，常久之道也。」居室常分，尊卑得序，雖受帝制意識形態所拘，然於當時，仍屬確論。

❸雷風相與

此以卦象說明卦名之義，乃恆久條件之二。震上為雷，巽下為風。相與，相隨相助的意思。孔穎達《周易正義》：「此就二象釋恆也。雷之與風，陰陽交感，二氣相與更互而相成，故得恆久也。」又引褚氏（仲都）云：「雷資風而益遠，風假雷而增威。」後世易傳，大抵都從此說。惟朱駿聲作《六十四卦經解》，云：「震之為震，迅雷風烈必變也；恆之為恆，烈風雷雨弗迷也。舜之納麓，公之居東，皆歷變不變之君子。」採恆心應經得起烈風雷雨考驗之義，頗有新意。所言「舜之納麓」，見《尚書・舜典》：「納于大麓，烈風雷雨弗迷。」「公之居東」，見《尚書・金縢》：「周公居東二年……秋大熟未穫，天大雷電以風，禾盡偃，大木斯拔。」

❹巽而動

此以卦德說明卦名，乃恆久條件之三。巽下有巽順之德，震上有行動之德。孔穎達《周易正義》：「此就二卦之義，因釋卦名。震動而巽順，无有違逆，所以可恆也。」程《傳》：「天地造化恆久不已者，順動而已。巽而動，常久之道也；動而不順，豈能常哉！」著重天地之道。王宗傳《童溪易傳》：「巽而動云者，謂長女巽於內，長男動於外，在下者有巽順之德，而在上者有動為之才，此所以能恆也。」著重人事之道。

❺剛柔皆應

此以六爻相應說明卦名，乃恆久條件之四。初六、九四相應；九二、六五相應；九三、上六相應。王弼《周易注》：「不孤媲也。」孔穎達《正義》：「此就六爻釋恆，此卦六爻，剛柔皆相應和，无孤媲者，故可長久也。媲，配也。」案：咸䷞亦剛柔皆應，然〈彖傳〉於咸卦未加說明，鄭汝諧嘗試辨之。《東谷易翼傳》曰：「咸與恆皆剛柔相應。咸之〈彖〉則不著其義；恆之〈彖〉則曰剛柔皆應，恆。咸无成心，恆有定位也。有定位而剛柔相應，應其理也；无成心而剛柔相應，應其私也。夫婦必相合，君臣必相信，此常理也；夫婦相合而外乎其家，君臣相信而外乎天下，曰私可也，非所謂感也。學者能識時義之變易，斯可言《易》矣。」

❻久於其道也

此釋卦辭「恆亨无咎利貞」。《集解》引荀爽曰：「陰陽合會，故通无咎；長男在上，長女在下，夫婦道正，故利貞，久於其道也。」程《傳》：「恆之道可以致亨而无過咎，但所恆宜得其正，失正非可恆之道也。故曰『久於其道』。其道，可恆之正道也；不恆其德，與恆於不正，皆不能亨而有咎也。」皆得其義。

❼天地之道，恆久而不已也

此申說上文「久於其道」之義。程《傳》：「天地之所以不已，蓋有恆久之道；人能恆於可恆之道，則合天地之理也。」

❽終則有始也

此釋卦辭「利有攸往」。上文言「久於其道」、「恆久而不已」，指出恆久之相對性；此言「終則有始」，指出變易之絕對性。程《傳》：「天下之理，未有不動而能恆者也；動則終而復始，所以恆而不窮。凡天地所生之物，雖山嶽之堅厚，未有能不變者也。故恆非一定之謂也，一定則不能恆矣。唯隨時變易，乃常道也。故云利有攸往，明理之如是，懼人之泥於常也。」已說出此義，其後張浚承之，《紫巖易傳》：「恆非守其故常之恆，勉勉孜孜，久於其道，厥德乃常也。蓋天下所謂常，莫不皆以不變為常，常久必弊，無他，泥夫事而昧夫道也。道以不息為常，不息何弊夫？天地不息，以遂生化之功；使聖人於道而止且息，何以配天地而成其生化邪？惟聖人誠一不息，故恆德以著，而利有攸往焉！觀夫雷風動散，終終始始，與天地為一生化之理，不知何時而有窮已！聖人之道，豈異此乎？」《朱子語類》楊道夫記同門劉砥問：「恆非一定之謂，一定則不能恆矣。」朱子曰：「物理之終始變易，所以為恆而不窮。然所謂不易者，亦須有以變通，乃能不窮。如君尊臣卑，分固不易，然上下不交也不得；父子固是親親，然所謂命士以上，父子皆異宮，則又有變焉。惟其如此，所以為恆。論其體則終是恆。然體之常，所以為用之變；用之變，乃所以為體之常。」朱子此答已將常、變與《易》之言變易、不易，相提並論。又言上下不交，則君尊臣卑不得，於帝制時代，能作此言，誠具道德之勇氣。侯外廬在《中國思想通史》曾斥朱子云：「封建等級性是貫徹在朱熹哲學中的一條黑線。」似宜再思。

❾**日月得天而能久照**

天地運作，具有自然之常度，恆久而不已；得天，得天地恆久之道也。張載《正蒙‧參兩篇》：「日月得天，得自然之理也，非蒼蒼之形也。」船山《易內傳》：「得天，合天運行之常度也。」

❿**四時變化而能久成**

得自然界終則有始、生生不息之道，所以四時變化而能久成。所謂四時變化，不但指春、夏、秋、冬之變，更指生、長、收、藏之化。所謂久成，不但指久而成歲，更指成就化育之功。程《傳》：「四時，陰陽之氣耳，往來變化，生成萬物，亦以得天，故恆久不已。」

⓫**聖人久於其道而天下化成**

《周易‧十翼》每以大人或聖人與天地、日月、四時，相提並論。乾〈文言〉：「夫大人者，與天地合其德，與日月合其明，與四時合其序。」〈繫辭傳上〉：「是故法象莫大乎天地，變通莫大乎四時，縣象著明莫大乎日月，崇高莫大乎富貴，備物致用，立成器以為天下利，莫大乎聖人。」都是例證。程《傳》：「聖人以恆久之道，行之有常，而天下化之，以成美俗也。」

⓬**觀其所恆，而天地萬物之情可見矣**

天地，化育萬物之主；萬物，天地化育之成。二者之情態，都因所恆而可見。此總結「恆」義。呂祖謙《東萊易說》：「『日月得天而能久照，四時變化而能久成，聖人久於其道而天下化成。觀其所恆，而天地萬物之情可見矣。』此正與《中庸》所謂：『博厚所以載物也，高明所以覆物也，悠久所以成物也；博厚配地，高明配天，悠久无疆。』之理同。當玩味『所恆』二字。」

語譯

恆，是長久的意思。剛強的陽爻上升，尊貴地在上位；柔順的陰爻下降，卑遜地在下位。天上打雷，地上刮風，相隨相助。在迅雷狂風中要堅持前進的方向，凡事要順從理性而行動。剛強的意志，跟溫柔的態度，都能相互配合。這些都是「恆」的必要條件。有恆，獲得亨通，不出差錯，要遵守常規，是說長久地循著大道前進。天地之間的大道，永恆、悠久、而無止境的。勇往直前，自強不息，終點，就是新的出發點啊！太陽月亮獲得自然界永恆之道才能長久照耀大地；春夏秋冬的變化循環才能長久地化育萬物；聖人固執著真理才能使這個世界生態化育均衡成長，善良風俗能夠形成體察著日月、四時、聖人所秉持的永不厭倦的心，於是天地萬物之間化育的情態就可以發現了！

附錄古義

《藝文類聚・二十・引孔融聖人優劣論》：「孔以堯作天子九十餘年，政化洽于民心，雅頌流于眾聽，是以聲德發聞，遂為稱首，則《易》所謂聖人久于其道而天下化成，百年然後勝殘去殺，必世而後仁者也。故曰：『大哉！堯之為君也！』堯之為聖也，明其聖與諸聖同，但以久見稱為君爾。」

象傳

雷風恆❶，君子以立不易方❷。

注釋

❶雷風恆

震上為雷，巽下為風，所以為恆，其說有三：一、雷動風散，其作用恆相隨。二、雷迅風烈，是對恆心的考驗。三、雷象政刑，風象德禮，恆為治民之方。《論語・為政》所謂：「道之以政，齊之以刑，民免而無恥；道之以德，齊之以禮，有恥且格。」請參閱注釋❷。

❷**君子以立不易方**

承上「雷風恆」三種解釋，此句也有三重意義。一、堅守立場，不改其德。程《傳》：「君子觀雷風相與成恆之象，以常久其德，自立於大中常久之道，不變易其方所也。」呂大臨《易章句》：「雷以動之，風以散之，有天地以來，其用未嘗易；君子所立之方，理義有常，亦萬世所莫能易。」王宗傳《童溪易傳》更參考《大學》詳言其目：「夫雷風有恆用，故君子體之，亦當有恆德。方也者，不易之地也。君子所謂不易之地何也？《大學》曰：『於止知其所止。』而其所止之目，則曰：『為人君止於仁，為人臣止於敬，為人子止於孝，為人父止於慈，與國人交止於信。』此不易之地也。」二、面對考驗，不失其常。李光地《周易折中》案云：「雷風者，天地之變而不失其常也；立不易方者，君子之歷萬變而不失其常也。」三、先德後刑，治國恆通。高亨《周易大傳今注》：「按〈象傳〉又以雷比刑，以風比德教。以雷在上，風在下比刑罰留於上，德教施於下，即先德教而後刑罰，此事治國恆久之道。君子觀此卦象及卦名，從而立於其道，持之以恆，而不改易，既不觸犯刑罰，亦不違反德教。故曰：『雷風，恆。君子以立不易方。』」

語譯

雷打著，風刮著，總是相伴相隨，這是對恆心的考驗，也是警惕和感化。君子因此立身處世，要堅守正道，不可違反常規；即使面對驚險，也不要亂了方向。

繫辭傳下

恆，德之固也❶。……恆雜而不厭❷。……恆以一德❸。

注釋

❶恆，德之固也

〈繫下〉三陳九卦，此初陳，釋卦名之義。固，堅持。天地之道，終則有始，恆久而不止；人法天地，自強不息，厚德載物，故能仁以守之，立不易方。《集解》引虞翻曰：「立不易方，守德之堅固。」蓋依〈象傳〉。朱震《漢上易傳》：「恆久而不已，終則有始者也，故為德之固。」蓋依〈彖傳〉。張栻《南軒易說》：「人而無恆，不可以作巫醫，故恆則德之固而不可動搖。」從《論語・子路》孔子所述「南人有言」以釋。陸九淵〈語錄〉：「知復則內外合矣，然而不常則其德不固，所謂『雖得之必失之』，故曰：恆，德之固也。」則承三陳九卦上一卦「復」，再從《論語・衛靈公》所記孔子之言：「知及之，仁不能守之，雖得之，必失之。」以釋。皆能言其所以然。

❷恆雜而不厭

帛書〈衷〉作「恆久而不厭」。雜，繁雜。陸九淵〈語錄〉：「人之生，動用酬酢，事變非一，人情於此多至厭倦，是不恆其德者也。能恆者雖雜而不厭。」傳統之說，此最詳明。王引之以為雜為帀之假借。《經義述聞》：「荀爽曰：『夫婦雖雜居，不厭之道也。』（原注：見《集解》）孔穎達曰：『言恆卦雖與物雜碎竝居，而常執守其操，不被物之厭薄也。』引之謹案：自乾坤而外，皆剛柔雜居之卦，不當獨於恆言雜也。雜當讀為帀。帀，周也，一終之謂也。恆之為道，終始相巡，而無已時，故曰帀而不厭。恆〈象傳〉曰：『利有攸往，終則有始也。』（原注：有與又同）終則帀矣，終而又始，是帀而不厭也。」其說似勝於傳統繁雜之說。帛書雜字作久，於義更洽。

❸恆以一德

《集解》引虞翻曰：「恆德之固，立不易方，從一而終，故一德者也。」《南軒易說》：「德惟一，動罔不吉；德二三，動罔不凶。恆之君子，素富貴行乎富貴，素貧賤行乎貧賤。其德如天地之貞觀，日月之貞明，終始如一。故曰恆以一德。」用《詩・國風・氓》「士也罔極，二三其德」意，以言其凶；再用《中庸》言「君子素其位而行」，以言一德；終用〈繫下〉言天地日月之道作結。陸九淵〈語錄〉：「不常則二三，常則一，終始惟一，時乃日新。」由一德推出日新義。

語譯

恆，是道德的堅持。……道德的堅持，是面對繁瑣複雜又周而復始的自然界和人事，能持久參與協助而不厭倦。……恆，用一以貫之的行為日新其德。

序卦傳

夫婦之道不可以不久也❶，故受之以恆；恆者，久也❷。

注釋

❶夫婦之道不可以不久也

咸卦艮下兌上，代表少男仰慕少女，兩相交感，為共組家庭之始；恆卦巽下震上，代表長女居內，生男育女，主持家務；長男居外，漁樵耕宦，以維生計。在古代社會，此為適當的合作分工，能使婚姻得以長久。長男長女之長，亦長久之徵也。《集解》引鄭玄曰：「言夫婦當有終身之義，夫婦之道，謂咸恆也。」程《傳》：「咸，夫婦之道。夫婦終身不變者也，故咸之後受之以恆也。咸少男在少女之下，以男下女，是男女交感之義；恆長男在長女之上，男尊女卑，夫婦居室之常道也。論交感之情，則少為親切；論尊卑之序，則長當謹正。故兌艮為咸，而震巽為恆也。男在女上，男動於外，女順於內，人理之常，故為恆也。

又剛上柔下，雷風相與，巽而動，剛柔相應，皆恆之義也。」所言雖部分受時代制度之限制，其大體仍可從。

❷恆者，久也

〈彖傳〉言「恆久也」，蓋釋卦名字義；此云「恆者久也」，則言夫婦之道。《詩・邶風・擊鼓》：「死生契闊，與子成說；執子之手，與子偕老。」契闊猶言合離，成說猶言約誓。在張愛玲的〈傾城之戀〉裡，范柳原還把這四句話念給白流蘇聽，只是把「成說」改成了「相悅」。近年喜帖上，常把「執子之手，與子偕老」作為襯底，可能是受到張愛玲小說的影響。在西方，結婚五十年為金婚，六十年為鑽石婚，也都有慶賀夫婦婚姻恆久美滿的意思。

語譯

夫妻相愛，合作分工的道理不可以不長久堅持，所以接在少男少女戀愛成婚的咸卦後面的，是恆卦；恆，正是婚姻美滿長久的意思。

雜卦傳

恆(ㄏㄥˊ)，久(ㄐㄧㄡˇ)也(ㄧㄝˇ)❶。

注釋

❶恆，久也

〈彖傳〉已言「恆久也」；〈序卦傳〉則言「恆者久也」。此復言者，與「咸速也」相對而言也。《折中》

引蔡淵曰：「有感則應，故速；常，故能久。」正常，是恆久的必要條件。

語譯

恆，是正常的意思；正常，是恆久的必要條件。

初六爻辭

初六❶：浚恆❷，貞凶，无攸利❸。

注釋

❶初六

當恆初爻為老，他爻皆少，即由恆之大壯䷡；或觀䷓初爻為少，他五爻皆老，即觀之恆：這兩種情形，都以恆初六爻辭占。

❷浚恆

浚，楚竹書作「叡」，《說文》：「叡，深明也。」此借為濬。漢帛書作「敻」。《說文》：「敻，營求也。」又有長遠之意。鄭玄本作「濬」，今本作「浚」，濬浚可通，都是挖深水道的意思。恆，竹書作「[illegible]」，帛書作「𠄨」。初六以陰柔之質，居初陽剛之位，處恆之初，在卦之底，又為巽下之主，〈說卦傳〉：「巽，入也。……其究為躁卦。」所以有質柔志剛，性情急躁，以致疏浚過久，深入底部之象。王弼《周易注》：「處恆之初，最處卦底，始求深者也。」王宗傳《童溪易傳》：「初，巽之主也。當恆之初，而以深入為恆，故曰浚恆。」王申子《大易緝說》：「恆，久也。天下可久之事，豈一朝夕所能致者？初六質柔而志剛：質柔，故昧於遠見；志剛，故欲速不達。處恆之初，是方為可久之計者，而遽焉求深，故曰浚恆。」

❸貞凶，无攸利

浚河浚井過深，則易崩潰；對人對事要求過高，則苛刻而無功。於理或正，結果多凶。這正是「生命實現理分之能力有限」之故，參見師卦六五爻辭「貞凶」之注釋。《郭氏傳家易說》記白雲曰：「進道有漸，而後可久。在恆之初，浚而深求，非其道也。孔子曰：『欲速則不達。』孟子曰：『其進銳者其退速。』是豈可久之道乎，以是為貞，則凶矣！不達退速之道，何所利哉！」請參閱恆初六〈象傳〉注釋。

語譯

恆卦最初的一爻是陰爻。就像浚河掘井，一開始就挖得太深了，對人對事，如果也這樣立即作苛刻的要求，雖然也有一定程度的正確性，卻有損失的凶險，沒有好處。

象傳

浚恆之凶，始求深也❶。

注釋

❶始求深也

居初，所以稱「始」；處卦底，所以言「深」。王弼《周易注》：「求深窮底，令物无餘蘊，漸以至此，物猶不堪，而況始求深者乎！以此為恆，凶正害德，无施而利。」王宗傳《童溪易傳》：「夫日月四時之所以能久者，夫豈一日之故邪？今也當恆之初，而遽焉求深，猶之造事也，未嘗有一日之勞，而遽求其事成；猶之為學也，未嘗有一日之功，而遽求其造道；猶之與人也，未嘗有一日之雅，而遽求己合；猶之事君也，未嘗有一言之投，而遽求我從是也。夫造事而欲其有所成，為學而欲其有所造，與人而欲其有所合，事君而欲其有所從，固所當然也，此在理所謂正也；然以未嘗為恆，則望之太深，責之太遠，俱不免於无成而已。此於正而凶，又曰无攸利也。然則如之何而免是患也？曰：養之以誠敬，持之以悠久而已矣。」

又《大易緝說》：「可恆之道，以久而成。始而求深，是施諸己則欲速不達，施諸人則責之太遽者也，故凶。」

語譯

疏浚過分造成損失的凶險，是因為一開始就挖得太深啊。

九二爻辭

九二❶：悔亡❷。

注釋

❶**九二**

當恆第二爻為老，他爻皆少，即由恆之小過䷽；或中孚䷼第二爻為少，他爻皆老，即中孚之恆：這兩種情形，都以恆九二爻辭占。

❷**悔亡**

悔，楚竹漢帛皆作「𢘅」，為悔之異體字。九二以陽爻居陰位，所以失位而有悔。但居巽下之中，〈繫辭傳下〉：「二多譽。」而且跟六五相應，所以悔恨終能消除。李鼎祚《周易集解》引虞翻曰：「失位，悔也。動而得正，處中多譽，故悔亡也。」程《傳》：「九陽爻，居陰位，非常理也。處非其常，本當有悔。而九二以中德而應於五，五復居中，以中而應中，其處與動皆得中也，是能恆久於中也，足以亡其悔矣。」

語譯

恆卦陽爻處於二爻陰的位置，有失立場，本有悔恨，但因為居中有應，終久悔恨也就消除了。

象傳

九二悔亡，能久中也❶。

注釋

❶能久中也

在恆卦，故言久；處巽下中間一爻，故言中。能恆久執持中庸之道，正是悔恨消除之原因。王弼《周易注》：「雖失其位，恆位於中，可以消悔也。」張浚《紫巖易傳》：「二在巽位中。巽為不果，為進退，於恆疑有悔。惟其內有剛德，而體乾健不息之貞，以守厥中，用能得臣道之恆。雷動風應，事業以永，其悔亡也。二本乾中，互體又乾，故能久中。《記》曰：『回之為人也，擇乎中庸，得一善，服膺勿失。』《語》曰：『回也，其心三月不違仁。』久中也。蓋久中非剛健者莫能為之。且中則无所往而不善。曰公，曰正，曰忠，曰仁，曰誠，凡天下所謂善，悉自中生。伊尹一德，終始如一，久中之功也，其用顧不大哉？」

語譯

九為陽爻，居二陰的位置，而悔恨卻能消除，是因為能夠長久遵守中庸的道理，凡事作得恰到好處啊！

九三爻辭

九三❶：不恆其德❷，或承之羞❸；貞吝❹。

注　釋

❶九三

當恆第三爻為老，他爻皆少，即由恆之解䷧；或家人䷤第三爻為少，他爻皆老，即家人之恆：這兩種情形，都以恆九三爻辭占。

❷不恆其德

楚竹書作「不經丌悳」，與竹書卦名、初六爻辭相較，彼二處「死」字皆無「糸」旁，可斷此為誤字，視為通假亦可。「悳」，為「德」之本字。帛書作「不恆亓德」。九三在巽而過中，〈說卦傳〉：「巽為進退，為不果。」不恆其德，此其一。《郭氏傳家易說》記兼山曰：「九三剛已過中，而巽為不果，進退无常，不恆其德者也。」即採此說。又九三在下卦之上，處上卦之下，在恆卦，卻進退兩難。乾〈文言〉云：「九三重剛而不中，上不在天，下不在田，故乾乾因其時而惕。」已指明其上下不得之情況。不恆其德，此其二。王弼《周易注》：「處三陽之中，居下體之上，處上體之下；上不至尊，下不至卑，中不在體；體在乎恆，而分无所定，无恆者也。」當本於此。且當震上巽下，雷動風散之際，難於安處。不恆其德，此其三。楊時《龜山易說》：「九三處雷風相與之際，雷動之，風散之，宜不能安其處也。」。

❸或承之羞

竹書作「或丞丌頟」，「承」、「丞」形似，當以「承」為正。「丌」，帛書及今本皆作「之」。「頟」，或以即

「憂」字。或，表示不一定；承，承受；羞，羞恥。弼《注》：「德行无恆，自相違錯，不可致詰，故或承之羞也。」《龜山易說》：「或者，疑之也。蓋陽得位，疑若能常者，故稱或焉。或者，不必之辭也。」案：《論語》曾言及本句。〈子路〉：「子曰：『南人有言曰：「人而無恆，不可以作巫醫。」善夫！「不恆其德，或承之羞。」』子曰：『不占而已矣！』」又《禮記・緇衣》、《韓詩外傳・卷八》、《後漢書・馬廖傳》，都曾引用「《易》曰：『不恆其德，或承之羞。』」句。

❹**貞吝**

竹書亦作「貞吝」，與今本同。吝，帛書作閵，為假借字。守正而無恆，也是一種吝惜遺憾的事。朱熹《周易本義》：「貞吝者，正而不恆，為可羞吝，申戒占者之辭。」

語譯

恆卦陽爻處於第三位，介乎上下卦中間的位置，雷風交加，進退兩難，不知如何確定自己行為的準則和努力的方向，可能有些必須承受的恥辱。雖然有時也曾作得對，卻缺乏恆心，真是遺憾可惜。

象傳

不恆其德，无所容也❶。

注釋

❶**无所容也**

是說德行無恆的人，沒有可以容身之地。孔穎達《周易正義》：「謂不恆之人，所往之處，皆不納之，故无所容也。」程《傳》：「人既无恒，何所容處？當處之地，既不能恒，處非其據，豈能恒哉？是不恒之人，无所容處其身也。」

語譯

在自己本位上，既然不能固守本分，以致德行有些欠缺，那就沒有可以容身之處了！

附錄古義

《論語・子路》：「子曰：『南人有言曰：「人而無恒，不可以作巫醫。」善夫！「不恒其德，或承之羞。」』子曰：『不占而已矣。』」

《禮記・緇衣》：「子曰：『南人有言曰：「人而無恒，不可以為卜巫。」』古之遺言與？龜筮猶不能知也，而況于人乎？《詩》云：『我龜既厭，不我告猶。』〈兌命〉曰：『爵無及惡德。民立而正事，純而祭祀，是為不敬。事煩則亂，事神則難。』《易》曰：『不恒其德，或承之羞。』『恒其德，偵。婦人吉，夫子凶。』」

《韓詩外傳・卷八》：「齊崔杼弒莊公，荊蒯芮使晉而反。其僕曰：『君之無道也，四鄰諸侯莫不聞也；以夫子而死之，不亦難乎？』荊蒯芮曰：『善哉！而言也。早言，我能諫；諫而不用，我能去。今既不諫，又不去。吾聞之：「食其食，死其事。」吾既食亂君食，又安得治君而死之？』遂驅車而入，死其事。僕曰：『人有亂君，猶必死也；我有治長，可無死乎？』乃結轡自刎于車上。君子聞之，曰：『荊蒯芮可謂守節死義矣！僕夫則無為死也：猶飲食而遇毒也。《詩》曰：「夙夜匪懈，以事一人。」荊先生之謂也。《易》曰：「不恒其德，或承之羞。」僕夫之謂也。』」

《後漢書・馬廖傳》：「廖上疏云：『陛下既已得之自然，猶宜加以勉勖，法太宗之隆德，戒成哀之不終。《易》曰：「不恆其德，或承之羞。」』」

九四爻辭

九四❶：田无禽❷。

注釋

❶九四

當恆第四爻為老，他爻皆少，即由恆之升䷭；或无妄䷘第四爻為少，他爻皆老，即无妄之恆：這兩種情形，都以恆九四爻辭占。

❷田无禽

竹書作「畋亡含」。畋亦畋獵意，亡、无可通用，含為禽字之異體。帛書作「田无禽」，與今本同。此句須與乾九二、師六五、巽六四之爻辭相比較，才能得到正確的解釋。田，指九二。乾九二：「見龍在田。」《集解》引虞翻曰：「田謂二也，地上稱田。」可以採信。師六五與九二相應，所以說「田有禽」，恆六五與九二相應，而咸九四與九二不相應，所以說「田无禽」。李道平《周易集解纂疏》案語云：「巽為雞，稱禽；二在地上，稱田。二與五應，則巽禽為五有矣，故，九四曰田无禽。」已見及此。惟《說文》以「禽，走獸總名」，不限為鳥類；此更借為擒，无禽，無所擒獲也。又巽六四得位，曰「田獲三品」；恆九四失位，曰「田无禽」。此說發於張浚，《紫巖易傳》：「巽六四『田獲三品』，功位順也。恆九四仆不中正，卦體居震初，位在互乾上，亢動失正，事功不立，若田而無獲云。」至其所喻之義，孔穎達所說最淺明。《周易正義》：「田者，田獵也，以譬有事也。无禽者，田獵不獲，以喻有事无功也。恆於非位，故勞而无功也。」

語譯

恆卦陽爻在第四位，就像畋獵沒有捕獲，做事勞而無功。

象傳

久非其位❶，安得禽也？

注釋

❶**久非其位**

在恆卦，所以先冠以「久」字；九四以陽居陰，為失位，所以說「非其位」。程《傳》：「處非其位，雖久，何所得乎？以田為喻，故云『安得禽也』。」

語譯

長久以來，做事不合自己的立場，就像畋獵失其獵場，或非其時，怎麼可能有所獲得呢？

六五爻辭

六五❶：恆其德❷，貞，婦人吉，夫子凶❸。

注釋

❶六五

當恆第五爻為老，他爻皆少，即由恆之大過䷛；或頤䷚第五爻為少，他爻皆老，即頤之恆䷟：這兩種情形，都以恆六五爻辭占。

❷恆其德

吳澄《易纂言》以為「象也」，高亨《周易筮辭分類表》以為「說事之辭」。楚竹書作「絚丌悳」，漢帛書作「恆亓德」。此須與九三比較而探其義。九三在巽，不果於進退；介上下卦之間，進退兩難；當雷風之時，易致迷失；所以不恆其德。六五在震，《說卦傳》：「震，動也，其究為健。」動而究健，此能恆其德原因之一。六五以柔居中，溫柔和藹，非九三過剛過中之比，故無過不及之弊，此能恆其德原因之二。六五又與九二相應，柔中以應剛中，陰順乎陽，此能恆其德原因之三。程《傳》：「五應於二，以陰柔而應陽剛，居中而所應又中，陰柔之正也，故恆久其德。」《童溪易傳》：「恆其德，與不恆其德反也，何也？九三之剛太過，而六五以陰居中故也。」

❸貞，婦人吉，夫子凶

吳澄以為「占也」，高亨以為「斷占之辭」。或以「貞」字連上文「恆其德」為句，非也。楚竹漢帛字同，無異文。五是天子的位置，而陰居此，下應九二剛中之大臣，此於帝王時代，太后垂簾聽政，或女皇帝在位，信任九二，被認為是合適的，所以吉；但男性在位如此，那是永遠聽命於權臣，就很凶險了。案：婦人、夫子只是舉例性質。情感之聽命於理智，私利之服從於公義，都是好的；倒過來，理智屈從於情感，公義受制於私利，那就不好了。王弼《周易注》：「居得尊位，為恆之主，不能制義，而係應在二，用心專貞，從唱而已，婦人之吉，夫子之凶也。」《紫巖易傳》：「若曰治安守成之君，得賢臣尊任之，若恆六五用貞吉矣；若創業中興之君，大有為於天下，乃欲以柔中為恆，安能制義於天下，使天下畢聽命乎？然則剛健而斷，君道之正，六五在恆為貞，非君道貞也。故曰：『婦人吉，夫子凶。』」案：六五與九二既相應，爻辭可以較論。項安世《周易玩辭》：「九二以剛中為常，故悔亡；六五以柔中為恆，在二可也，在五則夫也、父也、君也，而可乎？婦人從夫則吉，夫子從婦則凶矣。」古人之見如此，而今女男平等，不宜固執不化。

語譯

恆卦陰爻居第五位，總是這樣溫順地追隨著九二，固定了自己的行為模式。經常如此，對婦人來說，是有收穫的；若是男人也這樣，那就有損失了！

附錄古義

《禮記・緇衣》：參見恆九三〈象傳〉附錄古義。

象傳

婦人貞吉，從一而終也❶；夫子制義，從婦凶也❷。

注釋

❶婦人貞吉，從一而終也

婦人只是舉例，其涵義請參閱本爻爻辭注釋❷，及坤卦辭注釋❶、❷、❸。從一之一，指九二；六五與九二相應，〈象傳〉故言「從一而終」。程《傳》：「如五之從二，在婦人則為正而吉，婦人以從為正，以順為德，當終守於從一。」《童溪易傳》：「夫五以陰居中，則婦之象也。婦人之道，守正從一，此身有盡，而此道不改，以此為恆，不知有他也。此婦人之吉德也。」

❷夫子制義，從婦凶也

制義，是因事制宜的意思。孔穎達《周易正義》：「夫子須制斷事宜，不可專貞從唱。」《童溪易傳》：「天下事變，其來為无窮，君子之處事也，亦當與之為无窮，夫然後不失吾恆焉。此所謂制義也。夫有一事，必有一義，此豈可泥也，夫子之職，制此義者也。若曰從一以為常，若婦人然也，則夫子之職曠矣！」

語譯

婦人總是遵守正常的道理，而獲吉祥，因為能夠始終如一地跟丈夫白頭到老啊！男人要看事情而作各種不同的恰當措施，跟婦人一樣那就有損失了！

上六爻辭

上六❶：振恆，凶❷。

當恆上爻為老，他爻皆少，即由恆之鼎䷱；或屯䷂上爻為少，他爻皆老，即屯之恆：這兩種情形，都以恆上六爻辭占。

注釋

❶上六

❷振恆，凶

竹書作「叡悈貞凶」，帛書作「夐恆兇」，與初六爻辭同。振，許慎《說文解字》引《易》作「榰」，榰為柱底，無所取義。《集解》本據虞翻《注》作「震」，今王弼本作「振」。震振皆有動義，二字可通。上六居震上之極，為恆卦之終，所以有震恆之義。又以柔弱之才，當宜恆之時，居各爻之上，未能安靜，而振動不息，自擾擾人，故有凶險。程《傳》：「六居恆之極，在震之終，恆極則不常，震終則動極，以陰居上，非其安處，又險柔不能堅居其守，皆不常之義也，故為振恆，以振為恆也。振者，動之速也，如振衣，如振書，抖擻運動之意，在上而其動无節，以此為恆，其凶宜矣。」初六在恆之始，上六居恆之終，竹書都言「叡悈」，帛書都有「夐恆」之語，兩爻可作比較。項安世《周易玩辭》：「初六居巽之下，以深入為恆也；上六居震之極，以震動為恆也。在始而求深，在上而好動，皆凶之道也。在始求深，如未信而諫，未信而勞其民之類是也；在上好動，如秦皇漢武之類是也。」

語譯

恆卦最上面的一爻是陰爻，像柔弱的人在最高層不停的抖動，擾亂了自己，也擾亂了底下的人，是會有損失的。

象傳

振恆在上，大无功也❶。

注釋

❶大无功也

釋爻辭「凶」字。楊萬里《誠齋易傳》：「上六居守恆之世，當處靜之時，為在上之臣，謂宜鎮以安靜之治可也。今乃挾陰邪之資，居震動之極，必欲振而搖之者，志於要功而已。聖人探其志而折之曰：『大无功也。』桓溫枋頭之役，商浩山桑之師是已，功安在哉？」桓溫，東晉明帝時大司馬，都督中外諸軍事。欲立功河朔，還受九錫，於是征燕，敗於枋頭。商浩，即殷浩，與桓溫同時。為中軍將軍，都督揚、豫、徐、兗、青五州軍事，既受命，以光復中原為己任。上疏北征，軍次山桑，而姚襄反，敗歸，免為庶人。

語譯

在上面不停抖動，擾亂了常態，大大地沒有功業啊！

遯卦經傳通釋第三十三

卦辭

䷠艮下乾上遯ㄉㄨㄣˋ❶：亨ㄏㄥ❷，小ㄒㄧㄠˇ利ㄌㄧˋ貞ㄓㄣ❸。

注釋

❶ ䷠艮下乾上遯

遯，楚竹書作「豚」，疑為「豚」之誤，假借為遯。漢帛書作「掾」，為「逯」之誤。《歸藏》作「逯」，《釋文》：「字又作逯，又作遁。」逯、遯、遁，可相借用，今遁逃之遁皆作遁。遯，〈序卦〉、〈雜卦〉兩傳，均以為「退」意。《集解》引鄭玄曰：「遯，逃去之名也。艮為門闕，乾有健德，互體有巽，巽為進退。君子出門行，有進退逃去之象。」又引虞翻曰：「艮為山，巽為入，乾為遠；遠山入藏，故遯。」蓋皆據艮下乾上，二三四爻互體成巽，並依〈說卦傳〉，而二人釋象不同如此。虞翻又以消息釋遯，其言見下條注釋。朱熹仍之，《本義》曰：「遯，退避也。為卦二陰浸長，陽當退避，故為遯，六月之卦也。」最為簡明。當遯六爻皆少，也就是本卦、之卦都是遯；或臨䷒六爻皆老，也就是臨之遯：這兩種情形，都以遯卦辭占。

❷亨

楚竹書作「鄉」，為「饗」之假借，又與「享」通，而「亨」、「享」本一字。帛書作亨，與今本同。亨，通也。謂其人能亨通，而其道亦能亨通也。虞翻曰：「陰消姤二也。……以陰消陽，子弒其父，小人道長，避之乃通，故遯而通。」未明言亨者為其人或其道。《正義》：「陰長之卦，小人方用，君子日消。君子當此之時，若不隱遯避世，即受其害，須遯而後得通，故曰遯亨。」以亨者為君子其人。程《傳》：「君子退藏，以伸其道，道不屈則為亨，故遯所以有亨也。」朱熹《本義》：「陽雖當遯，然九五當位而下有六二之應，若猶可以有為；但二陰浸長於下，則其勢不可以不遯，故其占為君子能遯，則身雖退而道亨。」皆以亨者為其道。

❸小利貞

漢帛書同；楚竹書作「少利貞」。謂當遯之時，已不能兼善天下，僅利於獨善其身，則其利貞亦小哉。王弼《注》：「陰道欲浸而長，正道亦未全滅，故小利貞也。」程《傳》：「陰柔方長，而未至於甚盛，君子尚有遲遲致力之道，不可大貞而尚利小貞也。」呂大臨《易章句》：「遯遠於害也。柔浸而長，非貞不立，可以自令，不足以求勝，故小利貞。」大意略同。惟朱熹以小為小人。《本義》：「小謂陰柔小人。」參見遯〈彖傳〉注釋❸。

語　譯

三畫的艮在下，三畫的乾在上，重疊成六畫的遯卦。陰暗的力量逐漸成長，陽剛的力量逐漸消退，是隱遁的意思。在這種公義淪喪的時代，隱遁才能保持生命的舒暢，才能保持公義的伸張。但也只能作到獨善其身，不能兼善天下，固守正道的利益已經很有限了。

彖傳

遯亨，遯而亨也❶；剛當位而應，與時行也❷；小利貞，浸而長也❸：遯之時義大矣哉❹！

注釋

❶遯而亨也

釋卦辭「遯亨」之字義。侯果以消息言之，以為遯本乾卦，初爻始消成姤䷫；二爻再殞成遯，代表小人道長，君子當遯而亨。《集解》引其言曰：「此本乾卦，陰長剛殞，君子遯避，遯則通也。」《正義》亦云：「此釋遯之所以得亨通之義。小人之道方長，君子非遯不通，故曰遯而亨也。」程《傳》：「小人道長之時，君子遯退，乃其道之亨也。」則強調所亨為道。

❷剛當位而應，與時行也

以九五剛爻當陽位而與六二相應釋卦有可亨之象；以遯宜與時偕行釋卦有可亨之理。虞翻依位、應之說，及〈彖傳〉謂艮「時止則止，時行則行，動靜不失其時」以注此，《集解》引其《注》云：「剛謂五，而應二；艮為時，故與時行。」王弼更以遯於時尚未至否䷋為說，《注》曰：「剛當位而應，非否亢也；遯不否亢，能與時行也。」吳慎更進一義，《折中》引其言曰：「非以剛當位而應為猶可亨；惟其當位而應，能順時而遯，所以亨也。與時行，謂時當遯而遯。」

❸浸而長也

釋卦辭「小利貞」之義。浸，漸也。案：遯卦六爻顛倒成臨䷒，〈彖傳〉於臨卦曰：「臨，剛浸而長。」

於此遯卦當曰「柔浸而長」，疑脫一「柔」字。遯卦二陰在下，四陽在上，陰柔之爻逐漸成長，行將消滅上面的陽爻。《集解》引荀爽曰：「陰稱小，浸而長，則將消陽。」蓋以消息說象。程《傳》：「陰長必以浸漸，未能遽盛，君子尚可小貞其道，所謂小利貞，扶持使未遂亡也。遯者，陰之始長，君子知幾，故當深戒。」說理可參考。

❹**遯之時義大矣哉**

《集解》引陸績曰：「謂陽氣退，陰氣將害，隨時遯避，其義大矣。」是以消息立說。又引宋衷曰：「太公遯殷，四皓遯秦之時也。」舉史以明時義。陸、宋皆東漢末年人，陸有《周易述》，宋衷為劉表部屬，有《周易注》。朱震《漢上易傳》：「蓋遯非疾世避俗，長往而不反之謂也；去留遲速，惟時而已。……消息盈虛，循天而行者，豈能盡遯之時義！」則強調時機拿捏之重要。本句總結全段文字，項安世嘗綜而言之。《周易玩辭》：「遯而亨者，聖賢隨時之本義也。小利貞者，聖賢救世之微機也。陰方浸長，世道未至盡亡，尚有可小小扶持之處。天若未喪，亦有興利反正之理。此郭林宗周旋郡國，誘掖人才之意也。孔子之答陽貨，即遯而亨也；仕於季氏，即小利貞也。故曰：遯之時義大矣哉！」郭林宗，名泰，東漢時大儒，與李膺相友。及黨錮之禍，李膺以除奸過當而見戮；郭泰以行事中和得免禍。

語譯

遯卦卦辭首標「亨」字，是說只有隱遁，才能保持生命舒暢，公義伸張。九五以剛爻居陽位而能跟內卦的六二陰陽互應，這表示九五能夠隨著時勢而作適當的行動。固守正道的利益已經很有限了，因為陰暗的力量漸漸成長了。隱遁在時間拿捏方面，意義是非常重要的喲！

附錄古義

《後漢書‧逸民傳序》：「《易》稱『遯之時義大矣哉』；又曰：『不事王侯，高尚其事。』」

是以堯稱則天，不屈潁陽之高；武盡美矣，終全孤竹之絜。」

象傳

天下有山，遯❶；君子以遠小人，不惡而嚴❷。

注釋

❶天下有山，遯

此象頗費解。弼《注》：「天下有山，陰長之象。」殆從消息解之，與艮下乾上無涉。《正義》乃云：「山者陰類，進在天下，即是山勢欲上逼於天，天性高遠，不受於逼，是遯避之象。」揆之艮為山，為少男，謂之「陰類」，恐非《易》旨《注》意。《集解》引崔憬曰：「天喻君子，山比小人。小人浸長，若山之侵天；君子遯避，若天之遠山。」揆諸「仁者樂山，知者樂水」，仍覺譬喻不倫。程《傳》：「山上起而乃止，天上進而相違，是遯避之象也。」亦有未洽。考《集解》引侯果有「高尚林野」句，《郭氏傳家易說》記白雲曰：「自古山林江海，遯世之士多矣！」然則天下有山，為箕山、廬山、棲霞山、天台山之類，乃隱士遯世所居也，故曰天下有山，為可遯居之處也。

❷君子以遠小人，不惡而嚴

遠，去聲，動詞，作疏離解。惡，亦去聲，憎惡也。程《傳》：「遠小人之道，若以惡聲厲色，適足以致其怨忿；惟在乎矜莊威嚴，使知敬畏，則自然遠矣！」說理清楚。至於此句此理與天下有山之象之關係，楊時《龜山易說》：「天下有山，健而止也。其藏疾，也无所拒，然亦終莫之陵也。此君子遠小人之不惡而嚴之象也。」《折中》引其言而案云：「山之高峻者，未嘗絕人而自不可攀躋，故有不惡而嚴之象。楊氏之說，蓋是此意。」雖仍嫌牽強，然諸說中惟此說尚近是。我意：天下有山，則有可遯之處，而遯可遠小人不惡而嚴。分兩段言之，不必將不惡而嚴與天下有山連在一起說。

語譯

天下有的是深山，可以遁世隱居；君子憑此可以疏遠小人，不必顯示憎惡，卻能保持威嚴。

序卦傳

物不可以久居其所❶，故受之以遯；遯者，退也❷。

注釋

❶**物不可以久居其所**

夫婦之道，當然以恆久為貴；但其他事物，每變動不居，與時消息。韓康伯《注》：「夫婦之道，以恆為貴；而物之所居，不可以恆，宜與世升降，有時而遯也。」《正義》、《集解》，皆引其言，別無他說。張栻《南軒易說》：「夫流水不濁，戶樞不蠹；物之久居其所，則蠱而易壞，故受之以遯。遯者，知退而有所遷者也。」《傳家易說》記郭白雲曰：「日月久照，尚有昃食，況萬物乎！久居其所而退者，宜也。」皆能具體舉例而明之。

❷**遯者，退也**

《論語・泰伯》：「危邦不入，亂邦不居。天下有道則見，無道則隱。邦有道，貧且賤焉，恥也；邦無道，富且貴焉，恥也。」這代表儒家遯退思想。《莊子・天地》：「夫聖人……天下有道，則與物皆昌；天下无道，則脩德就閒。」則代表道家思想。皆能闡發遯退之義。

語譯

許多事物都不可能長久地停留在原地不動，所以接在恆卦之後的是遯卦；遯呢，是隱退的意思。

雜卦傳

遯（ㄉㄨㄣˋ）則（ㄗㄜˊ）退（ㄊㄨㄟˋ）也（ㄧㄝˇ）❶。

注釋

❶遯則退也

《集解》：「遯，陰消陽，陽固退。」以消息說之。張栻《南軒易說》：「二陰長，而馴致有害君子之理，故陽當退。」仍從消息而言更詳。再觀六爻：初處遯尾而危厲；二被執而不能脫；三亦被係縛而危厲；至四好遯，君子吉；五為嘉遯，君子貞吉；上為肥遯，無不利。爻愈下愈危厲，愈上愈吉利。蓋處遯之時，知機速退為佳。《折中》引趙玉泉曰：「遯以嘉遯為吉，肥遯為利，欲陽之知所處也。」似已具此義。

語譯

遯卦隱遯，就是退避。

初六爻辭

初六❶：遯尾❷，厲❸，勿用有攸往❹。

注釋

❶初六

當遯初爻為老，他爻皆少，即由遯之同人䷌；或師䷆初爻為少，他五爻皆老，即師之遯：這兩種情形，都以遯初六爻辭占。

❷遯尾

象也。竹書作「腞丌尾」，帛書作「掾尾」。《集解》引陸績曰：「陰氣已至于二，而初在其後，故曰遯尾也。」弼《注》：「遯之為義，辟內而之外者也；尾之為物，最在體後者也。」陸以二陰相較立說，王以全卦六爻立說，王說較佳。程《傳》：「它卦以下為初。遯者，往遯也，在前者先進，故初乃為尾。尾，在後之物也。」蓋肯定王弼說，而言更明。

❸厲

占之一。危也。竹書作「礪」，帛書作「厲」。陸績曰：「避難當在前，而在後，故厲。」程《傳》：「遯而在後，不及者也，是以危也。」案：遯卦辭以二陰逼退四陽取義，且以陽喻君子，陰喻小人。六爻則以處遯之時，退避之遲早立言。見機而及時遯隱為上，在後不及遯者則危。

❹勿用有攸往

占之二，言無須有所往也。竹書作「勿用又卣進」，帛書同今本。《正義》：「危厲既至，則當固窮，危行言遜，勿用更有所往。」以為危險的局面既已來到，逃已逃不走了，徒然帶來災禍而已。當此之時，君子應該固守窮困時應守的氣節，行為高潔，言語謙遜，不必再設法逃脫。「固窮」見於《論語・衛靈公》：「君子固窮，小人窮斯濫矣。」固為固守意。「危行言遜」見於《論語・憲問》：「邦有道，危言危行；邦無道，危行言遜。」危作高潔解。

語譯

遯卦初位是陰爻：在遁逃的隊伍中是最後一名，危險得很，不用往前跑了。

象傳

遯尾之厲，不往何災也❶。

注釋

❶不往何災也

《正義》：「既為遯尾，出必見執，不如不往，不往即无災害。」《本義》：「遯而在後，尾之象，危之道也。占者不可以有所往，但晦處靜俟，可免災耳。」

語譯

逃跑隊伍最後一名既然危險，那麼不跑就算了，有什麼災禍呢？

六二爻辭

六二❶：執之用黃牛之革❷，莫之勝說❸。

注釋

❶六二

當遯第二爻為老，他爻皆少，即由遯之姤䷫；或復䷗第二爻為少，他爻皆老，即復之遯：這兩種情形，都以遯六二爻辭占。

❷執之用黃牛之革

象也。用黃牛皮製成的皮革綑綁了六二。之，指欲遯逃卻被逮捕的六二；革，去毛的獸皮。竹書作「玌用黃牛之革」，帛書作「共之用黃牛之勒」。與初六相較：初六在脫逃隊伍中是最後的一個，雖然與九四相應，但都失位。自知九四幫也幫不了，自己逃也逃不了，所以打定主意不逃。因此環境雖然危險，但是也不致於有災禍。六二在脫逃的隊伍中是緊跟著九三的，又與九五相應。自以為逃得了，於是就逃。沒想到大勢所趨，環境險惡，仍被逮捕。案：以全卦言，初、二皆陰，為逼陽之小人；以六爻言，初、二皆欲遯之君子。《周易玩辭》：「以全卦言之，六二為浸長之陰，逼陽者也；以爻位言之，以六居二，柔順中正，止於其位，蓋君子之固志於下，確然而不拔者也。猶初六亦是初長之陰，在爻位乃為遯尾之君子。」已指出全卦之義與六爻之義有別。再案：弼《注》：「居內處中，為遯之主，物皆遯己，何以固之？若能執乎理中厚順之道以固之也，則莫之勝解。」蓋以六二為執人者，而非被執者。程《傳》：「黃，中色；牛，順物；革，堅固之物。二五以中正順道相與，其固如執係之以牛革也。」更直指所執為居上卦之中與六二相應之九五。後世《易》家，多採王弼、程頤之說，與我所釋不同。異義何妨並存。

❸**莫之勝說**

亦象也。勝音升，盡也；說，假借為脫，音亦為脫。虞翻曰：「莫，无也；勝，能；說，解也。」楚竹書作「莫之勑兌」；漢帛書作「莫之勝奪」。

語譯

遯卦陰爻居第二位，像被黃牛皮帶細綁著似的，沒辦法解脫。

象傳

執用黃牛❶，固志也❷。

注釋

❶**執用黃牛**

為「執之用黃牛之革」的省文。〈小象傳〉釋爻辭，引文有省略之例。

❷**固志也**

言欲遯之志，不因被執而動搖。《傳家易說》記白雲郭氏曰：「六二柔順中正，上應九五，可謂得君之臣矣，而猶執用黃牛，固志何哉？方遯之時，小利貞，不可大事，勿用有攸往；雖應於君，而遯之志不可不固也。是以孔子於定、哀，孟子於齊、梁，非无應也，而其道不可以貶以從時好者，所謂固志也。」《本義》：「以中順自守，人莫能解必遯之志也，占者固守，亦當如是。」《折中》引蔡清曰：「謂自固其志，不可榮以祿也。」大旨略同。蔡清《周易蒙引》之言尤妥貼。程《傳》：「上下以中順之道相固結，其心志甚堅，如執之以牛革也。」則另有別解，可以參考比較。

語譯

即使被黃牛皮帶緊緊綁著，但隱遯的志願卻穩固得很。

九三爻辭

九三❶：係遯❷；有疾，厲❸，畜臣妾，吉❹。

注釋

❶九三

當遯第三爻為老，他爻皆少，即由遯之否䷋；或泰䷊第三爻為少，他爻皆老，即泰之遯：這兩種情形，都以遯九三爻辭占。

❷係遯

象也。楚竹作「係䏲」，漢帛作「為掾」。《釋文》：「係，本或作繫」。九三得位，與上九無應，而下比於二陰，故眷戀著初、二，而遲遲隱遯。《集解》引王肅曰：「三下係于二而獲遯，故曰係遯。」弼《注》：「在內近二，以陽附陰，宜遯而繫，故曰繫遯。」似弼本辭作「繫遯」。《折中》引胡瑗曰：「為遯之道，在乎遠去。九三居內卦之上，切比六二之陰，不能超然遠遯。」程《傳》朱《義》，皆遵此旨。引申凡既欲高遯遠去，又為俗務所羈，皆為係遯。

❸有疾，厲

占也。楚竹作「又疾厲」，帛書與今本同。又、有，古通用。九三當遯，卻留戀二陰，依違猶豫，這就是心病，是很危險的。程《傳》：「陽志說陰，三與二切比，係乎二者也。遯貴速而遠；有所係累，則安能速且遠也，害於遯矣！故為有疾也。遯而不速，是以危也。」船山《易內傳》：「三與二陰合為艮體，艮有止道。二執之固，而三為其所繫，進退不能自決，心戰而疾，危矣！」

❹畜臣妾，吉

占也。楚竹同，漢帛作「畜僕妾吉」。《說文解字》：「妾，有辠女子給事之得接於君者。」僕妾，指男女僕人。程《傳》：「臣妾，小人女子，懷恩而不知義，親愛之則忠其上。係戀之私恩，懷小人女子之道也，故以畜養臣妾則得其心為吉也。」對小人女子，似有所歧視。然孔子已言「唯女子與小人為難養也」，所謂不變之真理，普世之價值，正可藉此而再思。船山《易內傳》：「斯道也，惟以之畜臣妾則可耳。臣妾情順乎己，與之近而撫之，而不失其剛，則既无不孫之憂，而能容以使無怨。畜者，止而養之，艮道也。」引孔子語以釋義，並由艮象而言畜道。個人有個不成熟的看法，「畜臣妾」只是一種韜光養晦，「愚不可及」的遯世方式之一。《論語・公冶長》：「寧武子，邦有道則知，邦無道則愚；其知可及也，其愚不可及也。」示愚正是處無道之邦的一種方式。歷史上相似的故事很多。茲舉二例。一是漢代河間獻王劉德。《史記集解》引《漢名臣奏・杜業奏》曰：「河間獻王經術通明，積德累行，天下雄俊眾儒皆歸之。孝武帝時，獻王朝，被服造次必於仁義。問以五策，獻王輒對無窮。孝武帝艴然難之，謂獻王曰：『湯以七十里，文王百里，王其勉之！』王知其意，歸則縱酒聽樂，因以終。」縱酒聽樂亦是遯世方式之一。更有名的是阮籍的故事，《晉書》記載：「籍本有濟世志，屬魏晉之際，天下多故，名士少有全者，籍由是不與世事，遂酣飲為常。文帝（司馬昭）初欲為武帝（司馬炎）求婚於籍，籍醉六十日，不得言而止。鍾會數以時事問之，欲因其可否而致之罪，皆以酣醉獲免。」酣醉也是遯世方式之一。

語譯

遯卦陽爻在第三位：既眷戀著家人女子，又必須離家隱遯。猶豫徬徨，這種病態是有危險的。只配畜養臣僕侍妾，那倒還有收穫。

象傳

係遯之厲，有疾憊也❶；畜臣妾吉，不可大事也❷。

注釋

❶有疾憊也

憊，疲憊，精神極度疲乏。王肅《注》曰：「病此係執，而獲危懼，故曰有疾憊也。」弼《注》曰：「遯之為義，宜遠小人，以陽附陰，繫於所在，不能遠害，亦已憊矣！宜其屈辱，而危厲也。」

❷不可大事也

《集解》引荀爽曰：「大事謂與五同任天下之政。潛遯之世，但可居家畜養臣妾，不可治國之大事。」楊時《龜山易說》：「遯之時，小利貞而已；剛雖當位，不可大事也，故畜臣妾吉。大貞之，則難將作矣，尚何吉之有？」《折中》「案」云：「不可大事，言未可直行其志，危言危行也。與〈彖〉『小貞吉』，〈大象〉『不惡而嚴』之意皆相貫。」

語譯

又為俗務牽扯，又想遠去隱遯，這種恐懼、險象，真會使人生病而疲累；要只是畜養臣僕侍妾還好，不能夠完成偉大事業。

九四爻辭

九四❶：好遯❷，君子吉，小人否❸。

注釋

❶九四

當遯第四爻為老，他爻皆少，即由遯之漸䷴；或歸妹䷵第四爻為少，他爻皆老，即歸妹之遯：這兩種情形，都以遯九四爻辭占。

❷好遯

象也。楚竹作「好腞」，漢帛作「好掾」。《釋文》：「好，呼報反。」讀去聲，謂愛好也。好遯，謂喜好隱遯，弼《注》：「處於外而有應於內，君子好遯，故能舍之。」以九四在外卦，雖與內卦初六有應，卻能剛毅捨棄初六而隱遯。《集解》引侯果曰：「不處其位，而遯于外，好遯者也。」更以「不處其位」指出九四、初六雖有應而皆失位。張載《橫渠易說》：「有應於陰，不惡而嚴，故曰好遯。」把「好遯」與〈大象傳〉「君子以遠小人，不惡而嚴」連繫起來。《傳家易說》記白雲郭氏曰：「九四好遯，所謂遯世无悶者也，潛龍之義也。」則以乾初連繫遯四。《折中》「案」云：「好者，惡之反也。好遯，言其不惡也。從容以遯，而不為忿戾之行。孟子曰：『予豈若是小丈夫然哉，怒，悻悻然見於其面。』正好遯之義也。」引孟子去齊故事釋好遯之義，則好亦可讀上聲，作善好解。

❸君子吉，小人否

象也。楚竹字亦如此，漢帛「否」作「不」。否，如泰否之否，謂不然也。弼《注》：「君子好遯，故能舍之；小人繫戀，是以否也。」俟果曰：「有應在初，情未能棄。君子剛斷，故能舍之；小人係戀，必不能矣！故君子吉，小人凶矣。」承弼《注》而言更明。程《傳》：「四，乾體能剛斷者，聖人以其處陰而有係，故設小人之戒，恐其失於正也。」九四、初六皆失位，失位而應，缺乏正當性。

語譯

遯卦陽爻居第四位：愛好隱遯也要好好隱遯。君子剛斷而遯，自有收穫；小人眷戀初六，卻不正當。

象傳

君子好遯❶；小人否也❷。

注釋

❶君子好遯

俞琰《周易集說》：「爻辭云：『好遯；君子吉，小人否。』謂君子則吉，小人則不吉也。〈爻傳〉云：『君子好遯，小人否也。』而不及『吉』字，蓋謂唯君子為能好遯，小人則不能好遯也。雖不及吉字，然既好遯，則遯而亨，其吉不假言也。」較論爻辭、〈象傳〉，意甚淺明，不贅。

❷小人否也

《折中》案語云：「謂好遯者身退道亨，在君子固吉矣，然豈小人之福哉？自古君子退避，則小人亦不旋踵而覆敗。是君子之遯者，非君子之凶，乃君子之吉；而致君子之遯者，非小人之泰，乃小人之否也。」

語譯

君子能夠毅然而好好隱遯；小人卻忘記自己立場有失，眷戀著立場同樣有失的初六，不能好好隱遯。

九五爻辭

九五❶：嘉遯❷，貞吉❸。

當遯第五爻為老，他爻皆少，即由遯之旅䷷；或節䷻第五爻為少，他爻皆老，即節之遯：這兩種情形，都以遯九五爻辭占。

注釋

❶**九五**

❷**嘉遯**

楚竹作「嘉豚」，阜陽漢簡作「嘉椽」，漢帛作「嘉掾」。弼《注》：「遯而得正，反制於內，小人應命，率正其志，不惡而嚴，得正之吉，遯之嘉也。」九五在遯之世，以剛爻居陽位而得正，反制內卦之六二，六二與九五陰陽互應，聽從九五之命令，都能端正其心志：這就合乎〈彖傳〉所說「剛當位而應」，〈象傳〉所說「不惡而嚴」了。《集解》引侯果曰：「時否德剛，雖遯中正，嘉遯者也。」程《傳》：「九五中正，遯之嘉美者也。」朱《義》：「剛陽中正，下應六二，亦柔順而中正，遯之剛美者也。」皆未出王弼之範圍。《周易玩辭》：「四與初皆不得其正，故其相應也謂之好，言以情合也；五與二皆中而正，故其相應也謂之嘉，言以禮合也。」辨好遯與嘉遯之異同甚是，為吳澄《易纂言》所從。案：〈文言傳〉釋乾「元亨利貞」四德云：「亨者，嘉之會也。」又云：「嘉會足以合禮。」遯九五言「嘉遯」，即遯卦辭「遯亨」之意，遯以九五為主爻也。

❸**貞吉**

程《傳》：「處得中正之道，時止時行，乃所謂嘉美也，故為貞正而吉。」《周易玩辭》：「當遯之時，好與嘉皆不當顧，惟當遯去也。四為不正，未必能遯，故有君子小人之戒；五能正者也，故又以貞吉勉之。」案：九五為遯卦主爻，故卦、爻義近。《折中》引龔煥曰：「嘉遯貞吉，即〈彖傳〉所謂遯而亨也；五當位而應，與時偕行者也。」已作較論。

語譯

遯卦陽爻居五位：與六二都居中得正，相互接應，能美好地隱遯；遵守正常的道理，自然有收穫。

象傳

嘉遯貞吉，以正志也❶。

注釋

❶以正志也

九五與六二相應。〈象傳〉於六二曰「固志」，是固其欲遯之志；於九五曰「正志」，是正其必解六二牛革之執，嘉會以禮之志。處遯之世，不但自己能遯，更須解救親人同遯，此所以為嘉遯也。侯果曰：「遯而得正，則群小應命，所謂紐已紊之綱，正群小之志。」蓋亦本弼《注》，可以參考。

語譯

爻辭說的，美好地過隱遯的日子，遵照正道，自然獲吉，是警惕自己要堅守隱遯的心志，並且幫助親友建立正確的心志，一起隱遯啊！

上九爻辭

上九❶：肥遯❷，无不利❸。

當遯上爻為老，他爻皆少，即由遯之咸䷞；或損䷨上爻為少，他爻皆老，即損之遯：這兩種情形，都以遯上九爻辭占。

注釋

❶**上九**

❷**肥遯**

象也。楚竹作「肥豚」，漢帛作「肥掾」。張衡〈思玄賦〉引作「飛遁」，曹植〈七啟〉引作「飛遯」，參附錄古義。晁說之《古周易》云：「陸希聲本作『飛遯』。」李富孫《易經異文釋》引姚寬曰：「肥字古作蜚，與古蜚字相似，即今之飛字。」上九居卦之最高位，與內卦九三無應，有高飛隱遯之象。弼《注》：「最處外極，无應於內，超然絕志，心无疑顧，憂患不能累，矰繳不能及：是以肥遯无不利也。」矰繳是繫絲射鳥之具，所以不能及，即因高飛能遯也。朱《義》：「以剛陽居卦外，下无係應，遯之遠而處之裕者，故其象、占如此。肥者，寬裕自得之意。」以肥為寬裕，說可並存。

❸**无不利**

占也。《集解》引侯果曰：「最處外極，无應于內，心无疑戀，超世高舉，果行育德，安時无悶，遯之肥也，故曰：肥遯无不利。」《折中》亦引此條，文字略有出入，而題名為「侯行果」。馬國翰《玉函山房輯佚書》於《周易侯氏注》序云：《唐書・儒家列傳・褚無量傳》嘗提及「國子博士侯行果，意侯行果即侯果，唐人多以字行，果名而行果其字也」云云。此解大抵依從弼《注》。關於遯卦六爻，項安世嘗作分析，《周易玩辭》：「遯下三爻，艮也。艮主於止，故為不往，為固志，為係遯。上三爻，乾也。乾主於行，故為好遯，為嘉遯，為肥遯。在下位而不往者，柳下惠也；在內而能固其志者，季札子臧也；當遯而猶係者，大夫種也；乘相好之時而遯者，范蠡也；已為嘉耦而猶遯者，子房也；在事物之外，肥而無憂者，四皓兩生也。」

語譯

遯卦最上面的是陽爻：高飛遠遁，與內卦初二兩陰爻有最寬裕的距離；跟小人既無任何牽扯，也就沒有任何不利的因素。

附錄古義

《後漢書・張衡傳・思玄賦》：「心猶與而無疑兮，即岐阯而抒情。文君為我端著兮，利飛遁以保名。」唐・李賢注：「岐阯，山足也，周文王所居也。文君，文王也。《周易・遁卦上九》曰：『肥遁無不利。』《淮南九師道訓》曰：『遁而能飛，吉孰大焉！』」

《文選・曹子建七啟》：「玄微子隱居大荒之庭，飛遯離俗，澄神定靈，輕祿傲貴，與物無營，耽虛好靜，羨此永生，獨馳思乎天雲之際，無物象之能傾。」呂向注：「飛遯，《易》卦也，取其隱遯之義爾。」

象傳

肥遯无不利，无所疑也❶。

注釋

❶无所疑也

程《傳》：「蓋在外則已遠，无應則无累，故為剛決无疑也。」趙汝楳《周易輯聞》：「四陽之中，三係于陰，四、五應于陰，皆不能不自疑；至上則疑慮盡亡，蓋无有不利者矣。」程主由本爻說，趙則較論四陽說，合而觀之，則其義更周全。

語譯

高飛遠遁，沒有任何不利的因素，因為與內卦二陰既非比鄰又不相應，沒有任何可懷疑的地方。

大壯卦經傳通釋第三十四

卦辭

䷡乾下震上大壯（ㄉㄚˋ ㄓㄨㄤˋ）❶：利貞（ㄌㄧˋ ㄓㄣ）❷。

注釋

❶ ䷡乾下震上大壯

帛書作泰壯，大為本字，泰為假借字。陽爻稱大，壯為強壯。自消息言之，復䷗一陽初生；臨䷒剛漸成長；泰䷊小往大來，三陽開泰；大壯自泰三息四，則陽生息更大壯。《集解》引虞翻曰：「陽息泰也。」就是此意。自卦象言之，乾下為天，震上為雷；雷鳴天上，何其壯哉！自卦德言之，乾下為健，震上為動；健而能動，壯舉乃大。程《傳》：「為卦震上乾下，乾剛而震動，以剛而動，大壯之義也；剛陽大也，陽長已過中矣，大者壯盛也；又雷之威震，而在天上，亦大壯之義也。」已概括此消息、卦象、卦德三義。船山《易內傳》：「大，謂陽也；壯者，極其盛之辭。陽道充實，而嚮於動，志盈氣盛，而未得天位，則為彊壯有餘，而未乘乎時之象。故僅言其壯，若有勉之惜之之辭焉。」釋字義甚確，並指出大壯猶有所憾。案：《釋文》：「壯，馬（融）云傷也。郭璞云：今淮南人呼壯為傷。」《集解》引虞（翻）亦曰「壯，傷也」。近人于省吾《雙劍誃易經新證》云：「『壯』均應讀如『從或戕之』之『戕』。壯、戕並諧爿聲，故相通借。……《易》凡言戕均謂兌。兌為毀折，故為傷也。大壯初至五為大兌象。故初九云傷于前趾，九四云傷于大輿之輹。」異說錄以備考。當大壯六爻皆少，也就是本卦、之卦都是大壯；或觀䷓六爻皆老，也就是觀之大壯：這兩種情形，都以大壯卦辭占。

❷利貞

貞含正、常二義。《易》多以得位為正，但大壯得位三爻皆不利，而失位三爻皆利，則不以得位為利也可知。項安世《周易玩辭》云：「正字亦有大小二義。有以事理得中為正者，有以陰陽當位為正者。剛以柔濟之，柔以剛濟之，使不失其正，此事理之正也；以剛處剛，以柔處柔，各當其位，此爻位之正也。大壯之時，義以事理為大，其所謂利貞者，利守事理之正，故曰大者正也，明不以爻位言也。是故九二、九四、六五三爻，不當位而皆利；初九、九三、上六三爻，當位而皆不利。又於九二、九四爻辭明言貞吉，於初九、九三爻辭明言征凶、貞厲。蓋二四於事理為正，故其正也利；初與三，以爻位為正，故其正也不利。由此觀之，則卦辭所利之貞在大而不在小明矣。」大抵《易》主中和平衡，大壯陽剛本已過中，倘更以剛濟剛，則過於威猛，民不堪也。爻辭、〈小象〉之注釋，當一一言之。又卦辭僅言利貞而未言元亨。前人有二說。朱熹《周易本義》：「陽壯，則占者吉亨不假言，但利在正固而已。」船山《易內傳》：「乾之四德，大壯所可有。不言元亨者，以未得天位，尚不足以統天而達其雲行雨施之大用也。」二說皆可商，讀者參閱全卦，試自思之！

語譯

三畫的乾在下，三畫的震在上，重疊而成六畫的大壯卦。陽剛之氣浩然茁壯，宜於遵守化育萬物、造福萬民的正道。

附錄古義

《左傳・昭公三十二年》：「史墨曰：『社稷無常奉，君臣無常位，自古以然。故《詩》曰：「高岸為谷，深谷為陵。」三后之姓，於今為庶，主所知也。在《易》卦，雷乘乾曰大壯：天之道也。』」

《後漢書・郎顗傳》：「顗條便宜云：『孔子曰：「雷之始發大壯始，君弱臣強從解起。」今月九日至十四日，大壯用事，消息之卦也。於此六日之中，雷當發聲；發聲則歲氣和，王道興也。』」

《續漢書・輿服志上》：「後世聖人觀于天，視斗周旋，魁方杓曲，以攜龍角為帝車；於是乃曲其輈，乘牛駕馬，登險赴難，周覽八極。故《易》震乘乾謂之大壯：言器莫能有上之者也。」

彖傳

大壯，大者壯也❶。剛以動，故壯❷。大壯利貞，大者正也❸。正大則天地之情可見矣❹。

注釋

❶大者壯也

此釋大壯卦名，謂陽剛之氣化育萬物之壯盛也。陽稱大，陰稱小，故泰卦䷊卦辭曰「小往大來」，否䷋卦辭曰「大往小來」。弼《注》：「大者，謂陽爻。」《集解》引侯果曰：「此卦本坤，陰柔消弱，剛大長壯，故曰大壯也。」更以消息言之。《郭氏傳家易說》記白雲郭雍曰：「凡天地萬物大者之壯俱為大壯；徒用壯而已，非大壯也。德之大者，无踰於天。自人道言之，人得天德而動，壯之所以大也。」說大壯而推本於天德，於理尤精。

❷**剛以動，故壯**

此以大壯下上二體釋卦名言壯之故，乾下為剛，震上為動也。《集解》引荀爽曰：「乾剛震動，陽從下升，陽氣大動，故壯也。」程《傳》：「陰為小，陽為大。陽長以盛，是大者壯也。下剛而上動，以乾之至剛而動，故為大壯。為大者壯而壯之大也。」以大壯具大者壯與壯之大二義。張浚《紫巖易傳》：「乾剛動於上，陽氣振達，萬物滋生。聖賢法之，功利以興。孟子曰：『以直養而無害，則塞乎天地之間。』言君子剛動之德配天地，不可屈也。」郭雍曰：「且強梁以動者，雖无不壯，其或窮人欲而滅天理，則性善梏亡，天德於是失之矣，雖壯而非大也。故必得天之剛德而動，而後謂之大壯。」皆以剛為天之剛德，而聖人法天，人德得自天德云。

❸**大者正也**

此釋卦辭「大壯利貞」。大者為陽。大壯之時，陽首宜壯，故言「大者壯也」；次宜貞正，故又言「大者正也」。單言大壯，或有過於剛猛之嫌，恐流於暴君、強梁。必兼言貞正，始能免於驕奢淫泆，獨裁專權。上文「大者壯也」，所說陽剛壯盛只是一種「現象」，現象的描述為知識的第一層次；此處「大者正也」，所說大陽利正，已涉及是非價值之判斷，為知識的第二層次，進而則為行動之實踐。呂大臨《易章句》：「大者壯，體大而勢盛也；大者正，體大勢盛而无邪僻也。天地之體大矣，勢盛矣，情正矣。」分辨「大者壯」與「大者正」之別，且以為大是體，壯盛為勢，貞正為情云。郭雍曰：「大者，天也；正則天之德也。」

❹**正大則天地之情可見矣**

大壯為陽剛之氣化育萬物造福萬民之壯盛，前已言之。而大壯之大，既為壯，又為正，則兼正大、壯大二者，乃可見天地化育萬物壯盛之情者也。《紫巖易傳》：「天地之情異乎天下之私情，正大而萬物敷生焉。何哉？天地不壯，無以成動出之功；君子不壯，無以立朝廷之治；元氣不壯，無以保一身之安。陽勝陰，剛勝柔，君子勝小人，正氣勝邪氣，皆大者壯也。惟不貞，則必暴，必折，必拂常，必逆理，而違厥中。何以生？何以治？何以強？茲大壯所以貴於正與大。春之中，陽氣振達，羣動欣榮，正大之功也。大之得正，蓋以能復用其中而已，而其情則本於生物，異乎天下私情也。」強調壯與貞之重要，並由大壯於消息為二月之卦，乃春之中，陽氣振達，群動欣榮，可見天地之情，正大之功云云。其以陽、剛、君子、正氣為一類，以陰、柔、小人、邪氣為一類，似為朱熹倡「陽主義，陰主利」之先聲，於王夫之、熊十力似均有影響。船山《易內傳》：「正大，正其大也。此言人能正其大者，則可以見天地之情，而不為陰陽之變所惑也。天地之化，陰有時而乘權，陽有時而退聽。而生者，天地之仁也；殺者，物之量窮而自槁也。大體者，天地之靈也；小體者，物欲之交也。君子者，受命而以佑小人者也；小人者，違命以干君子者也。人惟不先立乎其大者，以奮興而有為，則玩生殺之機，以食色為性，以一治一亂為數之自然，則陰干陽，欲戕理，濁溷清，而天地之情晦蒙而不著。惟君子積剛以固其德而不懈於動，正其生理以止殺，正其大體以治小體，正君子之位以遠小人，則二氣絪縕不已，以陽動陰，生萬物而正其性者深，體其至大至剛不容已之仁而灼見之矣。故大壯之壯，惟其利貞，而二陰據上，不足為之累也。」船山以正大為「正其大」，與紫巖以正大為「大之得正」不同。然船山以陽、理、清為一類，陰、欲、濁為一類，與紫巖所言相似。至於船山區別「天地之情」、與「陰陽之變」、「一治一亂」之異，突破循環論之曲見，則遠邁前哲，熊十力頗受船山影響。熊十力之說，我在坤、否二卦卦辭注釋中已詳言之，此不贅引。案：〈彖傳〉於復卦曰：「復其見天地之心乎？」蓋為疑問語氣；於大壯卦曰：「正大而天地萬物之情可見矣！」則為肯定語氣。胡炳文於是有說。《周易本義通釋》曰：「心未易見，故疑其辭曰『復其見天地之心乎』，情則可見矣，故直書之。人能情天地之情，動孰非禮？人能心天地之心，動之端孰非仁？愚嘗謂孟子養氣之論自此而出。大者壯也剛以動，即是『其為氣也至大至剛』；大者正也，即是『以直養而無害』。」其說甚是。考《孟子・盡心上》：「盡其心者，知其性也；知其性，則知天矣！」首先言及心性。張載《正蒙・太和篇》：「合性與知覺，有心之名。」《性理拾遺》引張子曰：「心統性情者也。」朱熹與學生問答，每言及此。《朱子語類》錄廖謙所記朱熹之言曰：「橫渠說得最好，言『心統性情者也』。孟子言『惻隱之心仁之端；羞惡之心義之端』，極說得性情心好。」又錄曰：「惻隱、羞惡、是非、辭遜是情之發；仁、義、禮、智是性之體。」又程端蒙所記：「心之全體湛然虛明，萬理具足。……以其未發而全體言之則性也；以其已發而妙用者言之則情也。」胡炳文私淑於朱熹，為朱子《周易本義》作《通釋》。其言「心未易見」，蓋心湛然虛明，其未發之性體有未易見者；而已發妙用之情則可見者也。

語譯

所謂大壯，是指能化育萬物，造福萬民的強大的陽春氣息勃然壯盛。剛強而且具有旺盛的活動力，所以雄壯。所謂「陽剛之氣浩然茁壯，宜於遵守化育萬物、造福萬民的正道」，因為「偉大」，不僅指涉雄壯，更要符合正義。正義而偉大，雄壯而偉大，那天地化育萬物的情態就可以顯現了！

象傳

雷在天上，大壯❶；君子以非禮弗履❷。

注釋

❶雷在天上，大壯

大壯卦乾下為天，其德剛健；震上為雷，其德動而善鳴。雷在天上，剛健而動鳴，此所以能聲勢大壯也。

弼《注》：「剛以動也。」即以卦德明卦象。孔《疏》：「震雷為威動，乾天主剛健；雷在天上，是剛以動，所以為大壯。」若以消息言之，陽氣發展到上卦，是陽大壯威之象。《集解》引崔憬曰：「乾下震上，故曰雷在天上。一曰：雷，陽氣也。陽至於上卦，能助於天威，大壯之象也。」已綜合上下二體卦象，及全卦陰消陽息而言之。

❷君子以非禮弗履

天上雷聲大作，威勢壯烈，恆使人恐懼驚怖。君子因此自我修省，不敢行不合禮制之事，此本甚易理解。但震卦〈象傳〉已曰：「洊雷震；君子以恐懼脩省。」古人或因欲與震卦區分，故多別解。《集解》引陸績曰：「天尊雷卑，君子見卑乘尊，終必消除，故象以為戒，非禮不履。」以震為長子，乾為父，子居父上，是卑乘尊。然陽息之卦，大壯之後為夬䷪，夬之後為乾，是陰爻終必消除，故引以為戒。其曲解固不待言。王弼《注》：「壯而違禮則凶，凶則失壯也。」蓋以老子禍福倚依說之，亦嫌附會。伊川《易傳》：「君子之大壯者，莫若克己復禮。古人云『自勝之謂強』。」朱熹《本義》亦曰：「自勝者強。」皆深入而牽強。唯《朱子語類》：「或問伊川『自勝者為強』之說如何？曰：雷在天上，是甚威嚴。人之克己，能如雷在天上，則威嚴果決，以去其惡，而必於為善。」已較合〈象傳〉本意。

語譯

雷聲在天上發出巨響，上天的威嚴何其雄壯；君子因而警惕，不合天地體制的事，不要去做。

附錄古義

《三國志・魏書・管輅傳》見謙〈大象傳〉附錄古義。

繫辭傳

上古穴居而野處❶，後世聖人易之以宮室❷，上棟下宇，以待風雨❸，蓋取諸大壯❹。

注釋

❶上古穴居而野處

上古相對於下句「後世」而言，謂遠古、早先也。穴居，居於洞穴；野處，處於荒野。孔《疏》：「未造此物之前，已更別有所用，今將後用而代前用，欲明前用所有，故本之云上古或古者。」釋上古甚明。《禮記．禮運》：「昔者先王未有宮室，冬則居營窟，夏則居橧巢。」似初民冬穴居而夏野處。張栻《南軒易說》：「冬則穴居以避其寒；夏則野處以避其暑。」徐幾《易輯》云：「冬穴居無以待風；夏野處無以待雨。」殆皆據《禮記》而云然。

❷後世聖人易之以宮室

《韓非子．五蠹》：「上古之世，人民少而禽獸眾，人民不勝禽獸蟲蛇，有聖人作，構木為巢以避羣害，而民悅之，使王天下，號曰有巢氏。」這一記載，不但說明了「後世聖人」可能就是傳說中的有巢氏；更重要的是：聖人是具有創造力，能為民去害造福的人，而且為民所「悅」，「使王天下」，被推舉為人民的領導者。《禮記．樂記》：「作者之謂聖。」《大戴禮記．誥志》：「物備興而時用常節曰聖人。」《春秋繁露．五行五事》：「聖者，設也。王者心寬大無不容，則聖能設施，事各得其宜也。」皆可如此理解。宮、室，古同義，指房屋。《爾雅．釋宮》：「宮謂之室，室謂之宮。」案：今考古發現新石器時代許多遺址，如良渚古城遺址，總面積約二九〇多萬平方公尺，約與北京頤和園面積相當。時代約在西元前三三〇〇年至前二二〇〇年。由穴居野處而至建構宮室，代表文明的進步。

❸上棟下宇，以待風雨

棟，屋中的正樑，往上支撐著屋頂；宇，屋簷，引導雨水下流。待，對待，應付。蔡淵《周易卦爻經傳訓解》：「棟，屋脊檁也；宇，椽也。棟直承而上，故曰上棟；宇兩垂而下，故曰下宇。棟取四剛義；宇取二柔義。」

❹蓋取諸大壯

在有六十四卦之前，早有宮室，說宮室上棟下宇，取法大壯，當然不符史實。但古代《易》爻，陰爻不作--，而作八。所以大壯六爻便作八八☰，倒真令人容易聯想到宮室屋宇。清人崔述《洙泗考信錄》：「不過言其理相通耳，非謂必規摹此卦然後能制器立法也。」可從。司馬光《溫公易說》：「風雨動于上，棟宇健于下，大壯之象也。」《南軒易說》：「棟則上之而有所承；宇則下之而有所覆，然震雷風雨賴其帡幪，則為壯也亦大矣。蓋大壯之成卦，二陰在上，有風雨之象；四陽在下，有棟宇之象。姑取其壯而已，非取其宮室之美而丹楹刻桷也。」皆僅說其象徵之理，而未肯定觀象制器之事。

語譯

遠古時代人們冬天住在洞穴中，夏天處在荒野，後世具有創造力的領導人，教導人們以建築房屋來取代，上面有屋棟，下面有屋簷，來應付風雨，也許就是由大壯䷡上面兩個陰爻，下面四個陽爻，樣子有些相似而得來的聯想吧！

序卦傳

物不可以終遯❶，故受之以大壯❷。

注釋

❶物不可以終遯

遯卦辭曰：「遯，亨。」〈彖傳〉：「遯亨，遯而亨也。」〈象傳〉：「遯，君子以遠小人，不惡而嚴。」就遯卦經傳觀之，當遯之時，君子欲與小人保持距離，並未喪失威嚴，終能獲致亨通，是不可以終遯。君子如此，萬物亦然。韓康伯《注》：「遯，君子以遠小人，遯而後亨，何可終邪！」即用此意。

❷故受之以大壯

韓《注》：「陽盛陰消，君子道勝。」程《傳》：「遯者，陰長而陽遯也；大壯，陽之壯盛也。衰則必盛，消息相須，故既遯則必壯，大壯所以次遯也。」

語譯

事物不可能永遠退避、忍讓，所以接在遯卦後面的是大壯卦。

雜卦傳

大壯則止❶。

注釋

❶ **大壯則止**

儒家講求中庸之道。《論語・先進》記子貢問：「師（子張）與商（子夏）也孰賢？」孔子回答說：「師也過，商也不及。」子貢再問：「然則師愈（賢能些）與？」孔子說：「過猶不及。」又記孔子回答公西華說：「求（冉求）也退，故進之；由（子路）也兼人，故退之。」《周易》大壯䷡與遯䷠一正一反，固可以消息說解，然亦含中庸之道。《集解》：「大壯止陽，陽故止；遯陰消陽，陽故退。」《南軒易說》：「四陽長而不可過，故大壯則止也；二陰長而馴致有害君子之理，故陽當退。」皆可以消息與中庸之道視之。《郭氏傳家易說》記白雲曰：「壯不知止，小人之壯也；君子之壯則有止。遯之退，大壯之止，皆克己之道。」更拈出克己二字，則中庸之義更顯明。

語譯

陽剛之氣浩然茁壯，那就適可而止吧！

初九爻辭

初九❶：壯于趾❷。征凶，有孚❸。

注釋

❶初九

當大壯初爻為老，他爻皆少，即由大壯之恆䷟；或咸䷞初爻為少，他五爻皆老，即咸之大壯：這兩種情形，都以大壯初九爻辭占。

❷壯于趾

象也。趾，帛書作「止」，止為趾字初文，甲文作，像足趾之形。初爻稱趾：噬嗑䷔初九「屨校滅趾」，賁䷕初九「賁其趾」，夬䷪初九「壯于前趾」，鼎䷱初六「鼎顛趾」，艮䷳初六「艮其趾」，所言「趾」皆指初爻。蓋趾在人體為最下，猶初爻於卦為最下也。此言「壯于趾」者，謂強壯表現在前進的腳趾上。弼《注》：「在下而壯，故曰壯于趾也。」程《傳》：「初陽剛乾體而處下，壯于進者也。在下而用壯，壯于趾也。」朱《義》：「趾在下而進動之物也，剛陽處下而當壯時，壯於進者也，故有此象。」

❸征凶，有孚

占也。帛簡僅存「有復」二字；帛書作「正凶有復」。征、正，古可通用。復，有往來、歸還、反覆等意。孚，有信、必、俘等意。孚、復二字，古亦有通用之例。此四字句讀有二。其一，以「征凶有孚」四字為句，亦存多義。弼《注》：「居下而用剛壯，以斯而進，窮凶可必也。」蓋以進釋征字，以必釋孚字，以為用剛而進，窮凶有必然性。程《傳》：「九在下用壯而不得其中。夫以剛處壯，雖居上猶不可行，況在下乎？故征則其凶有孚。孚，信也；謂以壯往則得凶可必也。」以孚本為信，引申為必。弼注〈象傳〉「其孚窮也」亦嘗以孚為信。此一義也。另馬融、虞翻既以「壯」義為傷，近人頗有以孚為俘者。張立文《周易帛書今注今譯》：「初九，傷了腳趾，出去征伐則凶，但仍有所俘獲。」即其一例。此又一義也。若以孚字當依阜簡、帛書作「復」，則似可釋為：出去征伐則有凶險，但仍有返歸者。此亦可成一義。其二，以「征凶」、「有孚」為二句。吳澄《易纂言》：「征凶，占也。恃陽之壯盛，而猛於前進，非善處壯者也，故以征則凶。」又曰：「有孚，占也。四為壯之主，牽聯四陽以進。以同德同位而孚於初，志在同進也。」以初在內卦第一位，四在外卦第一位，又同為九，是同德同位，互信同進者。船山《易內傳》：「初以四與己同道，遂感之而與俱動，壯以趾而已。妄動必折，故凶；惟其恃四之孚也。」說與吳澄相近。又李鏡池《周易通義》：「這是兩次占。一占出獵不利，與傷了腳趾相應；一占出獵有所獲。」皆以「征凶」為一句；「有孚」為一句。案：大壯初九為乾下初爻，非中而與九四無應，本當潛龍勿用，遯世無悶；今逞其剛壯，貿然前進，其凶信而無疑。如以史事言之，大約如子路之赴於衛君之難。《史記・仲尼弟子列傳》：「孔子聞衛亂，曰：『嗟乎！由死矣！』已而果死。」子路（仲由）殆有孚之信士也！故此句句讀雖二，仍可調和說之。

語譯

大壯卦初位是陽爻：從腳趾就開始蠢蠢欲動，貿然前進，必凶無疑。雖然前進有凶險，但信守承諾。

象傳

壯于趾，其孚窮也[1]。

注　釋

❶其孚窮也

弼《注》：「言其信窮。」程《傳》：「可必信其窮困而凶也。」前人之說大多如此。我既以子路死於衛難釋爻辭矣，今更以尾生釋「其孚窮也」。《莊子‧盜跖》：「尾生與女子期於梁下，女子不來，水至不去，抱梁柱而死。」尾生亦信人也，有孚，然窮凶而死。《易纂言》：「雖其有孚，亦必窮困。」亦此意也。

語　譯

從腳趾開始就蠢蠢欲動，他的信守承諾使他走上窮途末路啊！

九二爻辭

九二❶：貞吉❷。

注釋

❶九二

當大壯第二爻為老，他爻皆少，即由大壯之豐䷶；或渙䷺第二爻為少，他爻皆老，即渙之大壯：這兩種情形，都以大壯九二爻辭占。

❷貞吉

占也。大壯九二居中而失位，所以能貞吉者，王弼以為「履謙不亢」故。《注》曰：「居得中位，以陽居陰，履謙不亢，是以貞吉。」並以貞吉為既貞又吉之意。朱熹以為戒其守正，方能得吉。《本義》云：「以陽居陰，已不得其正矣；然所處得中，則猶可因以不失其正。故戒占者，使因中以求正，然後可以得吉也。」蓋以貞為吉之前提。案：大壯九二類似乾九二。〈文言傳〉：「九二曰：『見龍在田，利見大人。』何謂也？子曰：『龍德而正中者也。庸言之信；庸行之謹。閑邪存其誠；善世而不伐；德博而化。《易》曰：「見龍在田，利見大人。」君德也。』」龍德而正中，即貞。其方法，則日常言語亦求信實；日常行為也要謹慎。防止誘惑以存養德性；改善世俗而不自誇；大德普施而能化民成俗。能如此，必吉。

語譯

大壯卦陽爻居第二位：以剛居柔，地位尷尬，必須遵守常規正道，才有收穫，這才是正確而吉祥的作法。

象傳

九二貞吉，以中也❶。

注釋

❶以中也

程《傳》：「所以貞正而吉者，以其得中道也。中則不失正，況陽剛而乾體乎！」此《周易》之中庸哲學。朱震《漢上易傳》：「《中庸》曰：『中立而不倚，強哉矯！』其九二乎！」船山《易內傳》：「所謂中者，對外而言。九二以庸德為健，行內修之盡；非施健於外，以陵物為壯也。」皆得中庸之旨。

語譯

九二這一爻所以能夠做得既正確又有收穫，憑著的是行為合乎中庸之道啊！

九三爻辭

九三❶：小人用壯，君子用罔❷。貞厲❸。羝羊觸藩，羸其角❹。

注釋

❶九三

當大壯第三爻為老，他爻皆少，即由大壯之歸妹䷵；或漸䷴第三爻為少，他爻皆老，即漸之大壯：這兩種情形，都以大壯九三爻辭占。

❷小人用壯，君子用罔

占也。高亨以為「說事之辭」。罔，帛書作「亡」。《釋文》：「罔，羅也。馬（融）、王肅云『无』。」罔，初但作网，為象形字。或加亡為聲符作罔，後更加形符糸作網。是罔之本義為網羅之網；而古書罔字每與亡、无假借通用。於是此句句義亦有二說。弼《注》：「處健之極，以陽處陽，用其壯者也。故小人用之以為壯，君子用之以為羅己者也。」《釋文》「罔羅」義殆從王弼。呂大臨《易章句》：「罔謂羅制其奔軼也。」船山《易內傳》：「九三與上六相應。小人見君子之壯而欲用之，而九三因欲網羅之以為己應。」皆採罔羅義，此一說也。朱震《漢上易傳》：「小人處極剛而有應，必用其壯，故曰小人用壯。君子處此，自守其正，有剛而不用。《太玄》曰：『罔者，有之舍（也）。』罔非无也，有在其中矣！故曰君子用罔。」《太玄》，揚雄著，引文在〈太玄文〉篇，鄭萬耕《太玄校釋》以〈太玄文〉「相當於《周易・文言傳》」云。揚雄之前，京房亦以罔為不用，參見〈象傳〉「君子罔也」注釋。馬、肅云「无」，殆從京房、揚雄。《折中》引胡瑗曰：「九三處下卦之上，當乾健之極，以陽居陽，是強壯之人也。以小人乘此，則必恃剛強陵犯於人，雖至壯極而不已，是用壯者；君子則不然，雖壯而不矜，雖大而不伐，罔而不用其壯也。」亦以罔為亡，為不用之意。安定先生胡瑗，北宋時人，任教於太學時，程頤為太學生，知契獨深。著有《安定易解》，或云門人倪天隱所纂，又稱《安定周易口義》云。程《傳》：「小人尚勇，故用其壯勇；君子志剛，故用罔，罔，无也，猶云蔑也。」朱熹《本義》：「罔，无也，視有如无。」皆以罔為无，此又一說也。嘗讀陳之藩〈把酒論詩〉，內敘雷寶華所撰一聯：「理直氣和，義正辭婉；境由心造，事在人為。」理直氣壯，義正辭嚴，小人用壯也；理直氣和，義正辭婉，君子用罔也。以此自勉，而每愧未能。

❸貞厲

占也。孔穎達《正義》：「以壯為正，其正必危，故云貞厲也。」《周易玩辭》：「大壯之時，方以過剛為戒，位愈正則愈危矣！」大壯九三，陽爻居陽位，本為得位得正；然「三多凶」，故猶乾九三：「君子終日乾乾，夕惕若，厲无咎。」必須戒慎如此。尤其時值大壯，與上六有應，若以時勢助我，高層應我，一有怠忽，必陷危局，可不謹乎！

❹羝羊觸藩，羸其角

象也。羝羊，三歲的公羊。藩，藩籬。羸，拘纍纏繞。就象而言，李鼎祚《集解》「案」云：「自三至五，體兌為羊，四既是藩，五為羊角；即羝羊觸藩羸其角之象也。」《朱子語類》：「此卦多說羊，羊是兌之屬。季通說：這箇是夾住底兌卦，兩畫當一畫。」此條是夔淵所錄。季通，蔡元定之字，說可與《集解》互補。程《傳》：「羊喜觸藩籬，以藩籬當其前也。蓋所當必觸，喜用壯如此，必羸困其角矣！猶人尚剛壯，所當必用，必致摧困也。」說義甚明。案：〈文言傳〉釋乾九三云：「九三，重剛而不中，上不在天，下不在田，故乾乾因其時而惕，雖危无咎矣。」可移此說明羝羊觸藩困境之因及其解救之道。

語譯

大壯九三陽爻居第三位：小人每每理直氣壯，義正辭嚴，得理不饒人；君子卻是理直氣和，義正辭婉，不用盛氣凌人。立場正確，有時也是險境。就像三歲的公羊，一意向前，衝撞到籬笆，角被拘纏到一樣。

象傳

小人用壯；君子罔也❶。

注釋

❶**小人用壯；君子罔也**

《漢上易傳》引京房曰：「壯不可極，極則敗；物不可極，極則反。故曰：羝羊觸藩羸其角。壯一也，小人用之，君子有而不用。故曰：小人用壯，君子罔也。」《周易玩辭》於「君子罔也」條云：「君子用罔，說者不同。然觀爻辭之例，如：小人吉；大人否，亨。君子吉；小人否。婦人吉；夫子凶：皆是相反之辭。似難與小人同貶也。又〈象辭〉曰：『小人用壯；君子罔也。』全與『君子好遯；小人否也。』句法相類。《詩》、《書》中罔字與弗字、勿字、毋字通用，皆禁止之義也。」說理解字已明，不贅。

語譯

小人得理不饒人，常常理直氣壯；君子理直氣和，不以盛氣凌人。

九四爻辭

九四❶：貞吉，悔亡❷；藩決不羸❸，壯于大輿之輹❹。

注釋

❶九四

當大壯第四爻為老，他爻皆少，即由大壯之泰䷊；或否䷋第四爻為少，他爻皆老，即否之大壯：這兩種情形，都以大壯九四爻辭占。

❷貞吉，悔亡

占也。貞為吉之前提，九二「貞吉」注釋已言之；貞吉又為悔亡之前提。弼《注》：「下剛而進，將有憂虞。而以陽處陰，行不違謙，不失其壯，故得貞吉而悔亡也。」略有此意。呂大臨《易章句》：「九四處三陽之上，居動之始，壯之甚者；而以陽居陰，亦以謙居壯者也。壯宜有悔，由謙故貞吉。貞吉，悔乃亡也。」承弼意而所言尤明。案：九二但言「貞吉」，而九四言「貞吉悔亡」者，九二尚在下卦而九四已躍至上卦故也。又九二、九四皆失位而云吉，王弼《周易略例．卦略》：「大壯：未有違謙越禮能全其壯者也，故陽爻皆以處陰位為美。用壯處謙，壯乃全也；用壯處壯，則觸藩矣！」朱熹亦以此大壯卦中，九二、九四為「爻之好者」。《朱子語類》：「此卦爻之好者，蓋以陽居陰，不極其剛。而前遇二陰，有藩決之象，所以為進；非如九二前有三四二陽，隔之不得進也。」蓋二、四皆能「以陽處陰，不極其剛」也。

❸藩決不羸

象也。帛書作「璠块不羸」。九三前面還有九四，像公羊衝撞堅硬的籬笆，連角都被拘纏住；而九四前面兩爻都是陰爻，籬笆闖開了。朱熹《本義》：「藩決不羸，承上文而言也。決，開也。三前有四，猶有藩焉；四前二陰，則藩決矣！」

❹壯于大輿之輹

象也。帛書作「壯于泰車之緮」。《釋文》謂「輹本又作輻」。《集解》作「壯于大轝之腹」。輹為「車軸縛」，此指綑縛堅固的車輪，能穩定滾動，不會脫落，詳見小畜九二爻辭「輿說輻」注釋。大壯於消息屬息卦，陽爻不斷生息。泰卦䷊坤上，〈說卦傳〉坤為「大輿」。今陽進至於四而成大壯，使坤上下面一爻亦成為陽爻，故有壯于大輿之輹之象。《集解》引虞翻曰：「坤為大轝為腹，四之五折坤，故壯于大轝之腹。」《周易玩辭》：「四本坤之下爻，動而成壯，故為壯于大輿之輹，輹在輿下者也。四為成卦之爻，故稱壯為大。」皆就消息之象言之。弼《注》：「壯于大輿之輹，无有能說其輹者。」程《傳》：「高大之車，輪輹強壯，其行之利可知，故云壯于大輿之輹。」則就其義說之。

語譯

大壯卦陽爻居第四位：陽剛的力量超越下卦向上卦發展，遵守常規正道，能有收穫，屈居下卦的遺憾也消除了。前面的障礙物已衝開不再纏繞自己，大車的車輪，穩重前進，雄壯得很。

象傳

藩(ㄈㄢˊ)決(ㄐㄩㄝˊ)不(ㄅㄨˋ)羸(ㄌㄟˊ)❶，尚(ㄕㄤˋ)往(ㄨㄤˇ)也(ㄧㄝˇ)❷。

注釋

❶藩決不羸

〈象傳〉引爻辭有省略之例，此前已言之。惟所以引此句而不引他句，亦可見此句在爻辭中，為最重要之一句也。

❷尚往也

尚，通上；尚往，往上前進。《周易玩辭》：「九四以剛居柔，有能正之吉，无過剛之悔，『貞吉悔亡』四字，既盡之矣。又曰『藩決不羸，壯于大輿之輹』者，恐人以居柔為不進也。進陽以去陰，豈有可倦之理？故〈象〉以『尚往』明之。」依消息之象，說尚往之理，最為周全。乾九四爻辭：「或躍在淵。」〈象傳〉以「進无咎也」釋之。「尚往」即「進」也。

語譯

前面障礙物已衝開了，不再阻撓自己，向上前進吧！

六五爻辭

六五❶：喪羊于易❷，无悔❸。

注釋

❶六五

當大壯第五爻為老，他爻皆少，即由大壯之夬䷪；或剝䷖第五爻為少，他爻皆老，即剝之大壯：這兩種情形，都以大壯六五爻辭占。

❷喪羊于易

象也。帛書作「亡羊于易」。「易」字有歧義。《釋文》：「易，鄭（玄）音亦，謂佼易也。陸（績）作場，謂壃場也。」鄭玄注《易緯・乾鑿度》「易者易也……佼易立節……不煩不撓，淡泊不失，此其易也」云：「佼易者，寂然無為之謂也。」佼易，意即簡易，或作「交易」解，以為四、五兩爻交換成六四、九五，絕非鄭意。鄭玄「論易三義」，更本《易緯》而立「易簡」之名。弼《注》：「居於大壯，以陽處陽，猶不免咎；而況以陰處陽，以柔乘剛者乎？羊，壯也，必喪其羊，失其所居也。能喪壯於易，不于險難，故得无悔。」所謂「不于險難」，即平易也。孔《疏》所以用「於平易之時逆捨其壯」釋「喪羊于易」。此後程《傳》以易為「和易」，朱《義》以易為「容易」，大抵從鄭玄簡易、王弼平易之義。此一說也。陸績以易謂壃場，朱《義》云：「作疆場之場，亦通。」《語類》則云：「喪羊于易，不若作疆場之場。《漢書・食貨志》疆場之場正作易。蓋後面有喪牛于易，亦同此義。」王引之《經義述聞》更舉：「凡《易》言同人于野、同人于門、同人于宗、伏戎于莽、同人于郊、拂經于丘、遇主于巷，末一字皆實指其地。喪羊于易，喪牛于易，文義亦同。」此又一說也。自從殷商甲骨卜辭出土，羅振玉撰《殷虛書契考釋》，始於卜辭中發現「王亥」之名。王國維繼作《殷卜辭中所見先公先王考》，乃知王亥為殷之先公，與《世本・作篇》之「胲」，〈帝繫篇〉之「核」，《楚辭・天問》之「該」，《呂氏春秋》之「王冰」，《史記・殷本紀》及〈三代世表〉之「振」，《漢書・古今人表》之「垓」，實係一人。王亥之外，又得先公王恆、上甲二人。王國維還在《山海經・大荒東經》找到：「王亥託於有易、河伯僕牛。有易殺王亥，取僕牛。」又在郭璞《山海經注》所引《竹書紀年》找到：「殷王子亥賓於有易而淫焉，有易之君緜臣殺而放之。是故殷主甲微假師於河伯以伐有易，遂殺其君緜臣也。」更與《楚辭・天問》比對，中有類似的記載，只是「有易」或作「有扈」，或作「有狄」。顧頡剛在《周易卦爻辭中的故事》中，依據王國維的考證，說明大壯六五「喪羊于易」，旅上九「喪牛于易」，指的就是「王亥喪牛羊于有易的故事」。參閱旅上九爻辭注釋。

❸无悔

占也。弼《注》：「能喪壯于易，不于險難，故得无悔。二履貞吉，能幹其任，而己委焉，則得无悔。」以為无悔理由有二：一、平易地捨棄倔強的個性，避開險難；二、與九二相應，委任能幹的九二辦事。程《傳》：「四陽方長而並進，五以柔居上，若以力制，則雖勝而有悔；惟和易以待之，則群陽无所用其剛，是喪其壯于和易也，如此則可以无悔。」以為在陽息之卦，四陽向上前進，這是憑力量不能制服的；只有和氣相待，才能无悔。王弼、程頤之說，可以互補。高亨《周易大傳今注》：「經意：殷之先王名亥，曾客于易國，從事畜牧牛羊，中間曾失其羊，以後為易國之君緜臣所殺，又失其牛。王亥失羊一事，結果未有不幸，故爻辭借此故事，以示筮遇此爻，可以无悔。及其失牛，則凶。說見旅卦。」則以易為方國之名，失羊尚可无悔云。

語譯

大壯卦陰爻居第五位：在邊界喪失了羊隻；沒有什麼好後悔的。

象傳

喪羊于易，位不當也❶。

注釋

❶位不當也

六五以陰爻居陽位，為位不當。但《折中》以為不僅此也，「案」云：「位當位不當，《易》例多借爻位以發明其德與時、地之相當不相當也。此『位不當』，不止謂以陰居陽，不任剛壯而已；蓋謂四陽已過矣，則五所處，非當壯之位也。於是而以柔中居之，故為喪羊于易也。」更拈出四陽已過，五不能抵擋一義，甚是。若以「王亥喪牛羊于有易的故事」論之，王亥「賓于有易而淫焉」，其行為與其為賓之身分極不適當，尤不待言。

語譯

在邊界喪失了羊隻，放牧的位置不適當啊！

上六爻辭

上六❶：羝羊觸藩，不能退，不能遂❷；无攸利，艱則吉❸。

注釋

❶上六

當大壯上爻為老，他爻皆少，即由大壯之大有䷍；或比䷇上爻為少，他爻皆老，即比之大壯：這兩種情形，都以大壯上六爻辭占。

❷羝羊觸藩，不能退，不能遂

象也。九三亦以「羝羊觸藩」取象。九三在乾下為上爻；上六在震上亦為上爻，是在同位，所以都用「羝羊觸藩」為象。《集解》引虞翻曰：「應在三，故羝羊觸藩。遂，進也。」王弼亦採此說，並以釋下文。《注》曰：「有應於三，故不能退；懼於剛長，故不能遂。」又上六當陽息之時，居最上一爻，有壯極必衰，進退兩難之象。呂大臨《易章句》：「壯窮必衰，不可長也；四陽上漸，羝羊也；上六於外，藩也；不能退，剛長不已也，不能遂，上窮也。」朱熹《本義》：「壯終動極，故觸藩而不能退；然其質本柔，而又不能遂其進也。」與呂說較近。胡一桂《周易本義附錄纂註》：「愚謂：九三居乾體之極，在下卦之上，剛動而欲進；上六居震體之極，在上卦之上，動極而在上：故皆取羝羊用角之義。又三與上為正應，本當有合者也。然三欲進而為四所隔，故羸其角而不能應乎上。上雖與三為應，而窮於上，故既不能退而得乎三，又不能遂而成其進。」綜合虞、王與呂、朱之說，所言最詳明。

❸无攸利，艱則吉

占也。王弼以為上六猶豫無定，故無所利；但居柔守分，剛不害正，故艱則吉。《注》云：「持疑猶豫，志无所定，以斯決事，未見所利。雖處剛長，剛不害正，苟定其分，固志在一，以斯自處，則憂患消亡，故曰艱則吉也。」蓋以「艱」為「固志在一」之義。程頤則以壯終有變說之。《傳》云：「用壯則不利；知艱而處柔則吉也。居壯之終，有變之義也。」

語譯

大壯卦最上面的一爻是陰爻：就像三歲的公羊撞到籬笆，退也退不得，進也進不得。雖然沒得好處，但是艱苦努力，仍有收穫。

象傳

不能退不能遂，不詳也❶；艱則吉，咎不長也❷。

注釋

❶不詳也

詳，有仔細審察、妥善二義。《釋文》：「詳，詳審也。鄭（玄）、王肅作『祥』，善也。」《正義》：「祥者，善也。進退不定，非為善也，故云『不祥也』。」阮元《校勘記》：「不詳也，古本、足利本『詳』作『祥』。」是鄭、肅、弼、孔，詳字作祥，取妥善之義。程《傳》：「非其處而處，故進退不能，是其自處之不詳慎也。」此後郭雍《說》云：「不能審於度德量力之事者。」朱震《傳》云：「自處之不詳審也。」則從程頤，字作「詳」，取審慎之義。《周易玩辭》：「上六居動之極，質本陰暗，而又好動，不能詳審者也，是以進退失據。凡人處事，以為易則不詳，以為難則詳矣。」說理尤明。

❷咎不長也

《正義》：「能艱固其志，即憂患消亡，其咎不長，釋所以得吉也。」《周易玩辭》：「上六既以不詳而致咎，則當務詳以免於咎，故曰：『艱則吉，咎不長也。』此雖教戒之辭，然上六亦自備此二義。居動之極，故有不詳之象；動極則止，故又有克艱之象。聖人亦因其才之所可至而教之爾。」又與臨䷒之六三較論云：「臨之六三『无攸利』，〈象〉曰：『既憂之，咎不長也。』大壯之上六亦『无攸利』，〈象〉曰：『艱則吉，咎不長也。』二爻皆居卦之窮，可以變通。臨六三變則為泰；大壯上六變則為大有。故皆曰咎不長也。」請參閱臨六三之注釋。

語譯

退也退不得，進也進不得，沒有仔細考慮造成的不良後果啊；艱苦努力仍有收穫，過失和傷害不會長久的。

晉卦經傳通釋第三十五

卦辭

䷢坤下離上晉❶：康侯用錫馬蕃庶❷，晝日三接❸。

注釋

❶ **䷢坤下離上晉**

晉，帛書作溍，雖可假借，實為誤字。《說文》作「𣊫」，从日从臸會意。臸，到也。《釋文》：「晉，孟作齊。齊，子西反。」孟喜本蓋以齊讀作躋，升也，與晉音義皆近。晉，進也。〈彖傳〉、〈序卦傳〉及《說文解字》皆如此云。就卦象言，晉卦坤下為地，離上為日為明，有明出地上之象；就卦德言，坤下為順，離上為麗，大地順隨著陽光照耀，而染上美麗的光輝。就占筮言，當晉六爻皆少，也就是本卦、之卦都是晉；或需䷄六爻皆老，也就是需之晉：這兩種情形，都以晉卦辭占。

❷ **康侯用錫馬蕃庶**

吳澄《易纂言》云「占也」，高亨以為「記事之辭」。康侯，即《尚書・康誥》中之「康叔」。康為周畿內國名，〈誥〉云「朕其弟小子封」，封即康侯之名也。其人又見於《左傳》。《左傳・定公四年》：「武王之母弟八人，周公為太宰，康叔為司寇。」《左傳・定公六年》：「大姒之子，唯周公、康叔為相睦也。」《世本》已記「康侯居康，從康徙衛」。《史記・衛康叔世家》更詳其事云：「衛康叔名封，周武王同母少弟也。……周公旦以成王命，興師伐殷，殺武庚祿父、管叔，放蔡叔，以武庚殷餘民封康叔為衛君，居河、淇間故商墟。」今傳世吉金有「康侯鼎」，銘云「康侯丰作寶𬯀」，又有康侯斧二，康侯刀一，康侯鬲一，其銘皆有「康侯」二字。一九二九年，顧頡剛撰成《周易卦爻辭中的故事》，中有「康侯用錫馬蕃庶的故事」，結論是：「當是封國之時，王有錫馬，康侯善于畜牧，用以蕃庶。」後屈萬里有〈周易卦爻辭成於周武王時考〉，更云：「晉卦辭既稱康侯而不稱衛侯，又言天子禮遇之隆如此，當即記康侯封康之事。」以為卦爻辭「絕不及武庚之亂」，「必當武王之世矣。」錫馬，義同賜馬。案：先儒以卦辭為周文王作，不應有武王時事，故未以康侯為武王所封，實有其人。《釋文》：「康，美之名也。馬（融）云安也，鄭（玄）云尊也，廣也，陸（績）云安也，樂也。」《集解》引虞翻曰：「康，安也。」弼《注》：「康，美之名也；侯，謂昇進之臣也。臣既柔進，天子美之，賜以車馬，蕃多而眾庶。故曰康侯用錫馬蕃庶也。」程《傳》：「康侯者，治安之侯也。」朱《義》：「康侯，安國之侯也。」此種注解，至今仍受多數《易》學家採用，亦不宜遽以為曲解。

❸晝日三接

吳澄云「占也」，高亨以為「記事之辭」。接，帛書誤作「緁」。李鏡池《周易通義》：「晝日：終日，一天。晝，通周，聲通。三接：多次交配。康侯用成王賜給他的良種馬來繁殖馬匹，一天多次配種。這當是周人在西北時的經驗，康侯把它傳到中原。」案：接，似可解作接生。再案：《集解》引侯果曰：「天子至明于上，公侯謙順于下，美其治物有功，故蕃錫車馬，一晝三覿也。〈采菽〉刺幽王侮諸侯，《詩》曰：『雖無與之，路車乘馬。』〈大行人職〉曰：『諸公三饗三問三勞，諸侯三饗再問再勞，子男三饗一問一勞。』即天子三接諸侯之禮也。」以六五居離上，是天子至明於上；坤下為順，是諸侯謙順於下。又以「蕃」為副詞，表示所「賜」之多。並以一晝三接是一晝三覿之意，表示天子接待諸侯儀式之隆重。並引

《詩・小雅・采菽》所說：雖然沒有豐厚的賞賜，仍有一輛公侯之車和四匹馬。和《周禮・秋官・大行人》有關天子接見公侯子男時奉獻、問候、慰勞的記載，以說明三接的情況。程《傳》：「晝日之中，至於三接，言寵遇之至也。」仍從侯果，可備參考。

語譯

三畫的坤在下，三畫的離在上，重疊成六畫的晉卦：是向上進升的意思。周武王的小弟姬封，當被封為康侯時，曾經用天子賞賜的種馬來大量繁殖，多到一天之內要三次接生小馬。（康侯以下或譯：能治國安民的諸侯受到天子賞賜眾多的車馬，一日之內，多次受到天子隆重接見。）

附錄古義

《開元占經・引陸績渾天儀說》：「周公敘次六十四卦，兩兩相承，反覆成象，以法天行周而復始晝夜之義。故晉卦〈彖〉曰：『晝日三接。』明夷爻象曰：『初登于天，後入于地。』仲尼說之曰：『明出地上，晉；進而麗乎大明，是以晝日三接。明入地中，明夷，夜也。』先晝後夜，先晉後明夷。故曰：『初登于天，昭四國也；後入於地，失則也。』日月麗乎天，隨天轉運入乎地以成晝夜也。渾天之義，蓋與此同。」

彖傳

晉，進也❶。明出地上，順而麗乎大明❷，柔進而上行❸。是以康侯用錫馬蕃庶，晝日三接也❹。

注釋

❶晉，進也

此釋卦名。《說文》：「晉，進也，日出而萬物進。」所以晉不僅指太陽升到地面上，更指太陽對萬物成長之化育功能。引申之，個人地位的晉升固然是晉，更重要的是，要使人人生活因我之晉升而獲得提升。《大學》開宗明義曰其道在「明明德」，接下必曰「在親民」，亦此義也。

❷明出地上，順而麗乎大明

此以卦象、卦德釋卦辭。〈說卦傳〉言卦象曰：「坤為地。」又言卦德曰：「坤，順也。」「離，麗也。」「離也者，明也。」晉卦坤下離上，是離之明出於坤之地上。坤下之順能附麗於離上之大明。《集解》引崔憬曰：「渾天之義，日從地出而升于天，故曰明出地上。坤，臣道也；日，君德也。臣以功進，君以恩接，是以順而麗乎大明。」已將日出地上的自然現象，轉化為臣順君恩的人事道理。程《傳》：「明出地上，離在坤上也。坤麗於離，以順麗於大明；順德之臣上附於大明之君也。」大抵遵從〈說卦傳〉及崔憬《周易探玄》的發揮。《十翼》之《傳》，對卦爻辭之《經》，每有擴大解釋之嫌；後世注家，對《周易經傳》，更多任意發揮。此古人所以有「盡信書不如無書」之歎也。自思本注釋亦不免此病，所以時有「可作參考」、「試自思之」之言，原因正在此。

❸柔進而上行

此以卦變釋卦辭，凡有二說。《集解》引虞翻曰：「觀四之五。」又引蜀才曰：「此本觀卦。」又引崔憬曰：「雖以卦名晉，而五爻為主，故言柔進而上行也。」李鼎祚案云：「九五降四，六四進五，是柔進而上行。」皆以晉為四陰二陽之卦，由觀䷓變來。觀四、五兩爻陰陽互換，六四柔爻上行進至為六五而成晉。此一說也。來知德《周易集註》：「言明夷下卦之離，進而為晉上卦之離也。」蓋以綜卦為釋，以為明夷䷣顛倒而成晉，離柔進而上行也。此又一說也。至於含義，弼《注》：「凡言上行者，所之在貴也。……

柔進而上行，物所與也，故得錫馬而蕃庶。以訟受服，則終朝三褫；柔進受寵，則一晝三接也。」以為以柔上行，貴而得賜，並與訟上九爻辭「終朝三褫」相較，明以剛上訟與以柔上行結果之不同。王申子《大易緝說》：「六十四卦離上者八，專取六五一爻以為成卦之主者二：晉、大有也。大有曰『柔得尊位大中而上下應之』；晉則曰『康侯……柔進而上行』，是專以康侯之進者當此一卦之義明矣！」蓋以〈彖傳〉釋大有與晉，皆以六五為成卦之主爻也。

❹是以康侯用錫馬蕃庶，晝日三接也

「是以」為因果連詞，表示上下句具有因果關係。若以康侯為武王姬發之少弟姬封，則高亨《周易大傳今注》：「晉之卦象是『順而麗乎大明』，象大臣以柔順之道，在國君光明照耀之下，聽從其指揮也。其次，晉之初、二、三、五各爻皆為陰爻，為柔，柔由初爻上升至二、三、五爻，然則晉之爻象是『柔進而上行』，象大臣之事功上升也。康侯正是順從周王之指揮，取得戰事之勝利，故卦辭曰：『康侯用錫馬蕃庶，晝日三接。』」言因果雖未能盡明，然已屬較佳者。若以康侯為安國之侯，則郭雍白雲與王申子之說較好。《郭氏傳家易說》記白雲曰：「明出地上，二卦之象也；順而麗乎大明，晉之義也；柔進而上行，成卦之序，康侯之德也。其德柔順而明，故下能康一國之民而為之主；上能致王者之寵而錫馬蕃庶，晝日三接也。車馬，重賜也；三接，數接乎上也。在國能康一國之民，則進而麗乎大明，斯足以康天下矣，古之人文王是也。」強說因果而已。《大易緝說》：「明出地上者，謂以離明之德出於坤土之上也；順而麗乎大明者，謂以坤順之德麗乎大明以進也；柔進而上行者，謂以陰柔之德進而行於上，以言成卦六五也。是以二字接上文，見康侯以如是之明，如是之順，如是之柔以進，宜其光膺錫賚之多，顯承恩禮之厚也。錫馬，坤上（似當作下）取義；晝日，離上取義。」言因果較明晰。卦爻辭作於周武王之時；《十翼》作於戰國、秦漢之時，相距約八百年。《十翼》之《傳》未能盡符卦爻辭之《經》，亦可諒也。然釋卦爻辭者，《十翼》仍為最早最好之資料也。

語譯

晉，是上升前進的意思。明亮的離卦像太陽，升出代表大地的坤卦上面了。柔順的大地因而也附染著廣大而明亮的色彩。由於本質柔順，才能進升而向上發展。所以康侯姬封能夠得到周武王賞賜種馬，用來大量繁殖，多到一日之內要三次為小馬接生。(是以康侯以下或譯：所以柔順服從又能治國安民的諸侯才能受到天子賞賜許多車馬，一日中三度蒙受天子隆重接見。)

象傳

明出地上，晉❶；君子以自昭明德❷。

注釋

❶**明出地上，晉**

《集解》引鄭玄曰：「地雖生萬物，日出於上，其功乃著。」晉者，生物之成長進化也。非大地獨能著其功；亦非日光獨能著其生。必大地、日光配合，天地絪緼，萬物始能化育也。〈彖傳〉已有「晉，進也，明出地上」句，請參閱彼處注釋。

❷**君子以自昭明德**

昭，《集解》本及鄭玄《注》本、虞翻《注》本皆作「照」。自昭明德，可分五個層次說明。一、就原本之自然現象言之，日出地上，本自明，非外鑠也。俞琰《周易集說》：「日者，眾陽之宗。若月，若星，若河，若電，若霞，若霓，皆假日以為明（案：河，指銀河。星、河、電，亦自明，俞琰偶誤。）日之明，乃自己之明也。」二、就君子法天之人事言之，天有元、亨、利、貞之道；君子有仁、禮、義、知之德。此義〈文言傳〉已言之，請參閱彼處注釋。三、自昭明德，即《大學》「明明德」之意。楊時《龜山易說》：「自昭明德，所謂『明明德』也。」朱熹《大學章句》釋「明明德」曰：「明，明之也。明德者，人之所得乎天，而虛靈不昧，以具眾理而應萬事者也。但為氣稟所拘，人欲所蔽，則有時而昏，然其本體之明，則有未嘗息者，故學者當因其所發而遂明之，以復其初也。」可移此為注釋。四、昭明德須「自」為之。俞琰《周易集說》：「自之一字，蓋謂由吾自己為之耳，非由乎人也。《大學》所謂『明明德』，所謂『自明』，與此同旨。乾之〈象〉曰：『天行健；君子以自強不息。』我竭我力也；晉之〈象〉曰：『明出地上，晉；君子以自昭明德。』我明我德也。君子唯盡其在我而已矣！」五、自昭明德，非僅昭一己之德，更須昭明德於天下。《大學》先言：「大學之道，在明明德，在親民，在止於至善。」又曰：「古之欲明明德於天下者，」云云。即此意也。明出地上，絕非自明而已，於大地無所不照也。程《傳》：「自昭其明德，去蔽致知，昭明德於己也；明明德於天下，昭明德於外也。」已揭出此義。

語譯

燦爛的陽光升出地面，萬物受到光化土育而成長發展；君子受到這種現象的啟示，也要自己發揮仁、禮、義、智的本性，使自己虛靈光明的德性，普照天下。

序卦傳

物不可以終壯，故受之以晉❶。晉者，進也❷。

注釋

❶物不可以終壯，故受之以晉

其說有二。韓康伯《注》：「晉以柔而進也。」《集解》引崔憬曰：「不可以終壯于陽盛，自取觸藩，宜柔進而上行，受茲錫馬。」據大壯爻辭、晉卦辭、〈彖傳〉，並承韓《注》，著重大壯與晉之間由陽盛變柔進相反而逆轉的關係。此一說也。而程《傳》謂：「物无壯而終止之理，既盛壯則必進，晉所以繼大壯也。」則以相因衍生說明兩卦之次序。此又一說也。熊良輔《周易本義集成》：「〈語錄〉：『問：「物不可以終壯，受之以晉。竊意物進然後至於壯盛，既壯盛則衰退繼之矣，今（程頤）《易傳》曰壯盛則必進，何也？」曰：「物固有壯而後進者，亦有進而後壯者，其義自有不同。難以一說拘也。且以十二月卦論，大壯䷡之為夬䷪，夬之為乾䷀，豈非壯而後進乎？至乾乃極其衰耳。」又問：「壯與進何別？」曰：「不但如此壯而已，又更須進一步也。」』」案：《集成》所引〈語錄〉此條，在黎靖德類編的《朱子語類》僅存「又問」以下之問答，為黃榦所錄。上文脫落不見。朱熹雖承程頤之說，然亦言「難以一說拘也」。讀《易》者宜牢記此六字。我個人以為：壯只是強壯。如果止於強壯而已，於萬物之成長並無助益；必須進一步協助萬物之化育。晉，正有參贊化育，使萬物成長之意。

❷晉者，進也

〈彖傳〉已言「晉，進也」。然〈彖傳〉所言，重點在「明出地上，順而麗乎大明，柔進而上行」之道理；此言「晉者進也」，重點在面對「物不可以終壯」之時，必須轉進以求發展之秩序。〈序卦傳〉下文有「漸者進也」，請參閱。

語譯

萬物之發展不可以終止在強壯的階段，所以接著大壯的是晉卦。晉，代表由強壯進一步要求使萬物得到更好的化育成長的機會。

雜卦傳

晉，晝也❶。

注釋

❶晉，晝也

晉是「明出地上」，故為「晝」。與「明夷䷣」相反。參明夷〈雜卦傳〉「明夷誅也」注釋。

語譯

晉卦太陽出現在地面，正是白晝啊！

初六爻辭

初六❶：晉如摧如❷，貞吉❸，罔孚，裕无咎❹。

當晉初爻為老，他爻皆少，即由晉之噬嗑䷔；或井䷯初爻為少，他五爻皆老，即井之晉：這兩種情形，都以晉初六爻辭占。

注釋

❶初六

❷晉如摧如

象也，高亨以為「說事之辭」。帛書作「溍如浚如」。晉，進也，摧，摧折，如，語尾助詞，無義。由於卦辭「康侯」有專名與通名兩種不同解釋，故爻辭亦有兩種不同解釋。承康侯為專名而言：李鏡池《周易通義》：「摧，摧毀。……進攻摧毀敵人。」高亨《周易古經今注》：「本卦晉字皆侵伐之進，其本字似當作戩，《說文》：『戩，滅也。从戈，晉聲。《詩》曰：「實始戩商」』……實始戩商，猶云實始侵商耳。……《說文》：『摧，折也。』晉如謂進侵敵國也；摧如謂摧折敵兵也。」以康侯為通名而言：弼《注》：「處順之初，應明之始，明順之德，於斯將隆，進明退順，不失其正，故曰『晉如摧如貞吉』也。」王弼殆以晉卦初六處坤下乃順之初，所應離上九四為明之始。並以進明為晉如，退順為摧如。《正義》引何氏（妥）曰：「摧，退也。」以疏弼說。程《傳》：「晉如，升進也；摧如，抑退也。於始進而言，遂其進不遂其進，唯得正則吉也。」以晉如摧如為或進或退之意。張載《橫渠易說》：「居晉之初，正必見摧，故摧如；不害其貞吉也。」則以摧為摧折。朱子《本義》：「以陰居下，應不中正，有欲進見摧之象。」蓋遠祖《說文》，近宗橫渠，而不從王弼、伊川之說。案《朱子語類》：「摧如，愁如，《易》中少有此字。疑此爻必有此象，但今不可曉耳。」朱子之時所以「不可曉」，似因不知「康侯」實有其人故也。以下注釋當續言之。

❸貞吉

占也。李鏡池以為「是兆辭，也是說明語」。高亨以為「實為吉占」。王弼以「貞」為「不失其正」。程頤以為「得正則吉」。項安世《周易玩辭》：「進也者，君子之所難也。初未為眾所允，則不可以急於進也。有晉之者，有摧之者，吾一以正處之，而无所遷就，則常吉矣。」言義理尤精。

❹罔孚，裕无咎

占也。《朱子語類》：「問：『初六晉如摧如，象也；貞吉，占也？』曰：『罔孚裕无咎，又是解上二句，恐貞吉說不明，故又曉之。』」此句有異文異讀。帛書作「悔亡，復浴，无咎」，《說文》：「裕，衣物饒也，从衣，谷聲。《易》曰：『有孚，裕无咎。』」三者孰是孰非，難有定論。高亨《周易大傳今注》：「經意：罔，无也。孚，古俘字。裕讀為猶，尚也。……无所俘獲，尚可无咎。」（按罔古本作有，李鏡池曰：「《說文》：『裕，衣物饒也。《易》曰：「有孚裕无咎。」』裕，容也。『有孚裕，无咎』，猶言有俘而寬容之，其占為无咎。」）高君、李君，皆以「康侯」為專名，以爻辭記商、周時事，而所言不同如此。弼《注》：「處卦之始，功業未著，物未之信，故曰罔孚；方踐卦始，未至履位，以此為足，自喪其長者也，故必裕之，然後无咎。」以孚為信，以裕為足。程《傳》：「在下而始進，豈遽能深見信於上，苟上未見信，則當安中自守，雍容寬裕，无急於求上之信也。」朱《義》：「設不為人所信，亦當處以寬裕，則無咎也。」則以孚為信，與王弼同；以裕為寬裕，與弼微異。胡炳文《周易本義通釋》：「進之初，人多有未信者。然摧如在彼，而吾不可以不正；罔孚在人，而吾不可以不裕。初以陰居陽，非正；才柔志剛，不足於裕。貞與裕，皆戒辭也。」於義理更多發揮。個人意見：初六居坤下地底，雖與九四有應，然晉之主爻六五乘剛而遠初六，初六未必得六五之信任，是以「罔孚」；唯初六仍宜寬心安之若素，仍能无咎，故曰「裕无咎」也。

語譯

晉卦初位是陰爻：進攻敵國，摧毀敵軍，要遵守正義，才能勝利吉祥。（或譯：要進取呢？或隱退呢？只要合乎正道，都有吉祥收穫。）遠居底層，未獲上級統帥信任，寬心安分，仍能避免過錯。

象傳

晉如摧如，獨行正也❶；裕无咎，未受命也❷。

注釋

❶**獨行正也**

釋爻辭「晉如摧如貞吉」。高亨《周易大傳今注》：「言攻敵挫敵，乃將兵者獨行其正以得勝獲吉也。」此蓋以康侯曾參加周武王戩商之役而言之也。據《史記・周本紀》所記，武王伐紂，紂師皆倒兵以戰，以開武王。紂自燔於火而死。次日，武王即位，「康叔封布茲」，康叔姬封用清潔的草席鋪好場地。是戩商之役康叔必曾參加。高亨之注所言，或為史實。程《傳》：「獨行正者，无進无抑，唯獨行正道也。」程頤之門生楊時作《龜山易說》，曰：「晉如，其進也；摧如，其退也。居晉之初，量而後入，无心於進退者也，雖進退無常，獨行正而已，故正吉也。」則代表先儒傳統之見解。

❷**未受命也**

釋爻辭「罔孚裕无咎」之原因。高亨《大傳今注》：「言將兵者未接受君上之命令而進行戰爭，猶能无咎。」《龜山易說》引《孟子・公孫丑下》：「（孟子）曰：有官守者不得其職則去；有言責者不得其言則去。我無官守，我無言責也。則吾進退豈不綽綽然有餘裕哉！」之言，曰：「在下未受命者也，故罔孚裕无咎。」朱子《本義》：「設不為人所信，亦當處以寬裕，則無咎也。初居下位，未有官守之命。」殆從楊時。

語譯

進攻敵國，摧毀敵軍，（或譯：要進取呢？或隱退呢？）只做合乎正道的事；寬心安分，不出差錯，因為還沒有接受上級任用命令啊！

六二爻辭

六二❶：晉如愁如❷，貞吉❸。受茲介福，于其王母❹。

注釋

❶六二

當晉第二爻為老，他爻皆少，即由晉之未濟䷿；或既濟䷾第二爻為少，他爻皆老，即既濟之晉：這兩種情形，都以晉六二爻辭占。

❷晉如愁如

象也。高亨以為六二爻辭全為「記事之辭」。帛書卦爻辭晉作溍，愁字漫漶。帛書〈易之義〉所引愁作秋。李鏡池《周易通義》：「愁，借為揫或遒，都有圍聚迫降之意。……這裡說的似是武王克商事。進攻並迫使商人投降。」高亨《大傳今注》：「筮得此爻，可進攻敵人，壓迫敵人。」此一說也。弼《注》：「進而无應，其德不昭，故曰晉如愁如。」程《傳》：「六二在下，上无應援，以中正柔和之德，非強於進者也。故於進為可憂愁，謂其進之難也。」蓋承弼《注》，朱熹從之。此又一說也。案：六二當晉之卦，有進取之義；然身處初六、六三兩陰之間，環境幽暗，亦不免滿目蕭然，憂愁時生也。

❸貞吉

占也。高亨《大傳今注》：「經意：貞，占問。……其占吉。……傳意：貞，正也；得其正故吉。」弼《注》：「居中得位，履順而正，不以无應而回其志，處晦能致其誠者也。脩德以斯，聞乎幽昧，得正之吉也，故曰貞吉。」以六二居坤下之中，坤為順，得位為正；唯與六五無應，所比之初六、六三皆陰，有間乎幽昧之憾耳。正負相較，仍有得正之吉也。朱子《本義》：「六二中正，上无應援，故欲進而愁，占者如是，而能守正則吉。」朱子以《易》本占筮之書，每能綜合經傳，得其本義如此。其書名《周易本義》，與實相符，非無故也。

❹**受茲介福，于其王母**

占也。帛書作「受□□，□亓王母」，存四字脫四字。阜簡作「□□□福，于其王母」，存五脫三。《集解》引虞翻《注》：「介，大也。」王母，祖母，或說指武王的祖母與母親。《周易通義》：「這裡說的似是武王克商事。進攻並迫使商人投降之後，武王祭王母，說這是王母的福祐。武王的祖母及母親都是商女，所以克商後要對王母特祭。」《大傳今注》：「將于其祖母處得到大福，即將受其祖母之巨賞。此似為康侯的故事。」此承以康侯為專名說。弼《注》：「母者，處內而成德者也。鳴鶴在陰，則其子和之；立誠於闇，闇亦應之。故其初愁如；履貞不回，則乃受茲大福于其王母也。」引中孚九二爻辭「鳴鶴在陰，其子和之」，以為六二所應及比鄰者皆陰闇，然誠則應，終能自愁如轉變而享大福。此以康侯為通名說。

語譯

晉卦陰爻居二位：一面前進著，一面憂愁著，堅守正道，仍有收穫。終於得到祖母的庇佑，承受如此豐厚的福分。

附錄古義

《漢書・王莽傳》：「羣臣上壽曰：『迺庚子，雨水灑道；辛丑，清靚無塵；其夕，穀風迅疾從東北來。辛丑，巽之宮日也。巽為風，為順；后誼明，母道得，溫和慈惠之化也。《易》曰：「受茲介福于其王母。」』」

象傳

受茲介福，以中正也❶。

注釋

❶以中正也

六二下乘初六陰爻，而初六失位；上承六三陰爻，六三亦失位。是處於陰闇失位環境之中也。而六二本身，則居中得位得正。其受大福，說明了本身修為的重要性高於環境。又六二與六五雖無應，但六五在離上，離為光明，故六二中正，終有獲明之時。程《傳》：「二以中正之道自守，雖上无應援，不能自進；然其中正之德，久而必彰，上之人自當求之。蓋六五大明之君，與之同德，必當求之，加以寵祿，受介福于王母也。介，大也。」又曰：「王母，祖母也，謂陰之至尊者，指六五也。」

語譯

承受如此豐厚的福分，因為行為恰當而正確啊！

六三爻辭

六三❶：眾允❷，悔亡❸。

當晉第三爻為老，他爻皆少，即由晉之旅䷷；或節䷻第三爻為少，他爻皆老，即節之晉：這兩種情形，都以晉六三爻辭占。

注釋

❶六三

❷眾允

象也。帛書同。眾，指初六、六二。三陰成坤，坤為眾。允有三解：一作進解，則眾允乃與眾同進之意；一作信解，謂為眾所信；三作允許解，謂眾所允許也。《周易通義》：「眾：奴隸之稱。從事耕作，又徵用去打仗。允：借為粇，《說文》解為進。故允與晉通。」考吳澄《易纂言》：「眾允，象也。坤為眾，允與粇通，進也。三在坤眾之先，率眾同進，故曰眾允。案《易》中以允為象者二，此爻及升初六也。《說文》引升初六爻辭為粇升。其字從夲（音ㄊㄠ）從中，諧允聲。夲者，進趨也；中（音ㄔㄜˋ）者，亦進而上徹之意。古者鐘鼎銘用諧聲字多只用偏旁，蓋從省也。此爻允字亦當依《說文》所引升初六之辭作粇，乃叶象義。」李鏡池《通義》以允借為粇，吳澄早已言之。高亨《周易古經今注》：「《集解》引虞翻曰：『允，信也。』《說文》：『允，信也。』《爾雅・釋詁》：『允，信也。』」又《大傳今注》：「允，信也，眾人相信，則得眾人之助，其悔去矣。」蓋從王弼、朱熹，不取李鏡池新說。又程頤以眾允為「眾所允從」。王、朱、程之言，皆詳「悔亡」注釋。

❸悔亡

六三非中失正，本宜有悔；然處坤順，上應離上上九，能率眾上進，故其悔得以消除。弼《注》：「處非其位，悔也；志在上行，與眾同信，順而麗明，故得悔亡也。」朱《義》：「三不中正，宜有悔者；以其與下二陰皆欲上進，是以為眾所信而悔亡也。」蓋以上文「眾允」之允為信，以說悔亡之故者也。程《傳》：「以六居三，不得中正，宜有悔咎。而三在順體之上，順之極者也。三陰皆順上者也，是三之順上，與眾同志，眾所允從，其悔所以亡也。……古人曰：謀從眾則合天心。」則以上文「眾允」為眾所允從。所引「古人曰」，似由《尚書》引申而出。〈皐陶謨〉篇有「天聰明自我民聰明；天明畏自我民明畏」；〈泰誓中〉有「天視自我民視，天聽自我民聽」。

語譯

晉卦陰爻居三位：在大眾信任、允許之下前進，悔恨就能消除。

象傳

眾允之，志上行也❶。

注釋

❶眾允之，志上行也

此句句讀，頗費思量。考〈象傳〉每言「志行正也」、「志行也」、「志大行也」、「其志不同行」：志、行二字，皆在同句。且晉卦初〈象〉「裕无咎，未受命也」為上三下四句，則三〈象〉上三下四句法亦無不可。更撰其句義，乃作此斷句。前賢多作「眾允之志，上行也」仍可參考。孔穎達《正義》、郭雍《傳家易說》、高亨《大傳今注》皆已作「眾允之，志上行也」。高謂「上讀為尚」，以為假借也。孔穎達《正義》：「居晉之時，眾皆欲進。己應於上，志在上行，故能與眾同信也。」《周易玩辭》以晉初六為「君子將進之道也」，六二為「君子既進之道也」，「至於三，則已進而在上，晉道已成，眾志皆信，則異於『罔孚』矣；凡悔盡亡，則異於『摧如』、『愁如』矣。當是之時，進而上行，麗乎大明，復何疑哉！故曰『眾允之，志上行也』。然必至三而後眾允，則君子之進，豈可以易言哉！」較論下三爻，而明君子進脩之不易，謹錄以自惕。

語譯

初六、六二都信任、順從六三，大家的志願都要往上提升啊！

九四爻辭

九四❶：晉如鼫鼠❷，貞厲❸。

注釋

❶九四

當晉第四爻為老，他爻皆少，即由晉之剝䷖；或夬䷪第四爻為少，他爻皆老，即夬之晉：這兩種情形，都以晉九四爻辭占。

❷晉如鼫鼠

象也。是「鼫鼠晉如」的倒裝。本卦初六「晉如摧如」，六二「晉如愁如」，四「如」字皆語尾助詞，此「如」字亦語助也。帛書作「溍如炙鼠」。《釋文》：「鼫，音石，《子夏傳》作『碩鼠』。鼫鼠，五技鼠也。《本草》：『螻蛄一名鼫鼠。』」是「鼫鼠」凡有四說。一曰炙鼠。是被燒烤的田鼠，燙得往前直奔；或云鼫炙古代音近義通，則為假借。二曰碩鼠。《詩・魏風》有〈碩鼠〉篇，《詩序》：「國人刺其君重斂，蠶食於民，不脩其政，貪而畏人，若大鼠也。」吳澄《易纂言》：「鼫與碩同。……碩，大也。二三四互艮象鼠，九陽畫為大。鼠晝伏夜動，四近天子之光，以剛居柔，值大明當空之晝，畏而不敢進，故為鼫鼠。」義或然也，亦可能子夏聯想及於《詩經》而致誤。三曰鼫鼠，今傳本字如此。《說文》：「鼫，五技鼠也。能飛不能過屋；能緣不能窮木；能游不能渡谷；能穴不能掩身；能走不能先人。此之謂五技。从鼠，石聲。」弼《注》：「履非其位，上承於五，下據三陰，履非其位，又負且乘，无業可安，志无所據，以斯為進，正之危也，進如鼫鼠，无所守也。」指出晉卦九四失位，上負六五之陰爻，下乘初、二、三之三陰，陷於群陰而失其正，猶如五技之鼠盲闖瞎奔，終無所成也。孔《疏》、程《傳》、朱《義》，大致從弼《注》。四曰螻蛄。《周易玩辭》：「紹熙癸丑，余在館閣，樓尚書鑰為余言晉卦《釋文》云：『鼫鼠，螻蛄也，今俗稱土狗者是』。……余以《說文》考之，……今土狗之技盡與此合。」今吳語方言猶有名螻蛄為土狗者，是項安世之言，亦非無據。四說並陳，讀者擇焉。至於全句句義，《周易通義》：「進攻而膽小如鼠，當然就要失敗。」高亨《大傳今注》：「經意：此國進攻他國，用小股兵力，乘其不備，偷偷襲擊，進退無常，如鼫鼠竊食禾稼。」所言未明指為康侯隨軍戰商事。至於以康侯為通名之傳統注釋，上已引弼《注》為代表，不贅。

❸貞厲

占也。呂大臨以貞為守常。所撰《易章句》云：「九四當明進時，以陽居陰，又處四陰之中，下應於初，進退失守，如鼫鼠然，位不當者也。守是不變，取危之道。」朱熹則以貞為正。《本義》：「不中不正，以竊高位，貪而畏人，蓋危道也，故為鼫鼠之象。如是雖正亦危也。」

語譯

晉卦陽爻居四位：像偷吃田裡農作物的大老鼠偷偷摸摸進行著，長此下去，必有危險。

象傳

鼫鼠貞厲，位不當也❶。

注釋

❶位不當也

晉卦九四在離上，以九陽居四陰之位，下已逾三陰之順，上未達六五之明：故位不當。亦猶乾九四，上不在天，下不在地，中不在人，或躍？或在淵？頗多猶豫。若與離九四相較，則其位更為危厲。〈繫辭傳〉所謂「四多懼」也。《傳家易說》記白雲郭雍曰：「離以明為德，而火以暴為失，故離之九四有突如其來如，焚如死棄之象。晉之九四與離四同位，雖順德在下，不至於焚如之暴，然當晉之時，不免有貪位慕祿之失也。鼫鼠貪而畏人者也，守此道以事上，能无危乎！位不當者，既未進六五之明，又過三陰之順，以剛自進，故不當也。晉之六爻无凶，獨四以貪而厲，上以伐而吝，蓋才有餘而德不足者，豈若初二三五之昭明德也哉！是以聖人德之為貴。」先以晉四與離四相較，再以晉之四、上與初、二、三、五相較，兼德、失，合象、義，說理至明。《周易玩辭》：「晉之道以順而麗乎大明，以柔進而上行，皆主乎順者也。三雖不正，以其能順，故得信其志而上行；四雖已進乎上，以其失柔順之道，故如鼫鼠之窮而不得遂。若固執而不悛，危必至矣。故三五皆不當位，而獨於九四言之也。」則著重三、四、五「不當位」三爻之比較。項氏不言晉初六、上九，蓋從王弼《周易略例》初上無陰陽定位之說也。

語譯

像田中偷吃農作物的大老鼠，老是這樣貪食無厭。上對不起領導人，下對不起老百姓，也與自己地位不相當啊！

六五爻辭

六五❶：悔亡❷，失得勿恤❸。往吉，无不利❹。

注釋

❶六五

當晉第五爻為老，他爻皆少，即由晉之否䷋；或泰䷊第五爻為少，他爻皆老，即泰之晉：這兩種情形，都以晉六五爻辭占。

❷悔亡

占也。以爻位而言，六為陰爻，五為陽位，以陰爻居陽位，是為失位，故有「悔」。但六五在離上之中，離德為明，就六五自身而言，明而得中；其下卦為坤，坤德為順，就其客觀環境言，能獲基層擁戴。具此主、客兩條件，雖有悔而能消除。程《傳》：「六以柔居尊位，本當有悔；以大明而下皆順附，故其悔得亡也。」朱子《本義》：「以陰居陽，宜有悔矣；以大明在上，而下皆順從，故占者得之則其悔亡。」皆得悔亡之義。項安世更以六三相較，《周易玩辭》曰：「六三、六五，位皆不正，本皆有悔者也。三順而五明，得君臣之道，故皆悔亡。」

❸失得勿恤

占也。帛書作「矢得勿血」。《釋文》：「失，如字；孟、馬、鄭、虞、王肅本作『矢』。馬、王云『離為矢』；虞云『矢古誓字』。」《集解》字亦作「矢」，引虞翻曰：「矢古誓字。誓，信也；勿，无；恤，憂也。五變得正，坎象不見，故誓得勿恤。」蓋以六五悔憾既消，信有所得，不必擔憂也。考孟喜得《易》

家陰陽災變小數之書，以象數解《易》。虞翻家五世傳孟氏《易》，其言六五變陽爻，則晉三四五爻不復得見坎憂互體之象，蓋循孟喜之說。馬融、王肅傳費直之學，費直以〈彖〉、〈象〉、〈繫辭〉十篇之言解說〈上下經〉，故馬、王遂依〈說卦〉「離為兵戈」，乃云「離為矢」，以為箭矢失而再得，毋須憂愁也。王弼亦傳費氏《易》，但一掃漢儒之象數，而專說義理，故改「矢」為「失」，其《注》曰：「柔得尊位，陰為明主，能不用察，不代下任也。故雖不當位，能消其悔；失得勿恤，各有其司，術斯以往，无不利也。」不免使《易》入於《老》、《莊》。程《傳》：「下既同德順附，當推誠委任，盡眾人之才，通天下之志，勿復自任其明，恤其失得。」大致從弼。朱熹《本義》：「一切去其計功謀利之心。」則轉從董仲舒「正其誼不謀其利，明其道不計其功」之言以說此。值得注意的是《朱子語類》嘗記沈僩曾問朱熹「伊川此說是否」？朱子答以：「此爻只是占者占得此爻，則不必恤其失得，而自亦無所不利耳。如何說得人君既得同德之人而委任之，不復恤其失得？如此則蕩然無復是非，而天下之事亂矣！假使其所任之人，或有作亂者，亦將不恤之乎？」蓋不以王弼、程頤之說為然。又記黃榦所錄曰：「失得勿恤，此說失也，不須問他得也。不須問他，自是好。」以為失得只有「失」之意，而「得」只是配字，如「愛憎」、「利害」、「緩急」、「成敗」、「恩怨」，每只存憎、害、急、敗、怨意，而愛、利、緩、成、恩為配字也。若然，則朱熹已以「不愁所失」釋「失得勿恤」，意已與「信得勿恤」正反互補也。又吳澄析此為「失得，勿恤」二句。《易纂言》：「失得，占也，有失者可得。位在中而陰畫虛，喪失其中所有之象；然陰畫居陽位，陰為无，陽為有，无而有，失者可得之象。勿恤，占也，又戒之以勿勞於憂恤。」蓋弼既改「矢」作「失」，程、朱、吳皆從弼本字作「失」，故多歧義。清儒惠棟《周易述》字作「矢得勿恤」，而《注》云「誓得勿恤」。張惠言《周易虞氏義》字作「矢得勿恤」，而《注》云「誓得勿卹」。並從虞翻，與帛書字同。

❹ **往吉，无不利**

此仍為占。六五爻辭全是占辭，但分三層次：首曰悔亡，蓋本有悔，非全善也；次曰矢得勿恤，示以必得，告其不憂而已；至此，往吉无不利，則純然吉利也。呂大臨《易章句》：「六五居明之中，二陽所麗，體柔處尊，物之所歸，故往吉无不利也。」依象辨義可從。《周易玩辭》：「五雖君位，然以六居之，在卦義為『柔進而上行』。」〈彖傳〉所言：「順而麗乎大明，柔進而上行。」殆即六五「往吉无不利」之因也。晉之主爻，實為六五。

語譯

晉卦陰爻居五位：雖然失位而有些悔憾，但自己光明磊落，而基層順從擁護，悔憾也就消除了，一定能得到成功，不必擔憂。往前會有收穫，不會有不利的情況出現。

象傳

失得勿恤，往有慶也❶。

注釋

❶往有慶也

引爻辭雖僅「失得勿恤」一句，而實含「悔亡，失得勿恤，往吉，无不利」全文。既「往吉无不利」矣，即「往有慶也」。胡炳文《周易本義通釋》：「〈象〉惟升言勿恤，豐言勿憂。爻則泰九三、家人九五、萃初六，皆言勿恤。事有不必憂者，勿恤，寬之之辭也；有不當憂者，勿恤，戒之之辭也。晉六五曰失得勿恤，戒辭明矣！蓋當晉之時，易有患得患失之心；六五處大明之中而才柔，又易有失得之累。《本義》以為『一切去其計功謀利之心』者，大明在上，用其明於所當為，不當用其明於計功謀利之私也。」以為《易》言勿恤、勿憂，有寬辭，有戒辭；而《易》言用明，有當用，有不當用。明辨慎行如是，則往有慶也。

語譯

一定能得到成功，不必患得患失；往前會有值得慶賀的情況。

上九爻辭

上九❶：晉其角❷，維用伐邑❸。厲吉无咎❹，貞吝❺。

注釋

❶**上九**

當晉上爻為老，他爻皆少，即由晉之豫䷏；或小畜䷈上爻為少，他爻皆老，即小畜之晉：這兩種情形，都以晉上九爻辭占。

❷**晉其角**

象也。角質堅硬而在頭部，正好代表剛健的陽九居於六爻最上的位置。程《傳》：「角剛而居上之物，上九以剛居卦之極，故取角為象。」正是此意。晉其角，略近鑽牛角尖意。《橫渠易說》：「窮无所往故曰角。居明之極，其施未廣，而應尚狹。」所謂窮、狹，无所往、施未廣，皆鑽牛角尖故也。李鏡池以晉為進攻，又引《孫子・虛實篇》「角之而知有餘不足之處」，以角為較量之意。《周易通義》：「進攻必須較量敵我雙方的力量。」可代表以經解經派之意見。王弼《注》：「處進之極，過明之中，明將夷焉。已在乎角，而猶進之，非亢如何？失夫道化无為之事！」則以老、莊解《易》。

❸**維用伐邑**

吳澄云「占之事也」。維，帛書作唯，《集解》本作惟。維、唯、惟，古可通用。副詞，獨也，僅也，但也。維用伐邑，弼《注》：「必須攻伐，然後服邑。」孔《疏》：「在角猶進，過亢不已。不能端拱无為，使物自服；必須伐其邑，然後服之：故云維用伐邑也。」此以伐邑為一事實，而以道家無為之說評論之。

程《傳》：「言伐邑，謂內自治也。人之自治，剛極則守道愈固；進極則遷善愈速。」將伐邑從事實之形下層次，提升到內自治之道德形上層次。朱熹《本義》唯以「占者得之而以伐其私邑」釋之。《語類》記董銖所錄云：「又問：『晉其角，維用伐邑。《本義》作伐其私邑；程《傳》以為自治。如何？』曰：『便是程《傳》多不肯說實事，皆以為取喻。伐邑如墮費、墮郈之類是也。大抵今人說《易》，多是見《易》中有此一語，便以為通體事當如此；不知當其時節、地頭、其人，所占得者，其象如何。若果如今人所說，則《易》之說有窮矣。』」更舉春秋魯定公十二年，仲由（子路）為季氏宰，將墮三都。於是叔孫氏墮郈，季氏將墮費之事以實之，事詳《左傳》及《史記．孔子世家》。說《易》究應依據「實事」？或進而「取喻」？是可以再商榷的。李鏡池以「維」為「考慮」，《周易通義》釋「維用伐邑」：「考慮是否要攻城伐邑。」意與朱熹相近。

❹ **厲吉无咎**

占也。上九居高思危，伐邑討叛，故自感危厲，兢兢業業，方能獲吉而无咎。參閱師卦卦辭「吉无咎」注釋。《傳家易說》白雲曰：「角，上窮之物；位進而上窮，亦危矣！然晉非止於進而已，明順之義存焉，是以用伐邑也。然自危則終吉。自危者，如臨深淵，如履薄冰之義，不得已而用之，非好戰而樂殺人也，是以无咎。」可以參考。《周易玩辭》：「晉好柔而惡剛，故九四、上九皆以厲言之。四進而非其道，故為技窮之鼠；上已窮而猶進，故為晉其角，角亦窮地也。是道也，不可以施於人，維用以自攻其私，使常惕厲而不安，則可以致吉而免咎。」項安世較論九四、上九之厲，以為晉之惡剛；然則初六、六二、六三、六五，四陰又如何？讀者試自爻辭歸納之。舉一隅而不能以多隅尋思，非但不能讀「易」，一切學科皆不能有得也。

❺ **貞吝**

有二解。一曰雖正亦有憾惜。弼《注》：「必須攻伐，然後服邑，危乃得吉，吉乃无咎，用斯為正，亦以賤矣！」一曰經常如此，必有憾惜。呂大臨《易章句》：「明不足，故厲；伐而後可治，故吉乃无咎。

然守是不變，狹吝之道也。」《玩辭》亦云：「然亦終非可久之道，久則可吝矣！」李鏡池《周易通義》：「『厲，吉；无咎，貞吝。』吉凶相反的幾個貞兆辭并列，借以說明作戰要考慮各方面複雜情況，有壞的和有利的方面，有比較好的和相當困難的方面。」標點與詮釋，均有可商處。後之以經解經者，亦多不從。

語譯

晉卦最上面的是陽爻：像進到堅硬角尖的情況，只好攻城平亂。（或譯：只能自我檢討，克制私心。）要居高思危，才有收穫，方免差錯。經常處於這種複雜不安的境況，仍然很憾惜。

象傳

維用伐邑，道未光也❶。

注釋

❶**道未光也**

光猶廣也。《論語・季氏》記季氏將伐顓臾，冉有季路往見孔子。冉有以「顓臾固而近於費，今不取，後世必為子孫憂」。而孔子誡以「遠人不服則脩文德以來之」，如「動干戈於邦內」，恐禍「在蕭牆之內」。不以伐邑為然也。蓋脩文德以來遠人，道之廣者也；動干戈於邦內，其道狹而未廣。楊時《龜山易說》：「剛上窮而不足以照天下，道未光也，故維用伐邑而已。若夫道足以照天下，則无思不服矣，尚何伐邑之有？」

語譯

只好攻城平亂（或自我檢討，克制私心），顯示在道理和方法上本來都不夠闊廣偉大。

明夷卦經傳通釋第三十六

卦辭

䷣ 離下坤上 明夷❶：利艱貞❷。

注釋

❶ ䷣ 離下坤上 明夷

離下為明，有光明、賢明之意。夷者，傷也。〈說卦傳〉：「離也者，明也。」又曰：「離為火，為日，為電。」皆光明之物。而坤，〈說卦傳〉則曰：「坤以藏之」、「坤也者，地也」、「其於地也為黑」。明夷卦離下坤上，是光明之物、賢明之人，受到傷害，光明殞落，藏於黑暗之地下也。《集解》引鄭玄曰：「夷，傷也。日出地上，其明乃光；至其入地，明則傷矣，故謂之明夷。」孔穎達《正義》：「明夷，卦名。夷者，傷也。此卦日入地中，明夷之象；施之於人事，闇主在上，明臣在下，不敢顯其明智，亦明夷之義也。」程《傳》：「明夷為卦，坤上離下，明入地中也。反晉成明夷，故義與晉正相反。晉者，明盛之卦，明君在上，群賢並進之時也；明夷，昏暗之卦，暗君在上，明者見傷之時也。日入於地中，明傷而昏暗也。」所言皆是也。近人李鏡池作《周易通義》，曰：「明夷：多義詞。一猶鳴鴺，鳥名；一為堅弓之名；

一為鳴弓；還可解作日落地下，日出處的國名等。」高亨作《周易古經今注》，但言「明夷卦名也」。又作《周易大傳今注》，以為「傳解」：「明夷，卦名。明，《易傳》稱日為明。夷，滅也，沒也。明夷，日入于地中，以喻賢人被囚繫或貶斥。」當明夷六爻皆少，也就是本卦、之卦都是明夷；或訟䷅六爻皆老，也就是訟之明夷：這兩種情形，都以明夷卦辭占。

❷利艱貞

占也。帛書作「利根貞」。此三字在爻辭已出現二次。噬嗑䷔九四言：「噬乾胏，得金矢，利艱貞，吉。」大畜䷙九三言：「良馬逐，利艱貞，日閑輿衛，利有攸往。」皆戒其知難而守正。此明夷卦辭亦曰「利艱貞」，可見此卦各爻均處苦難之中，非一時之艱而已。自當更加戒慎，堅守正道，方能全身而安人也。鄭玄《周易注》曰：「日之明傷，猶聖人君子有明德而遭亂世，抑在下位，則宜自艱，无幹事政，以避小人之害也。」鄭玄生當東漢末年，因黨事禁錮，遂杜門不出，遍注群經。《易注》此條，頗有夫子自道之況味。《正義》：「時雖至闇，不可隨世傾邪，故宜艱難堅固，守其貞正之德，故明夷之世，利在艱貞。」程《傳》：「君子當明夷之時，利在知艱難而不失其貞正也。」並是。《周易通義》：「艱：旱。『利艱貞』，占旱則利，屬另占附載。」《古經今注》：「筮艱難之事者遇此卦則利。」

語譯

六畫的明夷卦，由三畫的離卦在下，三畫的坤卦在上，重疊而成。明夷，是明入地下，光明隕落，賢明受傷的意思。在這暗無天日的時代，只適合更艱苦戒慎，堅守正道。

附錄古義

《漢書・杜鄴傳》：「鄴對問云：『日食，明陽為陰所臨，坤卦乘離，明夷之象也。』」

彖傳

明入地中，明夷❶。內文明而外柔順，以蒙大難，文王以之❷。利艱貞，晦其明也❸。內難而能正其志，箕子以之❹。

注釋

❶**明入地中，明夷**

此以卦象、卦德釋卦名也。離德為明，而居坤象地之下，是明入地中，構成明夷之自然意象；文王之蒙大難，箕子內難而能正其志，皆明夷之人事意象。

❷**內文明而外柔順，以蒙大難，文王以之**

明夷下卦又稱內卦為離。〈彖傳〉於同人䷌，離下乾上，曰「文明以健」；於大有䷍，乾下離上，曰「其德剛健而文明」；於賁䷕，離下艮上，曰「文明以止」；於革䷰，離下兌上，曰「文明以說」：是「文明」乃「離」之「德」也。〈文言傳〉於乾九二亦曰「天下文明」，蓋乾䷀之同人䷌，以乾九二爻辭占，而同人具「天下文明」之德故也。明夷卦離下，故曰「內文明」。據《謚法》，「經緯天地曰文，照臨四方曰明。」此謂周文王道德修養已達經緯天地、照臨四方之境界也。明夷上卦又稱外卦為坤。〈彖傳〉所謂「柔順利貞」者也。明夷卦坤上，故曰「外柔順」。合離下坤上而綜言之，明入地中，暗無天日，此「以蒙大難」之時也。《集解》引荀爽曰：「明在地下，為坤所蔽，大難之象。」又引虞翻曰：「象文王之拘羑里。」〈彖〉又云「文王以之」，《集解》引虞翻曰：「以，用也。」《釋文》引王肅云：「惟文王能用之。」《正義》全採王肅言。《郭氏傳家易說》記白雲曰：「文明，言文王有明德，所謂內文明也；三分天下有其二以服事商，所謂外柔順也。文王盡坤離之義，所謂得明夷之大者矣。」所言最明。「以」字有異文。《釋文》：「文王以之，王肅云唯文王能用之。鄭（玄）、荀（爽）、向（秀）作『似之』，下亦然。」考程《傳》一則曰：「文王如是，故曰文王以之。」是「以之」義同「如是」，蓋鄭、荀、向「似之」之意；再則曰：「此文王所用之道也。」又採虞翻、王肅以「以」為「用」之意。以、似二字，古每通用。《詩・大雅・大明》：「維此文王，小心翼翼，昭事上帝，聿懷多福。厥德不回，以受方國。」殆文王於明夷之時，艱貞任事之記實也。俞琰《周易集說》：「〈繫辭傳〉云：『《易》之興也，其當殷之末世，周之盛德耶？當文王與紂之事耶？』孔子釋六十四彖（彖指卦，釋指〈彖傳〉），无非皆推廣文王〈彖辭〉（指卦辭）之義。而獨於明夷稱文王，蓋明入地中，明夷，正文王與紂之事之象也。紂无道而國亡，文王有大明之德而幽囚於羑里，豈非明入地中，其明德而不見之象乎？……內卦離，故曰內文明；外卦坤，故曰外柔順。大難，謂羑里之囚也。其難關係天下之大，民命之所寄，故曰大難。……文王處明夷昏闇之時，三分天下有其二以服事殷，卒能脫身羑里，蓋用此道也，故曰文王以之。」說事釋義，最為詳盡。

❸利艱貞，晦其明也

晦，隱藏。《正義》：「此又就二體釋卦之德。明在地中，是晦其明也。既處明夷之世，外晦其明，恐陷於邪道，故利在艱固其貞，不失其正。」程《傳》：「明夷之時，利於處艱戹而不失其貞正，謂能晦藏其明也。不晦其明，則被禍患；不守其正，則非賢明。」皆強調能晦其明而不失其正。其事則兼文王、箕子而言之；非明夷專言文王，利艱貞專言箕子也。胡炳文《周易本義通釋》：「釋〈彖〉兼文王發之。蓋羑里演《易》，處之甚從容，可見文王之德；佯狂受辱，處之極艱難，可見箕子之志。然此一時也，文王因而發伏羲《河圖》之《易》；箕子因而發大禹《洛書》之「疇」。聖賢之於患難，有繫斯文之會，蓋有天意存焉。此非〈彖傳〉本意，姑及之。」蓋亦司馬遷「發憤著書」之意也。「疇」，指《尚書・洪範》所言「九疇」，為箕子對武王所言治國安民九類大法。

❹內難而能正其志，箕子以之

內難，家族中的變難。《史記・宋微子世家》：「箕子者，紂親戚也。紂始為象箸，箕子歎曰：『彼為象箸，必為玉杯；為玉杯，則必思遠方珍怪之物而御之矣！輿馬宮室之漸自此始，不可振也。』紂為淫泆，箕子諫不聽。人或曰：『可以去矣！』箕子曰：『為人臣諫不聽而去，是彰君之惡而自說於民，吾不忍為也。』乃被髮詳狂而為奴，遂隱而鼓琴以自悲，故傳之曰《箕子操》。」箕子身為商紂之親戚，其受難乃家族內事，故曰內難。並與文王所受邦國之大難作出區分。《集解》引虞翻曰：「箕子，紂諸父，故稱內難。」俞琰《周易集說》：「內難謂家難也。其難關係一家之內，宗社之所寄也。箕子為紂之近親，身處其國內而切近其難，故曰內難。……其志則以道自任，固守以正而不變，此箕子所用之道也，故曰箕子以之。」

語譯

太陽落入地下去了，代表光明隕落，賢明受傷，這就是「明夷」卦了。內心修養已到達經緯天地、光照四方的境界，而外務的處理仍能溫柔恭順，竟因此招惹猜忌，蒙受大難，文王的遭遇就像這樣。在這暗無天日的時代，只適宜更艱苦小心，堅守正道。要把自己的光明隱藏起來啊！家族中發生變難卻能夠正確地堅守內心法則，箕子的態度就像這般。

象傳

明入地中，明夷❶；君子以蒞眾，用晦而明❷。

注釋

❶明入地中，明夷

此與〈彖傳〉首句全同。孔穎達《正義》：「此及晉卦，皆〈彖〉、〈象〉同辭也。」案：晉〈彖傳〉曰：「晉，進也，明出地上。」〈象傳〉曰：「明出地上，晉。」辭同而語序不同。

❷君子以莅眾，用晦而明

明夷之時，並非定要遯世獨居，仍須面對大眾；只是要韜光養晦，但世事人情仍了然於心。程《傳》：「明所以照，君子无所不照。然用明之過則傷於察，太察則盡事而无含弘之度。故君子觀明入地中之象，於莅眾也，不極其明察而用晦。然後能容物和眾，眾親而安。……古之聖人設前旒、屏、樹者，不欲明之盡乎隱也。」旒，帽子前後垂下的玉串，所以遮面；屏，屏風，所以遮室；樹，庭樹，所以遮屋。然無礙於視之明也。伊川「前旒屏樹」云云，雖《正義》已言之，然《正義》所言近道家之說，而程《傳》純然儒家義理也。船山《易內傳》：「有夜之晦以息，乃有旦之明以作。君子自昭之德无物不徹，无時或息，而其莅眾則有所不察察於幽曖，而小人之情偽自无不昭徹於君子之心。用晦者，所以明也。坤為眾，蓋貴賤賢不肖之雜處而言也。」更拈出晦息明作、用晦以明、賤賢雜處諸義，最獲我心。東方朔〈答客難〉：「水至清則無魚，人至察則無徒。」鄭燮〈難得糊塗〉橫幅曰：「聰明難，糊塗亦難，由聰明而轉入糊塗更難。放一著，退一步，當下心安，非圖後來福報也。」每以此自省。嘗讀臺灣作家蕭麗紅《千江有水千江月》小說，至貞觀外公避開偷瓜人一節，覺古人用晦之道，尚存於斯土也。

語譯

光明燦爛的太陽隱沒在昏暗大地之中，這就象徵光明隕落、賢明受挫的明夷時代；君子因此當面對大眾的時候，必須收斂光芒，要糊塗些，把它當作歇息、修養的時機，而實際上一切是非善惡了然於心，天亮了，還是能有所作為的。

附錄古義

《三國志・魏書・管輅傳》見謙〈大象傳〉附錄古義。

序卦傳

進必有所傷❶，故受之以明夷。夷者，傷也❷。

注釋

❶進必有所傷

此亦大道循環，物極必反之故。故乾上九爻辭曰「亢龍有悔」，〈象傳〉曰「盈不可久」，〈文言傳〉贊以「知進退存亡而不失其正」也。韓康伯《注》：「日中則昃，月盈則食。」張栻《南軒易說》：「日中則昃，月滿則虧，進而不已，必有所傷。」皆舉天道以明人事也。

❷故受之以明夷。夷者，傷也

意為晉卦之後，以明夷承受之故。程《傳》：「夫進之不已，必有所傷，理自然也，明夷所以次晉也。」夷者，傷也。段玉裁《說文解字注》云：「夷即痍之假借也。」許慎《說文》：「痍，傷也。」

語譯

晉卦代表進取，進取卻必然有些挫折，所以接在晉卦後面的是明夷卦，夷，是挫傷的意思。

雜卦傳

明(ㄇㄥˊ)夷(ㄧˊ)，誅(ㄓㄨ)也(ㄧㄝˇ)❶。

注釋

❶明夷，誅也

《說文解字》：「誅，討也。」段玉裁《注》：「凡殺戮糾責皆是。」《南軒易說》：「誅言其傷。」《郭氏傳家易說》記白雲曰：「誅亦傷也。」此一說也。或以誅為夷滅。朱震《漢上易傳》：「晉之明進而至於晝；明夷之明降而至於誅。夷，誅也，其明熄矣，非誅之象乎？」蓋取誅夷熄滅之義。

語譯

光明受到傷害，要檢討糾正啊。

初九爻辭

初九❶：明夷于飛，垂其翼❷；君子于行，三日不食❸。有攸往，主人有言❹。

注釋

❶初九

當明夷初爻為老，他爻皆少，即由明夷之謙䷎；或履䷉初爻為少，他五爻皆老，即履之明夷：這兩種情形，都以明夷初九爻辭占。

❷明夷于飛，垂其翼

象也。帛書作「明夷于蜚，垂亓左翼」；阜簡但存「明夷于飛垂其」六字，其下漫漶。明夷卦離下坤上，〈說卦〉「離為雉」，故明夷有鳥飛之象，飛為本字，古籍有假借蜚字為飛者。翼，帛書作「左翼」，「左」字蓋涉下文六二「夷于左股」，六四「夷于左腹」而誤衍。六二、六四皆得位而乘剛，故有彼象，初九則無此象也。《左傳・昭公五年》：「日之謙當鳥，故曰『明夷于飛』；明而未融，故曰『垂其翼』。」引《易》亦無「左」字。于飛之于，介詞。有「在那裡」之義。見楊樹達〈與錢玄同論《詩經》「于以」書〉。《集解》引荀爽曰：「火性炎上，離為飛鳥，故曰于飛；為坤所抑，故曰垂其翼。」主在說爻象。弼《注》：「明夷之主，在於上六，上六為至闇者也。初處卦之始，最遠於難也。遠難過甚，明夷遠遯，絕跡匿形，不由軌路，故曰明夷于飛。懷懼而行，行不敢顯，故曰垂其翼也。」依象說理者也。項安世《周易玩辭》：「垂其翼，不言夷，未傷也；夷于左股，加一夷字，言已傷也。說者以垂其翼為傷翼，非也。歛翼而下飛者，避禍之象也。」則較論初、二而辨其義。個人以為明夷初九之垂其翼，猶乾初九潛龍勿用也。李鏡池

《通義》：「明夷，借為鳴鶇，即叫著的鵜鶘。鶇、鵜形聲均通，是一種水鳥，嘴長而闊，頷下胡大如數斗囊。若小澤中有魚，就成群用牠們的胡囊把水淘乾來抓魚吃，故俗名淘河。」云云。高亨《大傳今注》言「經意」曰：「鳴雉在飛，因左股受傷而垂其左翼。」

❸君子于行，三日不食

占也。此句有多種詮釋。《集解》引荀爽曰：「陽為君子，日以喻君，不食者，不得食君祿也。陽未居五，陰暗在上；初有明德，恥食其祿，故曰君子于行，三日不食也。」蓋以象數解《易》，以為「不食」為恥食昏君之俸祿也。弼《注》：「尚義而行，故曰君子于行也；志急於行，飢不遑食，故曰三日不食也。」蓋以義理解《易》，以為不食為急於行而無暇食也。《橫渠易說》：「君子避難當速，勢不與抗，退而遠行，不遑暇食。」從王弼說。楊萬里《誠齋易傳》：「晦己之明，避上之暗，義當去之速也，何食之暇？當紂之時，其伯夷、太公避居海濱之事乎？」蓋以史事解《易》，以為義當速去。案：此四句句型，《詩經》數十見。如〈周南・葛覃〉：「黃鳥于飛，集于灌木，其鳴喈喈。」〈邶風・燕燕〉：「燕燕于飛，差池其羽，之子于歸，遠送于野。」又〈邶風・雄雉〉「雄雉于飛」，〈豳風・東山〉「倉庚于飛」，〈小雅・鴻雁〉「鴻雁于飛」，〈小雅・鴛鴦〉「鴛鴦于飛」，〈大雅・卷阿〉「鳳凰于飛」，〈周頌・振鷺〉「振鷺于飛」：句型多相似，可資比較。《通義》：「爻辭前四句是一首民歌。開頭兩句用明夷起興。明夷要淘乾了水才有魚吃，君子在旅途中找吃的也不易，已經多天沒吃的了。類似這樣的民歌，在《詩經》中不少。」《大傳今注》：「經意：君子逐之，忍飢三日。」

❹有攸往，主人有言

占也。言，假借為愆。聞一多《周易義證類纂》：「言讀為愆。言，辛古當同字。……有攸往，主人有言。言苟有所適，其所主之家亦將因以得禍也。」參見需九二「小有言」注釋。《集解》引《九家易》曰：「四者初應，眾陰在上，為主人也。初欲上居五，則眾陰有言。言謂震也，四五體震為雷聲。故曰：有攸往，主人有言也。」以初九與六四相應，而六五、上六眾陰在上為主人，九三、六四、六五體震☳為雷聲：

蓋以象數釋之也。弼《注》：「殊類過甚，以斯適人，人心疑之，故曰：有攸往，主人有言。」則以義理說之。王申子嘗綜合爻辭三句而論之，《大易緝說》云：「飛而垂其翼者，遠去之志見傷於其所也；君子于行三日不食者，行而見傷於其途也；往而主人有言者，隨所至皆曰不然，是又見傷於其止舍之地也。然君子不以翼之垂而不飛；不以不食而不行；不以有言而不往。蓋見之明，知之審，其義在所必去也。世之處昏亂而不能決去，以陷於禍者亦多矣！」王申子，元時人，生於亂世，隱居天門山垂三十年，始成《大易緝說》，其說明夷，感慨特深。《通義》：『「有攸往，主人有言」為筮占，說旅客所到之處的主人有罪。這樣客人免不了受牽連。」《大傳今注》：「經意：往投人家乞食，意遭主人之譴責。」二書之說，可作比較參考。

語譯

明夷初位是陽爻：天色漸暗時有鳥兒在那兒飛，悄悄地垂著翅膀；君子在路上行走，三天不吃食物了。(是不屑吃呢？還是沒時間吃呢？）想到個地方去躲，主人也可能受到了連累。

附錄古義

《左傳．昭公五年》：「初，穆子之生也，莊叔以《周易》筮之，遇明夷䷣之謙䷎。以示卜楚丘，曰：『是將行，而歸為子祀，以讒人入，其名曰牛，卒以餒死。明夷，日也。日之數十，故有十時，亦當十位。自王已下，其二為公，其三為卿；日上其中，食日為二，旦日為三。明夷之謙，明而未融，其當旦乎？故曰：「為子祀。」日之謙當鳥，故曰：「明夷于飛。」明而未融，故曰：「垂其翼。」象日之動，故曰：「君子于行。」當三在旦，故曰：「三日不食。」離，火也；艮，山也。離為火，火焚山；山敗，于人為言，敗言為讒。故曰：「有攸往，主人有言。」言必讒也。純離為牛，世亂讒勝，勝將適離；故曰：「其名曰牛。」謙不足，飛不翔，垂不峻，翼不廣，故曰：「其為子後乎。」吾子，亞卿也；抑少不終。』」

象傳

君子于行，義不食也❶。

注釋

❶義不食也

《集解》引荀爽曰：「暗昧在上，有明德者，義不食祿也。」言坤上暗昧，初九陽爻體離得位，具有明德，守義而不食俸祿也。程《傳》：「君子遯藏而困窮，義當然也。唯義之當然，故安處而无悶，雖不食可也。」則依〈文言傳〉謂乾初九「遯世无悶」而釋此。又〈象傳〉雖僅言「君子于行」，而實賅爻辭全文。《大易緝說》：「夫子於三者之中，止釋于行一語，以為義所不食，則于飛、攸往，義所當行亦明矣，去之可不速乎，其伯夷、太公之事乎？」

語譯

君子在路上行走，為了堅持正義，寧可不吃不該吃的食物啊！

六二爻辭

六二❶：明夷夷于左股❷，用拯馬壯，吉❸。

當明夷第二爻為老，他爻皆少，即由明夷之泰䷊；或否䷋第二爻為少，他爻皆老，即否之明夷：這兩種情形，都以明夷六二爻辭占。

注釋

❶六二

❷明夷夷于左股

象也。帛書及《注疏》本皆如此，《集解》本作「明夷于左股」，省一「夷」字。孔《疏》云：「左股被傷，行不能壯。六二以柔居中，用夷其明，不行剛壯之事者也，故曰明夷夷于左股。」《易》以陽為左，陰為右；初為足，二居足上為股。《集解》引荀爽曰：「陽稱左。」又李鼎祚「案」云：「初為足，二居足上，股也。」以象數言之，六二居二，下乘初九之陽，乘剛易傷，故有此象。程《傳》：「手足之用，以右為便，唯蹶張用左，蓋右立為本也。夷于左股，謂傷害其行而不甚切也。」說理尤為平易通達。案：「夷于左股」有異文。《釋文》：「夷于，如字。子夏作睇，鄭（玄）陸（績）同，云『旁視曰睇』。京（房）作眱。左股，馬（融）王肅作般，云『旋也』，『日隨天左旋也』。姚（信）作右槃，云『自辰右旋入丑』。」異說備作參考。《通義》釋此為：「太陽下山的時候，左腿傷了。」高亨則以：「鳴雉傷于左股，无害于翼，仍能飛。」

❸用拯馬壯，吉

占也。帛書作「用撜馬牀吉」，《說文》：「抍，上舉也。从手，升聲。《易》曰：『抍馬壯吉。』撜，抍或从登。」徐鍇《繫傳》本、徐鉉《校正》本、桂馥《義證》本、王筠《句讀》本，字皆如此。鉉且曰：「今俗別作拯，非是。」朱駿聲《說文通訓定聲》以「抍」為本字，以「拯」為「抍之或體」。唯段玉裁《注》改《說文》「抍」字為「拯」字。蓋抍為古本字，撜為或體，拯為今通行字。至於「壯」帛書作「牀」，於古名通假，於今實錯別也。至於句義，石介《周易解義》：「二以柔居中，是居位之人。既當闇世，不能如初九高飛絕跡，故傷于左股。尚有右股未盡傷滅，猶遠於難。若能如此自求拯救，須假壯馬而行，取其疾也，乃獲吉。」解義甚明。王宗傳更以「六二一爻在明夷之時，非文王不足以當之」，《童溪易傳》曰：「欲盡文王小心事紂之義，而以救世為心，又能脫于戹禍而不失明聖，則非六二一爻不足以盡之。夫股在下而有行之具也，明夷于左股，則左股嘗見傷矣，此所謂羑里之戹也。六二陰也，故曰左股。然左股見傷，而強壯者猶无恙焉，則所以為文王者猶故也，謂非禍難之所能害也。雖然，彼君也，我臣也，天命未革，則為臣之分，吾所不敢違也。而上以承乎君，下以安乎民，此吾之心不敢不自盡也。當此之時，用拯之道豈敢不用力哉！所謂用拯之道何也？曰：上欲拯吾君而為无過之君；下欲拯斯民而為无難之民：此吾所以不敢不用其力也。此文王自盡之道然也，故曰馬壯吉。」以史事說《易》綦詳。《通義》：「因為騎馬回家，跑得太快跌傷的。」高亨云：「牡馬割去陽具，无害于足，仍能走。」案：明夷六二與豐卦六二相似，請參閱豐六二爻辭之注釋。

語譯

明夷卦陰爻居第二位：光明隕落，賢明受傷，只傷到左邊大腿。騎著強壯的馬，奔馳以拯救自己，是會成功吉祥的。

象傳

六二之吉❶，順以則也❷。

注釋

❶**六二之吉**

六二居中得正，在離下為文明之主，中正文明之道存焉。其傷也輕，於闇尚遠，能乘馬自救以避難，可以速則速，是以獲吉也。《童溪易傳》：「六二文明之主也。」呂祖謙《東萊易說》：「六二居下體之中，為明夷之主，明之極者也。方傷其左股，而拯其壯馬疾去而避之，可謂明也已矣！」所見略同。

❷**順以則也**

程《傳》：「六二之得吉者，以其順處而有法則也。則，謂中正之道。能順而得中正，所以處明傷之時而能保其吉也。」依象說理甚清晰。《童溪易傳》：「夫馬之所以吉於壯者，徒以能拯載乎人也。而文王之心亦曰：吾之用力，上以承乎君，下以安乎人者，蓋不敢不如是之自盡也。以吾之順德而不敢失乎為臣之則者然也。」則以「順」為周文王之順德，「則」為為臣之則。《周易玩辭》：「明夷二動則為泰，何吉如之！但為六二者，臣子之法當如是爾。故曰：六二之吉，順以則也。」以明夷之泰，用六二爻辭占。泰九二爻辭固言「得尚于中行」，亦順以則意也。

語譯

明夷六二所以能成功而且吉祥，是因為上能順從領導者，下能安頓人民，盡到了高層幹部的服務原則。

九三爻辭

九三❶：明夷于南狩❷，得其大首❸，不可疾，貞❹。

注釋

❶九三

當明夷第三爻為老，他爻皆少，即由明夷之復䷗；或姤䷫第三爻為少，他爻皆老，即姤之明夷：這兩種情形，都以明夷九三爻辭占。

❷明夷于南狩

象也。帛書作「明夷夷于南守」，重「夷」字，狩作「守」。《釋文》：「狩，本亦作守，同。」六二「明夷夷于左股」，則此處帛書重一夷字，句型類於六二，整齊可從。夷于南狩者，夷取誅滅削平之義；〈說卦〉：「離也者，明也，萬物皆相見，南方之卦也。」九三在離下之上，故曰南；狩，《正義》：「狩者，征伐之類。」呂大臨《易章句》：「九三居離之極，至明之主也；上六居坤之極，至暗之主也。離，南方之卦，離至南而益明，得其地也。故曰明夷于南狩。」從其師伊川說而言尤簡明。來知德《周易集註》：「南狩者，去南方狩也。離為火，居南方，南之象也。離為兵戈，中爻震動（指三、四、五體震☳），戈兵震動，出征遠討之象也。」補言象數甚好。案：李鏡池釋此句云：「在南邊的獵區鳴弓發射。」高亨則云：「鳴雉被射傷于君子往南方行獵之時。」異說錄之備考。

❸得其大首

象也。程《傳》：「大首謂暗之魁首上六也。……上六雖非君位，以其居上而暗之極，故為暗之主，謂之大首。」《童溪易傳》：「他卦九三與上六為正應；在明夷則為至明克至暗之象也。……上六居一卦之上，大首也。當明夷之時，所謂暗亂之魁者也，故當克而獲之。」程、王之說是也。李鏡池謂「大首指大頭的猛獸」。高亨以「首借為道」，得其大首為「君子則迷路而得大道」。

❹**不可疾，貞**

占也。除暴安民，自暗復明，化民成俗，皆宜審時察理，不當貿然急促為之，此方為正確可久之道也。《集解》引《九家易》曰：「自暗復明，當以漸次，不可卒（猝）正。故曰不可疾貞也。」蓋據明夷有由傷而復明之象而斷言之。弼《注》：「既誅其主，將正其民。民之迷也，其日固已久矣，化宜以漸，不可速正。故曰不可疾貞。」強調化民以漸。程《傳》大抵從弼，並引〈酒誥〉「勿庸殺之，姑惟教之」以證之。《童溪易傳》更引《史記．周本紀》之敘盟津之役，諸侯不期而會者八百，皆曰紂可伐也。惟武王力言天命未可，乃還師歸居。二年，聞紂暴虐滋甚，乃作〈泰誓〉，告諸侯曰殷有重罪。諸侯咸會，師渡盟津，而殷亡矣。童溪王宗傳舉此，曰「此所謂不可疾貞也」。朱子《本義》承先哲之言，一則曰：「成湯起於夏臺，文王興於羑里，正合此爻之義。」再則曰：「而小事亦有然者。」蓋惟小事亦然，故人人能自《易》得其教益。胡炳文《周易本義通釋》：「下三爻明在暗外，故隨其遠近高下而處之不同。初无位可去，則去之宜蚤；二在位可救，則救之宜速；若九三至明之極，與上至闇之極者為應，其闇不可復救矣，故有向明除害，得其首惡之象。然二之救難可速也，三之除害不可速也。故又有不可疾貞之戒。」胡氏此釋雖依《本義》，而兼承項安世，且語較《玩辭》詳明易曉。案：李鏡池釋此句云：「占疾則不利。在旅途中怕害病。」高亨則曰：「筮遇此爻，不利于占問疾病。」

語譯

明夷陽爻居第三位：善良的民眾之受昏暗暴君之壓抑已到了最後階段。傷害光明的那股惡勢力，在南方來的起義征討中被削平誅滅，而且成功地誅殺了元凶首惡。無論除暴或安民，都要一步一步來，等待時機成熟，不到最後階段，不冒昧發動，這才是正當的。

象傳

南狩之志，乃得大也❶。

注釋

❶乃得大也

弼《注》：「去闇主也。」則「得大」即「得其大首」意。然孔《疏》云：「志欲除闇，乃得大首，是其志大得也。」似「得大」或作「大得」。阮元《校勘記》：「石經、岳本、閩監、毛本作『乃大得也』。」《集解》、程《傳》、朱子《本義》、來知德《集註》本亦皆作「乃大得也」。《集註》云：「志，與『有伊尹之志則可』之志同。得天下有道，得其民也；得其民者，得其心也。故除殘去暴，必大得民心。不然，以暴易暴，安能行南狩之志！」來氏之言，上承儒家經典，下符近代民主學說，甚是。

語譯

南方來的起義軍的目的，是要朝向光明，取得人民偉大的勝利。

六四爻辭

六四❶：入于左腹❷，獲明夷之心❸，于出門庭❹。

注釋

❶**六四**

當明夷第四爻為老，他爻皆少，即由明夷之豐䷶；或渙䷺第四爻為少，他爻皆老，即渙之明夷：這兩種情形，都以明夷六四爻辭占。

❷**入于左腹**

象也。帛書作「明夷夷于左腹」。六四已在坤上之下爻，〈說卦傳〉言「坤為腹」。再以爻位言之，二既言「股」，股上為臀，臀上為腹，則四亦有在腹之象。六四得位而乘剛，九三南狩，六四居坤之下爻，乃斷後者，首當其衝，故有夷于左腹之象。《集解》引荀爽曰：「陽稱左，……坤為腹也。」言象可從。來知德《周易集註》云：「此爻指微子言。蓋初爻指伯夷，二爻指文王，三爻指武王，五爻指箕子，上六指紂：則此爻乃指微子无疑矣！左腹者，微子乃紂同姓，左右腹心之臣也。坤為腹，腹之象也。……必曰左腹者，右為前，左為後，今人言左遷，師卦六四左次是也。六四雖與上六同體，然六五近上六在前，六四又隔六五在後；是六五當入其右，而六四當入其左矣。」綜合象數與史事言之，其註可從。案：以六四當微子，楊時《龜山易說》、朱震《漢上易傳》，皆已如此說。

❸**獲明夷之心**

象也。心，既是生命中主持知覺、思慮、意念、感情的實體，所以《論語》有「簡在帝心」，《孟子》有

「心之官」之言；也指知覺、思慮、意念、感情等等活動，故《論語》有「天下之民歸心焉」，《孟子》有惻隱之心、羞惡之心、辭讓之心、是非之心的說法。而心之實體與活動亦非截然二分，孔子說「七十而隨心所欲」，孟子說「於我心有戚戚焉」，莊子說「心齋」，皆合心體與其用而為一。宋儒張載說「心統性情」。性指理性，孟子所謂四端之心；情指情緒，《中庸》所謂「喜怒哀樂」。明儒黃宗羲說「心無本體」，說工夫所至，即為本體。關乎「心」，古人之說大略如是。此言「明夷之心」，弼《注》僅云：「入于左腹，得其心意，故雖近不危。」蓋取卑順而不忤逆之意，而未言其正邪。程《傳》乃云：「六四以陰居陰而在陰柔之體，處近君之位，是陰柔小人居高位以柔邪順於君者也。……凡姦邪之見信於其君皆由奪其心也。」郭雍從程說，《郭氏傳家易說》記白雲曰：「小人之事其君也，務引其君於不正之道，然後能獲其心意，而作威福於天下也。」直以柔邪小人斥之。然程頤門人楊時已當仁不讓，所撰《龜山易說》云：「獲明夷之心，所謂求仁而得仁也。」以求仁得仁許之，蓋不以師說為然。朱子《本義》云：「此爻之義未詳。竊疑左腹者，幽隱之處；獲明夷之心于出門庭者，得意於遠去之義。言筮而得此者，其自處當如是也。蓋離體為至明之德，坤體為至暗之地。下三爻明在暗外，故隨其遠近高下而處之不同。六四以柔正居闇地而尚淺，故猶可以得意於遠去。五以柔中居闇地而已迫，故為內難正志以晦其明之象。上則極乎闇矣，故為自傷其明以至於闇，而又足以傷人之明。蓋下五爻皆為君子，獨上一爻為暗君也。」朱熹之學，是由程頤、楊時、羅從彥、李侗，一路傳下來的。其言雖委婉，但以六四「柔正」，其從楊時「求仁得仁」說而不從程頤「柔邪」說則甚明。其言「此爻之義未詳」，惟以「六四以柔正居闇地而尚淺，故猶可以得意於遠去」說之。今更詳其說曰：六四以陰爻居陰位，故云「柔正」，居坤上之下，故云「居闇地而尚淺」。六四下乘九三之剛，猶面對離下為明之受傷反抗之君子；而又與上六同在昏暗之坤體。故六四於離下之明所受上六昏君之傷，感知特明，爻辭所謂「獲明夷之心」，言六四對離下之明、上六之昏、與九三因受上六之傷起而抗爭，上、下兩方種種心理狀態，以及個人諫而見拒，降亦未可，皆有真知灼見，了然在心也。

❹于出門庭

象也。六四爻辭皆象，高亨名之為「記事之辭」，而占自在其中。《集解》引干寶曰：「一為室，二為戶，三為庭，四為門，故曰『于出門庭』矣！」蓋依爻位內外近遠之序而言之。《說文》：「戶，護也，半門曰戶，象形。」又云：「門，聞也，从二戶，象形。」故知古代單扇曰戶，雙扇曰門。依干寶此注，又知戶在內室，門在外庭。庭，帛書作廷，古可通用，在室戶之外，大門之內，《釋名》所謂「廷，停也，人所停集之處也」。于出門庭者，弼《注》：「隨時辟難門庭而已。」《龜山易說》直以「此微子之明夷也」譬之。《漢上易傳》：「其微子去商之事乎！上六極暗。將亡，其意豈願亡哉?去暗就明，亡者復存，則獲明夷之心意矣。」案：微子，名啟，殷帝乙之首子，而紂之庶兄也。紂既立不明，淫亂於政。微子數諫，紂不聽。微子以國治身死不恨；為死終不得治，不如去，遂遯亡。及周武王伐紂克殷，微子乃持其祭器，造於軍門。武王釋之，並封紂子武庚祿父，以續殷祀。成王時武庚作亂被殺，周公乃命微子代殷後，奉其先祀。其事見《尚書‧商書‧微子》、《尚書‧周書‧微子之命》、及《史記‧宋微子世家》。李鏡池釋六四爻辭云：「一出門口就找到了製大弓的心木，回到左室開始創作。」高亨則云：「鳴雉入于左邊的山洞，君子乃得此鳴雉。君子獵逐鳴雉，曾經歷艱難，出門庭宜小心謹慎。」

語譯

明夷陰爻居第四位：九三起義軍已攻入左邊斷後之處，六四對上下兩方之昏明矛盾與衝突，以及個人進退兩難之處境，都了然於心。於是選擇適當時期，走出門庭，奔向光明，向正義輸誠。

象傳

入于左腹，獲心意也❶。

注釋

❶入于左腹，獲心意也

〈象傳〉此處簡約爻辭而成文。「獲心意也」，仍為「獲明夷之心」之意也。孔《疏》：「心有所存，既不逆忤，能順其正，故曰獲心意也。」來氏《集註》：「凡人腹中心事，難以知之。今入于左腹，已得其心意，知其不可輔矣，微子所以去也。」參閱爻辭各注。

語譯

站在光明一方的九三起義軍攻入在上昏暗一方的左邊斷後處，六四對於雙方的矛盾衝突，個人的處境與選擇，都有真知灼見，了然於心。

六五爻辭

六五❶：箕子之明夷❷，利貞❸。

當明夷第五爻為老，他爻皆少，即由明夷之既濟䷾；或未濟䷿第五爻為少，他爻皆老，即未濟之明夷：這兩種情形，都以明夷六五爻辭占。

注釋

❶六五

❷箕子之明夷

紂為淫佚。箕子諫不聽，乃被髮佯狂，隱而鼓琴以自悲。箕子之明夷，即指此。武王既克殷，箕子走之朝鮮。武王訪問箕子，箕子乃為陳〈洪範〉。於是武王封箕子於朝鮮而不臣也。事已詳〈彖傳〉「箕子以之」注。《集解》引馬融曰：「箕子，紂之諸父，明于天道，〈洪範〉之「九疇」，德可以王，故以當五。知紂之惡，無可奈何。同姓恩深，不忍棄去。被髮佯狂，以明為暗，故曰箕子之明夷。」《龜山易說》：「凡卦皆以五為君位，而明夷之君，貴而无位，高而无民，天下不以為君也，其存者名號而已，故以上六當之。而父師其次也，故以六五當之。上下无常，剛柔相易，不可為典要，惟其時而已。」於箕子所以當六五之位，皆有所說明。《通義》：「這說的是殷亡後的故事：紂王的哥哥到明夷國去。『利貞』，指利于出門。」《大傳今注》：「經意：箕子獵得鳴雉，結果吉利，故筮遇此爻，乃吉利之占問。」

❸利貞

馬融曰：「卒以全身，為武王師，名傳無窮，故曰利貞矣！」箕子之韜光養晦是一時的，既利於當下保全性命與節操，也藉此空暇勤研治國安民之基本大法，以待將來施政者諮詢時提供參考。《郭氏傳家易說》記白雲曰：「君子以正道處己，而以道之權濟時。明者，聖人之正道也；用晦而明者，權也。雖權而其明未嘗息者，箕子之明夷是也。當明夷之時，不知用晦而明，則見傷必矣！此箕子所以為利貞也。」亦能說明箕子明夷之為利貞之事實。李鏡池、高亨之釋，已見上條注釋，不贅。

語譯

明夷卦陰爻居第五位：箕子因為賢明卻受到傷害，應該正確面對這種處境，從事正常的工作，如勤研治國安民之法，以備將來施行等等。

附錄古義

《漢書・儒林・孟喜傳》：「又蜀人趙賓好小數書，後為《易》，飾《易》文，以為『箕子明夷，陰陽氣亡箕子；箕子者，萬物方荄茲也』。賓持論巧慧，《易》家不能難，皆曰『非古法也』。」

象傳

箕子之貞，明不可息也❶。

注釋

❶**明不可息也**

《正義》：「箕子執志不回，闇不能沒，明不可息，正不憂危。息，滅也。箕子能保其貞，卒以全身，為武王師也。」蓋以箕子能於明夷之時，守其貞正，為文明存一生機也。蘇軾《東坡易傳》：「六五之於上六，正之則勢不敵，救之則力不能，去之則義不可，此最難處者也。如箕子而後可。箕子之處於此，身可辱也，而明不可息也。」寧身受委屈，以保明之不熄。此正士之弘毅也。

語譯

箕子的艱貞，說明了文明的傳承是不可以熄滅的。

上六爻辭

上六❶：不明晦❷。初登于天❸，後入于地❹。

注釋

❶上六

當明夷上爻為老，他爻皆少，即由明夷之賁䷕；或困䷮上爻為少，他爻皆老，即困之明夷：這兩種情形，都以明夷上六爻辭占。

❷不明晦

象也。帛書「晦」誤作「海」。上六以陰居陰，在坤之極，為明夷之終，距離下之明最遠，故不明而至於晦。所謂「不明」，有本「明」而漸失，終至「不明」之意。諸儒每以殷紂當明夷之上六。即以殷紂言之，《史記・殷本紀》云：「帝紂資辨捷疾，聞見甚敏，材力過人，手格猛獸。」蓋能文能武，其資質本明者也。然「知足以距諫，言足以飾非。矜人臣以能，高天下以聲，以為皆出己之下。好酒淫樂，嬖於婦人」。所以漸失其明，終至於晦也。唐玄宗開元之治，媲美貞觀；及至天寶，奪子媳楊玉環為貴妃，荒於朝政，終有安史之亂，唐以此由盛而衰。歷代開國多明主，亡國多昏君，亦由明而不明晦之例也。案：蘇軾《東坡易傳》：「六爻皆晦也，而所以晦者不同。自五以下，明而晦者也；若上六，不明而晦者也，故曰不明晦。」胡炳文《本義通釋》：「下三爻以明夷為句首，四五明夷之辭在句中，上六不曰明夷而曰不明晦。蓋惟上六不明而晦，所以五爻之明皆為其所夷也。」各家所說，同中有異。

❸初登于天

象也。程《傳》：「木居於高，明當及遠，初登于天也。」以上六居卦之最高為釋。《漢上易傳》：「晉卦䷢離出坤……故曰初登于天。」來知德《集註》：「初登于天者，日在地上也。」皆以晉與明夷相覆相綜說之。說本虞翻、侯果，參〈象傳〉注釋。

❹**後入于地**

象也，入，帛書誤作人。程《傳》：「乃夷傷其明而昏暗，後入于地也。」《漢上易傳》：「晉反，則離入於坤，後入于地也。」來氏《集註》：「後入于地者，日在地下也。……上六以陰居坤上之極，昏闇之至者，故惟其昏闇之至，不明而晦。是以初則尊為天子，居可傷人之勢，事以傷人之明為事；終則自傷而墜厥命，欲為匹夫而不可得矣。故有日落不明而晦，初雖登天而後入地之象。其象如此，而占者可知矣。」由天道而推言人事甚是。蘇軾嘗綜論明夷六爻，《東坡易傳》：「力能救則救之，六二之用拯是也；力能正則正之，九三之南狩是也；既不能救，又不能正，則君子不敢辭其辱以私便其身，六五之箕子是也。君子居明夷之世，有責必有以塞之，無責必有以全其身而不失其正。初九、六四，無責於斯世。故近者則入腹獲心，于出門庭；而遠者則行不及食也。」東坡此傳，頗能呈現其歸納、分析之論理能力。李鏡池《通釋》：「太陽下山，不亮了，天黑了。這就是明夷（滅）。太陽初登于天為明，後入于地為夷。」高亨《大傳今注》：「經意：謂雉不鳴而隱藏矣，初飛于天空，後入于山洞。爻辭在表示筮遇此爻，先進而後退，先上而後下。」案：拙撰《經傳通釋》，以《十翼》為解釋卦爻辭之較早且最重要之文字，故偏重「以傳解經」。然於「以經解經」之主張，未敢忽視。明夷卦六五爻辭既言「箕子之明夷」，為商末周初之故事，因此即取主「以經解經」代表作二，備錄其言，以見其一斑耳。

語譯

明夷最上面的是陰爻：光明漸漸消失，終於沒有光明，一片昏暗。開始時，太陽曾經升上天空，像天子一樣登上權力的高峰；後來，暴政像傷人酷陽，自行隕落，埋沒在昏暗的地下。

附錄古義

《開元占經・引陸績渾天儀說》見晉卦辭附錄古義。

象傳

初登于天，照四國也❶；後入于地，失則也❷。

注釋

❶照四國也

《集解》引虞翻曰：「晉時在上麗乾，故登于天照四國。」以明夷在晉卦之後，兩兩相覆為釋。然「在上麗乾」，麗即離也，乾為天也，而卦並無乾象。又引侯果曰：「初登于天，謂明出地上，下照于坤，坤為眾國，故曰照于四國也，喻陽之初興也。」於晉卦離上坤下之象較合。程《傳》：「初登于天，居高而明，則當照及四方也。」來氏《集註》：「照四國以位言。言日居天上，能照四國；亦如人君高位，得傷人之勢也。」

❷失則也

六二〈象傳〉已言「六二之吉順以則也」，彼以順則為吉；此言失則，則其凶可知。《集解》引虞翻曰：「今反在下，故後入于地，失其則。」言太陽失其照耀四方之則也，偏重於自然現象。侯果曰：「後入于地，謂明入地中，晝變為夜，暗晦之甚，故曰失則也，況紂之亂世也。此之二象，言晉與明夷，往復不已，故見暗則伐取之，亂則治取之，聖人因象設誡也。」來氏《集註》：「失則以德言。言為人君止于仁，視民如傷者也，豈可以傷人為事？君以傷人為事，失其君之則矣！是以始而傷人，終于自傷也。文王之順以則者，外柔順而內文明，凡事有法則，所以興；紂之失則者，居坤之極，而內昏暗，凡事失法則，所以亡。故二、上皆言則字。」合〈彖傳〉與〈象傳〉之言六二、上六，推天道以明人事。言頗可取。

語譯

開始時天子像太陽一樣升上天空，照耀著四方的國家啊！後來隕落在昏暗的地下，因為所施暴政，失去了治國安民的原則啊！

家人卦經傳通釋第三十七

卦辭

䷤離下巽上家人（ㄐㄧㄚ ㄖㄣˊ）❶：利（ㄌㄧˋ）女（ㄋㄩˇ）貞（ㄓㄣ）❷。

注釋

❶ ䷤離下巽上家人

離下與巽上重疊，何以構成家人意象，頗費思量。西漢末年揚雄，模仿《周易》作《太玄》，有〈居〉，相當於「家人」卦。〈居〉云：「陽方躆膚赫赫，為物城郭，物咸得度。」相較之下，家人初、上皆陽，有為城為廓之象；而中二、三、四、五，依陰、陽、陰、陽排列，四爻皆得位，且六二正位於內，九五正位於外，亦物咸得度之象。因而家人六爻，有以厚牆保護家中男女的意象。這一點，尚秉和也看出來了。所著《周易尚氏學》云：「考《太玄》擬〈家人〉為〈居〉，云：『躆膚赫赫，為物城郭，萬物咸宅。』是以〈家人〉初上爻皆陽，故曰膚，曰城郭。而人宅其中，故曰家人也。義似較各家為優。」依六爻排列輪廓觀之，有家人之象如此。又家人離下為火，巽上為風、為木。朱駿聲《六十四卦經解》：「屋下有火炊爨，則瓦上有風自突而出。」以家必有竈，竈生火，則必有煙隨風從煙囪冒出，所以構成家人卦。此蓋從〈象傳〉之說。又云：「又木生火，火以木為家。」此亦據家人下上二卦之象立說也。在筮法上，當家人六爻皆少，也就是本卦、之卦都是家人；或解䷧六爻皆老，也就是解之家人：這兩種情形，都以家人卦辭占。

❷**利女貞**　占也。家庭中最主要的人物是女性，我國傳統便有「女主內，男主外」之說。〈象傳〉也說：「女正位乎內，男正位乎外。」由於男、女在體能上的差異，這種分工在古代社會有其必要性。家人卦離下為中女，巽上為長女，而六二、六四兩陰爻皆得位居正，故卦辭特別說「利女貞」。《集解》引馬融曰：「家人以女為奧主，長女、中女各得其正，故特曰利女貞矣！」奧，謂爨；奧主，謂炊竈之主。又引虞翻曰：「女謂離、巽，二、四得正，故利女貞也。」皆已道出此義。

語譯

三畫的離卦在下，三畫的巽卦在上，重疊成為六畫的家人卦。家庭中以婦女為主，依照正確的常道行事，必然對家庭有利。

附錄古義

《三國志・蜀書・楊儀傳》：「十二年，隨亮出屯谷口。亮卒於敵場。儀既領軍還，又誅討延，自以為功勳至大，宜當代亮秉政；呼都尉趙正以《周易》筮之，卦得家人，默然不悅。而亮平生密指以儀性狷狹，意在蔣琬，琬遂為尚書令益州刺史。儀至，拜為中軍師，無所統領，從容而已。」

彖傳

家人：女正位乎內，男正位乎外❶。男女正，天地之大義也❷。家人有嚴君焉，父母之謂也❸。父父子子，兄兄弟弟，夫夫婦婦，而家道正❹。正家而天下定矣❺。

注釋

❶女正位乎內，男正位乎外

六二以陰爻居陰位，在內卦離之中位，故曰女正位乎內；九五以陽爻居陽位，在外卦巽之中位，故曰男正位乎外。弼《注》：「女正位乎內，謂二也；男正位乎外，謂五也。家人之義，以內為本，故先說女也。」是也。由〈彖傳〉此言反思卦辭「利女貞」，非謂不利男貞，惟「男正位乎外」爾！

❷男女正，天地之大義也

此古人「天人合一」思想之表現也。以為「男女」關係猶「天地」關係；而男女之「正」，既淵源於天地之「大義」，推而廣之，又能參贊天地之「大義」。《集解》引虞翻曰：「男得天正于五，女得地正于二，故天地之大義也。」蓋以三才之道，五、上為天，初、二為地，九五之男得天道之正，六二之女得地道之正說之也。孔穎達《正義》：「正位之言，廣明家人之義乃道均二儀，非惟人事而已。家人即女正於內，男正於外；二儀則天尊在上，地卑在下，同於男女正位，故曰天地之大義也。」尊卑之說，雖受當時意識之局限，然所言家人道均二儀，則能表達當時天人合一之觀念。近人馮友蘭《中國哲學史》亦云：「講《周易》者之宇宙論，係以個人生命之來源為根據，……類推而以為宇宙間亦有二原理。其男性的原理為陽，其卦為乾；其女性的原理為陰，其卦為坤。而天地乃其具體的代表。」亦不得以「由非倫理界之事物類推倫理之教訓」之錯誤類比斥之也。

❸家人有嚴君焉，父母之謂也

家庭是人類生活中最基本和最重要的一種組織。在人類所有社會組織中，家庭是最原始、最悠久、最普遍、最親密、最核心、也是最小的一個，因此，家庭便成為人類社會的縮影。家庭接受社會禮俗嚴格的限制，「家人有嚴君焉」，要從這種社會關係中去正視。這是第一層意思。依家庭權柄所屬來分析，約有父權、母權、舅權、平權四種形式的家庭。平權的家庭是指家庭事務由父母共同掌握，子女亦能參與決定。這在現代民主國家中頗為流行。而〈彖傳〉於「家人有嚴君焉」下接言「父母之謂也」，頗有父母平權之意味。而且這種平權思想亦非孤例。《白虎通．嫁娶》：「夫者，扶也，扶以人道者也；妻者，齊也，與夫齊體。」如此等言，不勝枚舉。父母皆為嚴君，相扶齊體，這是第二層意思。《集解》引荀爽曰：「離巽之中有乾坤，故曰父母之謂也。」蓋以坤初入乾成巽，坤二入乾成離，故巽離之中有乾坤，推之震、坎、艮、兌，無不有乾坤也。李鼎祚「案」云：「二五相應，為卦之主；五陽在外，二陰在內，父母之謂也。」蓋不以荀說為妥，另作別解。朱子《本義》：「嚴君亦謂二五。」蓋肯定鼎祚。《集解》又引王肅曰：「凡男女所以能各得其正者，由家人有嚴君也。家人有嚴君，故父子夫婦各得其正，家家咸正，而天下之治大定矣！」不及象數，惟言人事。程《傳》：「家人之道，必有所尊嚴；而君長者，謂父母也。雖一家之小，无尊嚴則孝敬衰；无君長則法度廢。有嚴君而後家道正；家者，國之則也。」於家、國同則，有所發揮。

❹父父子子，兄兄弟弟，夫夫婦婦，而家道正

此言家庭組成之所有分子，各盡其應盡之道，則家道乃正也。父父，上一字為名詞作主語，下一字則動詞作謂語，子子以下皆同。六者應盡之道云何？《左傳．昭公二十六年》晏子答齊侯之問曰：「父慈而教，子孝而箴，兄愛而友，弟敬而順，夫和而義，妻柔而正。」所言施受之態度及準則，最為具體而周延。可移此作注腳。船山《易內傳》：「父父不言母母者，統母於父也。初上之剛嚴，父父也；中四爻之得位，子子也。三四相追隨，兄弟也。兄以慈愛為友故柔；弟以莊敬為恭故剛。夫夫，五正位於外也；婦婦，二正位於內也。」言象釋義頗富想像力而饒趣味。近人蘇淵雷作《易學會通》略謂：「《論語》中之正名主義，如『君君臣臣父父子子』。……與〈家人〉『父父子子，兄兄弟弟，夫夫婦婦』諸句幾若出諸一人之手。……蓋孔子贊《易》，始推天行以明人事。……實則《易》學為吾國古代之共同思想，不屬誰何；惟借此以明人事，察將來，則孔門一貫之旨也。」於考信辨偽之事，多所啟發。

❺**正家而天下定矣**

注釋❸我嘗言家庭為人類社會的縮影，故家庭與天下事務自有不可分割之關係。《詩・大雅・思齊》曾讚美周文王能：「刑于寡妻，至于兄弟，以御于家邦。」意謂文王能作嫡妻的典型，推廣到能作兄弟之模範，並且用此典範來治理國家。《詩經》這幾句話，孟子還曾引來勉勵齊宣王。《禮記・大學》也說過：「物格而后知至，知至而后意誠，意誠而后心正，心正而后身脩，身脩而后家齊，家齊而后國治，國治而后天下平。」認為治國平天下之事，本於修身齊家。詳細點說，人類社會各種美德都淵源於父慈子孝，兄友弟恭。從家庭道德規範中，吾人學習到長官和部屬間的，和同輩朋友間的相處準則，希望能從而導致「天下一家」的大同世界。這是我國儒家思想的最高理想。此言「正家而天下定矣」，正是此最高理想的憧憬。

語譯

家庭中的人，女主人在家庭裡站穩正確的立場，盡到自己的本分；男主人在家庭外從事正當的工作，盡到自己的職責。男女都能遵守正道，盡其本分職責，這正是天地間的大道理啊！組成家庭的成員中，有威嚴的領導者，說的就是父母親。父母盡到父母的本分，兒子盡到兒子的本分；哥哥盡到哥哥的本分，弟弟盡到弟弟的本分；丈夫盡到丈夫的本分，妻子盡到妻子的本分：於是家道歸於正常。正常的家庭發展到極致，天下就安定了！

附錄古義

《三國志・魏書・后妃傳》：「《易》稱：『男正位乎外，女正位乎內。男女正，天地之大義也』。古先哲王，莫不明后妃之制，順天地之德；故二妃嬪媯，虞道克隆，任姒配姬，周室用熙；廢興存亡，恆此之由。」

《漢書・匡衡傳》：「衡上疏云：『……聖人動靜游燕，所親物得其序；得其序則海內自修，百姓從化。如當親者疏，當尊者卑，則佞巧之姦因時而動，以亂國家。故聖人慎防其端，禁於未然，不以私恩害公義。陛下聖德純備，莫不修正，則天下無為而治。《詩》云：「于以四方，克定厥家。」《傳》曰：「正家而天下定矣。」』」

《漢紀・惠帝紀》：「荀悅曰：『夫婦之際，人道之大倫也。《詩》稱：「刑于寡妻，至于兄弟，以御于家邦。」《易》稱：「正家道，家道正而天下大定矣。」姊子而為后。昏于禮而黷于人情，非所以示天下，作民則也。』」

〈魏書・文德郭后傳〉：「棧潛上疏曰：『在昔帝王之治，天下不惟外輔，亦有內助；治亂所由，盛衰從之。故西陵配黃，英娥降媯，並以賢名流芳上世。桀奔南巢，禍階妹喜；紂以炮烙，怡悅妲己。是以聖哲慎立元妃，必取先代世族之家，擇其令淑，以統六宮，虔奉宗廟，陰教聿脩。《易》曰：「家道正而天下定。」由內及外，先王之令典也。』」

〈吳書・孫氏諸夫人傳評〉：「《易》稱：『正家而天下定』。《詩》云：『刑于寡妻，至于兄弟，以御于家邦。』誠哉！是言也。遠觀齊桓，近察孫權，皆有識士之明，傑人之志；而嫡庶不分，閨庭錯亂，遺笑古今，殃流後嗣。由是論之，惟以道義為心、平一為主者，然後克免斯累邪！」

象傳

風自火出，家人❶；君子以言有物而行有恆❷。

注釋

❶風自火出，家人

家人卦巽上為木又為風，離下為火。火本於木，又自空氣中吸取氧氣，產生二氧化碳，排出風煙來。民以食為天，家以炊為本。因此看到屋內生火，屋上煙囪炊煙裊裊，這是家人都回家了，共同用餐的時刻，所以有「家人」的聯想。《集解》引馬融曰：「木生火，火以木為家，故曰家人。火生於木，得風而盛，猶夫婦之道相須而成。」說出了上一半。張載《橫渠易說》：「家道之始，始諸飲食烹飪，故曰風自火出。家人道在於烹爨。一家之政，樂不樂，平不平，皆繫乎此。」說出了下一半。

❷君子以言有物而行有恆

家庭是最原始、最親近、而且最小的社會組織，不僅要養生喪死而無憾，而且也是學習待人處世的處所。所以〈象傳〉言「家人有嚴君焉」。父母要以身作則：說話要有事實根據，要有實際內容，行為要合乎常規，前後具有一致性，來教育子女將來在社會上成為有貢獻有成就的言行無可挑剔之人。弼《注》：「家人之道，脩於近小，而不妄也。故君子以言必有物，而口无擇言；行必有恆，而身无擇行。」言行無可挑剔，這就是家庭教育的成功。楊時《龜山易說》：「言忠信則有物，行篤敬則有常。无稽之言是无物也；暴慢邪僻是无常也。」具體指出有物無物，有恆無恆。呂祖謙《東萊易說》：「夫言之无物，猶可以欺外，至於在家之人，則必究其實，故在家之言，尤不可以无物；行之无常，猶可以飾一時，至於在家之久，則必暴露，故在家之行，尤不可以无常。」讀者試與《中庸》慎獨之說，及家庭與社會可能存在之異同，分別再思之。

語譯

風煙從生火的廚房煙囪冒出，家人都回到家中團聚了。君子看到家人彼此言信行敬，由此培養自己要和社會每一個人同樣做到講話有內容，行事有常規，就像家人一樣和睦相處。

序卦傳

傷於外者必反於家❶，故受之以家人。

注釋

❶傷於外者必反於家

反，返也。家庭不但是生育、養育、教育我們之所，也是我們受挫傷時的養護所，病老時醫治安息處。在外受挫傷的，因此必定回家養護。韓康伯《注》：「傷於外，必反脩諸內。」於「反」之外，更拈出「脩」字。蘇軾《東坡易傳》：「人窮則反本，疾痛則呼父母，故傷則反于家。」重點落在「反于家」。郭雍《中庸解》：「《易》曰：『傷於外者必反於家。』蓋行有不得於外人，則反求諸己。」《傳家易說》記郭雍曰：「行有不得者，皆反求諸己。」則以「反」為反省，重點落在「反求諸己」。

語譯

在外面受到傷害的人，一定會回到家中來，自我反省並在家調養，所以家人卦接在明夷卦的後面。

雜卦傳

家人，內也❶。

注釋

❶家人，內也

這是相對於上文「睽，外也」而言。家人多團聚在家庭之內，感情最為親密，故曰「內也」。《集解》：「家人女正位乎內，故內者也。」《折中》引徐幾曰：「睽者，疏而外也；家人者，親而內也。」

語譯

家人感情親密，常團聚在家庭之內。

初九爻辭

初九❶：閑有家❷，悔亡❸。

當家人初爻為老，他爻皆少，即由家人之漸䷴；或歸妹䷵初爻為少，他五爻皆老，即歸妹之家人：這兩種情形，都以家人初九爻辭占。

注釋

❶初九

❷閑有家

象也。閑，阜簡作「閒」，帛書誤作「門」。《說文》：「閑，闌也，从門中有木。」為防閑之意。又：「閒，隙也，从門月。」為閒暇之意。閑閒二字，古相通用。初九以剛爻居家人之初位，表示有家之初，應剛正以治之，防止家道敗壞。顏之推《顏氏家訓．教子》：「及撫嬰稚，識人顏色，知人喜怒，便加教誨。使為則為，使止則止。比及數歲，可省笞罰。父母威嚴而有慈，則子女畏慎而生孝矣。吾見世間，無教而有愛，每不能然。……驕慢已習，方復制之。捶撻至死而無威，忿怒日隆而增怨。逮子成長，終為敗德。……俗諺曰：『教婦初來，教兒嬰孩。』誠哉斯語。」可移此作注腳。楊時《龜山易說》：「禮始於謹夫婦，為宮室，辨內外。男位乎外，女位乎內。……家人之初，閑而有之，所以謀始也。始之弗閑，則終必亂矣！」案：《集解》引荀爽曰：「初在潛位，未干國政，閑習家事而已！」以閑為嫻練之意。異說提供參考。

❸悔亡

占也。弼《注》：「凡教在初，而法在始。家瀆而後嚴之，志變而後治之，則悔矣！處家人之初，為家人之始，故宜必以閑有家，然後悔亡也。」呂大臨《易章句》：「初九以剛居初，閑有家者也。禁之於未然，不傷乎恩，故悔亡。」所說皆是，不贅。

語譯

家人卦初位是陽爻：在成家之初，就防止家道敗壞，方能保有美滿的家庭。事後的悔恨也不會有了。

象傳

閑有家，志未變也❶。

注釋

❶**志未變也**

孔《疏》：「志未變也者，釋在初防閑之義。所以在初防閑其家者，家人志未變黷也。」程《傳》：「閑之於始，家人志意未變動之前也。正志未流散變動而閑之，則不傷恩，不失義，處家之善也，是以悔亡。」並是。

語譯

成家一開始就預防家道敗壞，於是保有美滿的家庭。因為家人正確的家庭觀念還沒變動消失啊！

六二爻辭

六二❶：无攸遂❷，在中饋❸，貞吉❹。

當家人第二爻為老，他爻皆少，即由家人之小畜䷈；或豫䷏第二爻為少，他爻皆老，即豫之家人：這兩種情形，都以家人六二爻辭占。

注釋

❶六二

❷无攸遂

象也。遂，義同大壯上六爻辭「羝羊觸藩，不能退，不能遂」之「遂」，進也。六二以陰爻處陰位，在下卦居中得正。〈象傳〉所言「女正位乎內」，即指六二而言。只要作好家內工作即可，毋須進一步干預外面的事務。古人見解如此，今日視之，則多可商。案：「遂」有多種解釋。《後漢書・楊震傳》李賢《注》引鄭玄《周易注》曰：「二為陰爻，得正於內；五，陽爻也，得正於外。猶婦人自修正於內，丈夫脩正於外。無攸遂，言婦人無敢自遂也。」鄭《注》之意，殆如坤六三爻辭：「含章可貞，或從王事，无成有終。」〈文言傳〉釋云：「陰雖有美，含之。以從王事，弗敢成也。」「無敢自遂」，即「弗敢成也」，遂義為成。弼《注》：「居內處中，履得其位，以陰應陽，盡婦人之正，義无所必遂。」其遂義亦為成，同鄭玄之說。此一說也。王宗傳《童溪易傳》：「无攸遂云者，示不敢有所專也。」並引《春秋傳》曰「大夫无遂事」示「不敢專也」為證。王申子《大易緝說》、李道平《周易集解纂疏》，亦主遂專之解。此又一說也。遂，進也、成也、專也，三說可以並存互補。《集解》引荀爽曰：「坤道順從，故无所得，遂供肴中饋，酒食是議。」似荀爽所見《周易》之本多一「得」字，而「遂」字連下文成句。然今所見《周易》各本，皆無「得」字，帛書亦作「无攸遂」。荀本句讀，似不可從。

❸**在中饋**

象也。鄭玄《注》：「爻體離，又互體坎，火位在下水在上，飪之象也。饋，食也，故云在中饋也。」惟言其象。《童溪易傳》：「婦人之職守，亦不過曰：奉祭祀，饋飲食而已。此外无他事也。《詩》曰：『無非無儀，惟酒食是議。』是也。故《詩》有〈采蘩〉，以奉祭祀為不失職；〈采蘋〉以供祭祀為能。」重點在闡釋其義。上文「无攸遂」是告誡六二有所「不可為」；此言「在中饋」是勉勵六二有所「為」。

❹**貞吉**

占也。所謂「貞」，是正確地處理自己的任務。做自己該做的事，在家中主持烹飪以供祭祀和家人飲食；不做非自己主管的事，不必進一步干預家外事務。如此則吉。船山《易內傳》：「六二柔順得中而當位，得婦道之正而吉。」

語譯

家人卦陰爻居第二位：沒有什麼要進一步作主完成的事，在家中負責烹調飲食，供奉祭祀。遵守正規常道，自然有所收穫。

附錄古義

《列女傳・母儀》：「孟母曰：『夫婦人之禮，精五飰，冪酒漿，養舅姑，縫衣裳而已矣。故有閨內之修，而無境外之志。《易》曰：「在中饋，无攸遂。」』」

《漢書・谷永傳》：「永對問云：『《易》曰：「在中饋，無攸遂」，言婦人不得與事也。』」

《後漢書・楊震傳》：「震上疏云：『夫女子小人，近之喜，遠之怨，實為難養。《易》曰：

「無攸遂，在中饋」：言婦人不得與於政事也。』」

象傳

六二之吉❶，順以巽也❷。

注釋

❶六二之吉

言「六二」之「吉」，包括「無所遂」與「在中饋」。二者皆古代女子之「貞」道，得之則吉。

❷順以巽也

以象言，六二女正位乎內，上承九三，而應九五，是柔順而和遜也。《集解》引《九家易》曰：「謂二居貞，巽順于五則吉矣。」孔穎達《正義》：「舉爻位也言吉者，明其以柔居中而得正位，故能順以巽而獲吉也。」以義言，「无所遂」即「順」，「在中饋」即「巽」。《童溪易傳》：「不順則不能順承乎上，而有先迷之失；不巽則不能居為下之道而曠其職守。故曰六二之吉，順以巽也。」无所遂則不致先迷；在中饋則不曠職守：此順以巽也。船山《易內傳》：「順故无攸遂。巽者，入也，而有撰具之意。在中饋以求歆於寢廟，其宜家必矣！」意略同童溪，而言更具體。

語譯

六二所以多所收穫，是因為能夠柔順地沒有什麼進一步要求，而且能夠和遜地盡到家中烹調飲食，供奉祭祀的職責。

九三爻辭

九三❶：家人嗃嗃❷，悔厲吉❸；婦子嘻嘻❹，終吝❺。

注釋

❶九三

當家人第三爻為老，他爻皆少，即由家人之益䷩；或恆䷟第三爻為少，他爻皆老，即恆之家人：這兩種情形，都以家人九三爻辭占。

❷家人嗃嗃

象也。嗃嗃，《釋文》：「鄭（玄）云苦熱之意，劉（表）作熇熇。」帛書作⿱䜌火⿱䜌火。《說文》：「熇，火熱也。」而無嗃字、⿱䜌火字。疑嗃字本當作熇，鄭玄云苦熱之意，蓋字亦作熇。帛書作「⿱䜌火」，字从火，疑即熇之或體。其義本為火熱、苦熱，指的是家人對九三嚴酷治家的感受；引申而有嚴苛之意，指的卻是治家者九三本身了。今本字作「嗃嗃」者，疑涉下文「嘻嘻」从口而訛變也。弼《注》：「以陽處陽，剛嚴者也。處下體之極，為一家之長者也。行與其慢，寧過乎恭；家與其瀆，寧過乎嚴。」蓋由九三爻位說明剛嚴之義。程《傳》：「九三在內卦之上，主治乎內者也。以陽居剛而不中，雖得正而過乎剛者也。治內過乎剛則傷於嚴急，故家人嗃嗃。」朱《義》：「以剛居剛而不中，過乎剛者也。」程、朱更補以「不中」、「過剛」，依象說義益足。〈象傳〉云：「家人有嚴君焉。」《龜山易說》、《傳家易說》皆引之以說家人九三。

❸悔厲吉

占也。帛書同。此三字句讀，頗費思量。孔《疏》：「悔其酷厲，猶保其吉。」意為：對自己嚴酷的治家作風知所悔改，則吉。以「悔厲」為述賓結構。程《傳》：「悔於嚴厲，未得寬猛之中，然而家道齊肅，人心祇畏，猶為家之吉也。」蓋從孔氏，遠祧王弼，此一說也。呂大臨《易章句》以「悔厲」為「悔且厲也」，則「悔厲」為並立結構。朱震《漢上易傳》申之曰：「治家太嚴，傷恩矣，能无悔乎？拂其情矣，能无厲乎？然法度立，倫理正，小大祇畏，以正得吉。」亦以悔、厲並立，此第二說也。吳澄《易纂言》：「能悔改則雖厲而吉。」則「悔」字獨立，為「厲吉」之前提；而「厲吉」則為「雖厲而吉」，厲為危厲之意。此第三說也。案：下文「婦子嘻嘻」，嘻嘻，或以為嗟怨之聲，歎懼之辭；或以為字當作「嬉嬉」，為嬉戲、嬉笑之意。如以嘻嘻為怨懼聲，則二、三兩說較洽；倘以為嬉戲嬉笑，則一、二兩說較洽。請參閱下注。

❹婦子嘻嘻

象也。帛書作「婦子裏裏」，嘻、裏音近，裏殆為別字。《釋文》：「馬（融）云『笑聲』，鄭（玄）云『驕佚喜笑之意』，張（璠）作『嬉嬉』，陸（績）作『喜喜』。」案：嘻、嬉二字，《說文》皆未錄之，初文但作「喜」，故陸作「喜喜」，用其初文也。嘻為狀聲歎詞，狀聲歎詞多取聲近之字再加「口」部而成。如：噫、嘻、嗟、呼、咄、吁、噁、嚇、嗚之屬。嘻為語首悲恨痛懼歎惜聲。《公羊傳・僖公元年》：「慶父聞之曰：嘻！」《注》：「嘻，發痛語首之聲。」《左傳・定公八年》：「從者曰：嘻！」《注》：「嘻、懼聲。」《禮記・檀弓》：「夫子曰嘻。」《注》：「嘻，悲恨之聲。」《大戴禮記・少閒》：「公曰嘻。」《注》：「嘻，歎惜之聲。」可證。婦子嘻嘻，謂一家之主九三，治家過嚴而不改，導致家中婦女及子輩悲恨痛懼歎惜也。呂大臨、項安世、吳澄皆持此一詮釋，其言於注釋❺詳之。嬉，為嬉戲、嬉樂之意。如《史記・孔子世家》：「孔子為兒嬉戲，常陳俎豆，設禮容。」《三國志・魏書・崔光傳》：「遠存矚眺，周見山河，因其所眄，增發嬉笑。」可證。婦子嬉嬉，謂家中婦、子，皆不遵嚴教，嬉笑遊戲，虛擲時光也。馬融、鄭玄、王弼、孔穎達、程頤、朱熹，皆持此解。亦於下注擇要言之。

❺終吝

占也。吝，帛書作「閵」，憾惜也。有二解。一曰：治家過嚴，妻子兒女因而時有嗟怨、歎懼之聲，終為憾惜之事。項安世《周易玩辭》：「治家者過於嚴烈，雖暴而多悔，危而難安，然於家道未有所失，則不害其為治也，故吉。若治家失道而強威嚴行之，如〈谷風〉之『有洸有潰』，〈小弁〉之『維其忍之』。使為婦為子者嘻歎怨毒，則終不可行，故吝。身不行道，不行於妻子，謂此類也。嘻嘻二字，在《詩》之噫嘻，《禮》之嘻其甚矣，《左氏傳》之譆譆出出，陽虎從者曰嘻，皆為歎懼之辭，未有訓為笑樂者也。九三重剛尚察，而不得其中，故其象如此。若從或說以為笑樂失節，則其終不止於吝矣，乃終亂之道也。」吳澄《易纂言》引項氏此說而是之。又云：「上文謂改悔其嚴酷，則雖厲而吉。此占為不改悔者言。范氏大性曰：『治家雖不可縱弛，苟過乎嚴而或近於酷，致婦子之間，常聞愁恨之聲，斯賊恩之大者，故終吝也。』」范大性，元時人，著有《大易輯略》。此一說也。又一曰：假如治家過於鬆弛，以致婦子嬉戲笑鬧，終有憾惜。孔《疏》：「若縱其婦子慢黷，嘻嘻喜笑而无節，則終有恨辱。」程《傳》：「嘻嘻，笑樂无節也。自恣无節，則終至敗家，可羞吝也。」

語譯

家人卦陽爻居第三位：治家過於嚴苛，使得家人痛苦不堪。如果對過分嚴厲的作風知所悔改，（或譯：雖然也後悔，但不能不嚴厲，或譯：如果能悔改，雖然有危險，）仍然有美好的收穫。若是家中婦女小孩總是嬉戲笑鬧，（或譯：若是家中婦女小孩受不了嚴苛管理，悲恨恐懼，）最後還是令人憾惜。

象傳

家人嗃嗃，未失也❶；婦子嘻嘻，失家節也❷。

注　釋

❶**未失也**

這是評論爻辭「家人嗃嗃，悔厲吉」的。孔穎達以「悔厲」為「悔其酷厲」，而於此《疏》云：「初雖悔厲，似失於猛；終无慢黷，故曰未失也。」朱震以「悔厲」為「悔」且「厲」，《漢上易傳》云：「小大祇畏，以正得吉，未為大失也。」吳澄以為「能悔改則雖厲而吉」，《易纂言》：「嗃嗃而改悔，則於治家之道未為失。」三人於「悔厲吉」之句讀，意見不同，因此說不失之原因，亦有小異。〈繫辭傳上〉：「吉凶者，言乎其失得也。」吉則有得，凶則有失。〈象傳〉此言「未失」，正釋爻辭「吉」也。

❷**失家節也**

此論「婦子嘻嘻終吝」之原因，而重點說者有異。孔《疏》：「若縱其嘻嘻，初雖歡樂，終失家節也。」是「失家節」之重點在「縱其嘻嘻歡樂」。《易章句》：「若過於剛嚴，責善已甚，賊恩之至，皆有離心。婦子嘻嘻，失治家之節，終吝道也。嘻嘻，嗟怨之聲也。」重點在「婦子皆有離心，嘻嘻嗟怨」。《易》本占筮之書，喜用模稜語。務求無論事實或是或否，皆能有適合之解釋，故多歧義如此。

語　譯

治家過嚴，使家人覺得痛苦，不是什麼重大的過失；要是家中婦女小孩總是嬉戲笑鬧，（或譯：要是家中婦女小孩受不了而發出怨恨之聲，）那就喪失了家中應有的節度了。

六四爻辭

六四（ㄌㄨˋ ㄙˋ）❶：富家（ㄈㄨˋ ㄐㄧㄚ）❷，大吉（ㄉㄚˋ ㄐㄧˊ）❸。

當家人第四爻為老，他爻皆少，即由家人之同人䷌；或師䷆第四爻為少，他爻皆老，即師之家人：這兩種情形，都以家人六四爻辭占。

注釋

❶六四

❷富家

象也。帛書字同。《集解》引虞翻曰：「三變體艮，艮為篤實，坤為大業。得位應初，順五乘三，比據三陽，故曰『富家大吉』。」虞氏意思是：家人卦九三變為六三，則成益卦䷩。益卦三四五爻互體為艮，艮為剛健篤實輝光；二三四爻互體為坤，富有之謂大業，坤為大業。家人六四，以陰爻居陰位，是為得位；與下卦初九陰陽相應，是為應初；上順九五，下乘九三，是為順五乘三，加上所應初九，是為比據三陽。虞氏以此說明富家大吉在《易》象上的根據。弼《注》：「體柔居巽，履得其位，明於家道，以近至尊，能富其家也。」王弼以家人六四居巽上，體陰柔順，惟以本卦本爻為釋，不取虞翻換爻變卦之說。虞以家人之益，來詮釋家人九三是可以的，但干六四何事？弼言「履得其位」，則同虞曰「得位」；弼言「以近至尊」，則同虞曰「順五」。此可見王弼於虞翻說象，有掃之者，有承之者。宋儒釋家人六四，多近於弼。元吳澄《易纂言》：「九五，王也；六四，后也。后所處乃王之家也。王之家富有四海，以天下為家者，故曰富家。」頗多補充。

❸大吉

占也，帛書字同。弼《注》：「能以其富，順而處位，故大吉也。若但能富其家，何足為大吉？」大致依〈象傳〉強調順而處位之必要。朱熹《本義》：「陽主義，陰主利。以陰居陰，而在上位，能富其家者也。」王夫之承之，船山《易內傳》：「陰主利。六四以陰爻居陰位，故富。富非大吉之道，惟柔順靜退而不驕，可以長保其富而大吉。」考儒家不諱言富。《論語・述而》記孔子之言曰：「富而可求也，雖執鞭之士，吾亦為之。」不但個人求富，更為國家求富。《論語・子路》：「子適衛，冉有僕。子曰『庶矣哉』。冉有曰：『既庶矣，又何加焉？』曰『富之』。」可證。

語譯

家人卦陰爻居第四位：使自己的家庭和全國所有家庭都富裕起來，這是大大的收穫。

象傳

富家大吉，順在位也❶。

注釋

❶順在位也

六四在巽上，上順九五，故曰「順」；以陰居陰，所處得位，故曰「在位」。譬諸人事，為能謙遜自牧，服從上級領導，做好與自己身分地位相當的應盡的職責，如此則能富家大吉。郭雍（白雲）並以《易》之「富家」與《禮記・禮運》所謂「家之肥」相提並論。《傳家易說》記其言曰：「在《禮》亦曰：『父子篤，兄弟睦，夫婦和，家之肥也。』《易》之所謂富，猶《禮》之所謂肥也。《禮》以人之肥、家之肥、國之肥、天下之肥，是謂『大順』，〈象〉言順在位，則《禮》之大順是也。」白雲較論《易》、《禮》，可見儒學相通一貫處。《周易玩辭》：「四在高位，則既富矣。若以驕亢處之，則凶之道也。故六四以順在位，則能保其富而吉莫加焉。體柔而居巽之下，順之至也。」說象及理甚明。

語譯

使自己和全國家庭都富裕起來，這種最大收穫，正是順從上級領導，做好本分工作的緣故啊。

九五爻辭

九五❶：王假有家❷，勿恤，吉❸。

注釋

❶九五

當家人第五爻為老，他爻皆少，即由家人之賁䷕；或困䷮第五爻為少，他爻皆老，即困之家人：這兩種情形，都以家人九五爻辭占。

❷王假有家

象也。假，帛書作「叚」。五為天子之位，而九居之，故稱王。《周易玩辭》：「家人六爻：初九，始有家也；六二，婦也；三，夫也：一家之制，備於下爻。上卦則推而廣之，六四，卿大夫之家也；九五，天子之家也；上九，家道之終也。」是也。假，與「嘉」字相通，善也，有嘉許、讚美之意。《詩・大雅・假樂》「假樂君子」，毛亨《傳》：「假，嘉也。」《禮記・中庸》引作「嘉樂君子」。《釋文》：「嘉，《詩》本作假，音同。假，嘉也。皇（侃）音加，善也。」是其證。萃卦辭「王假有廟」，渙卦辭「王假有廟」，豐卦辭「王假之」，諸「假」字皆作嘉美解。《集解》引陸績曰：「假，大也。五得尊位，據四應二，以天下為家，故曰王大有家。」又弼《注》：「假，至也，履正而應，處尊體巽，王至斯道，以有其家者也。」程頤、朱熹皆從王弼謂「假，至也」。吳澄《易纂言》謂假字與格通，何楷《古周易訂詁》從吳澄說，以「假」為「感格」之意。異說可以並存。惟王引之《經義述聞》：「此『假』與『王假有廟』之假不同。彼當訓至，此當訓大。」則不敢苟同。蓋「假」字於卦爻辭僅四見，「王假有家」、「王假有廟」句型又同，不應訓詁如此分歧也。「有」，虛字，無義。《朱子語類》：「有是虛字，非如『奄有四方』之有也。」已發此說。九五居中得正，王有天下，與六二相愛互應，能嘉許勉勵天下之行家道者也。

❸勿恤，吉

占也。恤，帛書作「血」。吉，帛書作「往吉」。恤，憂也。《集解》引陸績曰：「天下正之，故无所憂，則吉。」又弼《注》：「居於尊位，而明於家道，則下莫不化矣！父父，子子，兄兄，弟弟，夫夫，婦婦，六親和睦，交相愛樂而家道正。正家而天下定矣！故王假有家則勿恤而吉。」孔《疏》：「不須憂恤而得吉也。」程《傳》：「夫王者之道，脩身以齊家，家正而天下治矣！自古聖王未有不以恭己正家為本，故有家之道既至，則不憂勞而天下治矣，勿恤而吉也。」並可作參考。

語譯

家人卦陽爻居第五位：以九五王者之尊，嘉許勉勵天下和睦相愛的家庭，家齊自然國治，就無須再擔憂什麼了，定有收穫。

象傳

王假有家，交相愛也❶。

注釋

❶交相愛也

謂家人六二，女正位乎內，九五，男正位乎外；六二居下卦之中而得位，上與九五互應，九五居上卦之中而得位，下與六二互應，是六二、九五交相愛也。譬諸人事，始於夫婦之道；推之而有父子之道，兄弟之道；擴之而有君臣之道，朋友之道：皆交相愛者也。《禮記・大學》：「所謂治國必先齊其家者，其家不可教，而能教人者，無之。故君子不出家，而成教於國。孝者，所以事君也；弟者，所以事長也；慈者，所以使眾也。……一家仁，一國興仁；一家讓，一國興讓。……堯舜帥天下以仁，而民從之。」孝弟與慈，一家仁與帥天下以仁，亦皆交相愛之義也。

語譯

以九五王者之尊，嘉勉天下和睦相愛的家庭，於是，家人與家人之間，推而至家庭和國家社會之間，都能彼此互助相愛啊。

上九爻辭

上九❶：有孚❷，威如❸，終吉❹。

注釋

❶**上九**

當家人上爻為老，他爻皆少，即由家人之既濟䷾；或未濟䷿上爻為少，他爻皆老，即未濟之家人：這兩種情形，都以家人上九爻辭占。

❷**有孚**

象也。帛書作「有復」。弼《注》：「處家人之終，居家道之成，刑于寡妻，以著于外者也，故曰有孚。」所引「刑于寡妻」見《詩・大雅・思齊》。王弼引此，以說明齊家治國，由近及遠，須以孚信為本；而自始至終，尤宜有信心。程《傳》：「上，卦之終，家道之成也，故極言治家之本。治家之道，非至誠不能也。故必中有孚信，則能常久而眾人自化。為善不由至誠，己且不能常守也，況欲使人乎？故治家以有孚為本。」卦之終，故極言治家之本，此有孚之象也；治家之道，非至誠不能，此有孚之理也。與弼《注》可互補。

❸**威如**

象也。《論語》說「威」，常和莊重、學習、忠信、擇友、改過，相提並論。如〈學而〉記子曰：「君子不重則不威，學則不固，主忠信，毋友不如己者，過則勿憚改。」又〈述而〉說到孔子之為人，「溫而厲，威而不猛，恭而安。」〈堯曰〉提到從政五美，其中亦有威而不猛一項。而其具體呈現在：「正其衣冠，尊其瞻視，儼然人望而畏之。」在家庭中，就應以此來培養家中長者的威望，使之進一步能為國之大老。上九居家人最上爻，正代表家中的長者，國中之大老也。弼《注》：「凡物以猛為本者，則患在寡恩；以愛為本者，則患在寡威：故家人之道尚威嚴也。」程《傳》：「治家者在妻孥情愛之間，慈過則无嚴，恩勝則掩義。故家之患常在禮法之不足，而瀆慢生也。長失尊嚴，少忘恭順，而家不亂者，未之有也。」於吾心常戚戚焉。

❹**終吉** 占也。家庭中具有「有孚」、「威如」之氛圍氣象，則其占「終吉」。弼《注》：「家道可終，唯信與威。」程《傳》：「保家之終，在有孚威如二者而已，故於卦終言之。」皆得《經》旨。蘇軾則注意「終」字。《東坡易傳》：「凡言『終』者，其始未必然也。婦子嘻嘻，其始可樂；威如之吉，其始苦之。」蘇子蓋以嘻嘻為嘻笑，而不採悲恨之聲說也。

語譯

家人卦最上面的是陽爻。家中的長輩要有真誠的愛心，而且擁有必要的威嚴，終於有所收穫。

象傳

威如之吉，反身之謂也❶。

注釋

❶**反身之謂也**

反身有二種不同解釋。一是不要只顧到自己的尊嚴，也要顧到別人的尊嚴。弼《注》：「身得威敬，人亦如之。反之於身，則知施於人也。」就採取此一解釋。另一是自我反省，言行能不能贏得人人尊敬。程《傳》：「威嚴不先行於己，則人怨而不服，故云威如之吉者，能自反於身也。《孟子》所謂：『身不行道，不行於妻子也。』」兼此二解，其義乃足。家人初與四、二與五、三與上，皆相對而言。《周易玩辭》：「家人上下二卦當對講。初九剛而正，故以禮法防其家；六四柔而正，故以柔順保其家：初九與四相對也。六二在內而順乎五；九五在外而愛乎二：此二與五相對也。九三以暴行法而人怨嗟；上九以身立法而人敬信：此三與上相對也。大抵下卦皆主於剛明，雖六二之順以巽，亦能貞於其事也；上卦皆主於柔巽，雖上九之威如，亦知自反也。」是也。

語譯

家中長輩擁有威嚴而獲得敬重，正是反省：自己是否值得家人尊敬，是否也愛護家人，這雙重意思啊。

睽卦經傳通釋第三十八

卦辭

䷥兌下離上睽（ㄎㄨㄟˊ）❶：小事吉（ㄒㄧㄠˇ ㄕˋ ㄐㄧˊ）❷。

注釋

❶䷥兌下離上睽

睽，有相異、分離、違背、對立、矛盾之義。《歸藏》字作「瞿」，楚竹書作「楑」，漢帛書作「乖」，阜陽漢簡與今本皆作「睽」。睽、楑皆從癸得聲，可以通假；《說文》：「睽，目不相聽也。」又：「乖，戾也。」為睽戾之意。睽、乖二字，意實相通。〈序卦傳〉：「睽者，乖也。」得其義矣！《禮記．玉藻》言居喪「視容瞿瞿梅梅」，鄭玄《注》：「瞿瞿，不審貌也。」孔穎達《疏》：「瞿瞿，驚遽之貌；梅梅，猶微微，謂微昧也。孝子在喪，所視不審。」《歸藏》字作「瞿」，蓋有驚懼、看不仔細之意，與「目不相聽」意亦相近。睽之成卦，兌下離上。兌為澤而潤下，離為火而炎上：方向相違相背。又兌為少女，離為中女，擇偶之對象亦必不同，婚嫁之後，勢必分居。此所以睽卦有乖違背異分離之象也。〈彖傳〉已言之。《集解》引鄭玄曰：「睽，乖也。火欲上，澤欲下，猶人同居而志異也。」殆據〈彖傳〉。在爻位上，睽卦九二、六

三、九四、六五，陰陽所居，皆非其位。船山《易內傳》：「睽，乖異也。中四爻皆失其位。初上以剛彊束合之，而固不親，故成乎睽。」在筮法上，當睽六爻皆少，也就是本卦、之卦都是睽；或蹇䷦六爻皆老，也就是蹇之睽：這兩種情形，都以睽卦辭占。

❷小事吉

占也。楚竹書作「少事吉」，阜簡「小事吉」下更有「大事敗」，則字當作與大相對之小矣。帛書與今本皆僅作「小事吉」。《集解》引鄭玄曰：「二五相應，君陰臣陽。君而應臣，故小事吉。」以象數解小事吉，大致仍據〈彖傳〉。王弼無注，孔《疏》云：「睽者，乖異之名；物情乖異，不可大事。大事謂興役動眾，必須大同之世，方可為之；小事謂飲食衣服，不待眾力，雖乖亦可，故曰小事吉也。」則具體指明大小事內容之異，及其與時代之關係。此一義也。《周易折中》引趙汝楳曰：「睽蓋人情事勢之適然，聖人自有御時之方。小事吉者，就其睽異之中，有以善處之，則亦吉也。」所謂以善處之，是小心好好處理。又引何楷曰：「業已睽矣，不可以忿疾之心驅迫之也。惟不為已甚，徐徐轉移，此合睽之善術也。」強調處睽之時，要以平靜的心態，適當的方法，慢慢地處理。《折中》並加「案」語云：「小事吉之義，以爻義見惡人、遇巷、噬膚之類觀之，則趙氏、何氏之說是也。蓋周旋委曲，就其易者為之，皆小事吉之義。」認為周到、圓融、委婉、選容易為對方接受的先做，仍然是可以獲吉。此又一義也。綜此二義，所謂「小事」者，就對象言，乃指事之細節，包括下文所言「天地睽」、「男女睽」、「萬物睽」等大事的細節；就態度言，乃指小心、低調。能小心、低調處理好事之細節，則無事不可成，必獲吉而有收穫也。

語譯

三畫的兌在下，三畫的離在上，重疊成六畫的睽卦，有相異、分離、對立、矛盾等等意思；正因如此，方有合作、統一的必要和可能。要周到、圓融、委婉、小心去處理，從容易的著手，注意一些細節的處理，定能圓滿成功，有所收穫。

象傳

睽，火動而上，澤動而下❶。二女同居，其志不同行❷。說而麗乎明，柔進而上行，得中而應乎剛：是以小事吉❸。天地睽而其事同也❹，男女睽而其志通也❺，萬物睽而其事類也❻。睽之時用大矣哉❼！

注釋

❶睽，火動而上，澤動而下

此以離火炎上，澤水潤下，二體乖違之象，以釋睽之卦名。《集解》引虞翻曰：「離火炎上，澤水潤下。」言之而未詳。孔穎達《疏》：「此就二體釋卦名為睽之義。……火在上而炎上，澤居下而潤下，无相成之道，所以為乖。」為程《傳》、朱《義》之所從。本句舉例說明了自然界中矛盾對立的現象。近人徐志銳《周易大傳新注》：「〈序卦傳〉：『睽者，乖也。』乖為乖異，也就是分離，睽卦卦義為論對立。睽卦二體上離下兌，按〈說卦傳〉：『離，為火。兌，為澤。』火的性質是燃上，澤的性質是潤下，離火居上兌澤居下，二者愈運動愈分離，不可能合在一起，有矛盾對立之義。」所言最詳。

❷二女同居，其志不同行

此以離為中女，兌為少女，初雖同居一家，後必分別婚嫁，各有所歸，以釋睽之卦名。志，心之所之也，此指心中想嫁的人。孔《疏》：「中少二女，共居一家，理應同志；各自出適，志不同行，所以為異也。」本句舉例說明了人事界中分離違異的現象。吳澄《易纂言》：「居謂處父母家，行謂嫁歸夫家，婦人以嫁為行。少則同處，長則各有夫家，故曰『同居不同行』。此二女之志睽異也。」所言最為周密。

❸說而麗乎明，柔進而上行，得中而應乎剛：是以小事吉

朱子《本義》：「以卦德、卦變、卦體釋卦辭。」是也。分而詳言之：〈說卦傳〉：「離，麗也；兌，說也。」又云：「離也者，明也。」睽卦兌下，其德為悅；離上，其德為麗為明，故曰「說而麗乎明」：是以卦德為釋也。朱子之說「卦變」，見於《周易本義》卷首之〈卦變圖〉，謂「凡二陰二陽之卦，各十有五，皆自臨、遯而來」。所以睽卦乃自遯卦䷠變來。但自遯變睽，無法說明「柔進而上行」，中間要通過无妄䷘。虞翻注无妄卦辭曰：「遯上之初。」以為遯卦上九來到卦下，變成无妄的初九。虞注睽卦辭曰：「无妄二之五也。」以為无妄六二柔爻，進而上行，變成睽卦的六五。這就是「柔進而上行」，於是才說得通。朱子此處所言「卦變」，過程可能亦如此。睽卦六五，得居離上之中，而與兌下九二之剛相應。「得中而應乎剛」，指此。是以「卦體」中爻相應為釋。基於上述三事，故卦辭言「小事吉」。案：關於卦變與辭義，必須補充說明有二。一、虞翻《注》見《集解》所引，全文是：「說，兌；麗，離也。明謂乾，當言大明以麗于晉。柔謂五，无妄巽為進，從二之五，故上行。剛謂應乾五伏陽，非應二也。與鼎五同義也。」說多穿鑿，此惟取其「无妄二之五」。二、朱震、來知德皆以覆綜說卦變，以為家人䷤倒之即成睽。朱震《漢上易傳》：「睽本同也，離兌同為女，而至於睽者，時也。故睽自家人反，明本同也。本不同則无睽；惟本同故有合睽之道。自離兌言之，說而麗乎明；自家人六二之五言之，柔進而上行，得中而應乎剛。說則順民；麗乎明則擇善；柔得中則柔而不過；應乎剛則取剛以濟柔：是以小事吉。」已發此說。來知德《周易集註》：「家人下卦之離，進而為睽之上卦。六得乎五之中，而下應乎九二之剛也。二者皆柔之所為。柔本不能濟事，又當睽乖之時，何由得小事吉？然說麗明則有德；進乎五則有位；應乎剛則有輔：因有此三者，是以小事吉也。」二氏皆能依象說義，於〈彖傳〉之釋卦辭，說明頗透徹。徐君《大傳新注》曰：「處於睽乖之時也並非一事無成，『小事吉』，即言可成小事不可成大事。幹小事之所以能吉，〈彖傳〉作了三點分析：一是『說而麗乎明』。卦體下兌上離，兌，說（同悅）也；離為日，為明。在下位者喜悅附著於在上位的離明之主，上下就不是絕對的乖離，還有合的一面。二是『柔進而上行』。凡離體由下而升上柔爻居五位一般均稱『柔進而上行』，即柔爻前進上往而得至尊位或為主爻，此君主雖弱但有明德，有明德就不乖異，也有能夠與臣民相合的一面。三是『得中而應乎剛』。睽卦六五應九二，君雖弱但得剛中之臣相助，君臣相合而治，乖離也可以達到合同。有此三者則睽乖能得治，可以使乖異、矛盾對立最後達到相合與統一。此是以卦體及主爻釋卦義。」則以辯證法立論，條理分明。

❹**天地睽而其事同也**

《集解》引王肅曰：「高卑雖異，同育萬物。」是天地異在位置高低，而同在化育萬物之功用。孔《疏》：「天高地卑，其體懸隔，是天地睽也；而生成品物，其事則同也。」程《傳》：「剛上柔下，天地睽也；天降地升，生育萬物，其事同也。」大抵同王肅之《注》，而踵事增華耳。案：〈象傳〉云：「大哉乾元，萬物資始，乃統天。……至哉坤元，萬物資生，乃順承天。」〈象傳〉云：「天行健，君子以自強不息。……地勢坤，君子以厚德載物。」〈文言傳〉「大哉乾乎，剛健中正」、「坤至柔而動也剛」二節，〈繫辭傳上〉「天尊地卑」、「易準天地」、「陰陽之道」、「廣大變通」、「崇德廣業」、「天地之數」、「開物成務」、「乾坤易蘊」，〈繫辭傳下〉「八卦成列」、「乾坤易門」、「乾健坤順」各章，以及〈說卦傳〉、〈序卦傳〉、〈雜卦傳〉言及乾、坤者，於乾坤天地之異同，多所發揮。綜而較論，可成一篇論文。自然界中兩種相對立的事物，其間每具有相互聯接、相互制約的力量，促進事物發展。徐君《大傳新注》：「因上文解說了睽為乖離，即矛盾對立，深恐人們誤為睽乖矛盾對立是壞事，進而便強調事物有乖異才能有合和，有對立面才能構成統一體。天在上地在下是睽乖對立的，但是，通過陰陽『二氣感應以相與』構成了統一而發揮其生育萬物之事則是共同的。」

❺**男女睽而其志通也**

孔《疏》：「男外女內，分位有別，是男女睽也；而成家理事，其志則通也。」《集解》引侯果（孔穎達為隋末唐初時人，侯果為唐玄宗時人）曰：「出處雖殊，情通志合。」程《傳》：「男女異質，睽也；而相求之志則通也。」楊時《龜山易說》：「男正位乎外，女正位乎內，男女固睽矣；然夫夫婦婦而家道成焉，其志則通也。」家庭社會上兩種相對立的人事，其間亦每具有相互聯結、相互制約的力量，促進人類文明的演進。《大傳新注》：「男與女性別與體質不同也是睽乖的，但是，通過婚嫁往來結成夫妻，心志相通感情交融而成一體，是不可分割的。」

❻萬物睽而其事類也

孔《疏》：「萬物殊形，各自為象，是萬物睽也；而均於生長，其事即類。」孔言均於生長，隱含生態平衡，皆能生長意。即類猶則類，即猶則也，類為類似。《集解》引崔憬曰：「萬物雖睽於形色，而生性事類，言亦同也。」未出孔《疏》範圍。程《傳》：「生物萬殊，睽也；然而得天地之和，稟陰陽之氣，則相類也。」具體提出所相類者，為「天地之和，陰陽之氣」。呂祖謙《東萊易說》：「天下事有萬不同；然以理觀之則未嘗異。」似有「理一分殊」意。《大傳新注》：「天地間的萬物各有其形體與特性是絕對不相同，然而又有其相同之處，即均秉受陰陽二氣以生成。」

❼睽之時用大矣哉

謂差異在時間發展上所顯示的功能至鉅而大也。睽卦辭惟言「小事吉」，恐人或以為其義不大。然而在時間流轉中，無論天地、男女、萬物，睽之功用實大。《集解》引《九家易》曰：「乖離之卦，于義不大；而天地事同其生萬物，故曰用大。」已揭出此義。程《傳》：「物雖異而理本同。故天下之大，群生之眾，睽散萬殊，而聖人為能同之。處睽之時，合睽之用，其事至大，故云大矣哉！」更以萬殊一本，聖人能同釋時用之大，於理益精。《龜山易說》：「聖人深足以通天下之志，幾足以成天下之務：則可以合天下之睽而用之矣！睽之時用豈不大哉！」以〈繫辭傳〉「聖人極深研幾」之義釋此。項安世《周易玩辭》：「睽之時用所以為大者，以其效言之也。百官分職而治之，則凡職皆治，是謂大治；萬國分土而平之，則凡土皆平，是謂大平。若混而无分，眾而无責，則皆不治矣。睽之有時而可用者，謂此類也。」具體舉例以明之。來知德《集註》：「天地不睽，不能成造化；男女不睽，不能成人道；萬物不睽，不能成物類：此其時用所以大也。與坎、蹇同。」則惟承上文言之。《大傳新注》：「天地、男女、萬物、綜合了自然和社會兩個方面的實事，其實質在於說明事物有睽乖、差異、分離才能形成對立面，有對立面才能形成統一體，對立統一才能使萬物生生不息。如此看來，睽卦所揭示的睽乖、分離、差異這種對立面並不是什麼壞事，而且有的時候對立面的矛盾對立比統一發揮的作用更大，所以讚嘆說：『睽之時用，大矣哉！』」

語譯

睽卦，離上為火，火焰的燃燒動作是朝上的，兌下為澤，湖澤的滋潤動作是往下的。離是中女，兌為少女，起初雖然都住在父母家，但是由於兩人擇偶的對象不一樣，於是兩姐妹有不同的夫家。兌具有喜悅的性質，離具有依附、光明的性質，因而睽具有喜悅地依附光明的德性；睽卦接在家人卦䷤的後面，兩卦六爻倒反相綜，家人卦六二柔爻前進向上到了睽卦六五的位置；成為睽卦離上中間的六五，而與睽卦澤下中間的九二剛爻相應：基於睽卦這三項特質，在差異中找出可能依附、互應的細微因素，小心地運作，並從小事著手，會有收穫的。天行健而資始，地載物而資生，雖有不同；但是合作化育萬物，卻是相同的。男性女性，身體結構、或耕或織，也有種種不同；但是成家立業，生兒育女，心志卻是相通的。萬物的形體性質，是各不相同的；但是秉受陰陽二氣，接受天地化育，卻是類似的。換句話說，萬物之能化育是基於天化地育的不同；生兒育女、子孫繁衍，是基於父母生理的不同：同樣的天地，化育了不同的人類和萬物，睽異差別在時間發展上的功用真是大得不得了！

象傳

上火下澤，睽❶；君子以同而異❷。

注釋

❶上火下澤，睽

謂上卦離為火，下卦兌為澤；火性往上燒，澤性向下滋潤。二者習性不同，方向違異，所以構成睽卦乖異的現象。《集解》引荀爽曰：「火性炎上，澤性潤下，故曰睽也。」案：《尚書・洪範》言「五行」，有「水曰潤下，火曰炎上」句。荀爽用字，或即據此。

❷君子以同而異

由火之炎上，而有烹飪熟食；由澤之潤下，而有農耕生產：二者都代表人類文明進步的歷程，對人類生活之改善具有相同的正面的功能。但是火性向上，澤水往下，方向不一樣，卻是對立的。君子看到了這些既同一又對立的現象推動了文明的進展，也領悟了同一與對立相互依存，相互轉化的關係。關於「同、異」或「一、多」，一向是哲學界樂於討論的問題。以中國儒家來說，《論語》曾記錄孔子自謂「吾道一以貫之」，這就是同，就是一；而子貢以為孔子「多學而識」，曾子以為「忠恕而已」，這就為異、就為多了。《周易・繫辭傳》：「天下同歸而殊塗，一致而百慮。」同歸一致為同為一；殊塗百慮為異為多。《中庸》：「萬物並育而不相害；道並行而不相悖。小德川流，大德敦化，此天地之所以為大也。」萬物並育、道並行，異也，多也；不相害，不相悖，同也，一也。強調了道並行而不相悖的多元觀，為人人盡責與萬物共榮的世界提供了理論基礎。以道家來說，《老子》以「道生一，一生二，二生三，三生萬物」（〈四十二章〉），又說「天下有始，以為天下母。既得其母，以知其子；既知其子，復守其母，沒身不殆」（〈五十二章〉）。導致王弼《老子注》有「守母以存其子，崇本以舉其末」的見解。母、本，一也，同也；子、末，多也，異也。以佛家來說，華嚴宗有「一多相容」之說。賢首大師於《探玄記》說到「十玄門」，其一是「同時具足相應門」。一切諸法，同一時具足圓滿彼此照應而顯現。二是「廣狹自在無礙門」。一法之力，用無際限，曰廣；守一法之分限，不壞本位，名狹。廣狹二義，分與無分，兩不相妨。三是「一多相容不同門」。依上廣狹無礙之義，一多相容，曾不失一多之本位。總之，華嚴宗所說「一多相容」，包含了總體與部分的關係，此一部分與另一部分之互含關係，以及本體與現象，一般與個別的關係。在西方，黑格爾(G. W. F. Hegel, 1770–1831)在所著《邏輯學》中提出「本質論」，以為：矛盾是對立面相互排斥又相互依存於一個統一體內。對立面的轉化標誌著舊矛盾的揚棄和新矛盾的產生。黑格爾這個理論被馬克思批判地接受，成為唯物辯證法中的「對立統一規律」。主要說明：對立面的同一和鬥爭，同一和鬥爭的相互聯結，鬥爭的絕對性和同一的相對性。把《周易・象傳》說「以同而異」，和儒家的「一本萬殊」，道家的「崇本舉末」，佛家的「一多相容」，以及西方「對立統一」辯證法，相聯並論，較論其是非異同，留與讀者進一步探討。徐志銳《大傳新注》云：「『君子』觀澤水離火同能濟物而性質不同的睽乖之象則應辨別事物的『同而異』。也就是說，凡是統一或同一的事物，既要看到它的相同之處，又要看到它的不同之處，要注意矛盾兩個方面的對立和差異。」已依辯證法討論同異。

語譯

睽卦離上為火，火性向上燃燒，人類因而知道烹飪熟食；兌下為澤，湖澤往下浸潤，人類順此發展農耕生產：同樣地都促進了人類文明發展，但火、澤二者習性卻是相反相異。君子看到這種既同又異的現象，也領悟了同一與對立相互依存，相互轉化的關係。

繫辭傳

弦木為弧，剡木為矢❶。弧矢之利，以威天下，蓋取諸睽❷。

注釋

❶弦木為弧，剡木為矢

《說文》：「弦，弓弦也。从弓，象絲軫之形。」吾師高鴻縉先生以「玄」即「繩」之初文。「牽」字从之得意，可證也。說見所著《中國字例》。是弦之本義為弓邊之絲繩，為名詞。此言「弦木」，言以絲繩繫於弓身木條或竹條上下二端，使彎曲成半月形。弦字已用作致使動詞。弧，木竹所製之弓也。剡，削也。矢，木製之箭。古以竹為箭，以木為矢。帛書此二句作「孫木為柧棪木為矢」。

❷弧矢之利，以威天下，蓋取諸睽

以象言之，《集解》所引虞翻之言，或嫌穿鑿。而〈說卦傳〉嘗言「離為戈兵」、「兌為毀折」。睽之為卦，兌下離上，自有興戈兵以毀折乖逆不軌之象。弧矢之利以威天下，倘即指此歟？《郭氏傳家易說》記白雲郭雍曰：「弧矢之用，以睽而發也。弧矢相睽，則發而為用，睽之至則為用亦至。故弧矢二物，有至睽之道存焉！」以弧矢之利，在於張弧發矢；矢自弧出，兩相乖離，此即睽也。取象釋義，亦頗適當。以義言之，韓康伯《注》：「睽、乖也。物乖則爭興，弧矢之用，所以威乖爭也。」頗有「止戈為武」意。張栻《南軒易說》從之，曰：「夫弦木為弧，剡木為矢，此聖人非取其利於攻取也；將以威天下之大不軌，使強梗變心，姦回易慮，有所懼耳！」而所言更具體明白。

語譯

用絲繩繫扣住木條上下兩端，使木條彎曲，製作成弓弧；又把別些木條削細成木箭。以弓箭這種利器，來威懾天下，大概是取法於睽卦吧！

序卦傳

家道窮必乖❶，故受之以睽。睽者，乖也❷。

注釋

❶家道窮必乖

所謂家道，指夫扶妻齊，父慈子孝，兄友弟恭。既要相親，也要相敬。而親、敬分寸之拿捏，十分重要。不可過，也不可不及。分寸一亂，家道窮矣，以致家庭乖違離散。《禮記・樂記》：「樂者為同，禮者為異；同則相親，異則相敬；樂勝則流，禮勝則離。」家人卦九三爻謂「家人嗃嗃」，禮勝也，不悔必厲，悔厲方吉；又謂「婦子嘻嘻」，樂勝也，終致乖離之吝。韓康伯《注》：「室家至親，過在失節，故家人之義，唯嚴與敬。樂勝則流，禮勝則離。家人尚嚴，其敝必乖也。」《集解》引崔憬曰：「婦子嘻嘻，過在失節；失節則窮，窮則乖。故曰家道窮必乖。」皆能部分道出此意。案：〈傳〉惟言「家道窮必乖」，非謂「家窮必乖」。雖俗言「貧賤夫妻百事哀」，但《中庸》勉以「素貧賤行乎貧賤」。貧賤者應做貧賤人當做之事，如勤儉持家，開源節流，擺脫貧賤，以正道力求富貴。此不足為患，亦不必然導致家庭乖違離散也。

❷故受之以睽。睽者，乖也

家人卦䷤，綜之覆之，則成睽卦䷥。非但兌下離上，潤下炎上，方向不同。且家人二、三、四、五爻皆得位；睽二、三、四、五爻皆失位，蓋人人所居，全非應居之位也。此睽所以為乖也。以義說之。《南軒易說》：「夫家固有父子之親，夫婦之愛，然身不行道，則父子夫婦無復親矣。此家道窮則乖離而不和，此家人所以繼之以睽，而睽所以為乖也。」朱震《漢上易傳》：「治家者剛柔有節，過剛則厲，過柔則瀆，无節則道窮而親族乖離，故次之以睽。睽者，水火乖也。」呂祖謙《東萊易說》：「家道一失節不正，必至於睽乖；故家人之後次以睽。為卦離上兌下，火之性炎上，則愈動而愈上；澤之性潤下，則愈動而愈下也。一上一下，初不相親，所以為睽。」皆可參考。

語譯

齊家之道太嚴或太寬，走到窮途末路，一定導致家庭失和而離散。所以接在家人卦後面的是睽卦，睽，正是乖違離異的意思。

雜卦傳

睽（ㄎㄨㄟˊ），外（ㄨㄞˋ）也（ㄧㄝˇ）❶。

注釋

❶睽，外也

韓康伯《注》：「相疏，外也。」蓋由離火在上，兌澤在下，上下睽違，趨向不同，是以互相疏遠，外即互相疏遠之意。《折中》引徐在漢曰：「外，猶言外之也。」外之，亦與之疏遠之意。徐在漢，清初人，著有《易或》。

語譯

睽卦之乖違離異，正是上下睽違，互相疏遠的結果。

初九爻辭

初九❶：悔亡❷。喪馬勿逐自復❸。見惡人，无咎❹。

注釋

❶初九

當睽初爻為老，他爻皆少，即由睽之未濟䷿；或既濟䷾初爻為少，他五爻皆老，即既濟之睽：這兩種情形，都以睽初九爻辭占。

❷悔亡

占也。以象數言，《集解》引虞翻曰：「无應，悔也；四動得位，故悔亡。」而李道平作《篹疏》，循「疏不破注」之傳統。於虞《注》一一疏通說明外，復曰：「愚案：睽六爻唯初得正而无應。无應故悔；得正故悔亡。」蓋不以虞「四動得位」說為妥。道平之「案」是也。由象數而入義理。弼《注》曰：「處睽之初，居下體之下，无應獨立，悔也；與人（宋岳珂本、宋錢遵王校本、足利本、《四部備要》本『人』字作『四』，指九四）合志，故得悔亡。」程《傳》申弼說云：「九居卦初，睽之始也。在睽乖之時，以剛動於下，有悔可知。所以得亡者，九四在上，亦以剛陽睽離无與，自然同類相合。……夫合則有睽，本異則何睽？」大有辯證法中「同一和鬥爭相互聯結」之意。參閱睽卦九四〈象傳〉「志行也」注釋。

❸喪馬勿逐自復

象也。家畜如馬牛羊犬之類，失而復返者，古今屢見。《淮南子・人間》有「塞翁失馬復歸」故事，即其一例。李道平《篹疏》「案」云：「四坎馬不應，故喪馬；初得正不動，故勿逐；初陽體復，故勿逐自復也。」以為六三、九四、六五互體成坎，〈說卦〉說坎「其於馬也，為美脊，為亟心，為下首，為薄蹄，為曳」。初陽體復，謂睽初九，一陽復生，猶同復卦䷗也。就義理言之，《郭氏傳家易說》記白雲曰：「喪馬，初睽也，逐之則成其為睽，不可合矣；勿逐自復，用同而復也。」釋義可從。

❹見惡人，无咎

占也。《纂疏》案云：「四雖惡人，己正，故見之无咎。當睽不睽，不為已甚者也。」言象可參考。以義理言，弼《注》：「時方乖離，而位乎窮下，上无應可援，下无權可恃，顯德自異，為惡所害，故見惡人乃得免咎也。」王弼由卦時、爻位，敵應，一路說到不宜「顯德自異」，而得到見惡人乃得免咎的結論。其和光同塵之義與〈象傳〉之言亦相符。《論語》記載：孔子在衛國，曾見過當時把持衛國政權的衛靈公夫人南子。在魯，雖曾避見當政者陽貨，但路上遇見了，還是被說服而出仕。（孔子見南子，曾引起子路不悅；子見陽貨，尤具戲劇般之曲折與張力。讀者宜自閱《論語》文本。）皆可作見惡人无咎的實例。而《孟子．萬章》記：「柳下惠（姬姓，展氏，名禽，行季，食邑柳下，諡惠），不羞汙君，不辭小官；進不隱賢，必以其道。遺佚而不怨，阨窮而不憫；與鄉人處，由由然不忍去也。『爾為爾，我為我，雖袒裼裸裎於我側，爾焉能浼（汙也）我哉！』」見惡人而不為所汙，此低標準也。程《傳》：「當睽之時，雖同德者相與，然小人乖異者至眾，若棄絕之，不幾盡天下以仇君子乎？如此則失含弘之義，致凶咎之道也，又安能化不善而使之合乎？故必見惡人，則无咎也。古之聖王所以能化姦凶為善良，革仇敵為臣民者，由弗絕也。」化惡人而使為善良，此高標準也。注《易》家每以此句與上句相提並論。項安世《周易玩辭》：「喪馬勿逐自復，往者不追也；見惡人无咎，來者不拒也。」王申子《大易緝說》：「失馬逐之，則愈逐愈遠；惡人激之，則愈激愈睽。故勿逐而聽其自復；見之而可以免咎也。」案：民國聞一多作《周易義證類纂》，以為「惡人皆謂形殘貌醜之人」。引《莊子．德充符》「衛有惡人焉，曰哀駘它」。《孟子．離婁下》「雖有惡人，齋戒沐浴，則可以祀上帝。」以為證。以為睽初九「見惡人，无咎。」義當同。異說新義，頗可深思比較。

語譯

睽卦初位是陽爻：初入分崩離析、價值錯亂的時代，毫無應援，所以多悔，好在自己站得正，悔憾自然消失了。就像有馬匹走失了，不必追逐，免得越追馬跑得越遠，等馬自己回來。碰到面貌凶惡、形體殘缺、或名聲不好的人，用平常心看待他，不會惹上麻煩。

象傳

見惡人，以辟咎也❶。

注釋

❶以辟咎也

辟，避，古今字。《集解》本作「避」。程《傳》：「睽離之時，人情乖違。求和合之，且病其不能得也；若以惡人而拒絕之，則將眾仇於君子，而禍咎至矣！故必見之，所以免避怨咎也。无怨咎，則有可合之道。」是見惡人，一則可以免禍，再則化惡為善，以求和合。《東坡易傳》：「惟好同而惡異，是以為睽。故美者未必悅，惡者未必恨，從我而來者未必忠，拒我而逸者未必貳。以其難致而舍之，則從我者皆吾疾也，是相率而入於咎矣！故見惡人，所以避咎。」考蘇軾此段文字，似受《老子》「知雄守雌，知白守黑，知榮守辱」說，與《莊子・齊物論》「聖人和之以是非，而休乎天鈞，是之謂兩行」之齊物兩行說一定程度之影響，留予讀者深究。

語譯

以平常心去看面貌凶惡、身體殘缺、或名聲不好的人，用來避免對方仇恨引來麻煩啊！

九二爻辭

九二❶：遇主于巷❷，无咎❸。

注釋

❶九二

當睽第二爻為老，他爻皆少，即由睽之噬嗑䷔；或井䷯第二爻為少，他爻皆老，即井之睽：這兩種情形，都以睽九二爻辭占。

❷遇主于巷

象也。主，君主，指六五。巷，小街道。謂君臣相見非在廟堂也。王弼以處睽之時，二、五皆失位而有應說之，《注》：「處睽失位，將无所安；然五亦失位，俱求其黨。出門同趣，不期而遇，故曰遇主于巷也。」王宗傳《童溪易傳》：「夫二以剛中之才，上應六五柔中之主，亦足以行其道矣。然睽之時，小人當路，正道否塞，非君臣上下道合志同之日也。故當委曲宛轉以求通上之意，然後可以變睽離而為遇合也，故曰遇主於巷。巷者，委曲之道也；遇者，遇合之謂也。」依弼義闡釋益詳明。

❸无咎

占也。楚竹書作「亡咎」，阜簡下更有「厲不得」三字，帛書作「无咎」，與今本同。〈象傳〉以「未失道也」說「无咎」之故。弼《注》：「處睽得援，雖失其位，未失其道也。」胡瑗《安定易解》：「睽乖之時，群小黨盛，皆欲加害君子，故二五雖應，不敢顯然於明坦之塗，但遇之於委曲狹隘之道，乃得无咎。」睽初、二皆言「无咎」，項安世嘗較論之。《周易玩辭》：「初之无咎，以避咎也，免於惡人之見咎焉；二之无咎，未失道也，於君子之道无可咎也。亦是辭同而義異。」

語譯

睽卦陽爻居第二位：在小巷道中會見君王（而不是在廟堂上），既非過錯，也沒有違反亂世的禮儀。

象傳

遇主于巷，未失道也❶。

注釋

❶**未失道也**

程《傳》：「當睽之時，君心未合；賢臣在下，竭力盡誠，期使之信合而已。至誠以感動之，盡力以扶持之。明義理以致其知，杜蔽惑以誠其意。如是宛轉，以求其合也。遇非枉道迎逢也，巷非邪僻由徑也。故夫子特云『遇主于巷未失道也』。」強調賢臣竭力盡誠，以求君上能致知誠意而相合，注重方法之道。《傳家易說》記郭雍曰：「古之君子難進易退，況睽之世乎？孟子曰：『君子（《孟子》原文作「古之人」）未嘗不欲仕也，又惡不由其道。』苟不由其道，則其進易矣！九二遇主于巷，若甚易；然疑其類於不由其道者，故〈象〉特言其『未失道也』。」則所注重者在道理之道。二說相輔相成。

語譯

在小巷道中和君主碰面，在當時那種亂世，也不算違反君臣相見的倫理。

六三爻辭

六三❶：見輿曳❷，其牛掣❸，其人天且劓❹；无初有終❺。

注釋

❶六三

當睽第三爻為老，他爻皆少，即由睽之大有䷍；或比䷇第三爻為少，他爻皆老，即比之睽：這兩種情形，都以睽六三爻辭占。

❷見輿曳

象之一。輿，大車；曳，自後拖住。楚竹作「見車徹」，阜簡作「見車湛」，帛書作「見車恝」。六三當睽乖之世，以陰居陽，是失位也。而上承九四、下乘九二，所比二剛，亦皆失位；又遠應上九，上九亦失位。在此主客觀均不得當的情境下，進退兩難，故有見車輿被拖住之現象。弼《注》：「凡物近而不相得則凶。處睽之時，履非其位，以陰居陽，以柔乘剛，志在於上而不和於四，二應於五則近而不相比，故見輿曳。輿曳者，履非其位，失所載也。」所見是也。程《傳》、朱《義》，大抵皆從弼說，吳澄《易纂言》：「二三四互離，六三互離之中畫，有目，故能見。三四五互坎為輿，曳謂從後拖曳之，而車不得進也。〈說卦傳〉坎之象：其於輿也，為曳。……六三當坎輿之後，欲往應上九，而柔弱不能前進，若或曳其輿然。」補象可作參考。

❸其牛掣

象之二。楚竹作「亣牛放」，阜簡作「其牛絜」，帛書作「亣牛諜」。掣，《說文》引《易》作「㸷」，曰：

「觢，一角仰也。从角，㓞聲。《易》曰『其牛觢』。」《釋文》：「掣，鄭（玄）作㸷，云牛角皆踊。……子夏作契，《傳》云一角仰也。荀（爽）作觭。劉（表）從《說文》，解依鄭。」《集解》本作「觢」，引虞翻曰：「牛角一低一仰為觢。」疑字當從荀爽作「觭」，《說文》：「觭，角一俛一仰也。」而義當如虞說「牛角一低一仰」。睽乖之世，奇形異事多有，故其牛角一低一仰，猶其人之天且劓也。自王弼本字作「掣」，為拉牽之意，《注》云：「其牛掣者，滯隔所在，不獲進也。」伊川從之，《易傳》曰：「車牛，所以行之具也。輿曳，牽於後也；牛掣，阻於前也。」《易纂言》：「掣謂以手控制之，而牛不得行也。六三……欲應上九，而柔弱不能前進，……九四當離牛之前，剛強為梗，阻隔六三之進，若或掣其牛然。」亦能言之成理。兩說並陳，讀者自擇焉。

❹ **其人天且劓**

象之三。《釋文》：「天，剠也。馬（融）云：『剠鑿其額曰天。』劓，截鼻也。」《集解》引虞翻曰：「黥額為天，割鼻為劓。」孔穎達《正義》：「既處二四之間，皆不相得。其為人也，四從上刑之，故剠其額；二從下刑之，又截其鼻。故曰其人天且劓。」解字說象可從。《安定易解》：「天當作而字，古文相類，後人傳寫之誤也。然謂而者，在漢法，有罪髡其鬢髮曰而。」程《傳》：「天，髡首也。」蓋從安定。朱熹、項安世、吳澄等從之。俞樾《群經平議》：「《易》凡言天者，大率為乾為陽，此乃以為剠額之名，不亦異乎？馬虞之說皆非也。天疑兀字之誤。《說文・足部》：『跀，斷足也。』重文䟘，曰：『跀或從兀。』《莊子・德充符》『魯有兀者』，《釋文》曰：『李（頤）云刖足曰兀。』蓋即䟘之省也。其人兀且劓，猶困九五曰劓刖也。古文天作兲，見《玉篇》，故兀誤為天矣。」異說錄備參考。其人，指六三，三為人位，故曰其人。當睽乖之世，其人剠額截鼻，亦奇形異狀現象之一也。

❺ **无初有終**

占也。六三本身失位，下為九二失位之剛所拖，上為九四失位之剛所阻，進退兩難；上九雖為六三之正應，然亦失位，始亦有所誤會，是以无初。然六三、上九之陰陽相應，固為事實，真相終有大白之日，故有終也。弼《注》：「四從上取，二從下取，而應在上九，執志不回；初雖受困，終獲剛助。」程《傳》：「初為二陽所戹，是无初也；後必得合，是有終也。」朱《義》：「六三上九正應，而三居二陽之間，後為二所曳，前為四所掣。而當睽之時，上九猜狠方深，故又有髡劓之傷。然邪不勝正，終必得合，故其象占如此。」大意略同。案：下卦三爻，項安世嘗綜論之，《周易玩辭》曰：「初以正人无位而在下，本自與人无應，故雖在睽之時，而不涉于悔；二居中而有應，但時方睽乖，尚須委曲，未可直前爾；三有應而不正不中，故相睽最甚，以居睽之極，故有復合之理也。」

語譯

睽卦陰爻居第三位：好像看見大車被拽住，進退兩難，拉車的牛，一角高，一角低（或譯：拉車的牛也被控制而不能前進），駕車的人額頭有黥刑留下的疤，鼻子也割掉了。起初沒有給人好印象，令人起疑，後來相會了，誤會消除，倒也還能剛柔互濟，彼此合作。

象傳

見輿曳❶，位不當也❷；无初有終，遇剛也❸。

注釋

❶見輿曳

舉此一象，以概括「見輿曳，其牛掣，其人天且劓」三象。〈象傳〉引爻辭有省略之例。

❷位不當也

六三以陰爻居陽位，是主體本身位不當也。而所比九二、九四，所應上九，亦皆失位，是客體情境亦有所不當也。程《傳》：「以六居三，非正也，非正則不安；又在二陽之間，所以有如是艱戹，由位不當也。」已說明主客之位皆有不當。奈何李道平作《集解纂疏》，曰：「三失位，故不當。」猶守虞義，以為僅指六三，殊失易道周普之旨。

❸**遇剛也**

《安定易解》：「初為上之見疑，然終則知己之誠，而與之應，是六三所遇得剛明之人也。」以為遇剛是遇上九之剛。《傳家易說》記白雲曰：「无初者，遇二剛而不得進也；有終者，睽道終極則反而從應也。」以為无初是遇九二九四二剛；有終是遇上九之剛。合此二說，義更周延。

語　譯

好像看見大車被拽住……這象徵著立場不正確的人處在情況不正常的環境中啊！起初進退兩難，形象不佳，引人起疑；到後來誤會消除，彼此合作，倒也有好結局：因為以柔遇剛，陰陽能夠調和啊！

九四爻辭

九四❶：睽孤❷。遇元夫❸，交孚❹。厲无咎❺。

注釋

❶**九四**

當睽第四爻為老，他爻皆少，即由睽之損䷨；或咸䷞第四爻為少，他爻皆老，即咸之睽：這兩種情形，都以睽九四爻辭占。

❷**睽孤**

象也。在睽卦中，九四陷於六三、六五兩陰之間。六三自與上九相應，六五自與九二相應；獨九四失位，又與初九無應。是以居睽乖之世，最為孤獨，故曰睽孤。弼《注》：「无應獨處，五自應二，三與己睽，故曰睽孤也。」朱震《漢上易傳》：「九四睽時，處不當位。介二陰之間，五應二，三應上，四獨无應。在睽而又孤，故曰睽孤。」

❸**遇元夫**

象也。遇，帛書作「愚」，蓋為錯字。元夫，指初九。位初故曰元，陽爻故稱夫。元夫，謂善士也。弼《注》：「初亦无應，特立處睽之時，俱在獨立，同處體下，同志者也。而己失位，比於三五，皆與己乖，處无所安，故乖其疇類，而自託焉，故曰遇元夫也。」已言及初四皆陽，同處體下（初處內卦之下，四處外卦之下），同志者也。程《傳》：「以剛陽之德，當睽離之時，孤立无與，必以氣類相求而合，是以遇元夫也。夫，陽稱；元，善也。初九當睽之初，遂能與同德而亡睽之悔，處睽之至善者也，故目之為元夫，猶云善士也。」〈文言傳〉謂乾九二、九五「同聲相應同氣相求」，故伊川以為睽初九、九四亦以「氣類相求」。更與初九「悔亡」連繫，以為九四能與初九「同德而亡睽之悔」。並說明元士猶云善士也。初九得位，故為善士；九四失位，故為惡人。於弼《注》有所補充。聞一多《周易義證類纂》以為「元讀為兀。……兀夫猶兀者，斷足之人也」。蓋承俞樾之說，俞說已見六三「其人天且劓」注釋，不贅。

❹**交孚**

象也。猶言互信。弼《注》：「同志相得，而无疑焉，故曰交孚也。」程《傳》：「同德相遇，必須至誠相與；交孚，各有孚誠也。」

❺**厲无咎**

占也。乾九三亦云「厲无咎」，〈文言傳〉以「雖危无咎矣」釋之。程《傳》：「當睽離之時，孤居二陰之間，處不當位，危且有咎也；以遇元夫而交孚，故得无咎也。」又云：「上下二陽以至誠相合，則何時之不能行？何危而不能濟？故雖處危厲而无咎也。」吳澄《易纂言》：「孤而无應，故危；同德相應而不孤，則无咎也。」

語譯

睽卦陽爻居四位：在這分崩離析、價值錯亂的時代，孤獨寂寞。一直等到遇見全卦中惟一站正立場的好人——初九，才能夠彼此相待以誠信。雖處於危險的環境，卻也沒有差錯。

象傳

交孚无咎，志行也❶。

注釋

❶志行也

程《傳》：「初四皆陽剛君子，當睽乖之時，上下以至誠相交，協志同力，則其志可以行，不止无咎而已。」《周易玩辭》：「初以四為惡人，其見之也，以辟其為咎爾，非望其有所行也；四以初為善士，與之相遇，誠交而氣合，則化孤而同，化厲而安。已不作咎，則人得上行矣。故曰：『交孚无咎，志行也。』四近君而初在下，四不正而初正，故其辭如此。」所言已詳，不贅。

語譯

彼此以誠信相待，才沒有差錯，在乖離的時代找到志同道合的合作對象，志願得以實現了！

六五爻辭

六五❶：悔亡❷。厥宗噬膚❸，往何咎❹？

注釋

❶六五

當睽第五爻為老，他爻皆少，即由睽之履䷉；或謙䷎第五爻為少，他爻皆老，即謙之睽：這兩種情形，都以睽六五爻辭占。

❷悔亡

謂與九二睽離之憾得以解除，占也。六五、九二皆失位，原不得公然相合，故有悔憾；然兩爻皆居中互應，故悔乃消解。弼《注》：「非位，悔也；有應，故悔亡。」程《傳》：「六以陰柔當睽離之時而居尊位，有悔可知；然而下有九二剛陽之賢與之為應，以輔翼之，故得悔亡。」是也。《周易玩辭》：「初以在下，不與世事而悔亡；五以柔進而上行得中而應乎剛，是以悔亡。辭雖同而義則異。」較論初、五「悔亡」異同，啟人深思。

❸厥宗噬膚

言與其宗親九二合作，啃咬六三。六三以陰柔乘剛，阻撓九二、六五之合，故九二噬之，如啃咬皮膚之易。象也。弼《注》：「厥宗，謂二也；噬膚者，齧柔也。三雖比二，二之所噬。」孔《疏》：「宗，主也，謂二也；噬膚，謂噬三也。……三是陰爻，故以膚為譬，言柔脆也。」是也。張載《橫渠易說》：「二能勝三，如噬膚耳。」程《傳》：「厥宗，其黨也，謂九二正應也；噬膚，噬齧其肌膚而深入之也。」皆遵從王、孔之說。《周易折中》引龔煥曰：「睽與同人所謂宗，皆以其應言也。然同人于宗則吝，而睽厥宗噬膚則无咎者，處同人之世，則欲其公，不可以有私應；處睽之世，則欲其合，不可以無正應。時義有不同也。」較論「同人于宗」與「厥宗噬膚」二「宗」之異同。又引胡炳文曰：「噬嗑六二曰噬膚，睽六五以九二為厥宗噬膚，睽二變即噬嗑也。或曰二至上有噬嗑象，二五剛柔得中，故五以二為宗。其合也，如噬膚之易；二以五為主，其合也有于巷之遭。宗，親之也，上當以情親下也；主，尊之也，下當以分嚴上也。」先論噬嗑六二與睽之「噬膚」，在象數上可能之關係；再較論睽五言「宗」與二言「主」之對應關係。均甚精當。

❹往何咎

言六五往與九二會合，必無過失。占也。孔《疏》：「二既噬三，即五可以往而无咎矣！」程《傳》：「五雖陰柔之才，一輔以陽剛之道而深入之，則可往而有慶，復何過咎之有？以周成之幼稚，而興盛王之治；以劉禪之昏弱，而有中興之勢：蓋由任聖賢之輔，而姬公、孔明所以入之者深也。」所言已詳。

語譯

睽卦陰爻居五位：與九二分隔兩地的遺憾消除了。六五的宗親九二受不了六三的糾纏阻撓，像啃咬脆軟的皮膚般地咬了六三一口，六五這時去與九二相會，又有什麼過錯呢！

象傳

厥宗噬膚，往有慶也❶。

注釋

❶往有慶也

六三之阻撓既除，則六五、九二之來往，上下同心，有可慶賀者也。《周易玩辭》：「二以五為主，而委曲以入之。巷雖曲而通諸道，遇主于巷，將以行道，非為邪也。五以二為宗而親之，二五以中道相應，當睽之時，其閒也微而易合，如膚之柔，噬之則入矣。二方委曲以求入，五能往而應之，則君臣交通，豈獨无咎，又將有慶矣。二五陰陽正應，故其辭如此。」

語譯

六五的宗親九二像咬脆皮般地擺脫了六三的糾纏阻撓，在這個時候六五前往和九二會合，如幼主之遇賢臣，如弱女之遇壯士，當然有可慶可賀之事。

上九爻辭

上九❶：睽孤❷。見豕負塗，載鬼一車❸，先張之弧，後說之壺❹；匪寇，婚媾❺。往遇雨則吉❻。

注釋

❶上九

當睽上爻為老，他爻皆少，即由睽之歸妹䷵；或漸䷴上爻為少，他爻皆老，即漸之睽：這兩種情形，都以睽上九爻辭占。

❷睽孤

上九於乖離之世，居上有高傲之徵，陽爻有剛愎之嫌。而所應者六三，其人其輿其牛，皆引人起疑。且兩皆失位，行有不當，故亦有乖僻孤獨之象。弼《注》：「處睽之極，睽道未通；己居炎極，三處澤盛，睽之極也。」已以上與三此極彼盛說之。程《傳》：「上居卦之終，睽之極也；陽剛居上，剛之極也；在離之上，用明之極也。睽極則咈戾而難合；剛極則躁暴而不詳；明極則過察而多疑。上九有六三之正應，實不孤；而其才性如此，自睽孤也。如人雖有親黨而多自疑猜，妄生乖離，雖處骨肉親黨之間，而常孤獨也。」近人胡適嘗謂：「治學須於無疑處起疑；待人則於可疑處不疑。」錄以自勉。

❸見豕負塗，載鬼一車

上九之視六三「其牛掣」，如見背負泥巴之野豬；其視六三「見輿曳」，如見一車鬼怪。象也。程《傳》：「上之與三，雖為正應，然居睽極，无所不疑。其見三如豕之污穢，而又背負泥塗，見其可惡之甚也。既惡之甚，則猜成其罪惡，如見載鬼滿一車也。鬼本无形，而見載之一車，言其以无為有，妄之極也。」說理甚好。

❹ 先張之弧，後說之壺

象也。阜簡僅存「兌之壺」三字，帛書作「先張之柧，後說之壺」。《釋文》：「後說之弧，本亦作壺。京（房）、馬（融）、鄭（玄）、王肅、翟子玄作壺。」今《注疏》本作「後說之弧」。說，假借為脫，謂後來把弓弦從弓身上解下來。而《集解》本作「後說之壺」，說，假借為悅，謂後來以酒壺倒酒取悅婚客也。弼《注》：「先張之弧，將攻害也；後說之弧，睽怪通也。」孔《疏》：「先張之弧，將攻害也；物極則反，睽極則通，故後說之弧，不復攻也。」程《傳》：「大凡失道既極，則必反正理。故上於三，始疑而終必合也。先張之弧，始疑惡而欲射之也。疑之者，妄也，妄安能常？故終必復於正，三實无惡，故後說弧而弗射。」蓋從注疏而言之尤詳明。此一說也。然王弼之前，無論傳孟喜《易》之京房、虞翻，或傳費直《易》之馬融、鄭玄、王肅，以及新出土之阜陽漢簡、長沙帛書，皆作「後說之壺」。弼本壺字作弧者，涉上文「先張之弧」，且弧、壺音又相近，而誤也。後說之壺者，《集解》引虞翻云：「四動震為後。說猶置也。兌為口，離為大腹，坤為器大腹有口，坎酒在中，壺之象也。之應歷險以與兌，故後說之壺矣。」頗嫌牽強。惠棟《周易述》云：「〈釋詁〉曰：『說，舍也。』郭《注》云：『舍，放置。』說、舍同義，故云『說猶置也』。」又云：「昏禮設尊，是為壺尊。揚子《太玄》曰：『家无壺，婦承之姑。』測曰：『家无壺，无以相承也。』若然，說壺者，婦承姑之禮。故後說之壺也。」雖本虞義，並引《爾雅・釋詁》（原文作「廢、稅、赦，舍也」。）、揚雄《太玄》（在〈居次二〉）以為證，已較近理。及李道平作《周易集解纂疏》，曰：「愚案：壺作昏禮壺尊，則說當音悅。」則已以說假借為悅。此又一說也。「後悅之壺」說較勝。參閱下條「匪寇，婚媾」注釋。

❺ 匪寇，婚媾

象也。匪，阜簡、帛書皆作「非」。六三「見輿曳，其牛掣，其人天且劓」，而上九但「見豕負塗，載鬼一車」，以為盜寇，故「先張之弧」，此六三遇剛，所以「无初」也；及後上九方知六三「非寇」，乃為「婚媾」而來，於是「後說之壺」，此六三所以「有終」也。李道平《集解簒疏》：「先張之弧，疑其寇，而匪寇；後說之壺，以匪寇而為婚媾。」良是。蓋睽上六所述與屯六二所述「屯如邅如，乘馬班如，匪寇婚媾」。皆古代搶婚制度之寫實也。至今猶有少數民族存其遺風。余永梁《易卦爻辭的時代及其作者》引《東川府志》載爨蠻婚俗云：「爨之父母，將嫁女三日前，持斧入山，伐帶葉松，樹於門外。結屋，坐女其中，旁列米淅數十缸。集親族持械瓢杓，列械環衛。壻及親族，新衣黑面，乘馬持械，鼓吹至，兩家械而鬥。壻直入松屋中，挾婦乘馬疾驅走。父母持械杓米淅澆壻，大呼親族同逐女，不及，怒而歸。新婦在塗中，故作墜馬狀，新郎挾之上馬三，則諸爨皆大喜，即父母亦以為是爨女也。」可資參考。然聞一多《周易義證類纂》云：「古言婚媾猶今言親戚。……屯六二、賁六四、睽上九並云『匪寇婚媾』，猶言其親非仇耳。」並斥「近人遂據以說為搶婚之俗，疏矣」。是耶？非耶？讀者自辨之。

❻往遇雨則吉

占也。六三之陰上升，上九之陽下降；陰陽遇合，天地絪縕；雲行雨施，萬物化醇：故雲雨乃由睽而合之徵，是以吉也。弼《注》：「貴於遇雨，和陰陽也；陰陽既和，群疑亡也。」程《傳》：「陰陽交而和暢則為雨，上於三始疑而睽，睽極則不疑而合，陰陽合而益和則為雨：故云往遇雨則吉。」《郭氏傳家易說》記白雲曰：「往遇雨則吉者，陰陽和則雨，往而和則有无之際，羣疑自釋，睽道革矣，是以吉也。六三陰也，上九陽也，陽氣下降，陰道上行，故言遇雨。」其意大致如此。項安世嘗以上九與六三爻辭較而論之。《周易玩辭》：「三上爻辭最為險怪，蓋彼此皆不正，相疑之深者也。三為上所疑者也，故自見其輿之曳，其牛之掣，其人之天且劓；上疑三者也，故見其為豕負塗，為鬼一車。然而二爻本是正應，睽極則當合，疑甚則當解。故三則曰无初有終遇剛也，謂遇上九在卦終也；上則曰先張之弧，後說之弧，匪寇婚媾，往遇雨則吉，謂遇六三陰陽和也。此曰輿曰牛曰人，彼曰豕曰塗曰鬼曰車，皆謂六三也。見牽輿之牛而以為負塗之家，見載人之輿而以為載鬼之車，變輿言車，明以陰為陽，言疑之甚，其錯亂至於如此也。

上離體也，三互離也，故皆以見字為言。」案：睽卦六爻，初二三皆睽而有所待，四五上皆反而有所合。《周易折中》引馮氏當可曰：「內卦皆睽而有所待，外卦皆反而有所應。初喪馬勿逐，至四遇元夫，而初四合矣；二委曲以求遇，至五往何咎，而二五合矣；三輿曳牛掣，至上遇雨，而三上合矣。天下之理，固未有終睽也。」馮當可，南宋高宗時人，紹興狀元，著《易論》三卷。在朱熹、項安世之前。又引吳氏曰慎曰：「六爻皆取先睽後合之象，初之喪馬自復，即四之睽孤遇元夫也；二之遇主于巷，即五之厥宗噬膚也；三之无初有終，即上之張弧遇雨也。合六爻處睽之道而言，在於推誠守正，委曲含弘，而無私意猜疑之蔽，則雖睽而必合矣。」吳曰慎，清人，有《周易本義翼》。

語譯

睽卦最上面的是剛爻：在分崩離析的時代，高高在上，剛愎自用，立場又欠正當，顯得乖僻孤獨。明明是牛角一高一低的牛，卻看作背負泥巴的野豬；明明是形貌醜惡的人駕著進退兩難的大車，卻看作載著滿是鬼怪的車子。於是先拉開弓弧想射，後來發現自己看錯了，再取壺斟酒招待；來的根本不是盜賊而是迎親的嘛。往後日子如果陰陽和合，雲行雨施就好了。

附錄古義

《左傳・僖公十五年》：「初，晉獻公筮嫁伯姬於秦，遇歸妹䷵之睽䷥。史蘇占之，曰：『不吉。其繇曰：士刲羊，亦無衁也；女承筐，亦無貺也。西鄰責言，不可償也。歸妹之睽，猶無相也。震之離，亦離之震，為雷，為火，為嬴敗姬。車說其輹，火焚其旗，不利行師，敗于宗丘。歸妹睽孤，寇張之弧。姪其從姑。六年其逋，逃歸其國而棄其家。明年，其死於高梁之虛。』及惠公在秦，曰：『先君若從史蘇之占，吾不及此夫！』韓簡侍，曰：『龜，象也；筮，數也。物生而後有象，象而後有滋，滋而後有數。先君之敗德及，可數乎？史蘇是占，勿從何益？』」

《漢書・五行志》：「六月，長安女子有生兒，兩頭異頸，面相鄉，四臂共匈俱前鄉，尻上有目，長二寸所。京房《易傳》曰：『「睽孤，見豕負塗。」厥妖人生兩頭，下相攘善，妖亦同。人若六畜首目在下，茲謂亡上，正將變更。凡妖之作，以譴失正，各象其類：二首，下不壹也；足多，所任邪也；足少，下不勝任，或不任下也。凡下體生於上，不敬也；上體生於下，媟瀆也；生非其類，淫亂也；人生而大，上速成也；生而能言，好虛也。群妖推此類，不改乃成凶也。』」

象傳

遇雨之吉，群疑亡也❶。

注釋

❶群疑亡也

孔《疏》：「往與三合，如雨之和，向之見豕、見鬼、張弧之疑，併消釋矣！故曰群疑亡也。」

語譯

陰陽和合，雲行雨施，這種美好的收穫，是因為以前種種疑慮全消失了啊！

蹇卦經傳通釋第三十九

卦辭

䷦ 艮下坎上 蹇❶：利西南，不利東北❷，利見大人❸，貞吉❹。

注釋

❶ ䷦ 艮下坎上 蹇

蹇，難也。〈彖傳〉、〈序卦傳〉、〈雜卦傳〉皆如此說。《說文》：「蹇，跛也。从足，寒省聲。」朱熹《周易本義》：「蹇，難也，足不能進，行之難也。」釋字義甚是。楚竹書字作「訐」，為通假字；漢帛書作「蹇」，熹平石經作「寋」，皆為異體字。蹇之為卦，艮下坎上。就卦象言，艮下為山，坎上為水。山上有水，則登臨難。〈象傳〉即取此說。就卦德言，艮下為止，坎上為險。見險而止，則前進難。〈彖傳〉即取此說。就爻位言，六二、九三、六四、九五，皆剛柔相鄰，所居得位；而六二與九五，九三與上六，陰陽互應。得位，睦鄰，有應，蓋處難之道也。就筮法言，當蹇六爻皆少，也就是本卦、之卦都是蹇；或睽䷥六爻皆老，也就是睽之蹇：這兩種情形，都以蹇卦辭占。

❷ 利西南，不利東北

占也。〈說卦傳〉以兌為西方，為少女；坤為西南，為母；離為南方之卦，為中女；巽為東南，為長女：是西南皆陰卦，象徵女性，代表溫柔、順從、後退等等德性。又以震，東方也，為長男；艮為東北，為少男；坎，正北方之卦，為中男；乾，西北之卦也，為父：是東北皆陽卦，象徵男性，代表剛強、領先、前進等。蹇卦艮下在東北為陽卦，坎上在北方亦陽卦。若往西南，則剛柔相濟，蹇難得解，故利；若往東北，堅持男性剛強、領先、前進之道，則同性相斥，必陷於險，故不利。案：弼《注》：「西南，地也；東北，山也。以難之平則難解（指艱困得以解除）；以難之山則道窮。」蓋據〈說卦傳〉坤為地為西南，艮為山為東北，並參〈彖傳〉而云然。程《傳》：「西南，坤方；坤，地也，體順而易。東北，艮方；艮，山也，體正而險。在蹇難之時，利於順處平易之地，不利止於危險也。處順易則難可紓；止於險，難益甚矣。」大致從弼。來知德《周易集註》：「蹇難在東北。文王圓圖艮坎皆在東北也，若西南則无難矣！所以利西南。」言更簡易，與弼說微異。《周易折中》「案」云：「易西南東北之義先儒皆以坤、艮二卦釋之。故謂西南屬地而平易，東北屬山而險阻。然以文意觀之，所謂西南者，西方、南方；所謂東北者，東方、北方：非指兩隅而言也。此義自坤卦發端，而蹇、解〈彖辭〉申焉。參之諸卦大義，則坤者宜後而不宜先者也；蹇者宜來而不宜往者也；解或可以有往，而終以來復為安者也。然則西南當為退後之位，東北當為進前之方。坤在後之地則可以得朋，在先之地則利於喪朋；蹇當退而居後，不可進而居先：此兩卦之義也。難既解矣，或可以有進往，故無不利東北之文。然曰利西南者，終以退復自治為安也。蓋文王之卦，陽居東北，陰居西南；陽先陰後，陽進陰退，大分如此，似非險易之說也。」合坤、蹇、解三卦之言「西南」、「東北」者而釋之。以西南非一隅，指西、南兩方；東北亦兼指東、南兩方，非東南一隅也。考〈象傳〉於坤，言「西南得朋，乃與類行」。言「類」，則似其數非一。故王肅《周易注》云：「西南陰類，故得朋。」蓋依〈象傳〉也。唐人崔憬《周易探玄》更直指：「西方坤兌，南方巽離，二方皆陰類。」則前人已有如此說者，請參閱坤卦卦辭「西南得朋，東北喪朋」之注釋。案：座師屈萬里先生《書傭論學集．說易散稿》：「殷都洹水之濱，周在渭水之域；一居東北，一在西南。周人冀殷人之附已，而惡周人之歸殷，故於征行之人，告其來西南則利，……往東北則否，以遂其天與人歸之願；此揆諸情勢而可信者也。」新說頗可參考。

❸ 利見大人

占也。大人，聖人在位之稱，必須兼具聖德和政治地位。利見大人，謂六二利見九五之大人，六二與九五相應故也。當蹇難之際，如能得聰明睿知、品德高尚、且具政治地位人士指點迷津，同心合力，則必能克服艱難，脫離險境。《集解》引虞翻曰：「離為見，大人謂五。二得位應五，故利見大人。」以蹇卦九三、六四、九五互體成離，〈說卦傳〉言「相見乎離」，故言「離為見」。又以六二與九五得位相應，乾九五爻辭言「利見大人」，故以此即蹇卦之「利見大人」。弼《注》棄象而專言義理，惟曰「往得濟也」。程《傳》申之，曰：「蹇難之時，必有聖賢之人，則能濟天下之難，故利見大人也。」朱熹《周易本義》則綜合數象義理，云：「當蹇之時，必見大人，然後可以濟難。而卦之九五，剛健中正，有大人之象。」但未言見大人者為誰也。項安世《周易玩辭》：「濟難者利建侯，屯之初九，自貴者也；處難而求濟者利見大人，蹇之上六，從貴者也。〈彖〉之利見大人，謂六二也，自二之五，故為往有功；上六之利見大人，則自為本爻言之，自上之五，故為來碩。」其言屯初九自貴與蹇上六從貴之異，並較論蹇卦辭與上六爻辭所言「利見大人」，可供參考。

❹ 貞吉

占也。貞，正也，常也。《集解》引虞翻曰：「謂五當位正邦，故貞吉也。」蓋據〈彖傳〉。而當位者，九五而已。弼《注》：「爻皆當位，各履其正，居難履正，正邦之道也。」王弼以「初、上无陰陽定位」，見《周易略例・辯位》，故不計蹇之初六，而以六二、九三、六四、九五，皆當位履正也。朱子《本義》：「自二以上五爻，皆得正位，則又貞之義也。」蓋以初六失位，而二、三、四、五、上，共五爻皆得正。三家言當位之爻，不同如此。至於其義，虞云「五當位正邦」，指九五之君立場得當，能正確治理國家。《論語・顏淵》記孔子對季康子之問曰：「政者，正也。子帥以正，孰敢不正？」意亦是也。弼云「各履其正」，則全國君民上下，皆遵行正道，意尤圓滿。程《傳》：「濟難者必以大正之道，而堅固其守，故貞則吉也。凡處難者，必在乎守貞正。設使難不解，不失正德，是以吉也。若遇難而不能固其守，入於邪濫，雖使苟免，亦惡德也，知義命者不為也。」呂祖謙申之，《東萊易說》：「貞吉者，謂人之處蹇守正則吉也。吉之一字，最當看。今人處患難往往不能固其所守，又見古人亦有守正而身不免於難，遂以為此義不足信。殊不知所謂吉者，非免於難為吉，乃順理之吉也。伊川說『是以吉也』一段最當看。」程云「設使難不解，不失正德，是以吉也」，呂曰「非免於難為吉，乃順理之吉也」，意略近董仲舒所言：「正其誼不謀其利，明其道不計其功。」揆諸〈彖傳〉「見險而能止，知矣哉」，「利見大人，往有功也」，似多可商。《論語》記孔子之言，曰：「暴虎馮河，死而無悔者，吾不與也；必也臨事而懼，好謀而成者也。」處蹇難之時，見險而止，守其貞正，好謀以濟難可矣。「平日端居言心性，臨難一死報君王」：殊非《周易》濟蹇之道。

語譯

三畫的艮卦在下，三畫的坎卦在上，重疊成為六畫的蹇卦，有山阻水險，前途多難的意思。剛強的青年(艮)、壯年(坎)男子們退居西南平坦的地方，和慈母、妻女和諧相處，共商脫困克難之法，這是有利的；如果急躁地前往山阻水險的東北方，和老頭子硬碰硬發生衝突，那就不好了。宜於謁見聰明睿知、品德高尚、有地位有聲望的人，同心合力，克服艱難，脫離險境。每個人都要兢兢業業的遵循正道，方能有所收穫。

附錄古義

《三國志・魏書・鄧艾傳》：「初，艾當伐蜀，夢坐山上而有流水。以問殄虜護軍爰邵。邵曰：『按《易》卦，山上有水曰蹇。蹇繇曰：「蹇利西南，不利東北。」孔子曰：「蹇利西南，往有功也；不利東北，其道窮也。」往必克蜀，殆不還乎？』」

彖傳

蹇，難也，險在前也，見險而能止，知矣哉❶！蹇，利西南，往得中也❷；不利東北，其道窮也❸。利見大人，往有功也❹；當位貞吉，以正邦也❺。蹇之時用大矣哉❻！

注釋

❶蹇，難也，險在前也，見險而能止，知矣哉

此釋蹇卦名。就象數言，《集解》引虞翻曰：「離見，坎險，艮為止，觀乾為知；故知矣哉。」蓋蹇卦三、四、五互體離為見；坎上為險；艮下為止；又以為二陽四陰之卦皆自臨䷒、觀䷓來，觀卦五、上，二陽爻有乾象，而〈繫辭傳〉有「乾以易知」之說也。孔穎達《正義》：「蹇者，有難而不進，能止而不犯，故就二體有險有止以釋蹇名。坎在其外，是險在前也。有險在前，所以為難。若冒險而行，或罹其害。艮居其內，止而不往，相時而動，非知不能。故曰：見險而能止，知矣哉也。」釋義甚淺明，不勞再贅。張載《橫渠易說》：「見險能止，然不可終止而已。」強調能止然不可終止。《郭氏傳家易說》記白雲曰：「險而止，蒙者之事；見險而能止，智者之事。蹇之與蒙，用智不用智雖不同，其於待人以濟險則一也。猶屯、解不同，其於自動以濟險亦一也。震之動剛，其才足以自濟；艮之才柔，其才不足以自濟。故蒙、蹇必止而待人也。」較論蹇、解與屯、蒙之異同。項安世《玩辭》「見險而能止」條曰：「險而止為蒙，止於外也；見險而能止為智，止於內也。止於外者，阻而不得進也；止於內者，有所見而不妄進也。此蒙與蹇之所以分也。屯與蹇皆訓難。屯者動乎險中，經綸以濟難者也；蹇者止乎險中，崎嶇以涉難者也。此屯與蹇之所以分也。」似本於白雲郭雍之說。「知矣哉」條曰：「能止者，謂其識時之變而不妄進，非止而不進也，是以謂之智。若遂止於險而不求出，則是无能无知之人爾，故〈彖〉既以止為智，又以艮為窮，蓋懼其昏然而終止也。三至五為離，從離向坎，故有見險之象。」項氏「非止而不進」說，似本橫渠；「從離向坎故見險」說，似本虞翻。於處蹇須用智之義，分析最為詳審。

❷蹇，利西南，往得中也

以象數言，往得中指往上卦到九五之位，居坎上之中。《集解》引荀爽曰：「西南謂坤；乾動往居坤五，故得中也。」西南謂坤，說本〈說卦傳〉；蹇卦坎上，乾入坤二為坎，今升上卦，故曰乾動往居坤五，得坎上之中也。又引虞翻曰：「觀上反三也。坤，西南卦，五在坤中。」以為蹇卦由觀卦變來，觀上九返居蹇卦艮下之九三，則只存九五在坤中而為坎上也。來知德《周易集註》：「解下卦之坎，往而為蹇上卦之坎，所以九五得其中也。」則以蹇卦與解卦䷧相覆相綜為釋。說「往」雖有不同，說「得中」為坎上之九五則一也。以義理言，《釋文》：「中，鄭（玄）云：和也。王肅云：中，適也。」是中為和諧合適之義。蹇艮下少男，坎上中男，利往西南與諸陰會，乃得陰陽和合也。《橫渠易說》：「進之坤順致養之地，則得其中。」蓋依〈說卦傳〉：「坤也者，地也，萬物皆致養焉。」故如此說。程《傳》：「西南坤方為順易。九上居五而得中正之位，是往而得平易之地，故為利也。」仍依象言理。《傳家易說》記白雲曰：「蹇利西南往得中者，謂九五也，九五朋來而中節也。」則參九五爻辭、象傳而言之。是「中」者，和諧合適，順而休養，平易而處，而能中節也。

❸不利東北，其道窮也

《集解》引荀爽曰：「東北，艮也。艮在坎下，見險而止，故其道窮也。」又引虞翻曰：「艮，東北之卦。……其道窮也，則東北喪朋矣！」來知德《集註》：「其道窮者，解上卦之震，下而為蹇下卦之艮也。蹇難在東北，今下于東北，又艮止不行，所以其道窮。」以上皆以象數言，節引之大略如此。孔穎達《正義》：「之於平易，救難之理，故云往得中也；……之於險阻，更益其難，其道彌窮，故曰其道窮也。」疏不破注，大抵從王弼。《橫渠易說》：「若更退守艮止，則難无時而解也。故曰不利東北，其道窮也。」程《傳》：「方蹇而又止危險之地，則蹇益甚矣。故不利東北，其道窮也。」亦未出注、疏之外。相對於「蹇利西南往得中也」而言，「不利東北其道窮也」當指諸陽互爭，不能和諧，處事失當，陷於險阻之境也。

❹利見大人，往有功也

就象言，蹇卦六二王臣，利於往見九五之大人。《集解》引虞翻曰：「大人謂五，二往應五，五多功，故往有功也。」言象可從。就義言，程《傳》：「蹇難之時，非聖賢不能濟天下之蹇，故利於見大人也。大人當位，則成濟蹇之功矣，往而有功也。」朱震《漢上易傳》：「大人，九五也，剛中而正，量險而行，其才足以濟難；利見大人者，六二也，非剛健中正在上，則六二柔中，未有功也。」說義亦可從。

❺當位貞吉，以正邦也

此釋爻辭「貞吉」。當位者，貞吉之象，因也；以正邦者，貞吉之義，果也。《集解》引荀爽曰：「謂五當尊位正居，是群陰順從，故能正邦國。」又引虞翻曰：「謂五當位正邦，故貞吉也。」所見略同。來氏《集註》：「當位者，陽剛皆當其位也。」則以九三、九五皆當位，有貞之義，故貞吉。程《傳》：「蹇之諸爻，除初外，餘皆當正位，故為貞正而吉也。」更以二、三、四、五、上，皆當正位。（案：程頤，北宋人，來知德，明人。此以言當位之爻少多為次。）以上傳注，所重在象。《傳家易說》記白雲曰：「古之聖人莫不先於治己，大人正己而物正；當位貞吉，則正己者至矣，所以為正邦之本也。」其意猶《禮記・大學》：「自天子以至於庶人，壹是皆以脩身為本，其本亂而求末治者否矣！」言義尤好。

❻蹇之時用大矣哉

虞翻以「納甲」說之，詳見《集解》所引。李道平《篹疏》「案」云：「艮動靜不失其時，故言時。蹇難之時，人小其用，不知二多功，五正邦；又初變成既濟定，〈象〉曰待時：故曰蹇之時用大矣哉。」依傳解傳，雖較為平實，然仍嫌附會而辭費也。程《傳》：「處蹇之時，濟蹇之道，其用至大，故云大矣哉。天下之難，豈易平也？非聖賢不能，其用可謂大矣！順時而處，量險而行；從平易之道，由至正之理：乃蹇之時用也。」先言處蹇之時，濟蹇之道，再說非聖賢不能：是於時於人，已能兼顧。後說順時量險，平易至正，則落實於用也。程頤所言已詳，朱熹不復贅釋。故《本義》於蹇卦〈彖傳〉，僅言「以卦變、卦體釋卦辭，而贊其時用之大也」。案：《孟子·告子》：「孟子曰：『入則無法家拂士，出則無敵國外患者，國恆亡。』」法家拂士，亦利見之大人也；敵國外患，或時用之大蹇乎？

語譯

蹇，是遭遇阻難的意思，危險就在面前，看見危險而能夠暫時停止前進，真是有智慧啊！應該退居西南平坦的地方，要順應環境，共商脫困克難的方法，這就達到了和諧而適當的地步。不必急著前進東北險阻的地方，硬闖的結果可能走入窮途末路。宜於向品德高尚、博知多聞的人士請教，共商對策，這樣執行克難脫險的任務才有功業可言。人人站穩立場，兢兢業業遵循正道，有所收穫，用這種方法使國家步入正途。多難興邦，險難在時代上的功能真是重大得很呢！

象傳

山上有水，蹇❶；君子以反身修德❷。

注釋

❶山上有水，蹇

蹇之為卦，艮下為山，坎上為上有水。弼《注》：「山上有水，蹇難之象。」孔《疏》：「山者是巖險，水是阻難。水積山上，彌益危難，故曰山上有水蹇。」程《傳》：「山之峻阻，上復有水，坎水為險陷之象。上下險阻，故為險也。」

❷**君子以反身修德**

山水常象徵道德、知識之風範。《論語》所謂「知者樂水，仁者樂山」，范仲淹〈嚴先生祠堂記〉所謂「先生之風，山高水長」，是也。故〈象傳〉於蒙卦䷃，坎下艮上，曰「果行育德」，欲導之於生命之初也；於蹇卦，艮下坎上，曰「反身修德」，蓋山窮水盡，多由自取，欲戒之於生命旅程之中也。《集解》引虞翻曰：「觀上反三，故反身；陽在三，進德修業，故以反身修德。孔子曰：『德之不修，是吾憂也。』」蓋用卦變說，並參〈文言傳〉與《論語》而云然。《正義》引：「陸績曰：『水在山上，失流通之性，故曰蹇。通水流下，今在山上，不得下流，蹇之象。』陸績又曰：『水本應山下，今在山上，終應反下，故曰反身。處難之世，不可以行，只可反自省察，脩己德用，乃除難。君子通達道暢之時，並濟天下；處窮之時，則獨善其身也。』」釋義尤善。

語譯

山上面聚積著水，在水來說，不能流通，是一種不幸；在人來說，山阻水險，是一種危難。君子面對這種情況，要自我反省：為什麼會走到如此山窮水盡的地步？更要自我勉勵：在此困境，要效法山之高，水之長，獨善其身；而一旦越過山，涉過水，更要兼善天下。

序卦傳

乖必有難，故受之以蹇❶。蹇者，難也❷。

注釋

❶乖必有難，故受之以蹇

乖，指蹇卦前面的睽卦䷥的乖違情況。包括自然界中的「火動而上，澤動而下」，和人事界中的「二女同居，其志不同行」。在睽卦〈彖傳〉已有詳細的說明，此不贅。〈序卦傳〉的作者認為無論自然界和人事界的乖違現象，都必然引起一些阻難。所以接在睽卦之後，會有蹇卦。《集解》引崔憬曰：「二女同居，其志乖而難生，故曰乖必有難也。」忽略自然界之乖難而專言人事，人事又限於二女同居。周敦頤說亦如此，古人每多此種意識形態之局限。程《傳》：「睽乖之時，必有蹇難，蹇所以次睽也。」張栻《南軒易說》：「三軍同心，則胡越一家；六親不和，則舟中咸作敵。睽乖而不和，宜乎有難也。故受之以蹇。」則皆能突破此等局限。

❷蹇者，難也

《東萊易說》：「睽者，乖也。乖必有難，故受之以蹇；蹇者，難也。夫患難者，人之所同畏，然知其患難之可畏，而不知患難之本原。睽乖者，患難之本原也。今人處患難而常懷乖異不平之心，汩汩不反。是猶惡熱而增焚，惡醉而強酒，何往而非患難哉！故欲去險難，必先去險難之本，可也。」以為蹇難之本原在睽乖，必先去睽乖，而後蹇難可解。《周易玩辭》：「凡言屯者，皆以為難，而蹇又稱難者，卦皆有坎也。然而屯動乎險中，則誠行乎患難者也；蹇之見險而止，則但為其所阻難而不得前爾，非患難之難也。」

故居屯者，必以經綸濟之；而遇蹇者，則待其解緩而後前。其難易固不侔矣。」所著重者，在屯難與蹇難之不同。胡炳文《周易本義通釋》：「屯、困、蹇同為難。屯之為難，力微而未伸；困之為難，絕援而難救；蹇之為難，遇險而不進。蓋前有水之陷，後有山之阻，足不能進行之難也。」於「屯剛柔始交而難生」、「澤无水困」，及此「山上有水蹇」之異同，有所分辨。案：朱熹於蹇、困之不同，亦有辨說，詳見困卦〈象傳〉注釋。

語譯

自然界中的失衡現象，人事界中的矛盾衝突，都必然造成災難，所以代表險難的蹇卦接在代表乖違的睽卦後面。蹇，正是險難的意思。

雜卦傳

蹇，難也❶。

注釋

❶蹇，難也

相對於解卦䷧，蹇險在前，未脫離險境，故〈雜卦傳〉曰：「解，緩也；蹇，難也。」《集解》：「雷動出物，故緩；蹇險在前，故難。」（案：此當為虞翻語，人名承前省略也。）蹇坎上為險在前也。《南軒易說》：「天下之難既解，故安於佚樂，每失於緩；蹇者，見險而止，故為難。」（案：《折中》亦引此句，署「張子曰」。張子為張載，子厚橫渠先生。而《橫渠易說》未見此言。張氏或為張浚，德遠紫巖先生；或為張栻，敬夫南軒先生。《紫巖易傳》無此言而《南軒易說》有之。）以解☳蹇相綜立說。朱震《漢上易傳》：「蹇二往五，涉難也，故曰蹇難也；解五來二，復吉也，故曰解緩也。」則以蹇解相綜，二五來往說之。

語譯

蹇卦見險而止，危險一時不能解除，所以構成阻難啊！

初六爻辭

初六❶：往蹇來譽❷。

當蹇初爻為老，他爻皆少，即由蹇之既濟䷾；或未濟䷿初爻為少，他五爻皆老，即未濟之蹇：這兩種情形，都以蹇初六爻辭占。

注釋

❶初六

❷往蹇來譽

亦象亦占也。蹇卦初六，當山阻水險之際，居初宜潛。往則與六四無應而陷於險；潛止則有遠見知機之譽。弼《注》：「處難之始，居止之初，獨見前識，覩險而止，以待其時，知矣哉！故往則遇蹇，來則得譽。」依〈彖傳〉「見險而能止知矣哉」，與〈象傳〉「宜待時也」以說爻辭之義，良是。關於蹇卦所言「往來」，與他卦頗不相同。虞翻以「承二」為說。《集解》引其言曰：「譽謂二，二多譽也。失位應陰，往歷坎險，故往蹇；變而得位，以陽承二，故來而譽矣！」吳澄從虞，《易纂言》曰：「卦中四畫相往來者，皆近取比爻也。卦上坎下艮，故宜來而不宜往。往則遇險，來則可止故也。初六最在下，有可往无可來。故爻辭以六二言之，六二中正有譽者也。」此一說也。又程《傳》：「來者，對往之辭。上進則為往，不進則為來。止而不進，是有見幾知時之美，來則有譽也。」此又一說也。朱熹嘗較此二說，以程《傳》為佳。《朱子語類》記朱熹答董銖問「往蹇來譽」，曰：「來往二字，惟程《傳》言上進則為往，不進則為來，說得極好。今人或謂六四往蹇來連，是來就三；九三往蹇來反，是來就二；上六往蹇來碩，是來就五：亦說得通。但初六來譽，則位居最下，無可來之地，其說不得通矣。」

語譯

蹇卦初位是陰爻：往上前進，不得六四歡迎而陷於山阻水險的困境；留在原位卻有遠見知機的美譽。

象傳

往蹇來譽，宜待時也❶。

注釋

❶宜待時也

《注疏》本作「宜待也」，張璠本作「宜時也」，《集解》本作「宜待時也」。《釋文》：「宜待也，張（璠）本作宜時也，鄭（玄）本作宜待時也。」考蹇卦諸爻〈象傳〉皆四字為句，此句不應只三字，故依鄭玄與《集解》定為「宜待時也」。《集解》引虞翻曰：「艮為時，謂變之正以待四也。」是虞翻本當亦為待時。弼《注》有「以待其時」，似本亦作「宜待時也」，《注疏》本脫去「時」字耳。顧炎武《易音》：「鄭本作宜待時也，於韻更切。」至於其義，《正義》：「既往則遇蹇，宜止以待時也。」《周易玩辭》云：「初六遠於險而先來，有知幾之神，合於〈象辭〉之所謂智，是以有譽宜待也。鄭康成作宜待時也。」其義甚明，毋須多贅。

語譯

往上前進會陷於困境，留在原位卻有遠見的美譽，應該等待時機再行動啊！

六二爻辭

六二❶：王臣蹇蹇，匪躬之故❷。

注釋

❶六二

當蹇第二爻為老，他爻皆少，即由蹇之井䷯；或噬嗑䷔第二爻為少，他爻皆老，即噬嗑之蹇：這兩種情形，都以蹇六二爻辭占。

❷王臣蹇蹇匪躬之故

象也。王，指九五；王臣，帛書作王僕，臣僕同義，指六二。六二與九五皆居中得正而互應。蹇蹇，言一跛一跛為王事奔走，引申為劬勞貌。匪，通非；躬，謂己身；故，緣故。王引之《經義述聞》謂：「故，事也。」並斥王孔之非，說嫌吹求。弼《注》：「處難之時，履當其位，居不失中，以應於五。不以五在難中，私身遠害，執心不回，志匡王室者也。故曰：王臣蹇蹇，匪躬之故。」孔《疏》：「王，謂五也；臣，謂二也。九五居於王位，而在難中。六二是五之臣，往應於五，履正居中，志匡王室，能涉蹇難而往濟蹇，故曰王臣蹇蹇也。盡忠於君，匪以私身之故而不往濟君，故曰匪躬之故。」《集解》引侯果曰：「處艮之二，上應于五。五在坎中，險而又險。志在匡弼，匪惜其躬。故曰：王臣蹇蹇，匪躬之故。」大義略近。朱熹《本義》：「柔順中正，正應在上，而在險中，故蹇而又蹇，以求濟之，非以其身之故也。不言吉凶者，占者但當鞠躬盡力而已，至於成敗利鈍，則非所論也。」於爻辭所未言吉凶之占，亦有討論。吳澄《易纂言》：「由下體之蹇，歷上體之蹇，故曰蹇蹇。二往應五，近阻九三之山，已為蹇矣；再前則阻六四之水，蹇而又蹇也。」釋蹇蹇有別解，並可參考。

語譯

蹇卦陰爻居第二位：作為君王的臣僕，辛勞地為國事奔走，這是不顧考慮個人得失的緣故。

附錄古義

《說苑・正諫》：「《易》曰：『王臣蹇蹇，匪躬之故。』人臣之所以蹇蹇為難而諫其君者，非為身也；將欲以匡君之過，矯君之失也。」

《三國志・魏書・陳羣傳・注引袁子》：「或云：故少府楊阜，豈非忠臣哉？見人主之非，則勃然怒而觸之；與人言，未嘗不道也。豈非所謂『王臣蹇蹇匪躬之故』者歟？」

《群書治要・引桓範世要論諫爭篇》：「夫諫爭者，所以納君于道，矯枉正非，救上之謬也。上苟有謬而無救焉，則害于事；害于事，則危道也。故曰：『危而不持，顛而不扶，則將焉用彼相。』扶之之道，莫過于諫矣。故子從命者不得為孝；臣苟順者不得為忠。是以國之將興，貴在諫臣；家之將盛，貴在諫子。若託物以風喻，微言而不切，不切則不改；唯正諫直諫可以補缺也。《詩》云：『袞職有缺，仲山甫補之。』『柔亦不茹，剛亦不吐。』正諫者也。《易》曰：『王臣蹇蹇。』《傳》曰：『諤諤者昌。』直諫者也。然則咈人之耳，逆人之意，變人之情，抑人之欲；不爾，不為諫爭也。」

象傳

王臣蹇蹇，終无尤也❶。

注釋

❶**終无尤也**

尤，過失，怨恨。終无尤也，謂至終沒有過失與怨恨。弼《注》：「履中行義，以存其上，處蹇以此，未見其尤也。」釋義已明。韓愈〈爭臣論〉：「在《易》蠱之上九云：『不事王侯，高尚其事。』蹇之六二則曰：『王臣蹇蹇，匪躬之故。』夫亦以所居之時不一，而所蹈之德不同也。若蠱之上九，居無用之地，而致匪躬之節；以蹇之六二，在王臣之位，而高不事之心；則冒進之患生，曠官之刺興，志不可則，而尤不終無也。」以爻位、爻時不一，而較論蠱上九、蹇六二爻德之不同。《傳家易說》記白雲郭雍引《孟子・梁惠王下》所述齊景公太師所作之詩〈畜君何尤〉而申之曰：「夫畜君之德，濟君之難，其志皆同，无尤宜矣。初六以往為蹇，六二以蹇蹇為无尤，蓋九五，大人也。初六非見大人則當止，不止則失身；六二見大人則當往，不往則失君：此其所以異也。」並較論蹇初六、六二之異。均須留心。

語譯

作為君王的臣僕，辛勞地為國事奔走，最後也不致於有什麼過失。

九三爻辭

九三❶：往蹇來反❷。

注釋

❶九三

當蹇第三爻為老，他爻皆少，即由蹇之比䷇；或大有䷍第三爻為少，他爻皆老，即大有之蹇：這兩種情形，都以蹇九三爻辭占。

❷往蹇來反

亦象亦占也。反，通返，回歸也。《集解》引虞翻曰：「應正歷險，故往蹇；反身據二，故來反也。」言九三以陽爻居陽位，與上六以陰居陰，本為正應；但上六在上體坎險，往必歷險。不如返回艮下，下據六二之陰也。弼《注》：「進則入險，來則得位，故曰往蹇來反。為下卦之主，是內之所恃也。」更提出九三為艮下之主的說法。《漢上易傳》謂「九三為下卦之主」，《周易玩辭》謂「九三艮之主爻」，蓋本王弼。程《傳》：「九三以剛居正，處下體之上。當蹇之時，在下者皆柔，必依於三，是為下所附者也。三與上為正應，上陰柔而无位，不足以為援，故上往則蹇也。來，下來也；反，還歸也。三為下二陰所喜，故來為反其所也，稍安之地也。」案：就國言，上卦代表中央，下卦代表地方；就家言，上卦代表進入社會，下卦代表家庭之內。

語譯

蹇卦陽爻居第三位，代表地方有力人士或家中主要成員。如果進入中央或社會，雖有高人接應，但將陷於險境；不如回到本位，照顧社會上的弱勢或家庭中的妻小。

象傳

往蹇來反，內喜之也❶。

注釋

❶內喜之也

內，謂內卦。包括九三之內心自喜，六二比三承陽之喜，以及初、二兩陰爻有三可恃之喜。《集解》引虞翻曰：「內謂二陰也。」李道平《纂疏》：「內謂二；二，陰爻也。」蓋僅指六二。《正義》曰：「內喜之者，內卦三爻，惟九三一陽，居二陰之上，是內之所恃，故云內喜之也。」則以為內指六二、初六兩陰爻。程《傳》：「內，在下之陰也。方蹇之時，陰柔不能自立，故皆附於九三之陽而喜愛之。九之處三，在蹇為得其所也。處蹇而得下之心，可以求安，故以來為反，猶《春秋》之言歸也。」更以九三來歸，為初、二兩陰所喜；而九之處三，得下之心，求安亦自喜也。考《春秋・閔公元年》：「秋八月，季子來歸。」《左氏傳》：「季子來歸，嘉之也。」程頤謂「猶《春秋》之言歸也」，似據此段文字。

語譯

往上前進，雖有險難；返回本位，卻能照顧弱勢妻小。社會或家庭內面，還有自己的內心，都很喜歡啊！

六四爻辭

六四❶：往蹇來連❷。

當蹇第四爻為老，他爻皆少，即由蹇之咸䷞；或損䷨第四爻為少，他爻皆老，即損之蹇：這兩種情形，都以蹇六四爻辭占。

注釋

❶六四

❷往蹇來連

亦象亦占也。連有歧義。《釋文》：「連，馬（融）云：亦難也。鄭（玄）如字，遲久之意。」以連為蹇難，為遲緩，以釋往蹇來連，似難圓通。《集解》引荀爽曰：「蹇難之世，不安其所。欲往之三，不得承陽，故曰往蹇也；來還承五，則與至尊相連，故曰來連也。」蓋以六四居下上內外之際，依違於三、五兩陽之間。往三乘剛故蹇；承五則與至尊相連。主連為連接之義。《集解》又引虞翻曰：「連，輦；蹇，難也。在兩坎間，進則无應，故往蹇；退初介三，故來連也。」依據《說文》，連是「負車也，从辵車會意」；輦是「挽車也，从車扶，扶在車前引之也」。連、輦意同音近，故虞以輦釋連。人車牽引，於是有連接、聯繫之義。惠棟《周易述》以「連，難也；輦，亦難也」，張惠言《周易虞氏義》、李道平《集解纂疏》皆從惠棟說，誤矣！虞意六四在坎上，蹇六二、九三、六四互體亦為坎，爻在兩坎間，進更無與應者，故言「往蹇」，猶乾九四之言「或躍」也；四在外卦初位，初在內卦初位，四與初在同位，蹇六四之「退初」，亦猶乾九四之言「在淵」也。介有居間聯繫之義，「介三」謂九三居間聯繫六四與六二、初六也。荀、虞說象雖異，但釋連為相連、聯繫則一也。程《傳》：「往則益入於坎險之深，往蹇也。居蹇難之時，同處艱戹者，其志不謀而同也。又四居上位，而與在下者同有得位之正，又與三相比相親者也。二與初同類相與者也，是與下同志，眾所從附也，故曰來連。來則與在下之眾相連合也。能與眾合，得處蹇之道也。」蓋主連為相連合，實符《易》義。朱子《本義》：「連於九三，合力以濟。」義更簡明。

語譯

蹇卦陰爻居第四位。往上是九五、上六，構成坑坑窪窪的險境。不如回歸本位，居間連接九五和九三；而且由於九三的中介，自己也和六二、初六聯繫起來了。

象傳

往蹇來連，當位實也❶。

注釋

❶當位實也

六四以柔爻六，居陰位四，是為當位。謂其立場正確，行事正當也。六四又上承九五之君，下比九三之陽，所承所比皆陽，陽為實。《集解》引荀爽曰：「處正承陽，故曰當位實也。」朱震《漢上易傳》：「六柔无應，往則犯難，故往蹇；來則當位承五；下連九三，故來連。連，牽連也。九三剛實，四牽連之，共濟五難，當位而又得濟之實也。……陽為實。」是也。案：弼《注》曰：「往則無應，來則乘剛，往來皆難，故曰往蹇來連。得位履正，當其本實，雖遇於難，非妄所招也。」郭雍駁之，《傳家易說》：「雍曰：

往來皆蹇，何取當位？惟其來而能連在下之志，故曰當位實也。六四之位實以接下為職，今得其實矣。」王弼誤從馬融「連亦難也」說，故言「往來皆難」也。

語譯

往上前進，雖逢險境；回歸本位，自己既當位，站穩立場；上承上九，下連九三，也都當位，立場正確，是結結實實，行事誠懇的好領導、好基層；而且由於務實的九三中介，自己還能和六二、初六等等群眾心連心呢！

九五爻辭

九五❶：大蹇朋來❷。

當蹇第五爻為老，他爻皆少，即由蹇之謙䷎；或履䷉第五爻為少，他爻皆老，即履之蹇：這兩種情形，都以蹇九五爻辭占。

注釋

❶九五

❷大蹇朋來

亦象亦占也。弼《注》：「處難之時，獨在險中，難之大者也，故曰大蹇。然居不失正，履不失中，執德之長，不改其節，如此則同志者集而至矣，故曰朋來也。」程《傳》：「五居君位，而在蹇難之中，是天下之大蹇也。當蹇而又在險中，亦為大蹇。大蹇之時，而二在下，以中正相應，是其朋助之來也。」朱《義》：「大蹇者，非常之蹇。九五居尊而有剛健中正之德，必有朋來而助之者。占者有是德，則有是助矣。」依象釋義，已甚明白。惟於「朋來」，王弼言「集而至矣」，則非一爻；程頤言「二在下以中正相應」，則僅六二一爻為朋。考《集解》引干寶曰：「承上據四應二，眾陰並至。」以為蹇九五承上六，據六四，應六二，蓋依弼說，具體指出集此三陰而並至，是陰為陽朋也。惟揆諸坤卦辭「西南得朋」，〈彖傳〉以「乃與類行」釋之，乃同類稱朋。陰陽異類，不得稱朋也。朱震有見及此，《漢上易傳》曰：「陽與陽為朋，朋謂九三也。五下應二，三來比之，朋來也。」異說可供參考，或《易》之用字遣詞，每隨句而有異義。此之稱朋，取黨與、群類為義，謂同門、同志，人數眾多，故弼《注》云「同志者集而至矣」也。《集解》引虞翻曰：「當位正邦，故大蹇。」據〈象傳〉「當位貞吉，以正邦也」以注，九五殆為蹇卦主爻。《朱子語類》：「五是蹇之主。凡人臣之蹇，只是一事，至大蹇，須人主當之。」是也。

語譯

蹇卦陽爻居第五位，是全卦最主要的一爻。在苦難的時代，以君王之尊處於坎險之中，這是重大的險難。還好自己立場正確，領導有方；贏得同門和同志們群起響應支援。

象傳

大蹇朋來，以中節也❶。

注釋

❶以中節也

孔穎達《正義》：「得位居中，不易其節，故致朋來，故云以中節也。」又云：「鄭（玄）注《論語》云：『同門曰朋，同志曰友。』此對友也。通而言之，同志亦是朋黨也。」蓋以九五居中得正，不易其節，故能招致同志朋黨並來濟助也。程《傳》：「五有中正之德，而二亦中正，雖大蹇之時，不失其守，蹇於蹇以相應助，是以其中正之節也。」則以九五、六二皆能中節。《漢上易傳》：「節者，處蹇之節也。九五在險，得中；道應六二者，有節，則九三之剛，不約而自來。九三外應上六，內為六二初六之所喜，而又六四牽連而進，同心協力，斯可以濟天下之難。故曰：大蹇朋來，以中節也。」更以九五得中；六二有節；九三上應上六，內喜二、初；六四來連：皆合乎處蹇之節。

語譯

在重大險難中，同志們群起響應支援，每個人都站穩立場，行動合乎規範啊！

上六爻辭

上六❶：往蹇來碩❷，吉❸，利見大人❹。

當蹇上爻為老，他爻皆少，即由蹇之漸䷴；或歸妹䷵上爻為少，他爻皆老，即歸妹之蹇：這兩種情形，都以蹇上六爻辭占。

注釋

❶上六

❷往蹇來碩

以象含占也。上六居六畫之卦最上一爻，本無可往；如必欲上往，徒延險難，且有逃避現實之嫌。又爻仍在坎體，像水一樣，無處可流，故曰「往蹇」。只有回來和九五聯合，與九二相應，共濟時艱，始能成就偉大事業，故曰來碩。弼《注》詳見下條「吉」。《集解》引侯果曰：「處蹇之極，體猶在坎，水无所之，故曰往蹇；來而復位，下應于三，三德碩大，故曰來碩。」程《傳》：「六以陰柔居蹇之極，冒極險而往，所以蹇也；不往而來，從五求三，得剛陽之助，是以碩也。」合此三說，象義皆明。《周易玩辭》：「上六之往，猶初六之來也。上六本无所往，特以不來為往爾；初六本无所來，特以不往為來爾。」嘗以上六言往，與初六言來相較。《傳家易說》記白雲曰：「其曰來譽、來反、來連、來碩：碩，大也，反身脩德，至於盛大，則至矣；譽則次之；反者，眾之所喜；連則當其實而已。方險難之時，无悔吝凶咎，而有譽、反、連、碩、无尤、中節之得，斯其所以為智之事與！」綜初之來譽、三之來反、四之來連、上之來碩，暨二之无尤、五之中節，合而論之，而結穴為「智之事」：均可參考。

❸吉

占也。《集解》引虞翻曰：「得位有應，故吉也。」純依象言。弼《注》：「往則長難，來則難終。難終則眾難皆濟，志大得矣。故曰往蹇來碩吉。」則據上文「往蹇未碩」而斷之曰吉。吉者，志大得也。《朱子語類》云：「諸爻皆不言吉，蓋未離乎蹇中也。至上六往蹇來碩吉，卻是蹇極有可濟之理。」是也。《周易玩辭》：「蹇之五爻皆善，而未有得吉者，在蹇中也。上六獨吉者，蹇之極也。蹇六爻皆不喜往，往則入蹇也。〈象〉獨喜往者，總一卦言之，往有出之象。上六將出而亦不喜往者，坎在外也。外則向坎，故曰往蹇；內則向艮，與三相應，故曰來碩。艮之上爻為碩，剝之碩果是也。」較論尤詳。

❹利見大人

占也。上六陰柔才弱，必須來見九五之大人，並與九三之剛互應，始能舒解蹇難也。《集解》引虞翻曰：「離為見，大人謂五，故利見大人矣！」以九三、六四、九五互體為離，〈說卦傳〉「離為目」，故可「見」。又以乾九二、九五皆言「利見大人」，而蹇卦惟有九五，亦無九二，故曰「大人謂五」。程《傳》：「蹇極之時，見大德之人，則能有濟於蹇也。大人謂五，以相比發此義。五剛陽中正而居君位，大人也。在五不言其濟蹇之功，而上六利見之，何也？曰：在五不言，以其居坎險之中，无剛陽之助，故无能濟蹇之義；在上六，蹇極而見大德之人，則能濟於蹇，故為利也。」此亦可見徒有陽剛之君，仍不能濟蹇，必陰陽互應，君臣協力，方為功也。《周易折中》「案」云：「《易》卦上與五雖相比，然無隨從之義者。位在其上，故於象如事外之人，不與二三四同也。惟有時取尚賢之義，則必六五遇上九乃可。大有、大畜、頤、鼎之類是也。然隨以九五遇上六，亦取下賢之義，則以卦義剛來下柔故耳。至於以上六遇九五，吉者絕少，而凶吝者多。蓋以漸染於陰，為剛中正之累，大過、咸、夬、兌之類是也。惟是卦有『利見大人』之文，而以九五為義者，則上六與五相近可以反而相從。訟、巽之〈象〉，以九五為大人矣，而上九以剛遇剛，則不相從也。升〈象〉亦言用見大人矣，而卦無九五，故言用見以別之。獨蹇、萃之〈象〉，以九五為大人，而遇之者上六也。以柔遇剛，則有相從之義，故萃則齎咨求萃於五而无咎，蹇則來就於五而得吉。蹇之上優於萃者，聚極則散，難極則解也。乾卦二五而外，爻辭言『利見大人者』，惟此。」分析各卦上、五相比之義甚詳。

語譯

蹇卦最上面的一爻是陰爻，居於坎上的頂端；艱難已到極限，危險也到了極限。還有何處可去？徒增險難而已；只有回歸本位，堅守立場，與所有處於險難的成員合作，才有豐碩的成果。這樣才大有收穫。光憑自己柔弱的力度是不夠的，所以利於尋求聰明睿智的人來領導大家。

象傳

往蹇來碩，志在內也❶；利見大人，以從貴也❷。

注釋

❶志在內也

內為內卦艮下，尤指九三。弼《注》：「有應在內，往則失之，來則志獲，志在內也。」《漢上易傳》：「上六志在紓難，然柔也才不足，以柔犯難，故往蹇。柔自外來，求助於九三。三以剛濟柔，則難紓，志乃大得。故曰：往蹇來碩，志在內也。」

❷以從貴也

上六利見九五之大人。九陽為貴，五為天子，故有從貴之象。孔《疏》：「貴謂陽也，以從陽，故云以從貴也。」程《傳》：「六以陰柔當蹇之極，密近剛陽中正之君，自然其志從附，以求自濟，故利見大人，謂從九五之貴也。」是也。《周易玩辭》：「上六以來碩為吉，以見大人為利。碩指九三，九三內卦之上爻，故曰志在內也；大人指九五，九五六爻之最貴，故曰以從貴也。」分析吉、利，以說在內、從貴之別，亦足以啟人再思。

語譯

逃避徒增險難，回歸才有碩果，心裡向著國內家內啊；應該謁見聰明睿智的領導人，要追隨尊貴的人共同奮鬥啊！

解卦經傳通釋第四十

卦辭

䷧坎下震上解❶：利西南❷；无所往，其來復，吉❸；有攸往，夙吉❹。

注釋

❶䷧坎下震上解

解，卦名，音懈，舒緩、卸除之意。楚竹書作「繲」，殆从糸解會意，解亦聲。取所綑綁之繩索得以解除之義，疑為解之異體字。《說文》無繲字。解之為卦，坎下震上。就卦象言，坎下為水，亦為雨，震上為雷。雷雨作，代表天地不通（如天寒地凍、乾旱等）現象的舒緩或解除。就卦德言，坎為險，震為動。行動於險境之外，表示險象已經舒解消除。程《傳》：「為卦震上坎下。震，動也；坎，險也。動於險外，出乎險也。故為患難解散之象。又震為雷，坎為雨。雷雨之作，蓋陰陽交感，和暢而緩散，故為解。解者，天下患難解散之時也。」釋義可從。清儒李光地《周易觀象》：「內險外動，以險故而動，動而出乎險外，解之義也。解之本義，是訓解免；然解免則消散而紓緩矣，故又為散與緩之義也。雲雷為屯，未解散之象也；雷升雨降，屯者散矣，亦解之象。」說解尤為詳明。呂大臨《易章句》嘗較論蒙䷃、蹇䷦、屯䷂、解四卦云：「險而止，蒙，其險在內心有窒礙，失之止而不知學也；蹇，見險而能止，其險在外，知不可進而自止也；屯，動乎險中，險亦在外，動乎險中，求出而未得也；解，險以動，動而免乎險，已出險外，動而遠之，以免斯難也。」又《郭氏傳家易說》記白雲曰：「解者，難之解也。故動乎險中為屯；動乎險外為解。」則較論屯之與解，動乎險中、險外之異同。又云：「遇險而止者，才之不足也；遇險而動者，才之有餘也。以有餘之才，故能動而免乎險，所以為解也。」則較論蹇之與解，遇險而一止、一動之異同，並釋解有動而免險之義。蓋程頤釋《易》義已詳，故其門下如呂大臨、郭忠孝（兼山，郭雍白雲之父）多以較論廣之；猶朱熹釋《易》甚精，其畏友項安世則玩味《易》辭，多所比較也。就筮法言：當解六爻皆少，也就是本卦、之卦都是解，或家人䷤六爻皆老，也就是家人之解：這兩種情形，都以解卦辭占。

❷利西南

　占也。解卦坎下為中男，居北方；震上為長男，居東方。皆陽剛之卦，居於東北者。宜往西南，與兌、坤、離、巽眾陰相會。陽為君，陰為民，陰陽和合，君民合作，則能消解蹇難，脫離險境。王弼《注》：「西南，眾也。解難濟險，利施於眾也，亦不困于東北，故不言不利東北也。」蓋以西南為坤方，〈說卦〉坤為眾也。程《傳》：「西南坤方，坤之體廣大平易。當天下之難方解，人始離艱苦，不可復以煩苛嚴急治之；當濟以寬大簡易，乃其宜也。如是則人心懷而安之，故利如西南也。」與弼皆以西南指坤，惟弼以西南為眾，程以為廣大平易不同耳。《傳家易說》記白雲曰：「解與屯為內外，亦與蹇為反復。故蹇利西南，而解亦利西南。雖止與動不同，其險難則相接跡矣。」以蹇、解相反覆說其皆「利西南」之故。李光地《觀象》：「蹇利西南，解亦利西南者，安退處後，以固根本。當難行之時，止於險中，固當守其止；及解散之時，動而出險，尤宜謹其動也。然蹇之時必不可進，故曰不利東北；解之時則異矣。无所往，固當以安守為善；有所往，亦不可不往也。但不可務外忘內，而失其根本之圖耳，故不曰不利東北。而其說往來之意，與蹇爻殊者如此。」說義已詳。請參閱坤卦辭「西南得朋東北喪朋」與蹇卦辭「利西南不利東北」注釋。

❸无所往，其來復，吉

占也。言若無須前往，則以回居原處為佳。關於「往、來」，《集解》引虞翻曰：「謂四本從初之四，失位于外，而无所應，故『无所往』；宜來反初，復得正位，故『其來復吉』也。」以為解卦九四，本由臨卦䷒初九上往而成。九四、初六皆失位，失位而應，為不義之應，形同無應，所以何必上往；應當下來返回初位，復得正陽之位，所以「其來復吉」。然〈象傳〉明言：「其來復吉，乃得中也。」則來復為二而非初可知，虞說非也。來知德則以蹇、解相綜為釋，《周易集註》曰：「蹇下卦乃艮止，止而不往，所以无所往也。」此象數之說。以義理而言，弼《注》：「解之為義，解難而濟厄者也。无難可往，以解來復，則不失中。」孔穎達《疏》云：「若无難可往，則以來復為吉。」朱熹《本義》從王、孔之說，曰：「若无所往，則宜來復其所而安靜。」案：程《傳》：「夫天下國家，必紀綱法度廢亂而後禍患生。聖人既解其難，而安平无事矣！是无所往也，則當修復治道，正紀綱，明法度，進復先代明王之治，是求復也，謂反正理也，天下之吉也。」雖有過度詮釋之嫌，然亦啟人深思。

❹有攸往，夙吉

占也。有攸往，相對於「无所往」而言，謂若有事須往；夙吉，謂早去速去為佳也。《集解》引荀爽曰：「五位无君，二陽又卑，往居之者，則吉。」又引虞翻曰：「謂二也。……九二失正，早往之五，則吉。」蓋解卦六五以陰爻居尊位，柔弱無能，望之不似人君。九二位卑失正，若早往居五，作解卦九五之尊，以解國難，則吉也。二家皆以象言。倘以義理言之，則有弼《注》：「有難而往，則以速為吉者。无難則能復其中；有難則能濟其厄也。」孔《疏》引褚氏（仲都）云：「世有无事求功，故誡以无難宜靜；亦有待敗乃救，故誡以有難須速也。」更落實於世務。《傳家易說》記白雲曰：「難解之時，无所往而復於道；難作之際，速於往而緩難。各盡其宜，是以皆吉也。」於有往無往皆吉，作出說明。胡炳文《周易本義通釋》：「大抵解之時，以平易為利，略有苟急，即非利；以安靜為吉，久為煩擾，即非吉。《本義》曰：『若无所往，則宜來復其所而安靜。』是以安靜為吉也。曰：『若有所往，則宜早往早復，不可久為煩擾。』亦以安靜為吉也。《本義》兩若字，未定之辭，顧其時何如耳！」則依朱熹《本義》，指出解以平易為利，以安靜為吉；並釋兩「若」字為未定之辭。

語譯

三畫的坎在下，三畫的震在上，重疊成六畫的解卦，代表險象、患難的舒緩或解除。利於到西南方去和性別、地位等等不同的人們相互溝通，求取共識，以解除險難。如果險難自然會解除，無須前往，那麼回到原處，會有收穫；如果險難非去解救不可，那麼去得越早越有收穫。

附錄古義

《後漢書・郎顗傳》：「（顗）謹富條便宜四事，附奏於左：一事：孔子作《春秋》，書《正月》者，敬歲之始也。……二事：孔子曰：『雷之始發大壯始，君弱臣彊從解起。』」

彖傳

解，險以動，動而免乎險，解❶。解利西南，往得眾也❷；其來復吉，乃得中也❸；有攸往，夙吉，往有功也❹。天地解而雷雨作；雷雨作而百果草木皆甲坼❺。解之時大矣哉❻！

注釋

❶解，險以動，動而免乎險，解

此釋卦名解。解卦坎下為險，震上為動，故其德為險以動。朱子《本義》：「以卦德釋卦名義。」是也。動於險外，而遠離險境，此所以能免陷於險，而蹇難得以舒解，此正解之意義所在。弼《注》：「動乎險外，故謂之免；免險則解，故謂之解。」程《傳》：「不險則非難，不動則不能出難。動而出於險外，是免乎險難也。」是也。呂太臨《易章句》：「險而止蒙（䷃），其險在內，心有窒礙失之止而不知學也；蹇，見險而能止，其險在外，知不可進而自止也；屯，動乎險中，險亦在外，動乎險中求出而未得也；解，險以動，動而免乎險，已出險外，動而遠之，以免斯難也。」較論蒙、蹇、屯、解四卦處險之異同，可作隅反之資。

❷解利西南，往得眾也

以象數言，《集解》引荀爽曰：「乾動之坤而得眾。西南，眾之象也。」又引虞翻曰：「臨初之四，坤西南卦，初之四得坤眾，故利西南往得眾也。」以為解卦自臨卦䷒變來。臨卦初九陽爻上往到坤上四位，〈說卦〉「坤為眾」，位於西南也。朱震則以蹇、解兩卦六爻相顛倒說之。《漢上易傳》：「解者，蹇之反。解之九二，乃蹇之九五也；九四乃蹇之九三也。坤為西南，其體順，自艮反，有平易之意。坤又為眾，當蹇難之後，人皆厭亂，四以平易之道，往順乎眾，而眾與之，是以得眾。湯代虐以寬，武王乃反商政，是也。故曰：解利西南往得眾也。」漢上言象亦言理。其言坤為西南，有平易之意，乃依程頤。程《傳》已言：「解難之道，利在廣大平易，以寬易而往濟解，則得眾心之歸也。」漢上言解者蹇之反，其後來知德亦以六爻相綜（顛倒）說之。《集註》：「自下而上曰往；自上而下曰來。往得眾者，解綜蹇，蹇下卦之艮，往而為解上卦之震也。震二爻皆坤土，坤為眾，故得眾也。」

❸其來復吉，乃得中也

《集解》引荀爽曰：「來復居二，處中成險，故曰復吉也。」李道平《纂疏》：「來復居二，所處得中，雖險亦解。」〈彖傳〉於坎卦言「王公設險以守其邦」，故解之九二，居坎下之中，設險守邦，雖險亦解也。

來氏《集註》：「得中者，蹇上卦之坎，來亦為解下卦之坎也。九二得中，與訟卦『剛來而得中』同。故蹇坎往上曰得中；解坎來下曰得中也。」說得中之象，大約如此。至於其義，程《傳》：「救亂除難，一時之事，未能成治道也。必待難解，无所往，然後來復先王之治，乃得中道，謂合宜也。」以得中為合宜之意。《傳家易說》記白雲曰：「其來復吉乃得中者，險難既解而來復，不為大過，乃得中道。所謂『獲三狐而得黃矢』者也。」更與解九二爻辭連繫而說之。參閱蹇〈彖傳〉「蹇利西南往得中也」與解九二爻辭之注釋。

❹有攸往，夙吉，往有功也

往有功也之「往」，釋爻辭「有攸往」，言九二居卑失正，宜往居九五之位也；其「有功也」，釋「夙吉」，言早居九五之尊，五多功，能及早濟厄解難也。相對於蹇卦〈彖傳〉「利見大人往有功也」，則此「有攸往夙吉」猶彼之「利見大人」也。在蹇為九二王臣，利往見九五之大人；在此為九二之君子往居五位而及早有解也。呂祖謙《東萊易說》：「凡天下機會不可失：苟處解之時，有所當為者，必夙為之，然後可以有功；苟一於无所往，則安能建大事、立大業、成大功哉！」講義理甚好。

❺天地解而雷雨作；雷雨作而百果草木皆甲坼

天地解，謂天地閉塞現象之解除；其結果為雷雨作，代表天地間之交通。甲坼，甲是寒冬時植物嫩葉的外殼；坼，裂開。《集解》本「坼」作「宅」，引荀爽曰：「仲春之月，草木萌芽，雷以動之，雨以潤之，日以烜之，故甲宅也。」《文選・蜀都賦・李善注》引鄭玄曰：「皮曰甲，根曰宅。宅，居也。」此據《注疏》本作「坼」。弼《注》：「天地否結，則雷雨不作；交通感散，雷雨乃作也。雷雨之作，則險厄者亨，否結者散，故百果草木皆甲坼也。」孔《疏》：「天地解緩，雷雨乃作；雷雨既作，百果草木皆孚甲開坼，莫不解散也。」胡炳文有見於解卦坎下震上，如果換成震下坎上則成屯卦，因而較論之。《周易本義通釋》云：「解上下體易為屯。動乎險中為屯；動而出乎險之外為解。屯象草穿地而未申；解則雷雨作而百果草木皆甲坼。」請參閱屯卦〈彖傳〉各條注釋。

❻解之時大矣哉

孔《疏》：「結歎解之大也。自天地至於草木，无不有解，豈非大哉！」程《傳》：「天地之功，由解而成，故贊解之時大矣哉。王者法天道，行寬宥，施恩惠，養育兆民，至於昆蟲草木，乃順解之時，與天地合德也。」釋義已詳明。案：〈彖傳〉於時之重要，有所強調。於頤、大過、解、革四卦，言「時大矣哉」；於豫、隨、遯、姤、旅五卦，言「時義大矣哉」；於坎、睽、蹇三卦，言「時用大矣哉」。解卦言「時大矣哉」而不言時義、時用者，弼《注》云：「難解之時，非治難時，故不言用；體盡於解之名，无有幽隱，故不曰義。」朱震則較論解惟言時而蹇言時用之故。《漢上易傳》：「不有蹇則无解，故反復爻義以明之。震者，天地之始交也。天地始交，物生之難；雷動雨流，天地難解，則百果草木一瞬息間其甲皆拆，无不解者。所以如此其速者，不失時也。……解之時大矣哉，不言義者，无所疑也；不言用者，其用見於蹇之時也。」

語譯

解卦，是在險境中採取行動，由於行動而免於危險，險象因而解除了。本來住在東北方的青壯年們利於去西南方，去了會交到女朋友或地位不同的群眾們。如果沒有必要去，回到原地來，仍然有收穫，是合乎中庸原則的。如果非去不可，那麼去得越早越有收穫，時機不可錯失，去了必能建大事、立大業、成大功的！天地不通的現象解除，那麼才會雷雨大作；雷雨大作，那麼各種草木嫩葉外面那層外殼會裂開而萌芽。解的時間因素真是重要得很呢！

象傳

雷雨作，解❶；君子以赦過宥罪❷。

注釋

❶雷雨作，解

解卦震上為雷，坎下為雨，雲雨並作。一方面代表天地閉結現象解除了，所以〈彖傳〉說「天地解而雷雨作」，雷雨作是天地解的「果」；一方面代表百果草木的甲殼因而解開、萌出新芽來，所以〈彖傳〉說「雷雨作而百果草木皆甲坼」，雷雨作又是百果草木皆甲坼的「因」。因而生果，果又為因，因果相承不絕，是自然演進的法則；易法自然，所以也是變易之道。項安世《周易玩辭》：「天地閉則成冬；天地解則成春。雲雷結則成屯；雷雨散則成解。甲坼赦宥，有開散之象，故解之六爻皆以開散而相易為象。」

❷君子以赦過宥罪

君子看見雷雨作而百果草木甲殼裂開，發出新芽的現象，領悟到赦免寬容犯過的罪人，解除他們身上的桎梏，使他們重新做人的道理。孔《疏》：「赦謂放免，過謂誤失，宥謂寬宥，罪謂故犯。過輕則赦，罪重則宥：皆解緩之義也。」解釋赦過宥罪字義而已。《周易玩辭》：「過則釋之，罪不可釋則寬之，過與罪屬坎，坎為法律，為徽纆；赦與宥屬震，震為動、出，為反生。」據坎上六爻辭「係用徽纆」，〈說卦傳〉震「為動」、「為反生」而云然。趙汝楳《周易輯聞》：「雷者天之威；雨者天之澤。威中有澤，猶刑獄之有赦宥。」則別有一番詮釋。來知德《周易集註》：「赦過宥罪，君子之用刑原當如此，非因大難方解之後當如此也。无心失理之謂過，恕其不及而赦之不問；有心為惡之謂罪，矜其无知而宥之從輕。雷雨交作，天地以之解萬物之屯；赦過宥罪，君子以之解萬民之難。此正〈雜卦〉『解緩』之意。」所言可作參考。

語譯

打雷下雨，包裹著草木嫩葉的外殼解開了，草木才得以萌芽；有地位有權力的君子們看見這種現象，也要協助犯罪有過的人解除身上的桎梏，讓他們改過自新，重新做人。

附錄古義

《漢書·五行志》：「嚴（莊）公七年四月辛卯夜，恆星不見；夜中，星隕如雨……《左氏傳》曰：『恆星不見，夜明也；星隕如雨，與雨偕也。』劉歆以為晝象中國，夜象夷狄。夜明，故常見之星皆不見：象中國微也。星隕如雨：如，而也；星隕而且雨，故曰：『與雨偕也。』明雨與星隕兩變相成也。〈洪範〉曰：『庶民惟星。』《易》曰：『雷雨作，解。』是歲，歲在玄枵，齊分野也。夜中而星隕，象庶民中離上也。雨以解過，施復從上下，象齊桓行伯復興周室也。」

《後漢書·黨錮·李膺傳》：「司隸校尉應奉上疏理膺等曰：『夫立政之要，記功忘失，是以武帝捨安國於徒中，宣帝徵張敞於亡命。（馮）緄前討荊蠻，均吉甫之功；（劉）祐數臨督司，有不吐茹之節；（李）膺著威幽并，遺愛度遼。今三垂蠢動，王旅未振，《易》稱「雷雨作，解；君子以赦過宥罪。」乞原膺等以備不虞。』書奏，乃悉免其刑。」

序卦傳

物不可以終難，故受之以解❶；解者，緩也❷。

注釋

❶物不可以終難，故受之以解

《集解》引崔憬曰：「蹇終則來碩，吉，利見大人。故言不可終難，故受之以解者也。」崔憬據蹇上六爻辭：「往蹇來碩，吉，利見大人。」以證不可終難之故。其言可從。

❷解者，緩也

緩，心情放鬆之意。張栻《南軒易說》：「解者，脫於險，而人情之所懈怠。」朱震《漢上易傳》：「解，蹇難解也。難解則舒緩……緩則寬弛。」《朱子語類》記黃榦問：「緩字恐不是遲緩之緩，乃是懈怠之意，故曰：解，緩也。」朱熹曰：「緩是散漫意。」問：「如縱弛之類？」曰：「然。」蓋險境既解，心情易寬弛懈怠散漫也。

語譯

事物不可能永遠處於蹇難的狀態，所以接在蹇卦後面的是解卦。解，是心情放鬆的意思。

雜卦傳

解(ㄒㄧㄝˋ)，緩(ㄏㄨㄢˇ)也(ㄧㄝˇ)❶。

注釋

❶解，緩也

相對於蹇䷦而言，災難已得以舒緩。而處蹇之後，萬物成長，亦甚緩慢也。《集解》引虞翻曰：「雷動出物，故緩。」以解卦震上為動，而〈說卦傳〉嘗言「萬物出乎震」故也。吳澄《易纂言》：「解九二坎陷在內，震則出險而動於外，內險已解緩也；蹇九五坎險在外，艮則見險而止於內，外險方艱難也。」則以上下二體及二五兩爻言之。

語譯

解，指險難解除，萬物逐漸萌發成長。

初六爻辭

初六❶：无咎❷。

注釋

❶初六

當解初爻為老，他爻皆少，即由解之歸妹䷵；或漸䷴初爻為少，他五爻皆老，即漸之解：這兩種情形，都以解初六爻辭占。

❷无咎

占也。初六以陰爻居陽位，本來可能有過失。但是，在蹇難解除之初，一時放鬆休息是人之常情；加上比鄰九二，以柔承剛；又與九四陰陽互應：柔順如此，自然不會有何過失。朱熹《本義》：「難既解矣，以柔在下，上有正應，何咎之有？故其占如此。」參閱本文〈象傳〉注釋。

語譯

解卦初位是陰爻：沒有什麼差錯。

象傳

剛柔之際❶，義无咎也❷。

注　釋

❶剛柔之際

《集解》引虞翻曰：「與四易位，體震得正，故无咎也。」以為解卦由臨卦䷒變來。臨卦初、四易位，便成解卦。引虞又曰：「體屯初震，剛柔始交，故无咎也。」以為解卦坎下震上，上下互易，即成屯卦䷂，虞翻所謂「兩象易」者也。屯之震下，剛柔始交也。（案：李道平《篹疏》云：「二五已正，初動體屯。」則以臨二、五易位成屯卦，非虞翻原意。且其說較「兩象易」更為牽強。）虞翻既以卦變說「故无咎也」，又以兩象易說之。其言之牽強，信服實難。程《傳》：「初四相應，是剛柔相際接也。」以相應說之。張載《橫渠易說》：「險難方解，未獲所安，近比於二，非其咎也。」以近比說之，於「際」字義較切。呂大臨《易章句》：「初六居解之始，以柔在險下，宜有咎也。然應於九四，比於九二，剛柔相濟，足以解難，義无咎也。」則兼比、應而說「剛柔之際」。

❷義无咎也

王弼以義、理字意相通，《注》：「或有過咎，非其理也。義猶理也。」《傳家易說》記白雲曰：「處解之初，以柔居剛，以陰應陽，得『无所往其來復吉』之義，故无咎也；其為无咎，蓋於剛柔之交際，盡其所處之道，理必无過矣！」承王弼意，且與卦辭連繫而說之，詮釋最當。

語　譯

解卦初六以柔居剛，雖有所失；但與九二相親，與九四互應，在剛柔相處的道理上說，沒有差錯。

九二爻辭

九二❶：田獲三狐❷，得黃矢❸，貞吉❹。

注釋

❶九二

當解第二爻為老，他爻皆少，即由解之豫䷏；或小畜䷈第二爻為少，他爻皆老，即小畜之解：這兩種情形，都以解九二爻辭占。

❷田獲三狐

象也。楚竹書作「畋蒦晶䶂」，帛書作「田獲三𧳃」。《易》六畫成卦，兼三才而兩之。初、二為地，初為地下，二為地面，田野是也。楚竹書作「畋」，則義當為畋獵。獲蒦異體同義字。楚竹書「三」皆作「晶」。䶂、𧳃、狐偏旁不同，亦異體字也。言畋獵捕獲三隻隱伏之狐狸。弼《注》：「狐者，隱伏之物也。剛中而應，為五所任；處於險中，知險之情。以斯解物，能獲隱伏也。故曰田獲三狐也。」孔《疏》：「狐是隱伏之物；三為成數。舉三言之，搜獲權盡。九二以剛居中而應於五，為五所任。處於險中，知險之情。以斯解險，无險不濟。能獲隱伏，如似田獵而獲窟中之狐。故曰田獲三狐。」《橫渠易說》：「險亂方解，不正自疑之陰皆自歸附而順聽也，故曰田獲三狐。」皆能依象說義，已甚詳明。程《傳》：「九二以陽剛得中之才，上應六五之君，用於時者也。……田者，去害之事；狐，邪媚之獸。三狐，指卦之三陰，時之小人也。獲謂能變化除去之，如田之獲狐也。」更指明其隱喻之意。

❸得黃矢

象也。黃為地之色，〈文言傳〉所謂「天玄而地黃」是也。又為中央之色，故言黃多在二或五。離六二「黃離」、遯六二「黃牛」、而此言「黃矢」，皆二爻也；坤六五「黃裳」、噬嗑六五「黃金」、鼎六五「黃耳」，皆五爻也。坤上六之言「玄黃」，玄為天色，黃為地色。已見上述。惟一例外為革初九言「鞏用黃牛之革」，另詳彼注。〈文言傳〉釋坤六五「黃裳」嘗曰「黃中通理」，余以「內在美德之遙契天理」釋之，見坤卦六五〈文言傳〉「黃中通理」之注釋。此之言黃，亦隱含此意。矢，則示其直，《詩・小雅・大東》「其直如矢」是也。弼《注》：「黃，理中之稱也；矢，直也。」《橫渠易說》：「不以三狐自累，上合於五，則得黃矢之象也。」來知德《周易集註》：「黃，中色；矢，直物。中直者，君子之象。」皆言簡而意賅。《周易折中》引何楷曰：「黃矢所以取狐；狐獲則黃矢亦得矣。」則說明事實也。

❹**貞吉**

占也。弼《注》：「田而獲三狐，得乎理中之道，不失枉直之實，能全其正者也。故曰：『田獲三狐，得黃矢，貞吉』也。」《傳家易說》白雲曰：「狐疑之害，不足與有成，況解難之時乎！九二以剛陽之才，田而獲之，以去其害，然後中直之道可得，而守貞吉矣！」來知德《集註》：「九二陽剛得中，上應六五，為之信任于國家大難方解之後，蓋有舉直錯枉之權，退小人而進君子者也。故能去狐媚，得中直，有田獲三狐得黃矢之象，正而且吉之象也，故其占如此。」綜此三說，其義甚明。

語譯

解卦陽爻居二位：畋獵時射獲三隻陰柔邪媚的狐狸。收回箭上黃銅製成的箭頭：黃代表中，矢代表直。堅守正道常理，而有收穫。

象傳

九二貞吉❶，得中道也❷。

注釋

❶**九二貞吉**

《象傳》引經有省略之例。此引爻辭「貞吉」，實含「田獲三狐，得黃矢，貞吉。」全文於內。

❷**得中道也**

孔《疏》：「明九二位既不當，所以得貞吉者，由處於中，得乎理中之道故也。」以「得中道也」僅言「九二貞吉」之故。程《傳》：「所謂貞吉者，得其中道也。除去邪惡，使中直之道得行，乃正而吉也。」「除去邪惡」釋「田獲三狐」；「使中直之道得行」釋「得黃矢」；「乃正而吉也」釋「貞吉」。而首句「所謂貞吉者，得其中道也」，則領下三句。

語譯

解卦九二遵守常理正道而有收穫，是因為除去邪惡，使中直的道理能夠實現啊！

六三爻辭

六三❶：負且乘❷，致寇至❸，貞吝❹。

當解第三爻為老，他爻皆少，即由解之恆䷟；或益䷩第三爻為少，他爻皆老，即益之解：這兩種情形，都以解六三爻辭占。

注　釋

❶六三

當解第三爻為老，他爻皆少，即由解之恆䷟；或益䷩第三爻為少，他爻皆老，即益之解：這兩種情形，都以解六三爻辭占。

❷負且乘

象也。負之為字，从人守貝，示有所恃，或受貸不償。今言背負，亦有負擔、悖違等意。六三居下卦之極，失位多凶。上附於九四，而九四失位多懼；六三又與上六無應，然上六得位，是上六有理而六三悖理也。六三下乘九二，以陰淩剛，然九二居中，六三過中，是九二得中道，而六三失之也。綜上所述，六三所附非人，與上無應，多凶失位，猶自乘剛淩陽者也。《集解》引虞翻曰：「負，倍也。二變時艮為背，謂三以四艮倍五也。」釋負為倍為背，是也；說象則頗牽強。弼《注》：「處非其位，履非其正，以附於四，用夫柔邪以自媚者也。乘二負四，以容其身，寇之來也，自己所致，雖幸而免，正之所賤也。」呂大臨《易章句》：「不安於上，求媚於四而負之；不安於下，陵侮於二而乘之。」朱震《漢上易傳》：「六三上負四下乘二。」吳澄《易纂言》：「六三上承九四，猶負重任也；下乘九二，坎為輿，猶乘，乘車也。」來知德《周易集註》：「蓋三負四乘二。」皆從弼說以負且乘為負四乘二。負義既有負擔、悖違兩意，六三固負擔九四，附以自媚；亦悖違上六，故上六〈象傳〉有「解悖」之言也。至於其含意，〈象傳〉、〈繫辭傳〉言之詳矣，參閱彼之注釋。

❸致寇至

象也。負且乘是因，致寇至是果。就數象言，解卦六三居坎下，〈說卦傳〉「坎為盜」，故六三本身即有「盜」象，其所「負」者，或即盜之所得也。而三、四、五爻互體又為坎，即所致之寇，直所謂「人必自寇而後寇至」也。考需卦䷄九三爻辭亦言「致寇至」，以需九三鄰於坎上故，取象略同。孔《疏》：「六三失正无應，下乘於二，上附於四，即是用夫邪佞以自說媚者也。乘者，君子之器也；負者，小人之事也。施之於人，即在車騎之上而負於物也。故寇盜知其非己所有，於是競欲奪之。故曰：『負且乘致寇至』也。」釋義詳明，不贅。

❹貞吝

占也。自然界偶有一些不合正軌的現象，如流星、彗星之類；人生也有生命實現理念中無奈的時候。如自己既有些不合身分的行為；對能幹的下屬有些猜忌；又未受到上層的支持：於是即使做對了仍然有所恨惜。習此為常，那真是遺憾。解卦六三所顯示的，就是這樣的情境。程《傳》：「雖使所為得正，亦可鄙吝也。」以貞為得正，此第一義。呂大臨《易章句》：「守是不變，卒歸鄙狹，故曰貞吝。」以貞為守常，此第二義。茲綜此二義，而作注釋如上。

語譯

解卦陰爻居三位：像肩上背負著財物卻坐在馬車上，招致盜賊來搶劫。這暗示著自己本是一般平民，卻擁有貴族才有的財物；又乘坐在貴族才有的馬車上，耀武揚威：長此下去，定有遺憾。

象傳

負且乘，亦可醜也❶；自我致戎❷，又誰咎也❸。

注釋

❶**亦可醜也**

此釋爻辭「負且乘」，指自己在面對上級和下屬，人事應對之不當。可醜猶言可鄙，乃吝事之一，以其偏於處理客體環境之失當，為吝較輕，故言「亦」。孔《疏》：「天下之醜多矣，此是其一，故曰亦可醜也。」

❷**自我致戎**

爻辭惟作「致寇至」。〈象傳〉多「自我」二字，蓋六三失位，其主體自身亦有過失也。又改「寇」為「戎」。寇義為盜賊，先秦時多指邦國之內暴亂者；戎義為甲兵，多指邦國間之戰爭。《左傳》所謂「國之大事在祀與戎」是也。《集解》引虞翻曰：「以離兵伐三，故轉寇為戎。」解九二、六三、九四互體為離，〈說卦傳〉「離為戈兵」。而「轉寇為戎」，可證爻辭寇字在〈象傳〉已轉為戎字矣。《注疏》本、程《傳》本、朱子《本義》本皆作「自我致戎」，與虞翻本同。元儒雷杭《周易注解》：「負且乘，小人自以為榮，而君子所恥，故可醜。寇小則為盜，大則為戎，任使非人，則變解而蹇，天下起戎矣！」《折中》引之，而「案」曰：「雷氏說極得此傳及〈繫傳〉之意。此傳所謂致戎，〈繫傳〉所謂盜斯伐之，皆謂有國家者也。」錄以備參考。案：「自我致戎」，或有仍作「自我致寇」者，如吳澄《易纂言》、來知德《周易集註》。

❸又誰咎也

言又能責怪誰？誰為疑問詞，作動詞咎之賓語，依古漢語例，皆提至述語之前。《論語》「吾誰欺？欺天乎？」即其顯例。程《傳》：「處非其據，德不稱其器，則寇戎之致，乃己招取，將誰咎乎？」

語譯

肩上背負著財物，卻坐在貴族才有的馬車上，也是很丟臉的事；由自己不當的行為引發外敵入侵，又能怪誰呢！

繫辭傳上

子曰❶：「作《易》者其知盜乎❷！《易》曰：『負且乘，致寇至。』❸負也者，小人之事也❹；乘也者，君子之器也❺。小人而乘君子之器，盜思奪之矣❻；上慢下暴，盜思伐之矣❼！慢藏誨盜，冶容誨淫❽。《易》曰：『負且乘，致寇至。』盜之招也❾。」

注釋

❶子曰

當是孔門後學追記先師孔子之言。

❷作《易》者其知盜乎

其，副詞，殆也，今言或許。知盜，知招盜之起因，有以預防也。此句以下全段，孔穎達《正義》在第七章，朱熹《本義》在第八章。帛書〈繫辭〉亦有之，惟文字略有出入耳。〈繫辭傳〉此段在釋節卦䷻初九爻辭「不出戶庭无咎」，以為君子當慎密不失之後。《正義》曰：「此結上不密失身之事。事若不密，人則乘此機危而害之；猶若財之不密，盜則乘此機危而竊之。《易》者，愛惡相攻，遠近相取，盛衰相變，若此爻有釁隙衰弱，則彼爻乘變而奪之。故云：『作《易》者其知盜乎。』」王夫之《易內傳》：「知盜，知盜之所自起，而審所以弭之也。」

❸**《易》曰：「負且乘，致寇至。」**

先引《周易》解六三爻辭文，以為詮釋的根據。《正義》曰：「《易》曰：『負且乘，致寇至。』者，此又明擬議之道，當量身而行，不可以小處大，以賤貪貴。故引解卦六三以明之也。」

❹**負也者，小人之事也**

言肩負雜物，乃平民之事也。小人，與君子相對而言。或指平民，或指失德之人，尤指失德之平民。《正義》：「負者，擔負於物，合是小人所為也。」

❺**乘也者，君子之器也**

言車輛乃貴族使用的器物。君子，本指貴族有地者，擴充以為成德之稱。此處君子當指貴族，故始有車輛可乘。《正義》：「乘車者，君子之器物，言君子合乘車。」

❻**小人而乘君子之器，盜思奪之矣**

心理學家以為：自己擁有如個人財富、社會地位等等，而別人沒有，常會引發別人妒忌。惟自己艱苦奮鬥所獲致，加上品德高尚、言行無瑕者，或出身尊貴，原已擁有財富、地位者，則較不易遭忌。以此衡量「小人而乘君子之器」，此器既非本已擁有，亦非努力所得，加以行有疵瑕，則引發他人忌妒者必矣！又本身缺乏美德者，妒忌心較強。「盜」正是缺乏美德的人，故易生「思奪」之心。讀《易》宜時時如此反省警惕，始為解蹇之道。

❼上慢下暴，盜思伐之矣

程《傳》：「小人而居君子之位，非其所能堪也，故滿假而陵慢其上，侵暴其下，盜則乘其過惡而伐之矣。伐者，聲其罪也。」「滿假」為自滿自大之意。船山《易內傳》：「上慢，挾乘剛之威以承四，則慢而无禮；下暴，挾四之剛以乘二，則假威而暴。以其不足貴而輕之，故思奪之；以其得罪於上下而无與為援，故思伐之。」所言已明。

❽慢藏誨盜；冶容誨淫

帛書〈繫辭〉惟有「曼暴謀盜」四字。《集解》本作「慢藏悔盜野容悔淫」。程《傳》：「貨財而輕慢其藏，是教誨乎盜，使取之也；女子而夭冶其容，是教誨淫者，使暴之也。」船山《易內傳》：「慢藏，不謹於藏，自炫其富；冶容，自矜容態綽約如金在冶也。皆小人暴得富貴驕淫之態。」案：冶有豔麗之意。《荀子・非相》：「今世俗之亂君，鄉曲之儇子莫不美麗姚冶。」姚冶，猶言妖豔。

❾《易》曰：「負且乘，致寇至。」盜之招也

《正義》：「又引《易》之所云，是盜之招來也，言自招來於盜。以慎重其事，故首尾皆稱《易》曰，而載《易》之爻辭也。」除釋字面之意外，更道出首尾皆引「《易》曰」之用意。程《傳》：「小人而乘君子之器，是招盜使奪之也。皆自取之之謂也。」強調咎由自取。船山《易內傳》：「引伸解六三爻辭，而先以知盜為言者，非徒懲小人，使之知退；乃以戒有國家者，欲得盜之情，以弭之於未起，惟在慎重名器，勿使小人盜位，以招盜而患其難撲也。」於義理詮釋尤詳。

語譯

孔子說：「《周易》的作者或許了解盜賊的起因吧！《周易》說的：『肩上背負著財物卻坐在馬車上，會招致盜賊來搶劫。』肩上背負著東西，這是一般平民做的工作；馬車呢，卻是貴族使用的器具。平民卻乘坐貴族的器具，寇盜就會想來搶奪了；對上輕慢，對下耀武揚威，寇盜就會想來侵伐了！財物隨便放置沒藏好，等於教導盜賊來偷竊；女子化妝得太妖冶，等於教導別人來姦淫。《周易》說：『肩上背負著財物卻坐在馬車上，會招致盜賊來搶劫。』盜物劫色，就是這樣招來的。」

九四爻辭

九四❶：解而拇❷；朋至斯孚❸。

注釋

❶九四

當解第四爻為老，他爻皆少，即由解之師䷆；或同人䷌第四爻為少，他爻皆老，即同人之解：這兩種情形，都以解九四爻辭占。

❷解而拇

象也。拇，足大趾也。《釋文》引「荀（爽）作母」，《集解》本亦作「母」，並引虞翻注「四變之坤為母」以說明之。解而拇，楚竹書作「繲亓拇」，漢帛書作「解亓栂」。解、繲，殆異體字。而，汝也；亓，今其字：皆稱代詞。九四體震為動，始解坎下之險矣。所解之拇，乃初六也。案剝䷖初六爻辭「剝牀以足」，噬嗑䷔初九「屨校滅趾」，賁䷕初九「賁其趾」，大壯䷡初九「壯于趾」，鼎䷱初六「鼎顛趾」：所言足、趾，皆指初爻。解之言拇，亦初爻也。程《傳》：「九四以陽剛之才居上位，承六五之君，大臣也。而下與初六之陰為應。拇在下而微者，謂初也。居上位而親小人，則賢人正士遠退矣；斥去小人，則君子之黨進而誠相得也。」以解而拇為解去所應初六之小人。朱熹《本義》：「拇指初，初與四皆不得其位而相應，應之不以正者也。」其說從程。考弼《注》：「失位不正，而比於三，故三得附之，為其拇也。」《傳家易說》記白雲曰：「輔嗣以三為拇，伊川以初為拇。九四拘於應初，不知朋至斯孚之大，故必解而拇，而後朋可至。此難之所以解也。」兼記王、程之語，而從程說。來氏《集註》：「若舊註（指程、朱等）以初為拇，則剛柔之際，義无咎，不當解者也；惟負乘之小人，則當解之矣！」引初六〈象傳〉文字謂初不當解去；而三「負且乘」，方當解去。以為拇謂三而非初。個人以為：就初六言，以陰承九二，應九四，並無不當；就九四言，則應排除私情，一切皆須憑公。六三之邪媚自附，初六之柔順相應，皆在解去之列。

❸朋至斯孚

占中有象也。程《傳》：「四能解去初六之陰柔，則陽剛君子之朋來至而誠合矣。」朱震《漢上易傳》：「震為足，初在下體之下，動而應足，拇之象。九四，陽也。陽與陽為朋，劉牧曰：『朋謂二，四當大臣之位，下與初六小人相應，則九二君子與我朋類者，不信而去。』蓋觀近臣以其所主也，故解其拇，則九二自至，為孚於五矣。」皆以朋為陽剛君子九二。來氏《集註》：「二與四為同德之朋，當國家解難之時，四居近君之位，當大臣之任，而二為五之正應，則四與二皆同朝君子之朋也。但四比于三，間于負乘之小人，則君子之朋安得而至？惟解去其小人，則君子之朋自至而孚信矣。故戒占者必如此。」亦明確指出四與二皆同朝君子之朋，惟於「拇」之所指與伊川等有所不同耳。

語譯

解卦陽爻居四位：擺脫你一切私情的考慮，切割私人關係的糾葛；和你同屬陽剛性質的朋僚來到才能誠信合作。

象傳

解而拇，未當位也❶。

注釋

❶未當位也

九四、初六，皆未當位也。船山《易內傳》：「解之不當位者五，獨言初未當位者，惜其解之情得而權不足也。」所指為初六。李光地《周易觀象》：「四居大臣之位，凡有所私者，皆宜解也。大臣能解其私，則天下之難孰不解者！……凡瑣瑣姻婭及依附之小人，皆拇之類也。所私去則同德之朋來矣！自然之驗，故曰斯孚，言可必也。……『未當位也』，言雖有剛德，以處高位，而未得正，防其或有私情之溺爾。」所指為九四。李光地於清康熙朝，官至直隸巡撫、文淵閣大學士、吏部尚書。嘗任《御纂周易折中》總裁。官高任重，而忌之者亦眾，故清勤慎言以自厲。《觀象》此言，亦自厲之辭也。又《折中》「案」曰：「德非中正，而應初比三，故曰未當位。」則未當位者，主要為九四；而所應之初六，所比之六三，亦有未當也。說尤周延。

語譯

擺脫你的私意，切割私人關係的糾葛，你自己本人，以及所有有私人關係的，立場全不正當。

六五爻辭

六五❶：君子維有解❷，吉❸，有孚于小人❹。

注釋

❶六五

當解第五爻為老，他爻皆少，即由解之困䷮；或賁䷕第五爻為少，他爻皆老，即賁之解：這兩種情形，都以解六五爻辭占。

❷君子維有解

象也。維，帛書作「唯」，句中助詞，無義。〈象傳〉引此，但作「君子有解」，可證。吳澄《易纂言》以為「維絡」，來氏《集註》曰「維者繫也」：皆非也。王弼《注》：「居尊履中而應乎剛，可以有解而獲吉矣。」《正義》：「六五居尊履中而應於剛，是有君子之德。君子當此之時，可以解於險難。維，辭也。」以解為解於險難，蓋疏通弼《注》；以維為辭也，是矣！程頤則以解為解去小人。程《傳》：「君子所親比者，必君子也；所解去者，必小人也。故君子維有解，則吉也。小人去則君子進矣，吉孰大焉！」與解除險難說可以並存互補。

❸吉

占也。弼《注》及孔《疏》（即《正義》）已見注釋❷，不贅。朱熹《本義》：「卦凡四陰，而六五當君位，與三陰同類者，必解而去之，則吉也。」依象而言吉占之故。來氏《集註》：「本卦四陰，六五以陰居尊，而三陰從之，乃宦官、宮妾、外戚之類也。然六五近比于四，又與九二為正應，皆陽剛之君子也。」

六五若虛中下賢，……則凡同類之陰，皆其所解矣，所以吉也。」則指明六五居尊，比四應二，皆陽剛之君子；所解去者，乃宦官、宮妾、外戚等，即三陰也。蓋能綜王、朱之說，道其所以吉也之故。

❸**有孚于小人**

弼《注》：「以君子之道，解難釋險，小人雖間，猶知服之而无怨矣，故曰有孚于小人也。」取小人亦能信服之意。程《傳》：「有孚者，世云見驗也，可驗之於小人。小人之黨去，則是君子能有解也。小人去則君子自進，正道自行。」朱《義》：「孚，驗也。君子有解，以小人之退為驗也。」皆以孚為檢驗標準意。《郭氏傳家易說》記白雲曰：「其解之至，有孚于小人者，不私己以解難，如天地雷雨无間於草木之微，是以小人亦信之，而退安其分也。」鄭汝諧《東谷易翼傳》：「益之戒曰：『任賢勿貳，去邪勿疑。』疑貳，不自信之心也。上不自信，則其下亦莫之信。如使世之小人皆信上之所用者必君子，而所解者必小人，則必改心易慮，不復有投隙抵巇之望。惟未孚于小人，此小人所以猶有覬幸之心也。五，解之主也，以其陰柔，故有戒意。」先引《尚書・大禹謨》益戒大禹之言，以闡明小人皆信服之義。白雲、東谷之說，於理尤精。

語譯

解卦陰爻居五位：在位的領導人能排解平民的糾紛，並解除了險難的局面，這是有收穫的，平民的信服與否，正是檢驗政績的標準。

象傳

君子有解，小人退也❶。

注釋

❶小人退也

《正義》：「以君子之道解難，則小人皆信服之。……小人，謂作難者，信君子之德，故退而畏服之。」程《傳》：「君子之所解者，謂退去小人也；小人去則君子之道行。」案：此言「小人退也」，猶卦辭言「其來復」，謂平民退守本位，各安其業。故此爻辭言「吉」，卦辭亦言「吉」。

語譯

在位的領導人能排解平民的紛爭，排除危難的局面，那麼平民也會退守本位，各安本業。

上六爻辭

上六❶：公用射隼于高墉之上❷，獲之❸，无不利❹。

注釋

❶上六

當解上爻為老，他爻皆少，即由解之未濟䷿；或既濟䷾上爻為少，他爻皆老，即既濟之解：這兩種情形，都以解上六爻辭占。解之上六，頗多特點。一、解初六、九二、六三、九四、六五，皆失位，獨上六得位。二、解初六與九四互應，九二與六五互應，獨六三與上六無應。三、震上之頂，震為動，故上六雖柔而實能極動。

❷公用射隼于高墉之上

象也。公，原指太上皇，此指國之大老。用，以也，以弓箭也。隼，鷹類而體略小。帛書作「夐」。墉，牆也。帛書作「庸」，《集解》本依虞翻《注》亦作「庸」。張立文《周易帛書今注今譯》云：「『夐』是隼的或體字。夐省去『攵』，『又』改成『十』，即成『隼』字。……『庸』與『墉』通。」可從。弼《注》：「初為四應，二為五應，三不應上，失位負乘，處下體之上，故曰高墉。墉非隼之所處，高非三之所履，上六居動之上，為解之極，將解荒悖而除穢亂者也，故用射之。」以爻位得失及互應與否釋爻辭之義。《傳家易說》記白雲曰：「六三負且乘，悖亂之道，隼之象也。高墉，三之位也。乘非負之所當乘；墉非隼之所當處。在三致戎猶負乘；在上能獲猶射隼也。」釋義更明確。

❸獲之

象也。來氏《集註》：「上六柔順得正而居尊位，當動極解終之時，蓋能去有所憑依之小人者也，故有公用射隼于高墉而獲之象。」所言已明，故不贅。

❹无不利

楊時《龜山易說》：「隼，鷙害之物，小人為害之象，負且乘者也。非上六，其孰能去之？上六居解之極，有其位而又有其時，以是解悖，何不利之有？蓋大臣之任也！」《傳家易說》白雲曰：「夫以上六解悖之道，以獲六三負乘之醜，是以无不利也。孔子曰：『君子藏器於身，待時而動。』解悖有道，所謂器也；高墉之上，則其時也。」參閱〈繫辭傳〉。

語譯

國之大老用弓箭射擊停在高牆上的鷹隼，捕獲了，沒有任何不利。

象傳

公用射隼，以解悖也❶。

注釋

❶以解悖也

《正義》：「悖，逆也。六三失位負乘，不應於上，是悖逆之人也。上六居動之上，能除解六三之荒悖，故云：以解悖也。」《折中》引吳曰慎曰：「天下之難，由小人作。羣比如拇，邪媚如狐，鷙害如隼，射隼而難解矣。故解卦以去小人為要義。」案：吳曰羣比如拇，初六也；邪媚如狐，九二所獲也；鷙害如隼，六三也。此三爻皆在坎下險中，皆待解者也。及至上卦為震為動：九四曰解而拇，六五曰君子維有解，上六曰以解悖也：皆居震動而能解者也。

語譯

國之大老用弓箭射下了鷹隼，因此解除了肩負財物卻乘馬車這種背離常理的情況。

繫辭傳

《易》曰❶：「公用射隼于高墉之上，獲之，无不利。」子曰❷：「隼者，禽也；弓矢者，器也；射之者，人也❸。君子藏器於身，待時而動，何不利之有❹？動而不括，是以出而有獲❺，語成器而動者也❻。」

注釋

❶《易》曰

此段《注疏》本在〈繫辭傳下〉第四章，朱熹《本義》列為第五章。所引《易》，為解卦上六爻辭。

❷子曰

此章為孔門後學追記其先師孔子對爻辭的闡釋。凡十一條：咸卦九四、困卦六三、解卦上六、噬嗑初九、噬嗑上九、否卦九五、鼎卦九四、豫卦六二、復卦初九、損卦六三、益卦上九。此十一條，帛書或在〈繫辭傳〉篇中，或在〈要〉篇中。本條帛書在〈繫辭傳〉中。

❸**隼者，禽也；弓矢者，器也；射之者，人也**

處理事物，有五要素：一為要處理之事物，在此為隼，禽鳥之類。二為處理事物所用之工具，在此為弓矢。三為處理事物之執行者，在此為人。孔子就爻辭「公用射隼于高墉之上」，先分析出此三要素。然猶未盡也，下注續言之。來氏《集註》：「君子負濟世之具于身，而又必待其時。時既至矣，可動則動，何不利之有？」於器之深意，有所闡發。

❹**君子藏器於身，待時而動，何不利之有**

此續言處理事物之要素：四、待時，隼翱翔於山林，射中實難；當「隼于高墉之上」，獲之則易。五、有利，《易》言「元亨利貞」，利本是四德之一。〈文言傳〉言「利者，義之和也」，《左傳》亦言「義以建利」，無利之事，非所宜也。尤可再思者，此隼實喻居高位之小人。爻辭「獲之」注釋已引來氏說以明之。此更引張栻《南軒易說》：「解之六三，以貪殘之小人輒居高位，有隼居高墉之象。而上六韜已成之器，乘可為之時，故發強剛毅，誅鋤強梗。」為民除害，此所以為利也。

❺**動而不括，是以出而有獲**

帛書作「勭而不矰，是以出而又獲也」。勭，動，異體字。有、又，古通用。矰，古代繫絲之箭。動而不矰，謂拉動弓弦射出未繫絲之箭。繫絲所以射遠，隼近在高牆，故毋須繫絲也。這就暗示了：在適當的時機，針對當時情況，使用最適當的工具，以爭取成功。今本作「動而不括」，韓康伯《注》：「括，結也。君子待時而動，則无結閡之患也。」孔《疏》：「不括結而有害也。」來氏《集註》：「言動則不遲疑滯拘。」蓋不括為靈活無礙之意，似不如帛書作「動而不矰」之合情合理也。

❻**語成器而動者也**

語，猶「謂」也。器，指才能、度量。《論語》嘗記孔子讚美子貢為「器也」，意指子貢具有才能。又記孔子責備「管仲之器小哉」，意指管仲缺少度量。成器，培養才能，放大視野，成為有大用之人才。船山《易內傳》：「志已定，道已勝，時已至，則成器而動矣。所待在時，而必先有動而不括之道，乃可以時至而必動。君子解悖之道，不與爭以求勝，時至道行，則廓然白其志於天下，小人自孚。」闡義甚好。

語譯

《周易》解上六爻辭說：「國之大老用弓箭射下停在高牆上的鷹隼，抓住了，沒有任何不利。」孔子解釋說：「隼，是射擊的目標——鳥類；弓箭，是射擊的器具；射擊的執行者，是人。君子像藏器於身一樣培養自己的學識才能，等待時機恰當就採取行動，為人類作出貢獻，有什麼不好的呢？行動不必動用不合適的附件，絕不拖泥帶水，遲疑滯礙，所以一出手就能獲得成功。這就是說：把自己培養成具有大器度大器識的人才，而且能適時採取行動啊！」

損卦經傳通釋第四十一

卦　辭

䷨兌下艮上 損❶：有孚❷，元吉，无咎，可貞，利有攸往❸。曷之用？二簋可用享❹！

注　釋

❶䷨兌下艮上損

損，是損失，引申有犧牲，抑制的意思。就卦象言，損卦兌下為澤；三、四、五爻互體成坤為地；艮上為山。有挖地為澤，堆土成山，損下益上之象。故鄭玄《周易注》：「艮為山，兌為澤，互體坤，坤為地。山在地上，澤在地下；澤以自損，增山之高也。猶諸侯損其國之富，以貢獻于天子，故謂之損矣。」程頤除由卦象立說外，更由卦德、卦變闡發損義，並將損、益兩卦作一比較。程《傳》：「為卦艮上兌下。山體高，澤體深，下深則上益高，為損下益上之義。又澤在山下，其氣上通，潤及草木百物，是損下而益上也。」此由卦象立說。又云：「又下為兌說，三爻皆上應，是說以奉上，亦損下益上之義。」此由卦德爻位立說。又云：「又下兌之成兌，由六三之變也；上艮之成艮，自上九之變也。三本剛而成柔，上本柔而成剛，亦損下益上之義。」此以損卦由泰卦變成。泰卦䷊九三、上六互換位置，九三變為六三，由剛成柔；

上六變為上九，由柔成剛。是從卦變立說。又云：「損上而益於下則為益；取下而益於上則為損。在人上者，施其澤以及下則益也；取其下以自厚則損也。譬諸壘土損於上以培厚其基本，則上下安固矣，豈非益乎？取於下以增上之高，則危墜至矣，豈非損乎？」是將損、益兩卦作比較說明。王夫之於損益，較論尤詳。船山《易內傳》：「損益亦以泰否之變而立名義者也。泰三之陽進而往上，上之陰退而來三，為損；否四之陽退而來初，初之陰進而往四，為益。損之外卦本陰也，陽以三中之實補上之中虛，而陽之數損矣；益之內卦本陰也，陽損其四中之實以與陰於初，而陰益矣。損者，陽之損也；益者，陰之益也。陽本至足，以損為惜；陰本不足，以益為幸；故損歸陽而益歸陰。內卦立本以定體，外卦趨時以起用者也。損陽之體，益陰之用，而陽損矣；損陽之用，益陰之體，而陰益矣。陽損陰益者，皆自其立本者言之也。起用者，往而且消；立本者，來而且長者也。內卦在下為民；外卦在上為君。內卦筮得在始為質；外卦後生為文。內卦在中為情；外卦在外為事。內卦方生為德；外卦立制為刑。損民以養君，損質以尚文，損情以適事，損德以用刑，皆損道也；而益反是。損益者，陰陽交錯以成化，自然之理，人心自有之幾。損不必凶；而益不必吉也。損益，天地之大用，非密審於立本趨時之道者，不足以與於斯，故二卦之〈彖辭〉極贊其道之盛焉。」在筮法上，當損六爻皆少，也就是本卦、之卦都是損；或咸䷞六爻皆老，也就是咸之損：這兩種情形，都以損卦辭占。

❷**有孚**

占也。泰卦乾下九三往居上九，六四、六五比鄰相孚；坤上上六來居六三，初九、九二屹立未動。艮上兌下，以成損卦。兌為少女，其德為悅，是發乎情；艮為少男，其德為止，是止乎禮。上下六爻均能相應。凡此皆有孚之徵。《集解》引荀爽曰：「損乾之三居上，孚二陰也。」船山《易內傳》：「有孚者，初與二剛相孚，四與五柔相孚，陰陽交足於內，自相信以為无憂，而後以其有餘者，損下而益上，損剛而益柔。陽固充實，未喪其中位；而陰已足，以利其用，非內不足而徇乎外者。」言象可作參考。損下益上，損己利人，損剛益柔，損健益順，每非人情所願，勉強為之，徒勞無功。務須心悅誠服，孚信內充，而後方有

「元吉，无咎，可貞，利有攸往」四善。弼《注》：「損之為道，損下益上，損剛益柔也。損下益上，非補不足也；損剛益柔，非長君子之道也。為損而可以獲吉，其唯有孚乎？損而有孚，則元吉无咎而可正，利有攸往矣！」呂大臨《易章句》曰：「凡物之情，則惡損而好益；天之道，則惡盈而好謙。知損之為益，則物情有孚，天道合矣。」言義頗為精當。案：帛書本「有孚」作「有復」。似可作「損而能復」解，義亦大佳。

❸元吉，无咎，可貞，利有攸往

占也。就象數說，《集解》引荀爽曰：「謂損乾之三，居上據陰，故元吉。无咎，以未得位，嫌于咎也。少男在上，少女雖年尚幼，必當相承，故曰可貞。利有攸往，謂陽利往居上。損者，損下益上，故利往居上。」就義理說，船山《易內傳》：「陽雖損，而中道自得，根本自固也。以君民言之，仰事俯畜之有餘，而貢賦將焉；上亦虛以待之，而置之有餘之地，未嘗恃之以自養而迫於求。以性情學術事功言之，質已實，情已至，德已洽，而不欲其太過，乃損其餘以補之，使文外著，事有節，刑有章，而非虧本而侈其末也：故元吉也。以其損體而從用，疑有咎也，故又申言其无咎。以其舍同類而趨於異，疑於不可貞也，故又申言其可貞。如是則三之陽往而上，合義而利物允矣。聖人恐占者當損之時，損以為道，而有疑於非吉利之事，慮其為咎而不可貞，則无以應天地自然之理，人心節宣之妙，故備言其道之无不宜，以使安於損焉！」

❹曷之用？二簋可用享

占也。曷，帛書本作「𡕒」，為「舝」的簡體，是車軸端鍵，今作轄。轄與曷都屬匣母，同為祭部字，聲近可以假借，當以「曷」為本字，曷，何也。曷之用，用什麼的意思。簋，音ㄍㄨㄟˇ。帛書作「巧」，是假借字，巧簋同為幽部字，韻同可以假借。簋是古時祭祀時用以盛黍稷稻粱的圓形器皿。方型的則名簠。下級損己以奉上，不在乎多，而在乎誠。僅以二隻圓形器皿盛黍盛稷就可以用來祭祀了。即《論語．八佾》：「禮，與其奢也，寧儉。」的意思。《集解》引崔憬曰：「曷，何也。言其道上行，將何所用，可用二簋而享也。以喻損下益上，惟在乎心，何必竭于不足而補有餘者也。」是就字義上作說明。又引荀爽曰：「二簋謂上體二陰也。上為宗廟，簋者，宗廟之器，故可享獻也。」以為艮上的六四、六五兩爻象二簋，上九為宗廟。是就象數說。程《傳》：「損者，損過而就中，損浮末而就本實也。聖人以寧儉為禮之本，故於損發明其義。以享祀言之，享祀之禮，其文最繁，然以誠敬為本。多儀備物，所以將飾其誠敬之心。飾過其誠，則為偽矣。損飾所以存誠也。故云：『曷之用？二簋可用享！』二簋之約，可用享祭，言在乎誠而已，誠為本也。天下之害，无不由末之勝也。峻宇雕牆，本於宮室；酒池肉林，本於飲食；淫酷殘忍，本於刑罰；窮兵黷武，本於征討：凡人欲之過者，皆本於奉養。其流之遠，則為害矣。先王制其本者，天理也。後人流於末者，人欲也。損之義，損人欲以復天理而已。」是就道理上發揮。

語譯

三畫的兌卦在下，三畫的艮卦在上，重疊成六畫的損卦。損，是損失、犧牲、抑制的意思。犧牲小我，奉獻大我，必須發自衷誠，才能大有吉慶，不出差錯，可保正常，對前途有利。只要出於真心，還用得著別的什麼？即使用二大碗黍稷來祭祀也是可以的！

彖傳

損，損下益上，其道上行❶。損而有孚❷，元吉，无咎，可貞，利有攸往。曷之用？二簋可用享！二簋應有時❸，損剛益柔有時❹。損益盈虛，與時偕行❺。

注釋

❶損，損下益上，其道上行

此釋卦名「損」的取義所在。損下，指損由泰卦乾下之九三，由實變虛，使成六三，而為損卦之兌下；益上，指益由泰卦坤上之上六，由虛變實，使成上九，而為損卦之艮上。其道上行，指泰卦九三上行為損卦之上九。《集解》引蜀才曰：「此本泰卦。」並加「案」云：「坤之上六，下處乾三；乾之九三，上升坤六。損下益上者也。陽德上行，故曰其道上行也。」來知德《周易集註》則以損益相綜說之，曰：「損益䷩下卦之震，上行居損卦之上而為艮也。故其道上行，如言柔進而上行也。」在義理上，指兌下陰悅而順，樂於奉獻；艮上陽能知止，自我抑制，如此，光明之道才能向上發展。弼《注》：「艮為陽，兌為陰，凡陰順於陽者也。陽止於上，陰悅而順，損下益上，上行之義也。」程頤、王夫之釋「損」甚詳，已見卦辭注釋，不贅。

❷**損而有孚**

卦辭於卦名「損」下有「有孚，元吉，无咎，可貞，利有攸往」，「有孚」究應上連「損」為句？或與下文「元吉」等並列？不甚明顯。〈彖傳〉言「損而有孚」，似以為「有孚」上連成句，為下文「元吉，无咎，可貞，利有攸往」之先決條件。細思又未必。蓋「損」既為卦名，卦辭言「有孚」，則取損而有孚之意。如重一「損」字，非但累贅，且「損有孚」易生歧義。《周易折中》引徐幾曰：「卦辭曰：『損有孚。』〈彖傳〉曰：『損而有孚。』加以『而』字，義曉然矣。」至於其取象與義理，卦辭「有孚」條注釋已詳，此不贅。

❸**二簋應有時**

此句及下二句，皆釋卦辭「二簋可用享」者。二簋應有時，言僅以二簋來祭祀，至薄至儉，應為不得已時的權宜措施，不可定為常規。弼《注》：「至約之道，不可常也。」程《傳》：「有本必有末，有實必有文，天下萬事，无不然者。无本不立，无文不行。及夫文之勝，末之流，遠本喪實，乃當損之時也。故云：曷所用哉？二簋足以薦其誠矣！謂當務實而損飾也。夫子恐人之泥言也，故復明之曰：二簋之質，用之當有時，非其所用而用之，不可也。謂文飾未過而損之，與損之至於過甚，則非也。」

❹**損剛益柔有時**

損剛益柔，有減少過分來補救不足的意思，但也不是鐵則，要看時機而定。弼《注》：「下不敢剛，貴於上行，損剛益柔之謂也。剛為德長，損之不可以為常也。」王宗傳《童溪易傳》：「夫剛易失之強，強則或過；柔易失之弱，弱則不足。損剛以益柔，損強以益弱，損過以益不足，此『時中』之學也。」言理甚是。案：《集解》於「二簋應有時」，引虞翻曰：「時為春秋也。」於「損剛益柔有時」，引虞翻曰：「謂冬夏也。」是一卦之時，春夏秋冬，均可附會，似嫌牽強。此或占筮書之普遍現象。

❺**損益盈虛，與時偕行**

晝夜交替，月之圓缺，寒暑往來，都隨著時間而運行，此第一義。推之個人，順利時，要謙沖自牧，戒驕戒滿；失意時，要退省補過，振作再起。或及時進德修業，或暫時居易俟命，此第二義。擴及社會，抑強扶弱，取富濟貧，也應配合時機，此第三義。就歷史言，繼承前代制度，加以必要的損益，使合當時需要，此第四義。程《傳》：「或損或益，或盈或虛，唯隨時而已。過者損之，不足者益之，虧者盈之，實者虛之，與時偕行也。」張浚《紫巖易傳》：「或損或益，上下无常；因時盈虛，制為之極，則功利之及萬物者大矣。孔子曰：『殷因於夏禮，所損益可知也；周因於殷禮，所損益可知也。如或繼周者，雖百世可知也。』三代損益不同，莫不因時以便利天下。」船山《易內傳》：「此極言損之密用，而推必動之機，一皆自然之理也。陽已盈則損，陰極乎虛則益。損則盈者虛，益則虛者盈矣。與時偕行，行於時之中，變化不測，而時以不滯也。苟明乎此，則節宣順其理勢，調變因其性情，質文刑德，哀樂取舍，無容執滯，而節有餘，以相不足，无一念之可廢其幾矣，庶幾得與時偕行之大用。」案關於損卦「損益盈虛，與時偕行」的觀念，古籍頗多述及。《老子・四十二章》：「故物或損之而益，益之而損。」固眾所熟知。又《淮南子・人間》、《說苑・敬慎》尤多發揮，參見附錄古義。

語譯

損，是減損的意思，減損下面過多的部分，補助上面空虛的部分，光明大道是往上發展的。犧牲奉獻而有誠意，才能大有吉慶，不出差錯，可保正常，對前途有利。雖然說只要出於真心，還用得著別的什麼？即使兩大碗黍稷來祭祀也是可以的！但是只用兩大碗黍稷來祭祀應該有時節上不得已的苦衷。減損過盛過多的，補助過弱過貧的，也有時間上的限度。減損、補助、充實、空虛，都要追隨時間而運作。

附錄古義

《淮南子・人間》：「孔子讀《易》至損益，未嘗不憤然而歎。曰：『益損者，其王者之事與！或欲以利之，適足以害之；或欲害之，乃反以利之。利害之反，禍福之門戶，不可不察也。』」

《說苑・敬慎》：「孔子讀《易》，至於損益，則喟然而歎。子夏避席而問曰：『夫子何為歎？』孔子曰：『夫自損者益，自益者缺，吾是以歎也。』子夏曰：『然則學者不可以益乎？』孔子曰：『否！天之道，成者未嘗得久也。夫學者以虛受之，故曰得。苟不知持滿，則天下之善言不得入其耳矣。昔堯履天子之位，猶允恭以持之，虛靜以待下，故百載以逾盛，迄今而益章；昆吾自臧而滿意，窮高而不衰，故當時而虧敗，迄今而逾惡。是非損益之徵與？吾故曰：「謙也者，致恭以存其位者也。」夫豐明而動，故能大；苟大則虧矣。吾戒之，故曰：「天下之善言不得入其耳矣。」「日中則昃，月盈則食，天地盈虛，與時消息。」是以聖人不敢當盛。升輿而遇三人則下，二人則軾。調其盈虛，故能長久也。』子夏曰：『善！請終身誦之。』」

《後漢書・逸民・向長傳》：「長讀《易》至損益卦，喟然歎曰：『吾已知富不如貧，貴不如賤；但未知死何如生耳。』」

象傳

山下有澤，損❶；君子以懲忿窒欲❷。

注釋

❶山下有澤，損

此句頗有歧義。孔穎達《正義》僅言：「澤在山下，澤卑山高，似澤自損以崇山之象也。」程《傳》：「山下有澤，氣通上潤，與深下以增高，皆損下之象。」於澤深以增山高外，更補山澤通氣之義。朱震《漢上易傳》：「山下有澤，則山日以削，澤日以壅，有抑損之意。」是山削澤壅，上下皆損。呂祖謙《東萊易說》：「推山下有澤之象，若以勢論之，則山澤本不相資，山高澤深，固自為損。以氣論之，則山澤通氣，本自有相資之理。譬如上之於下，若征斂裒取，基本固自有損；若以在下論之，自當悅以奉上，如澤之滋山，並行而不相悖。」則從程頤深下增高、山澤通氣之義；又言上征斂固損下，下自當悅以奉上，似受古代意識形態所拘限，遠遜於漢上山澤俱損說。

❷君子以懲忿窒欲

《集解》引虞翻曰：「君子泰乾。乾陽剛武為忿；坤陰吝嗇為欲。損乾之初（三）成兌說，故懲忿；初（三）上據坤，艮為止，故窒欲也。」（按：「初」疑是「三」之誤。）是由卦變卦德立說。項安世《周易玩辭》：「少男多忿，少女多慾。懲者遏而絕之，如澤之絕山；窒者塞而不流，如山之塞澤也。」取〈說卦傳〉「艮為少男」、「兌為少女」、「艮為山」、「兌為澤」，近取諸身，遠取諸物，綜合而立說。以上所重在象。王申子《大易緝說》：「體兌之說懲其忿；體艮之止窒其慾。調和說則无忿，知止則无慾。」船山《易內傳》：「陽已過，則亢而成忿；陰已極，則靡而成欲。損陽之外發者，以虛而悅，則忿息；益陰之將衰者，以剛而止，則欲遏。欲窒則志行高而如山之峙；忿懲則惠澤行而如澤之潤。」都注重義理。

語譯

山腳下有湖澤，挖掘澤下的泥土，增高山頂的高度；蒸發澤上的水氣，滋潤山上的草木：這就是犧牲奉獻。君子受到這種現象的啟示，也要喜悅地克制怨憤，堅持地平息物質上的欲望。

繫辭傳下

損，德之脩也❶。……損，先難而後易❷。……損以遠害❸。

注釋

❶損，德之脩也

《繫下》三陳九卦，此初陳，釋卦名之義。《集解》引荀爽曰：「懲忿窒慾，所以脩德。」依《象傳》以釋。張栻《南軒易說》：「損去其害德者，德自此而脩矣。」所謂害德者，忿也，慾也，及一切發而不中節之情也。陸九淵《語錄》：「君子之修德，必去其害德者，則德日進矣，故曰：損，德之修也。」說與南軒近。吳澄《易纂言》：「損者，減損，謂消除其私欲也；修，謂完補其闕也。」釋字義尤明。

❷損，先難而後易

此再陳，釋卦相對之性質。去欲去害，起初皆難，而後養成習慣則易矣。韓康伯《注》：「刻損而修身，故先難也；身修而無患，故後易也。」朱熹《本義》：「損欲先難，習熟則易。」《語類》更由修身推及治國與萬物生態，曰：「損先難而後易，如子產為政，鄭人歌之曰：『孰殺子產，吾其與之。』及三年，人復歌而』誦之。蓋事之初，在我亦有所勉強，在人亦有所難堪；久之，當事理順人心這裏方易。便如『利者義之和』一般。義是一箇斷制物事，恰似不和；久之事得其宜，乃所以為和。如萬物到秋，許多嚴疑肅殺之氣，似可畏；然萬物到這裏，若不得此氣收斂凝結，許多生意又無所成就。其難者，乃所以為易也。」可發人深思。陸九淵〈語錄〉：「人情逆之則難，順之則易。凡抑損其過，必逆乎情，故先難；既損抑以歸於善，則順乎本心，故後易。」

❸損以遠害

此三陳，推卦之用。遠，遠離。韓《注》：「止於脩身，故可以遠害而已！」以損限於修身，則無關乎齊家、治國、平天下。《南軒易說》遂謂：「損以遠害，益以興利，非謂去天下之害，興天下之利也。害於己者遠之，如懲忿窒慾是也；利於己者興之，如遷善改過是也。遠害之遠，如遠佞人之遠；興利之興，如興於詩之興。」《漢上易傳》亦曰：「損以遠害，何也？自損以脩德，則物无害之者，故曰：恭寡過，情可信，儉易容也。以此失之者鮮矣！」而陸九淵〈語錄〉則曰：「損以遠害，如忿慾之類，為德之害，損者，損其害德而已。能損其害德者，則吾身之害，固有可遠之道。特君子不取必乎此也。」所謂「不取必乎此」，迨不以「吾身」為限也。船山《易內傳》：「此言聖人當憂患之世，以此九卦之德修己處人，故上以凝天命，下以順人情。文王以之而成其至德，周公以之而永保沖人，進以成大業，而退不傷於道之正。故九卦時雖危，而可因之以為德。蓋陰陽之化雖消長純雜之不一，而深體之，則道皆存焉，亦所謂雜而不越也。」是九卦者，非但可成至德，進亦可以成大業，且能深體陰陽之化者也。船山此言，與前條注釋所錄朱熹《語類》之言可以參看細味。

語譯

消除忿怒、慾念等一切不合乎善良之性的情緒，這是道德的修養。……消除各種不善的情緒，起初困難，後來養成習慣，就容易了。……消除不善之情，可以遠離禍害。

序卦傳

緩必有所失❶，故受之以損❷。

注釋

❶緩必有所失

《集解》引崔憬曰：「宥罪緩死，失之則僥倖，有損于政刑，故言：緩必有所失，受之以損。」是據解卦䷧〈象傳〉：「雷雨作，解；君子以赦過宥罪。」以為政刑過於鬆懈，必有所失。張栻則以：解者脫於險，而人情之所懈怠。故於《南軒易說》曰：「夫在解而緩，則所失多矣。」蓋懈怠遲緩，所失者多，不必政刑也。

❷故受之以損

朱震《漢上易傳》：「緩則寬弛，必有所失，故次之以損。損者，減也，減下以益上，有失之象。」

語譯

個人怠惰鬆懈，國家政令寬弛，那一定會有損失，所以接在代表寬鬆的解卦後面的，是損卦。

雜卦傳

損益，盛衰之始也❶。

注釋

❶**盛衰之始也**

韓《注》：「極損則益，極益則損。」蓋以極損則益，盛之始也；極益則損，衰之始也。《南軒易說》：「損而不已必益，為盛之始；益而不已必決，為衰之始。」所言尤明。李衡《周易義海撮要》引龔原云：「損益者，其漸也；盛衰者，其成也。」蓋以損益為過程，盛衰為結果也。龔原，北宋哲宗時浙江處州人，為王安石之門人，有《續解易義》十七卷。案：盛衰之始也，《集解》本作「衰盛之始也」。考〈彖傳〉言「損益盈虛」，此言「盛衰」，猶彼言「盈虛」，未必作「衰盛」也。因損而能盛，因益而致衰；與由盈而損，由虛而益，正是一陰一陽之道。參閱本卦〈彖傳〉「損益盈虛，與時偕行」注釋。

語譯

在逐漸損失的過程中，代表逆轉興盛的開始；在不停獲益的情況裡，要警惕將開始衰落了。

初九爻辭

初九❶：巳事遄往，无咎❷，酌損之❸。

當損初爻為老，他爻皆少，即由損之蒙䷃；或革䷰初爻為少，他五爻皆老，即革之損：這兩種情形，都以損初九爻辭占。

注釋

❶初九

當損初爻為老，他爻皆少，即由損之蒙䷃；或革䷰初爻為少，他五爻皆老，即革之損：這兩種情形，都以損初九爻辭占。

❷巳事遄往，无咎

占也。巳，當作「祀」，《注疏》本、帛書本皆作「巳」，義為輟止。《集解》本作「祀」，引虞翻曰：「祀，祭祀，舊作巳。」祀事，指祭祀宗廟之事。惠棟《周易述》：「巳與祀通。經曰：『二簋可用享。』以二簋享於宗廟，故祀謂祭祀。」遄，《經典釋文》引荀爽本作「顓」。《白虎通》：「顓者，專也。」顓取專誠之義。帛書作「端」，端有端莊之義。今本作「遄」，義為速。當以作「顓」為正。專誠即卦辭所謂「有孚」也。而專誠、端莊、迅速，意可互補。祭祀宗廟之事，端莊專誠迅速而往，則可「无咎」。即卦辭「有孚无咎利有攸往」的意思。朱子《本義》：「初九當損下益上之時，上應六四之陰，輟所為之事而速往以益之，无咎之道也。」船山《易內傳》：「損者，三也；受益者，上也。然盈虛之變，非驟然而遽成，必以漸為推移。初九以剛居剛，而潛處於下，未有必損之情，故於占此爻者占之曰：能輟其陽道潛藏之事，而遄往以益上，則可无咎。」依象說理甚好，惟以「巳」為「輟」尚有可商云。

❸酌損之

占也。言祭品之多少，可斟酌當時情況而作決定，亦〈彖傳〉「二簋應有時」的意思。推之於社會，奉獻大我，犧牲小我，皆應量力適時而為。窮則獨善其身，達則兼善天下。墨言兼愛，楊云貴我，均不可必；亦均可適時而行。程《傳》：「損之義，損剛益柔，損下益上也。初以陽剛應於四；四以陰柔居上位，賴初之益者也。初當酌度其宜，而損己以益之，過與不及，皆不可也。」船山《易內傳》：「損益自然之理，於德本无得失，故但戒占者當其時位，則思所以善處之焉。」

語譯

損卦最初的一爻是陽爻，祭祀的事情，必須端莊、專誠、迅速地去舉辦，才不致出差錯。祭品方面，看自己能力，即使少些，倒也無妨。

象傳

已事遄往，尚合志也❶。

注釋

❶**尚合志也**

指初九得位，能與上卦六四同心相應。項安世《周易玩辭》：「初之遄往，志在於四，故曰：『上合志也。』四能不吝其疾，自損以受之，使合志之臣得效其忠，豈非可喜之事哉？故曰：『亦可喜也。』亦字，亦初九也。」合初九、六四〈小象傳〉而言其相應之證，所言最妥。尚，《集解》本作「上」。

語譯

祭祀的事情，必須端莊、專誠、迅速去舉辦，上面才會和你同心相應啊！

九二爻辭

九二❶：利貞，征凶❷；弗損，益之❸。

注釋

❶九二

當損第二爻為老，他爻皆少，即由損之頤䷚；或大過䷛第二爻為少，他爻皆老，即大過之損：這兩種情形，都以損九二爻辭占。

❷利貞，征凶

占也。九二以陽居柔，失位不正，在兌為悅，又為毀折，所以戒其宜正，不可委曲自己，柔媚枉道，往事其上，反致凶險。《集解》引虞翻曰：「失位，當之正，故利貞；失正毀折，則凶。」弼《注》：「柔不可全益，剛不可全削，下不可以无正。初九已損剛以順柔，九二履中，而復損己以益柔，則剝道成焉，故不可遄往而利貞也。進之乎柔則凶矣，故曰征凶也。」程《傳》：「二以剛中，當損剛之時，居柔而說體，上應六五陰柔之君，以柔說應上，則失其剛中之德，故戒所利在貞正也。征，行也。離乎中則失其貞正而凶矣！」

❸弗損，益之

占也。不自貶身價，不自毀立場，有擔當，肯負責：對於六五柔弱之君反為一種助益。程《傳》：「不自損其剛貞，則能益其上，乃益之也。若失其剛貞而用柔說，適足以損之而已，非損己而益上也。世之愚者，有雖无邪心而唯知竭力順上為忠者，蓋不知弗損益之之義也。」言義甚是。王宗傳《童溪易傳》：

「（唐）李大亮之都督涼州也，臺使至，諷大亮獻名鷹。大亮密表曰：『陛下絕田獵久矣，而使者求鷹。如陛下意，乃乖昔旨；如有擅求，是使非其才。』太宗報書曰：『有臣如此，朕何憂？』倪若水為江州刺史，明皇遣使江南採鵁鶄。若水論之，為反其使。李德裕之在浙西也，詔造銀盝子粧具二十事，織綾二千疋。德裕上書極論罷之。又詔益州織半臂背子琵琶捍撥鏤牙合子等，蘇頲不奉詔。唐家諸臣，所以益上也如此。正德利貞，弗損益之之義。」童溪，南宋孝宗時人，見北宋徽宗搜括東南奇珍花石，號「花石綱」，以致民生凋敝，變亂蜂起，卒致金兵南下，京師不守，華北淪亡。故歷述前代名臣風範，借古諷今，似非無意。「弗損益之」多歧義，參閱上九注釋。

語譯

損卦陽爻居第二位，應該遵守正道常規，如果脫離中道向前就過分了，會導致凶險。不必損害自己來幫助別人，這樣使別人自想辦法才是真正幫助了別人。

象傳

九二利貞，中以為志也❶。

注釋

❶中以為志也

九二失位而在毀折之卦，所以利貞，全賴居中，行為合乎中道。且損下三爻，初九潛藏，為不及，故宜酌損之；九三為過，則戒三宜一；九二在中，無過不及，故利居守中而不利征。程《傳》：「九居二非正也，處說非剛也，而得中為善，若守其中德，何有不善？豈有中而不正者？豈有中而有過者？二所謂利貞，謂以中為志也。」楊時《龜山易說》：「損不可過也，故初則酌損之；二得中，故利正，征則凶矣。滿招損，謙受益。中以為志，則有受益之道也，故弗損益之。」《周易玩辭》：「損以有過與不及，故損一益一以求中也。若九二六五，則既中矣；二非有餘，五非不足，一有增損，則反失其中矣。二當此時，守中則利，上往則凶。故爻曰：『利貞，征凶，弗損益之。』〈象〉曰：『中以為志也。』」

語　譯

損卦九二爻辭說的「應該遵守正道常規」等等，是以中庸之道當作自己行為的標準啊！

六三爻辭

六三❶：三人行，則損一人❷；一人行，則得其友❸。

注釋

❶六三

當損第三爻為老，他爻皆少，即由損之大畜䷙；或萃䷬第三爻為少，他爻皆老，即萃之損：這兩種情形，都以損六三爻辭占。

❷三人行，則損一人

象也。關於三人，虞翻、王弼、程頤說各不同。《集解》引虞翻曰：「泰乾三爻為三人。」以為損卦兌下由泰卦䷊乾下變成。泰初九爻辭云：「拔茅茹以其彙。」指泰之乾下三陽同類相連而上行。今九三變成六三，三陽損一，只剩初、二兩陽。《郭氏傳家易說》記白雲曰：「三人，三陽也。三陽彙征而損一人，謂六三之損也。」乃從虞說也。弼《注》：「三人，謂自六三以上三陰也。三陰並行，以承於上。」以為損卦六三、六四、六五並行，上承上九也。程頤則綜合虞翻三陽說、王弼三陰說，程《傳》：「三人，謂下三陽，上三陰。三陽同行，則損九三以益上；三陰同行，則損上六以為三：三人行則損一人也。」《易》象分歧，此又一例。三說之中，後儒多從虞翻。郭雍從虞說，已見上引。茲更舉呂大臨《易章句》以證之：「六三與初九、九二皆在下卦以相比，三人行者也。二爻皆陽，己獨陰，一人行者也。陰陽相耦，其體雖兩，其致一也。二陽與一陰並行，則三疑而不一。必損一陽，然後陰陽各一而可合，故曰損一人。三雖獨陰，自與上九應，初、二不與焉，故曰得其友。」依象釋義，頗合情理。

❸一人行，則得其友

象也。一人行，指泰乾下九三獨行，上往居坤上，與上六陰陽互換，於是乾下九三變為六三而成兌下，坤上六變為上九而成艮上。兌為少女，艮為少男，既得為友；而六三、上九，陰陽相應，亦為友之象也。游酢《易說》：「一人行則三與上為正應，故曰得其友。蓋德惟一故也。」

語譯

損卦陰爻居第三位。六三這位女士如果跟初九、九二兩位男子一直三人同行，那麼必然會折損一人；六三如果一個人往上走，那麼就會得到上九這位朋友。

象傳

一人行，三則疑也❶。

注釋

❶三則疑也

此句多歧義，或以需卦䷄乾下坎上，上六爻辭云：「有不速之客三人來。」指乾下三陽，不請自來，因而致疑。此為「三則疑」之證。今損卦獨由泰乾下九三上行成上九，所以不會令人起疑。《集解》引荀爽曰：「一陽在上，則教令行；三陽在下，則民眾疑。」蓋由卦變立說，此一說也。或由損原卦立說，以為六三當一人獨往與上九相會，若偕初、二俱往，則令上九起疑矣。游酢《易說》：「己之德二三，能无疑乎？莊子所謂『子何與人偕來之眾』者，亦言用志之不一也。」案：莊子語在〈庚桑楚〉。胡炳文《周易本義通釋》：「損因三而成，故必損六三，然後陰陽各以兩而相資。六三損，則三於上為得友，上於三為得臣，三與上為兩。九二利貞，六五元吉，二與五為兩。初尚合志，四亦可喜，初與四為兩。天地男女之義，不過乎兩，故曰：『三則疑也。』」所說不同，皆可參考。

語譯

六三最好自己一個人去和上九會面，如果跟初九、九二三人一起去，那會引起猜疑。

繫辭傳

天地絪縕，萬物化醇；男女構精，萬物化生❶。《易》曰：「三人行，則損一人；一人行，則得其友。」言致一也❷。

注釋

❶天地絪縕，萬物化醇；男女構精，萬物化生

絪縕，《說文》作「壹壺」，《集解》本亦作「壹壺」，《釋文》：「絪，本又作氤；縕，本又作氳。」孔穎達《正義》：「二氣絪縕，共相和會，感應變化，而有精醇之生，萬物自化。」張栻《南軒易說》引邵雍云：「絪，氣之相因；縕，氣之相溫。相因以為合；相溫以為和。此萬物之化也，醇而已。醇者，其氣也，所謂精神生於道者也。」程頤、朱熹皆以絪縕為「交密之狀」。程《傳》：「絪縕，交密之狀。天地之氣相交而密，則生萬物之化醇。醇謂醲厚，厚猶精一也。男女精氣交構則化生萬物，惟精醇專一所以能生也。」《周易本義》：「絪縕，交密之狀。醇謂厚而凝也，言氣化者也。化生，形化者也。」案：近人馮友蘭《中國哲學史》嘗云：「講《周易》者之宇宙論，係以個人生命之來源為根據，而類推及其他事物之來源。《易・繫辭》云：『天地絪縕，萬物化醇；男女構精，萬物化生。』男女交合而生人，故類推而以為宇宙間亦有二原理。其男性的原理為陽，其卦為乾；其女性的原理為陰，其卦為坤。而天地乃其具體的代表。」前人所釋已詳，此不贅。

❷言致一也

此釋損六三爻辭也。李道平《周易集解纂疏》：「天地謂泰乾坤；男女謂損艮兌。天地交則化醇；男女合則化生。故言『致一』也。」是就象數說。程《傳》：「一陰一陽豈可二也？故三則當損，言專致乎一也。」《龜山易說》：「陰虛而陽實，故陽施而陰受。受則益，施則損，蓋天地之義也。艮三索而得男，兌三索而得女，乾坤交索而男女成焉，故三之與上所以有構精絪縕之義也。夫天地之絪縕，男女之構精，其致一至矣，是理也，可以意致，而言之所不能喻也。」是就義理說。《朱子語類》：「天地男女都是兩箇方得專一，若三箇便亂了。三人行減了一箇，則是兩箇，便專一；一人行得其友成兩箇，便專一。」說得就更明白了。

語譯

天地之間，和煦的陽光，靄靄的雲氣，相互配合，萬物化育是如此醲厚精純；男女之間，相親相愛，精卵接合，人類得以化育生長。《周易》損六三爻辭說：「六三這位女士如果跟初九、九二兩位男子一直三人同行，那麼必然會折損一人；六三如果一個人往上走，那麼就會得到上九這位朋友。」這就說明已獲致一陰一陽之道了。

附錄古義

《白虎通・嫁娶》：「人道所以有嫁娶何？以為性情之大，莫若男女。男女之交，人倫之始，莫若夫婦。《易》曰：『天地絪縕，萬物化淳；男女構精，萬物化生。』人承天地，施陰陽。故設嫁娶之禮者，重人倫，廣繼嗣也。」

六四爻辭

六四❶：損其疾❷，使遄有喜❸，无咎❹。

當損第四爻為老，他爻皆少，即由損之睽䷥；或蹇䷦第四爻為少，他爻皆老，即蹇之損：這兩種情形，都以損六四爻辭占。

注釋

❶**六四**

❷**損其疾**

象也。去其疾病，引申有去其不善的意思。就爻象言，六四以陰爻居陰位，陷於六三、六五兩陰之間，柔弱成疾；幸賴初九以陽應之，方能去其疾病。程《傳》：「四以陰柔居上，與初之剛陽相應，在損時而應剛，能自損以從剛陽也，損不善以從善也。」《龜山易說》：「六四承乘皆陰，偏於陰者也。陰陽失其平則為疾，初與之應，得陽而損其疾也。」又虞翻、來知德、王夫之，以卦變為釋，說各不同，可自行參考，此不贅錄。就人事言，為大臣者，宜順民之心，損其疾苦，而民亦必不疾恨之。《童溪易傳》：「六四以柔順之才，處近君之位，所謂人臣之高位也。處此之位，當損之時，宜如何哉？務在順民之心，損其疾苦，而又不至於困憊，然後加檢省焉。則天下之心以為上之人我恤而不我忘也，其孰不舉欣欣之喜色而以為庶幾无疾病也！」

❸**使遄有喜**

象也。要去其疾病，祭祀之事須端重進行，則病可癒而有喜。引申去己之不善，或去民之疾苦，皆應出於端重莊敬之心。聞一多《周易義證類纂》：「六四『使遄』即初爻『祀事遄往』之省，使亦讀為事。古稱祭祀曰有事，亦可省稱事。」案：帛書「使遄」作「事端」。聞氏未見帛書，而能知「使」為「事」，穎悟深思，令人起敬。各家字作「遄」而釋為「速」，如王弼《周易注》：「速乃有喜。」程《傳》：「人之損過，唯患不速，速則不至於深過，為可喜也。」意可並存。

❹**无咎**

占也。去己之不善，去人之疾苦，行事端莊，人必喜愛，己亦怡悅：如此，己既无咎，人亦不咎之。《童溪易傳》：「孟子謂鄒穆公曰：『凶年饑歲，君之民老弱轉乎溝壑，壯者散而之四方者幾千人矣。而君之倉廩實，府庫充，有司莫以告，是上慢而殘下也。』夫饑饉之來，賑之卹之，惟恐其後，如六四之所謂『使遄有喜』可也。今也不能損其疾苦，使之流離轉徙，及至兵戈之日，斯民疾視其長上而不救其死，則怨咎之心，至此始獲逞矣。為穆公者，又從而尤之，則上下相咎，何時而已邪？故曰：『夫民今後得反之也，君无尤焉！』謂其既不能使下之无咎於上，而上之人又安可歸咎於下乎？」已指出人我之間无咎之相對關係。孟子語見《孟子・梁惠王下》。

語譯

損卦陰爻居第四位。減少自己的錯誤，去除民間的疾苦，人民才不會疾恨你。用祭祀時的端莊態度改正自己，幫助別人，別人才會喜歡你，你也會真正喜悅；自己既免於罪過，別人也不會責怪你。

象傳

損其疾，亦可喜也❶。

注釋

❶亦可喜也

可喜是有層級的。最好是從無疾病錯誤；其次才是雖有疾病錯誤而能痊癒或改正。亦可喜的「亦」，正表示這種層級關係中次一級的層面。楊萬里《誠齋易傳》：「六四以陰柔之資，居下卦之上，宅近君之位，富貴誘於前，忿欲動於中，此其膏肓也。不有初九剛方之師友，其孰從而切磋救之哉？子產容國人之議己以自藥，而不毀鄉校，可謂能損其疾而懲忿；魏獻子聽閻沒女寬之諷諫以自警，而辭梗陽人，可謂能損其疾而窒欲。然曰『亦可喜』者，亦之為言次之，辭也。无疾，上也；有疾而損之，次矣。」已見及「亦」有「次之」意。案：項安世以為〈象傳〉於損初曰「尚合志也」，於損四曰「亦可喜也」。亦字承初而言，已見損初九〈象傳〉注釋。

語譯

減少自己的錯誤，去除民間的疾苦，人民才不會疾恨你。這也是值得喜悅的。

六五爻辭

六五❶：或益之十朋之龜❷，弗克違❸，元吉❹。

注釋

❶六五

當損第五爻為老，他爻皆少，即由損之中孚䷼；或小過䷽第五爻為少，他爻皆老，即小過之損：這兩種情形，都以損六五爻辭占。

❷或益之十朋之龜

象也。或，作有解。孔穎達《正義》：「或者，言有也。」或益之，指六五以柔居尊，執持中道，上順上九，下應九二，得道而多助。弼《注》：「以柔居尊，而為損道，江海處下，百谷歸之，履尊以損，則或益之矣！」《紫巖易傳》：「五柔順履中，其心至虛，有日損功。益之者，上也。而曰或益之，蓋六五謙德既孚，上益之，群賢從而益之，德盛業大，受天下益矣。」十朋之龜，指價值二十大貝的元龜。古代曾以貝為貨幣。《集解》引崔憬曰：「元龜價直二十大貝，龜之最神貴者。雙貝曰朋也。」王引之《經義述聞》略云：「崔氏之說，本於《漢書・食貨志》，蓋當時施、孟、梁邱諸家有訓朋為兩貝者。尋繹文義，此說為長。十朋之龜，猶言百金之魚耳。」

❸弗克違

占也。有二義。張載《橫渠易說》嘗言：「龜弗克違，言受益之可必，信然不疑也。」程頤以為龜筴不能違背天下之正理，眾人之助益。程《傳》：「眾人之公論，必合正理，雖龜筴不能違也。」是以「或益之」為一句，「十朋之龜弗克違」為一句。朱熹以為不能拒絕十朋之龜的助益。《周易本義》：「十朋之龜，大寶也。或以此益之而不能辭。」是以「或益之十朋之龜」為一句，「弗克違」為一句。近人劉百閔調和二說，所作《周易事理通義》云：「古以龜為卜，十朋之龜，大龜也；以之為卜，必靈。《禮記・表記》：『不違龜筮。』《書・盤庚》：『非敢違卜。』故弗克違，謂不能違於龜也。」是依程《傳》而有所修正。又云：「當損之時，九二損于下，而益以十朋之龜，在六五為無可違者也。故曰弗克違。」是由朱《義》立說。案：「或益之十朋之龜，弗克違。」又見於益六二爻辭。程頤、張載、呂大臨、呂祖謙等皆有說，詳益六二之注釋。《郭氏傳家易說》：「損益本一道，相須以相成。以二卦反對言之，則損之上，益之初；損之五，益之二也。故損上益初其辭相屬；而損五益二又大同矣。」

❹元吉

占也。元，可作「大」解，亦可作「原」解。《集解》引侯果曰：「六五處尊，損己奉上，人謀允叶，龜墨不違，故能延上九之右，而來十朋之益，所以大吉也。」程《傳》亦以「元吉」為「大喜之吉」。郭雍《傳家易說》既以「元吉」猶《洪範》之大同也。又云：「元吉，自然之吉也。」蓋兼取兩義。而王夫之則以元為原本之意。船山《易內傳》：「元吉，无所待而自吉也。」案：損六五言「元吉」，益六二言「永貞吉」，呂大臨《易章句》云：「凡損所以為益，居損獲益，為得其元，故曰『元吉』；居獲益則欲長保，故曰『永貞吉』。」請參閱益六二「永貞吉」之注釋。

語譯

損卦陰爻居第五位：有贈送他價值二十大貝的靈龜的，想不接受也不能夠，而且占筮靈得不得了，自然是大有收穫的。

象傳

六五元吉，自上祐也❶。

注釋

❶**自上祐也**

上，指上九，天也。《周易玩辭》：「六五本无待於補，九二亦不補之。而九三之陽，忽補其上，補自上來者，神天之降祐。」船山《易內傳》：「上謂上九；祐者，保其尊。上受益而五承其祐矣。」自上祐，是從上天賜福的意思。《周易正義》：「上謂天也。故與『自天祐之，吉无不利』義同也。」程《傳》：「所以得元吉者，以其能盡眾人之見，合天地之理，故自上天降之福祐也。」

語譯

損卦陰居第五爻，所以原本就能大有收穫的理由，是因為行事合於自然法則，天助人助啊！

上九爻辭

上九❶：弗損，益之❷。无咎，貞吉❸。利有攸往❹，得臣无家❺。

注釋

❶上九

當損上爻為老，他爻皆少，即由損之臨䷒；或遯䷠上爻為少，他爻皆老，即遯之損：這兩種情形，都以損上九爻辭占。

❷弗損，益之

占也。九二已言「弗損益之」，上九又如此說者，前賢注釋，大致如下：一、上九損己而益六三。《集解》引虞翻曰：「損上益三也。」即取此義。二、上九為損之極，不宜再損，而宜益之。《集解》引王肅曰：「處損之極，損極則益，故曰弗損益之。」弼《注》：「處損之終，上无所奉，損終反益。」大意同肅，皆本〈序卦傳〉「損之不已必益」而云然。三、朱熹則綜合虞、王之說，《本義》：「上九當損下益上之時，居卦之上，受益之極，而欲自損以益人也。然居上而益下，有所謂惠而不費者，不待損己，然後可以益人也。」四、不可損人，而宜益人。朱震《漢上易傳》：「上九損之極，乃有弗損；弗損於下，反以益三，故曰弗損益之。」蓋《易》占多模稜語，故其說分歧如此。程頤早已見及，程《傳》：「凡損之義有三：損己從人也；自損以益於人也；行損道以損於人也。損己從人，徙於義也；自損益人，及於物也；行損道以損於人，行其義也：各因其時。取大者言之，四五二爻，取損己從人；下體三爻，取自損以益人；損時之用，行損道以損天下之當損者也。上九則取不行其損為義，九居損之終，損極而當變者也。」以為損義有三，而上九取不行其損為義。細思之，「弗損益之」之義，豈三而已！弗損己，宜益己，一也；弗損己，宜益人，二也；弗損人，宜益己，三也；弗損人，宜益人，四也。人、己二字，倘改為民與君、國家與個人、外與內、上與下，又可得許多說。而弗損、益之間，究竟為並列、連貫、選擇、遞進、轉折、假設、因果、條件、目的，等等關係中何種關係？或包含其全部關係？更可進一步思量。上述詞意、語法等之模稜，為占辭之詮釋提供廣大之空間。又九二已言「弗損益之」，或云辭同而指異。《周易折中》：「案：九二之弗損，謂損己；益之，謂益人。此爻之弗損，謂損人；益之，謂益己。辭同而指異者，卦義損下益上，故在下卦為自損，在上卦為受益。」另項安世嘗較論本卦六三與上九，《玩辭》云：「六三、上九，成卦之爻也。六三損剛以補上，是泰之三陽損其一也，故曰三人行則損一人；上九因六三之行而得其友。既已得友，則不可復損矣，故曰弗損益之。損因六三之損而得名，故爻辭極論損之精義；上九受損之補者也，故爻辭極論損之成效。」皆可參考。另《說苑・敬慎》嘗記孔子論損之道，請閱附錄古義。

❸无咎，貞吉

占也。就象數言，上九失位，本有咎而非正。所以无咎貞正者，是由於與三有應，而且獲得三四五陰爻的上附。《集解》引王肅曰：「為下所益，故无咎，據五應三，三陰上附，外內相應，上下交接，正之吉也。」就義理言，在上者以剛德益下而不削下，必无咎得當而獲益。弼《注》：「剛德不損，乃反益之，而不憂於咎，用正而吉。」程《傳》：「九居損之終，損極而當變者也。以剛陽居上，若用剛以損削於下，非為上之道，其咎大矣；若不行其損，變而以剛陽之道益於下，則无咎而得其正且吉也。」

❹利有攸往

占也。指泰九三上往為上九。〈彖傳〉言「其道上行」，六三言「一人行則得其友」，都指此。《集解》引虞翻曰：「謂三往之上，故利有攸往。」郭雍《郭氏傳家易說》：「一人行而得其友者，上九也。故无咎貞吉，利有攸往，是由損下益上，其道上行之所致也。」案：上九為損卦之主爻，故爻辭「无咎貞吉利有攸往」幾與卦辭同。《周易折中》：「案：卦以損三益上成義，則上者，受益之極，卦之主也。故无咎可貞，利有攸往之辭，皆與卦同。」

❺得臣无家

象亦占也。得臣，得六三等為臣。六三與上九陰陽相應，故為臣；推而廣之，下卦三爻在下，三四五為陰，皆為臣。无家，上九以益天下為志；其下五爻皆臣，亦以損家益上為志，是君臣皆公而忘私，有國無家。《漢書・五行志》引谷永曰：「《易》稱『得臣無家』，言王者臣天下，無私家也。」《蔡邕集・答詔問災異》：「《易》曰『得臣無家』，言天下何私家之有？」《集解》引王肅曰：「陽剛居上，群下其臣，故曰得臣矣；得臣則萬方一軌，故无家也。」弼《注》：「居上乘柔，處損之極，尚夫剛德，為物所歸，故曰得臣；得臣則天下為一，故无家也。」楊時則強調上九居損卦艮上而能止。《龜山易說》曰：「居損之上，損之極矣。損下益上至於極而不知止，則終必亡而已矣。能止而有節，豈惟足以補過，猶可正而有為得臣而无家也。」又《誠齋易傳》：「得臣，謂得天下臣民之心；无家，謂无自私其家之益。」船山《易內傳》：「上為君，下為臣。內卦損陽以益上，忘家憂國之臣也。而上與三正應而得之，固分義之可受者也。」《周易折中》「案」云：「得臣无家，則又極言弗損之規模，與夫獲益之氣象。自其弗損之心而言之，為天下君而不自利於己；自其得益之量而言之，莫匪王臣而不視為私屬：皆所謂得臣无家，王道之至也。」言義均甚精。劉百閔《周易事理通義》更以與師上六比較：「師上六曰：『開國承家。』損上九曰：『得臣无家。』行師則開國承家；損下益上則國爾忘家。」

語譯

損卦最上面的一爻是陽爻。由富泰充實的基層躍居虛心接受民意的高層，居於損卦的頂點，操有損益的主權，卻能自我約束。知道不損傷別人就是不損傷自己；幫助別人就是幫助自己。不會錯的，正確而有收穫。獎勵前來效勞的人，得到的全是為國奉獻，不知有家的知識分子。

象傳

弗損益之，大得志也❶。

注釋

❶**大得志也**

言為國奉獻的願望能夠圓滿地實現。「大」，有博大、圓滿的意思。《誠齋易傳》：「此聖人贊上九不損之損之盛德也。上九居損之終，位艮之極。居損之終，則必變之以不損；位艮之極，則必止之以不損。當節損之世，下皆損己以益其上，上又能不損其下以益其下，宜其无咎，宜其貞吉，宜其利有攸往，宜其得臣无家，无往而不得志也。故曰大得志也。大禹菲食而天下无飢民；文王卑服而天下无凍老；漢文集書囊、罷露臺而天下有煙火萬里之富，實皆損之上九也。」

語譯

不損傷別人，也幫助了自己，圓滿地實現了自己的願望啊！

附錄古義

《說苑・敬慎》：「孔子曰：『持滿之道，挹而損之。』子路曰：『損之有道乎？』孔子曰：『高而能下，滿而能虛，富而能儉，貴而能卑，智而能愚，勇而能怯，辯而能訥，博而能淺，明而能闇：是謂損而不極。能行此道，惟至德者及之。《易》曰：「不損而益之。」故損自損而終故益。』」

《漢書・五行志》：「谷永曰：『《易》稱「得臣無家」言王者臣天下，無私家也。』」

《蔡邕集・答詔問災異》：「詔問曰：『連年蝗蟲，至冬踊，其咎安在？』邕對曰：『臣聞……蝗蟲，貪苛之所致也。息不急之作，省賦斂之費，進清仁，黜貪虐，分損承安，屈鉤省別藏，以贍國用，則其救也。《易》曰：「得臣無家。」言有天下者，何私家之有？』」

益卦經傳通釋第四十二

卦辭

䷩震下巽上益❶：利有攸往❷，利涉大川❸。

注釋

❶䷩震下巽上益

益是增添補充，使之富足，使之興盛的意思。就卦象言，益卦震下為雷，巽上為風；風送雷聲，雷增風威，相輔相成。且風播花粉，雷驚蟄獸，亦有益於化育。《集解》引鄭玄曰：「震為雷，巽為風，雷動風行，二者相成。」是也。就卦變言，三陽三陰之卦，自泰䷊、否䷋來。損卦䷨由泰卦三、上陰陽互易而成；益卦則由否卦四、初陰陽互易而成。故損卦損泰乾下九三之實使成六三之虛，益泰坤上上六之虛使成上九之實，為損下益上；而益卦損否九四之實使成六四之虛，益否初六之虛使成初九之實，為損上益下。〈繫辭傳上〉「備物致用立成器以為天下利」，《集解》引虞翻曰：「否四之初，耕稼之利。」又〈繫辭傳下〉「耒耨之利以教天下蓋取諸益」，《集解》引虞翻曰：「否四之初也。」是也。而於此益卦，《集解》引虞翻曰：「否上之初也。」「上」殆「四」字之誤。程《傳》：「為卦巽上震下，雷風二物相益者也。風烈則雷迅，雷激則風怒，兩相助益，所以為益：此以象言也。巽震二卦，皆由下變而成。陽變而為陰者，損也；陰變而為陽者，益也。上卦損而下卦益，損上益下，所以為益：此以義言也，下厚則上安，故益下為益。」先以象言之，後更由卦變而言其義。王夫之《易內傳》：「益以損乾之剛益坤之柔而謂之益。不謂之損者，剛雖損於四以益陰於初，而為方生之爻，陽道且立本而日長，則陰益而陽亦益，非若損之損三以居上為已往之爻，寄居於天位之上，實自損以益彼也。」由卦變較論損、益之義更為深入。又云：「華歸根而成實，君自節以裕民，文反樸而厚實，志抑亢而善動。」以華歸根、君自節、文反樸、志抑亢說剛損於四；成實、裕民、厚實、善動說益陰於初，取義益深。案：《周易．上經》三十卦，泰居十一，否居十二。而〈下經〉三十四卦，損居十一，益居十二。邵雍《皇極經世．觀物內篇》：「皇、帝、王、伯者，聖人之時也；《易》、《詩》、《書》、《春秋》者，聖人之經也。時有消長；經有因革。時有消長，否泰盡之矣；經有因革，損益盡之矣。否泰盡而體用分；損益盡而心迹判。體與用分，心與迹判，聖人之事業於是乎備矣！」邵康節之言或有牽強侷限，然泰否損益於〈上下經〉所居地位之重要及其奧義，可深思也。在筮法上，當益六爻皆少，也就是本卦、之卦都是益；或恆䷟六爻皆老，也就是恆之益：這兩種情形，都以益卦辭占。

❷利有攸往

占也。〈彖傳〉以「中正有慶」釋之。王弼《注》云：「五處中正，自上下下，故有慶也。以中正有慶之德，有攸往也，何適而不利哉！」蓋益卦九五居中得正，下與六二相應，利於下往也。《郭氏傳家易說》記白雲曰：「損主止；益主動。止故有孚元吉无咎，而後利有攸往；益繼止以動，故利有攸往，而利涉大川也。」以損主止，故後言利有攸往；益主動，故先言利有攸往。

❸利涉大川

占也。〈彖傳〉以「木道乃行」釋之。《集解》引鄭玄曰：「坎為大川，故利涉大川矣。」虞翻注《易》，有依鄭者，《集解》引虞曰：「謂三失正，動成坎體渙。坎為大川，故利涉大川；渙，舟楫象，木道乃行也。」蓋以益卦六三失正，當變為九三乃正。於是六二、九三、六四得坎，而六四、九五、上九為巽。坎下巽上，乃成渙卦䷺。〈繫辭傳下〉：「刳木為舟，剡木為楫。舟楫之利，以濟不通，致遠以利天下，蓋取諸渙。」於是益卦有利用舟楫以涉大川之象。二家之言，甚迂曲牽強，然古有此說，姑偶錄之。孔穎達《正義》：「以益涉難，理絕險阻，故曰利涉大川。」程《傳》：「益之道可以濟險難，利涉大川也。」惟以涉難濟險釋之。

語譯

三畫的震卦在下，三畫的巽卦在上，重疊成六畫的益卦。益，是增添補充，讓他富足，讓他興盛的意思。幫助人致富興利必須以行動為先，所以宜於以適當的態度前去接應理應幫助的人，宜於渡過大河來解除人們的困難。

象傳

益，損上益下，民說无疆；自上下下，其道大光❶。利有攸往，中正有慶❷；利涉大川，木道乃行❸。益動而巽，日進无疆；天施地生，其益无方：凡益之道，與時偕行❹。

注釋

❶損上益下，民說无疆；自上下下，其道大光

此釋卦名。自象言之，益本否卦，今損否卦乾上九四之陽為陰，以填補否卦坤下初六之陰為陽，遂成益卦，此損上益下也。而益卦震下初九之陽，本自四來，居於六二、六三兩陰之下，此自上下下也。鄭玄《注》：「陰陽之義，陽稱為君，陰稱為臣，……而四體巽之下應初，是天子損其所有以下諸侯也。」大抵可從。自義言之，鄭《注》固已言：「人君之道，以益下為德，故謂之益也。」孔穎達《正義》引向秀云：「明王之道，志在惠下。故取下謂之損，與下謂之益。」我前撰《魏晉南北朝易學書考佚》（一九七二），中有〈晉向秀《周易義》〉一篇，於向秀此義嘗加「案」語云：「向秀此義，實得先民民本思想之奧旨，並合龜卜與《易》卦先下後上之習慣。考民本思想，淵源甚早。今人恆言『上下』，先民則言『下上』。甲文有『下上若』，其意猶『下上順利也』；又有『下上弗若』，其意猶『下上順利乎』？上者為天，下者民也。先下後上，先民後天，其觀點實同於《尚書》『天聰明自我民聰明；天明畏自我民明畏。』『民為邦本，本固邦寧。』諸語。董彥堂先生于〈大龜四版考釋〉一文論及貞卜次第五例。其三為『先下後上』。屈翼鵬先生〈易卦源於龜卜考〉更言牛骨刻辭由下而上之例俯拾皆是。又《易》卦六爻曰初、二、三、四、五、上；不曰上、五、四、三、二、初，亦由下而上。此等似亦與先民先下後上之習慣有關。向秀之義，於先民『民本』思想與《易》卦先下後上之習慣似均有所體會，不得以平平視之也。」《周易折中》嘗引陸贄曰：「損上益下曰益，損下益上曰損。約己而裕於人，人必悅而奉上矣，豈不謂之益乎；上蔑人而肆諸己，人必怨而畔上矣，豈不謂之損乎？」又引范仲淹曰：「益上曰損，損上曰益者，何也？益上則損下，損下則傷其本也；損上則益下，益下則固其本也。」陸宣公在唐德宗時，甚得德宗信任，常居中參裁政務。范文正公居宋仁宗朝，為樞密副使，進參知政事：皆治國之名臣。其言可視為其政治實務體驗之心得，亦我國政治哲學之圭臬也。

❷利有攸往，中正有慶

以中正有慶釋卦辭「利有攸往」之故。中正何指？其說有二。一以在益卦惟指九五。《集解》引虞翻曰：「中正謂五，而二應之。」弼《注》：「五處中正，自上下下，故有慶也。」亦以中正指五，宜下下應二，故有慶也。又有以六二、九五皆中正者。程《傳》：「五以剛陽中正居尊位，二復以中正應之，是以中正之道益天下，天下受其福慶也。」朱震《漢上易傳》：「九五本損之九二，反而上往得尊位，以中正觀天下；六二復以中正應之。君臣上下以中正益天下，天下受其益。」伊川、漢上二人皆以中正為九五、六二，而有慶為天下受益。漢上並以損卦反轉成益說卦變，開來知德「益與損相綜」說之先河。

❸利涉大川，木道乃行

《集解》引虞翻曰：「謂三動成渙。渙，舟楫象。巽木得水，故木道乃行也。」說明已詳於卦辭「利涉大川」注釋。程頤謂「木」為「益」之誤。程《傳》：「益之為道，於平常无事之際，其益猶小；當艱危險難，則所益至大，故利涉大川也。於濟艱險，乃益道大行之時也。益誤作木。或以為上巽下震，故云木道，非也。」然後儒多不從。《郭氏傳家易說》記白雲曰：「木道乃行者，益之卦象，與中孚相類。中孚之利涉大川，以乘木舟虛也。益之震、巽皆為木道，雖未若中孚之舟虛，亦木道行而利涉大川也。神農氏斲木為耜，揉木為耒，耒耨之利，以教天下，取諸益者，亦木道之行也。」《朱子語類》：「問：『木道乃行，程《傳》以為木字本益字之誤，如何？』先生曰：『看來只是木字。渙卦說乘木有功，中孚說乘木舟虛，以此見得只是木字。』」郭雍、朱子此處所謂「木道」，指木能製作舟楫耒耜等器具也。

❹益動而巽，日進无疆；天施地生，其益无方：凡益之道，與時偕行

此進一步闡發益卦之深意宏旨。《正義》：「自此以下，廣明益義。……若動而驕盈，則彼損无已；若動而卑巽，則進益无疆。……天施氣於地，地受氣而化生。……其施化之益，无有方所。……不可恆用，當應時行之。」所釋已明甚。程《傳》：「以二體言，卦才下動而上巽，動而巽也。為益之道，其動巽順於理，則其益日進，廣大无有疆限也；動而不順於理，豈能成大益也。以天地之功言，益道之大，聖人體之以益天下也。天道資始，地道生物，天施地生，化育萬物，各正性命，其益可謂无方矣。方，所也。有方所則有限量；无方謂廣大无窮極也。天地之益萬物，豈有窮際乎？天地之益无窮者，理而已矣。聖人利益天下之道，應時順理，與天地合，與時偕行也。」更分別由益卦震下巽上二體之卦德、天施地生之功能，言其廣大無窮之道，與時偕行。項安世更將益卦〈彖傳〉全文細加分析，《周易玩辭》云：「以利言之，損上益下，則民情悅。以道言之，自上下下，則君道光。以六爻言之，上下以中正相合，故利有攸往。以二卦言之，震巽皆木也，自震向巽，東流入海，故利涉大川。以卦德言之，動而能巽，則其進无疆。以卦變言之，天施陽於地，則其生无方。益自否變，損天之九四，以益地之初六也。凡益之道，與時偕行，明非揠苗以助長也。天地之裕萬物，日進時行，巽而不迫，而其進自莫能禦也，曷嘗干時而強進哉！〈繫辭〉曰：『益長裕而不設。』即此義也。」條理尤詳明。案：所言「震巽皆木」，為京房說，朱熹言亦如此。〈說卦傳〉已言「巽為木」，而震為東方，五行屬木也。

語譯

益，是補助照應的意思。減損高層過多的享受，補助照應基層生活之所欠缺，人民的喜悅是無窮盡的；從高層下來為基層民眾服務，前途大放光芒。宜於走向民間，適中而正確的補助照應，會有可喜可賀的成果；宜於渡河解難，上下同心合力，眾木成舟就行得通。益卦震下代表行動，巽上代表順從，人民的行動能得到高層的支持，那麼天天在進步著，人世間有無限的發展。上天陽光雨露的施布，地面動植生物的成長，這種助益沒有空間上的限制：自然界和人世間，化育、照應的規律和進程，是伴隨著時間而運轉前進的。

附錄古義

《漢書・王莽傳》：「莽下書曰：『惟民困乏，雖溥開諸倉以賑贍之，猶恐未足。其且開天下山澤之防，諸能采取山澤之物而順月令者，其恣聽之，勿令出稅。至地皇三十年如故，是王光上戊之六年也。如今豪吏猾民辜而攉之，小民弗蒙，非予意也。《易》不云乎？「損上益下，民說無疆。」《書》云：「言之不從，是謂不艾。」咨虖羣公，可不憂哉！』」

《三國志・魏書・齊王芳傳》：「詔曰：《易》稱『損上益下』『節以制度，不傷財，不害民。』方今百姓不足，而御府多作金銀雜物，將奚以為？」

《說苑・尊賢》：「人君之欲平治天下而垂榮名者，必尊賢而下士。《易》曰：『自上下下，其道大光』又曰：『以貴下賤，大得民也。』」

象傳

風雷益❶；君子以見善則遷，有過則改❷。

注釋

❶風雷益

有兩層意思。其一，謂風雷之勢，交相助益。程《傳》：「風烈則雷迅，雷激則風怒，二物相益者也。」採第一層意思。其二，風散雷動，以益萬物。《正義》引《子夏傳》云：「雷以動之，風以散之，萬物皆盈。」呂大臨《易章句》：「益，增長以為利也。風雷振動萬物，變而新之。」採第二層意思。合此二層，其意乃全。

❷君子以見善則遷，有過則改

弼《注》惟以「遷善改過，善莫大焉」說之。程《傳》：「見善能遷，則可以盡天下之善；有過能改，則无過矣。益於人者，无大於是。」仍未言及其與風雷之關係。朱熹《本義》：「風雷之勢，交相助益。遷善改過，益之大者，而其相益亦猶是也。」已注意及此。《朱子語類》嘗錄曾祖道所記朱子語云：「遷善如風之速；改過如雷之猛。」又錄林賜所記：「風是一箇急底物，見人善，己所不及，遷之如風之急；雷是一箇勇決底物，己有過，便斷然改之，如雷之勇決，不容有些子遲緩。」所言最好。而遷善改過，也正好幫助了君子的成長。

語譯

風烈雷迅，雷激風吼，相互相成，共同促進萬物的成長。君子因此像迅風一樣，看到好的就學習；像猛雷一樣，看到過錯就改正：用這種方式使自己成長。

繫辭傳下

耒耨取益

包犧氏沒，神農氏作❶。斲木為耜，揉木為耒❷。耒耨之利，以教天下，蓋取諸益❸。

注釋

❶包犧氏沒，神農氏作

包，《集解》本作「庖」。沒，通歿，死去。作，興起。包犧氏沒，神農氏作，標誌著古代中國繼畜牧時代之後，為農耕時代。

❷斲木為耜，揉木為耒

斲，砍削。耜，圓鍬鋤犁之類起土之農具。古以木為之，後世則以鐵為之。揉，以火烘木使曲直合宜。耒，耜柄。《周易折中》引蔡淵曰：「耜，耒首也，斷木之銳而為之。耒，耜柄也。揉木使曲而為之。」考

《禮記・月令・季冬之月》：「脩耒耜，具田器。」孔穎達《禮記正義》：「田器，鎡錤之屬。何胤云：『鎡，今之鋤頭。』」

❸耒耨之利，以教天下，蓋取諸益

韓康伯《注》僅云：「制器致豐，以益萬物。」耒耨可以興利獲益，其所取於益卦者，惟此而已。《淮南子・氾論》：「古者民剡耜而耕，摩蜃而耨，木鉤而樵，抱甀而汲，民勞而利薄；後世為之耒耜耰鉏，斧柯而樵，桔皐而汲，民逸而利多焉。」韓云致豐益物，殆亦民逸利多之意。朱熹《本義》云：「上入下動，天下之益，莫大於此。」而《朱子語類》則指出「蓋」為傳疑之詞，曰：「蓋取諸益等蓋字，乃模樣是恁地；蓋字便是一箇半間半界底字。」吳澄《易纂言》：「教天下者，古未有粒食，神農始教民稼穡者也。益之二、三、四互坤，地也。上巽二陽象耒之自地上而入；下震一陽象耜之在地下而動也。」據〈說卦〉所言「巽，入也」、「震，動也」、「坤為地」，而作說明，頗有形象趣味。

語譯

包犧氏死後，神農氏興起，砍削樹木製作鋤頭，烤烘木棍製作直直的鋤柄。用鋤、犁之類的利器，來教天下人民從事農耕，大概是從益卦巽入坤地，震動泥土，取得的靈感吧！

三陳九卦（益）

益，德之裕也❶。……益，長裕而不設❷。……益以興利❸。

注釋

❶益，德之裕也

三陳九卦，此初陳，釋卦名益之義。《集解》引荀爽曰：「見善則遷，有過則改，德之優裕也。」依〈象傳〉以釋，而以裕為優裕。韓《注》：「能益物者，其德寬大也。」以益為益物，裕為寬大。張栻《南軒易說》：「益者，日益以增而進，故綽然有餘也。」以裕為綽有餘裕。陸九淵《象山先生全集．語錄》：「善日積則寬裕，故曰：益，德之裕也。」以益為善日積，裕為寬裕。吳澄《易纂言》：「益者，增益，謂充長其善端也。裕，如加厚其衣也。」案：《說文》：「裕，衣物饒也。从衣，谷聲。《易》曰：『有孚，裕无咎。』」吳澄釋裕字尚可商。總之，益兼益己之德與助益萬民萬物二義；裕則為寬大豐裕也。

❷益，長裕而不設

此再陳，就其兩端而明卦之性質。設，有二解。其一，依《說文》：「設，施陳也。」引申為造作、虛設、侈大不實。其二，取設限之意。韓《注》：「有所興為，以益於物，故曰長裕。以物興務，不虛設也。」《橫渠易說》：「益必實為有益，如天之生物，長必裕之，非虛設也。」《南軒易說》：「天下之益，有心為之，此出於作為，所以為設也。人君之益天下，天地之益萬物，長之裕之，皆貴於不設，因其自然可也。」陸九淵〈語錄〉：「益者，遷善以益己之德，故其德長進而寬裕。設者，侈張也，有侈大不誠實之意。如是則非所以為益也。」釋設字皆採造作、虛設、侈張不實之義。而《集解》引虞翻曰：「謂天施地生，其益无方；凡益之道，與時偕行；故不設也。」其益无方，於地不設限也；與時偕行，於時不設限也。《郭氏傳家易說》記白雲曰：「天施地生，其益无方，長裕不設也。不設者，不居於一方也。」虞翻、郭雍，則取設限之義。

❸益以興利

此三陳，推卦之用。《集解》引荀爽曰：「天施地生，其益无方，故興利也。」孔穎達《正義》：「既能益物，物亦益己，故興利也。」陸九淵〈語錄〉：「益以興利，有益於己者為利。天下之有益於己者莫如善。君子觀《易》之象而遷善，故曰興利。」

語譯

修養自己，照應別人，這是德性的豐沛。……修養自己，照應別人，使生命充實偉大，卻不矯柔造作，而且沒有偏限。……修養自己，照應別人，為世界興起一番福利。

序卦傳

損而不已必益，故受之以益❶。

注釋

❶損而不已必益，故受之以益

這仍然是依據《周易》消息盈虛，周流變易的思想，說明事物發展進化中損極必益逆轉變化的現象。《老子・五十八章》：「禍兮福之所倚，福兮禍之所伏。」《孟子・告子下》：「生於憂患而死於安樂。」都是對此類現象的體會與描述。我在乾卦上九爻辭「亢龍有悔」等條，以及否卦卦辭等條，言之頗詳，請參閱。《集解》引崔憬曰：「損終則弗損益之。」程《傳》：「盛衰損益如循環，損極必益，理之自然，益所以繼損也。」朱震《漢上易傳》：「消久則息，損而不已者必益。損益相反也，故次之以益。」此等循環消息之說，須置之於進化論中，始得其真。熊十力《讀經示要》：「世運否泰迭乘，由其後後、返觀前前，雖常在進化之中。而每一進化之階段，有其泰運，即不能無否運之微伏，而將乘隙以著；有其否運，即亦不能無泰運之微萌，而將乘時以盛。世運進化，似有若干階段之殊，而每一階段中，各有其所謂否或泰。即最後達於吾人理想之大同世界，恐亦不能長泰而無否，或既否而不復泰。」已有此意。我每喜言麥哲倫率隊環球航海一周，並未回到西班牙原出發地。其意非謂麥哲倫在菲律賓為土人所殺，謂其船隊返抵歐洲之時，其地人民地貌已非當日年齡、見識，與建築、形貌也。亦此意耳。《集解》引熊良輔曰：「損益二卦，皆以損陽益陰為義。損自泰來者也；益自否來者也。天下之理，未有泰而不否，否而不泰；亦未有損而不益，益而不損者。故泰居上經十一卦，而損居下經十一卦。泰否損益為上下經之對；後天序《易》，其微意蓋可識矣。」胡一桂《周易啟蒙翼傳》：「蹇解而後，損益次之者，咸十卦變之盡為損，而艮上兌下；恆十卦變之盡為益，而巽上震下。亦猶上經乾坤十變而有否泰也。」於此可見損益在下經為樞紐，猶否泰在上經為樞紐也。而泰九三曰「无平不陂，无往不復」，上六曰「城復于隍」；否上九曰「傾否，先否後喜」：所以示泰否演變之漸。損九二、上六兩言「弗損益之」，益上九曰「莫益之，或擊之」，亦所以示損益演變之漸也。

語譯

減損、犧牲、壓抑，長久持續下去，必定轉變為增添、富足、興盛，所以接在損卦後面的，是益卦。

雜卦傳

損益，盛衰之始也❶。

注釋

❶**盛衰之始也**

龔原《續解易義》：「損之終必益，則損者乃盛之始；益之終必損，則益者乃衰之始。」參閱損卦注釋。

《周易折中》引錢氏志立曰：「損益否泰，為盛衰反復之介，《易》所最重者也。〈雜卦〉於它卦分舉，而損益否泰則合舉之，以明盛衰之無常，反復之甚速也。《周易》自乾坤至否泰十二卦，自咸恆至損益十二卦。」蓋於泰否、損益在《周易》上、下經結構中之重要地位，有所體會也。

語譯

在逐漸損失的過程中，代表逆轉興盛的開始；在不停獲益的情況裡，要警惕將開始衰落了。

初九爻辭

初九❶：利用為大作❷，元吉，无咎❸。

注釋

❶**初九**

在益卦，初九非但得位有應，並且為一卦之主爻。如從損乾上之九四為六四，益坤下之初六為初九而言，初九為受益之主。如從損、益顛倒相綜而言，損上九顛之便為益初九，亦為受益之始。居震下而初動，應巽上之柔順。皆其特質也。在筮法上，當益初爻為老，他爻皆少，即由益之觀䷓；或初爻為少，他五爻皆老，即大壯䷡之益：這兩種情形，都以益初九爻辭占。

❷**利用為大作**

占也。大作，重大的工作，尤指農耕。《國語・周語》記虢文公諫周宣王曰：「民之大事在農。」是也。《集解》引虞翻曰：「大作謂耕播。耒耨之利，蓋取諸此也。」程頤則以大作為「作大益天下之事」。程《傳》：「初九，震動之主，剛陽之盛也。居益之時，其才足以益物。雖居至下，而上有六四之大臣應於己。四，巽順之主。上能巽於君，下能順於賢才也。在下者不能有為也，得在上者應從之，則宜以其道輔於上，作大益天下之事，利用為大作也。」所言已甚詳。

❸**元吉，无咎**

占也。王弼以元吉為无咎之條件。《注》云：「處益之初，居動之始，體夫剛德，以莅其事，而之乎巽，以斯大作，必獲大功。夫居下非厚事之地，在卑非任重之處，大作非小功所濟：故元吉乃得无咎也。」蓋初九本宜潛龍勿用，今利用為大作，非獲大功元吉，不得无咎也。孔《疏》之從弼《注》，固不待言。張載《橫渠易說》亦曰「必元吉乃无咎也」。程頤更據初九、六四互應，進而說明若非元吉，非但為己咎，且連累六四得咎。程《傳》：「居下而得上之用，以行其志，必須所為大善而吉，則无過咎；不能元吉，則不惟在己有咎，乃累乎上，為上之咎也。在至下而當大任，小善不足以稱也，故必元吉然後得无咎。」然以為元吉與无咎為二事者，亦有其人，白雲郭雍是也。其言另詳於〈象傳〉注釋。白雲又以「損益二卦終始相通」，《傳家易說》記其言曰：「損之上九曰：『勿損，益之。无咎，貞吉。利有攸往，得臣无家。』而〈象〉言『大得志』。益之初九言：『利用為大作，元吉，无咎。』蓋所以終『利有攸往』之辭，亦知其『大得志』也。猶之卦辭損自『有孚』，終於『利有攸往』，而益之卦辭以『利有攸往』為始也。」綜合損、益二卦，與損上九、益初九兩爻而論之，亦別有一番見解。

語譯

益卦初位是陽爻。利於發展農耕，以立國本，做出大益天下的事情。開始就大有收穫，不會有差錯；也正因為開始就大有收穫，所以不會有差錯。

象傳

元吉无咎，下不厚事也❶。

注釋

❶下不厚事也

釋爻辭「利用為大作」所以「元吉无咎」之故。下，謂居六爻最下；厚事，勞苦或重大的工作。初九居下，本宜「勿用」，在益因緣際會，雖能大作，居下仍以不厚事為當。弼《注》：「時可以大作，而下不可以厚事，得其時而无其處，故元吉乃得无咎也。」侯果以厚事為厚勞意。《集解》引其言曰：「益之大者，莫大耕植，故初九之利，利為大作。若能不厚勞于下民，不奪時于農畯，則大吉无咎矣！」程頤則以厚事為重大之事。程《傳》：「在下者本不當處厚事，厚事，重大之事也。以為在上所任，所以當大事必能濟大事，而致元吉，乃為无咎。」郭雍則以損益相較，以厚事為鄭重處事而不敢輕忽，並分元吉、无咎為二。《傳家易說》：「下不厚事者，益之初九，非先難之時，故雖在下而不必厚於事，是以直以長裕之道，大有為以益天下，自然元吉无咎也。事如懲忿窒慾損惡之事，固當厚而不敢忽；然德既有成，當利澤天下，非厚事之時也。何以知其德之成？蓋方忿未懲、慾未窒之時，非獨无以致元吉，亦且未能補過而无咎矣。」《周易玩辭》：「初九為成益之主，即損之上九也。二卦因二爻而成，故損之上九為大得志，而益之初九為用大作。特初九在下，難於厚事，不若損上九之易爾。」項安世以益初九即損上九，說同郭雍。相綜之說，來知德之前，虞翻、郭雍、朱震、項安世等，偶亦用以說卦序、卦變。

語譯

開始就大有收穫，所以不會有差錯。對於基層民眾，不要加重他們勞苦的工作；居於基層，也不必擔負如此重責大任啊！

六二爻辭

六二❶：或益之十朋之龜，弗克違❷，永貞吉❸。王用享于帝，吉❹。

注釋

❶六二

當益第二爻為老，他爻皆少，即由益之中孚䷼；或小過䷽第二爻為少，他爻皆老，即小過之益：這兩種情形，都以益六二爻辭占。

❷或益之十朋之龜，弗克違

象也。此句已見損六五爻辭。郭雍嘗以「二卦反對言之，損之五，益之二也」。朱震《漢上易傳》：「益，損之反，益之六二，即損之六五。」吳澄《易纂言》：「益六二即損六五也，故爻辭同。」參見損六五爻辭注。《橫渠易說》：「言損上益下之道，理不可易，人皆信之。雖十朋之龜，亦不能違此道也。」蓋以或益之為一句，十朋之龜弗克違為一句。呂大臨《易章句》：「(損)六五當損下益上之時，以柔中居上；(益六)二當損上益下之時，以柔中居下，天下之益皆歸焉!古者以龜貝為貨，十朋之龜，利益多也。」呂祖謙《東萊易說》：「損下益上為損，損之為卦，上受其益。六五居上體之中，受益之主也。損上益下為益，益之為卦，下受其益。六二居下體之中，受益之主也。」二呂較論損五、益二，其言甚好。

❸永貞吉

占也。六二中正，上與九五相應，故能獲吉；然履柔位卑，故宜永守貞正也。弼《注》：「位不當尊，故吉在永貞也。」重在位卑。程《傳》：「永貞吉，就六二之才而言，二中正，虛中能得眾人之益者也。」

然而質本陰柔，故戒在常永貞固則吉也。……損之六五……元吉者，蓋居尊自損，應下之剛，以柔而居剛，柔為虛受，剛為固守，求益之至善，故元吉也。六二虛中求益，亦有剛陽之應，而以柔居柔，疑從益之未固也，故戒能常永貞固則吉也。」所重在質本陰柔。並較論損五「元吉」與益二「永貞吉」之異同。又益爻辭於初九、九五皆言「元吉」，而六二言「永貞吉」，《周易玩辭》：「損之六五曰元吉，以其履剛而在上也。益之六二曰永貞吉，以其履柔而在下也。初九在下而曰元吉，亦以剛居剛為成卦之主也。九五本自元吉，故曰勿問元吉。初九待元吉而後无咎，故曰元吉无咎，猶損之〈彖辭〉也。」

❹**王用享于帝，吉**

占也。王，人間最高之統治者。用享，用所受「十朋之龜」作祭品供奉。帝，上帝，亦即天帝，主萬物之始生者也。《書．盤庚》：「上帝將復我高祖之德。」《詩．大雅．蕩》：「蕩蕩上帝，下民之辟。」所言上帝皆謂天帝也。考〈說卦傳〉：「帝出乎震，齊乎巽。……萬物出乎震，震，東方也。齊乎巽，巽，東南也。齊也者，言萬物之絜齊也。」益之為卦，震下巽上，故弼《注》益六二云：「帝者，生物之主，興益之宗，出震而齊巽者也。六二居益之中，體柔當位，而應於巽，享帝之美在此。」蓋以〈說卦〉之傳，解益六二之經。又〈彖傳〉云：「大哉乾元，萬物資始。」帝者生物之主，猶萬物資始之乾元。天帝，乾元，其義一也。《集解》引晉人干寶曰：「聖王先成其民，而後致力于神，故王用享于帝。」此義最好。《書．泰誓中》：「惟天惠民，惟辟奉天。」又云：「天視自我民視，天聽自我民聽。」《書．君陳》：「至治馨香，感于神明。黍稷非馨，明德惟馨。」皆此意也。

語譯

益卦陰爻在第二位。有贈送他價值二十大貝的靈龜的，想不接受也不能夠。永守正道常規，定能大有收穫。人間最高統治者用靈龜作祭品供奉天帝，大有收穫。

附錄古義

《蔡邕集・明堂月令論》：「《易》正月之卦曰益。其經曰：『王用享於帝，吉。』〈孟春令〉曰：『乃擇元日，祈穀於上帝。』」

象傳

或益之，自外來也❶。

注釋

❶自外來也

外，猶言外界。六二行合中道，立場正確，又能謙沖自牧。得道者多助，故益自外來也。弼《注》：「以柔居中，而得其位。處內履中，居益以沖。益自外來，不召自至。」程《傳》：「既中正虛中，能受天下之善而固守，則有有益之事，眾人自外來益之矣。」皆得其旨。上九亦言「自外來也」，請參閱。

語譯

有饋贈靈龜的，從外界送來。

六三爻辭

六三❶：益之用凶事❷，无咎❸。有孚中行❹，告公用圭❺。

注釋

❶六三

當益第三爻為老，他爻皆少，即由益之家人䷤；或解䷧第三爻為少，他爻皆老，即解之益：這兩種情形，都以益六三爻辭占。

❷益之用凶事

象也。六三與上九相應，然二爻皆非履中得正者，偏差之行，偶亦不免。故上六之於六三，「莫益之，或擊之」；六三之於上九，遂有「益之用凶事」之感受。且三本多凶，當益下之時，居下之上，在震極而好動，故戒之如此。朱熹《本義》：「六三陰柔，不中不正，不當得益者也。然當益下之時，居下之上，故有益之以凶事者。蓋警戒震動，乃所以益之也。」又《語類》：「益之用凶事，猶言『用降我凶德，嘉績于朕邦。』」引文為《尚書・盤庚下》文。《西遊記》描寫唐三藏歷經九九八十一難，自印度取得佛經，亦可作如此觀。參閱下條注釋。案：《集解》引干寶曰：「固有如桓、文之徒，罪近篡弒，功實濟世。六三失位，而體姦邪；處震之動，懷巽之權：是矯命之士，爭奪之臣，桓、文之爻也。故曰益之用凶事。」以春秋時期齊桓、晉文之事說《易》義。功實濟世，益之也；罪近篡弒，用凶也。異說可供參考。

❸无咎

占也。凶事，在踐仁成聖的路途上，是一項必要的考驗和自我訓練。《尚書・舜典》記載堯曾經把舜「納于大麓，烈風雷雨弗迷」，《孟子・告子下》：「故天將降大任於是人也，必先苦其心志，勞其筋骨，餓其體膚，空乏其身，行拂亂其所為；所以動心忍性，曾益其所不能。」風雨、勞苦、空餓、拂亂，皆是生命之考驗；其結果是「曾益其所不能」。益之以凶事所以无咎者，理由在此。柏拉圖 (Plato, 427–347 B.C.)《理想國》(*Politeia*) 第七章〈教育之實在與影響〉所記蘇格拉底 (Socrates, 469–399 B.C.) 語略謂：哲學家於接受理論教育後，應進入現實社會，體驗實際生活。「在艱苦之現實世界，手破足傷；為獲取麵包，流汗於高貴之額際」。如是十五年之久，歷經磨鍊，累積智慧，則可為國家之統治者。蓋中西哲人所見略同也。

❹ 有孚中行

象也。孚，謂誠信，帛書字作「復」；中行，行為合乎中道。程《傳》：「雖當凶難，以義在可為；然必有其孚誠，而所為合於中道，則誠意通於上，而上信與之矣。」所言可從。案：《易》例以二、五為中，蓋二居下卦之中，五居上卦之中故也。然三、四亦有稱中者，如屯䷂六三爻辭：「即鹿无虞，惟入于林中。」泰䷊六四〈象傳〉：「不戒以孚，中心願也。」復䷗六四爻辭：「中行獨復。」豐䷶九三爻辭：「日中見沬。」九四爻辭：「日中見斗。」又大過䷛〈象傳〉：「剛過而中。」指二、三、四、五也。吳澄《易纂言外翼》：「以三畫卦言，初、四為初，二、五為中，三、上為終；以六畫卦言，初、二為初，三、四為中，五上為終。」益六三、六四皆言「中行」，亦六畫卦之爻例也。惟亦有以三、四不中，故戒其應「中行」者。程《傳》下文又云：「三陰爻而不中，故發此義。」朱熹《本義》：「六三陰柔，不中不正，……戒以有孚中行。」提供作再思之資。又案：高亨《周易大傳今注》：「中行似為人名，似即微子之弟仲衍。」且以「中行告公用圭」為一句。王弼亦如此斷句。

❺ 告公用圭

公，爵位名。次於王，而居公、侯、伯、子、男，五爵之首。益卦所言之「公」，為公國之君主。圭，玉製禮器，字亦作「珪」。告公用圭，言其恭謹也。弼《注》：「公者，臣之極也。凡事足以施天下則稱王；次天下之大者則稱公。六三之才不足以告王，足以告公，而得用圭也。」程《傳》：「圭者，通信之物。

《禮》云：『大夫執圭而使，所以申信也。』凡祭祀朝聘用圭玉，所以通達誠信也。」《禮》，指《禮記》，引文在〈郊特牲〉篇。案：六三爻辭大義，《折中》嘗引張振淵曰：「益不以美事而以凶事，如投之艱難，置之盤錯，警戒震動之謂也。无咎，言可因是而遷善補過也。下二句，正言其所以无咎。有孚者，滌慮洗心，誠於體國而不欺；中行者，履正奉公，合於中道而不悖。即此便是上通於君處。猶告公而用圭，以通信者然。」所言句句相貫，最為暢達。張振淵，明人，著有《周易說統》。

語譯

益卦陰爻居第三位。用凶險危難來考驗，以此種方式來訓練他，幫助他，不會有差錯的。心存誠信，行為合乎中道，像手捧著玉珪向國公報告那樣恭敬、謹慎，執行除凶解難的任務。

象傳

益用凶事，固有之矣❶。

注釋

❶固有之矣

固字有二義：一作「原本」解，一作「穩固」解。弼《注》：「用施凶事，乃得固有之也。」等於無注。程《傳》語意模稜。既曰：「六三益之，獨可用於凶事者，以其固有之也。」似取原本義；又曰：「謂專固自任其事也。」似取穩固義。游酢《定夫易說》：「三居下體之上，當震動之極；不用凶事，則高而危，滿而溢矣，非固有之道也。」《折中》引龔煥曰：「益之以凶事，雖曰災自外來，而己乃受益。乃其己分之所固有者，非自外來也。」取原本之義。惟游曰「非固有」，龔曰「乃己所固有」，理解仍有不同。孔《疏》：「施之凶事，乃得固有其功也。」朱熹《本義》：「益用凶事，欲其困心衡慮，而固有之也。」則取穩固之義。個人以為二義可以互補。益卦損上益下，六三在震下，本當受益；而三多凶，其受打擊，亦本不能免。總須以凶事為對己身之磨鍊，方能動心忍性，增益其所不能。

語譯

用凶險危難的考驗來幫助他成長。凶險危難，人生固不能免；總須堅持信念，堅定克服。

六四爻辭

六四❶：中行，告公從❷；利用為依遷國❸。

當益第四爻為老，他爻皆少，即由益之无妄䷘；或升䷭第四爻為少，他爻皆老，即升之益：這兩種情形，都以益六四爻辭占。

注釋

❶六四

❷中行，告公從

占也。謂以中道之行，上告於公，公必從之也。六四在益卦巽上之始，柔順而得位，能以中道行事者也。又上承九五，下應初九，既獲君之信任，又得民心之應，故告公公從之也。中行，或以為嘉勉或警惕之辭。弼《注》：「居益之時，處巽之始；體柔當位，在上應下；卑不窮下，高不處亢；位雖不中，用中行者也。以斯告公，何有不從？」嘉勉之也。程《傳》：「四當益時，處近君之位，居得其正。以柔巽輔上，而下順應於初之剛陽，如是可以益於上也。唯處不得其中，而所應又不中，是不足於中也。故云：若行得中道則可以益於君上，告於上而獲信從矣。」朱熹《本義》：「三四皆不得中，故皆以中行為戒。此言以益下為心，而合於中行，則告公而見從矣。」警惕之也。且皆以二、五為中，三、四非中也。朱震《漢上易傳》：「三四中位。六四當位以益下，四之初，其中下行，故曰中行。益人者以中道行也。」吳澄《易纂言》：「中者，六畫卦中之位也；行者，與初九畫互易而居其位也。九陽自上益下，而下居初；六陰自下受易而上居四。六四與初九為應，而交相為益者。苟有所不足，則於中路告公而公從之也。三四二爻皆中。

中行告公，謂居六畫卦中之位，不親造公所，而使人告也。四與初正應，故其告公也，公從其所告；三與初非正應，又非近比，故其告公也，必因六二為圭以通其信，不敢必其從也。故三不言從，而四不言用圭也。」朱震、吳澄則皆以三、四為中，且皆以卦自否來，四與初易位而成益。且中行告公，事出必然。吳澄辨六四「告公從」與六三「告公用圭」之異尤詳。案：程頤、朱熹、王夫之等，亦嘗以損卦由泰卦變來，益卦由否卦變來，損、益兩卦卦名注釋等處已言及。而朱震，吳澄等，亦嘗以損、益倒轉相綜說卦變，參見六二爻辭「或益之十朋之龜弗克違」之注釋。《易》變非一，條條大路通羅馬，亦無須必求其一致也。

❸利用為依遷國

占也。依，帛書作「家」；國，《集解》作「邦」。利用為依，利以中道之行，並以告公順民為依歸；遷國，徙其國都也。孔穎達《正義》：「六四居益之時，處巽之始，柔當位，在上應下。卑不窮下，高不處亢，位雖不中，用中行者也。故曰中行也。以此中行之德，有事以告於公，公必從之，故曰告公從也。用此道以依人而遷國者，人无不納，故曰利用為依遷國也。」依弼《注》釋義甚明。胡樸安《周易古史觀》：「利用為依遷國者，依其服事之心，告而後遷也。《史記・周本紀》：伐邘，伐崇侯虎，而作豐邑，自岐下而徙都豐：是其事也。」引《史記》以為「依遷國」為西伯（文王）事，其言史事較可信。

語譯

益卦陰爻居第四位。以適中恰當的行為，報告國公，國公一定會聽從的。宜以這種中道為依歸，從事遷都利民的任務。

象傳

告公從，以益志也❶。

注釋

❶以益志也

程《傳》：「告之以益天下之志也。志苟在於益天下，上必信而從之。事君者不患上之不從，患其志之不誠也。」《漢上易傳》：「六四告公而從，能遷其國者，以益民為志，公信之也。」所言甚明。

語譯

報告國公要遷都而國公聽從，因為都以造福人民為志趣啊！

九五爻辭

九五❶：有孚惠心❷，勿問元吉❸；有孚惠我德❹。

注釋

❶九五

王弼《注》以九五為「益之主」。《周易折中・義例》云：「凡所謂卦主者，有成卦之主，有主卦之主焉。……益以損上卦下畫，益下卦下畫為義，則六四、初九，成卦之主也；然損上益下者，君施之而臣受之，故九五、六二為主卦之主。」在筮法上，當益第五爻為老，他爻皆少，即由益之頤䷚；或大過䷛第五爻為少，他爻皆老，即大過之益：這兩種情形，都以益九五爻辭占。

❷有孚惠心

象也。惠，施利也。猶《論語・堯曰》「惠而不費」之惠。《論語》嘗記子張問「從政」，子曰「尊五美屏四惡」。五美首即「惠而不費」，子曰：「因民之所利而利之，斯不亦惠而不費乎？」可移此作注腳。有孚惠心，謂九五之君施利與人民之心，具有誠信也。弼《注》：「得位履尊，為益之主者也，為益之大，莫大於信；為惠之大，莫大於心。因民所利而利之焉，惠而不費，惠心者也。」案：九五於「得位履尊」外，且與六二皆能中正互應。伊川已如此說，參見下注。

❸勿問元吉

王弼以為「固不待問而元吉」，見《注》。程頤承之，程《傳》：「五剛陽中正居尊位，又得六二之中正相應，以行其益，何所不利？以陽實在中，有孚之象也。以九五之德之才之位，而中心至誠在惠益於物，其至善大吉，不問可知。故云勿問元吉。」呂祖謙則以為「但誠不須問」。《東萊易說》：「益九五有孚，人君但誠心惠民，不須問民之感。如此，然後元吉，民皆交孚而惠君之德也。苟惠民而先問民之感與不感，是計功利，非誠心惠民者也，安能使民之樂應乎？梁惠王徒有移民之小惠已，遽問孟子以鄰國之民不加少，寡人之民不加多：此不知勿問之理也！」陳義益高。

❹有孚惠我德

象也。言人民以我君之德為恩惠，因而惠我君以德，亦必具誠信也。弼《注》：「以誠惠物，物亦應之，故曰有孚惠我德也。」即取民亦能惠我君以德之義。程《傳》：「人君至誠益於天下，天下之人无不至誠愛戴，以君之德澤為恩惠也。」則取民以我君之德為恩惠之義。二義可互補。《折中》引蔡清曰：「惠心，惠下之心也；惠我德，下惠我之德也。而皆有孚，上感而下應也。有孚之施於下者，在我只為心；自下之受此施者，目之則為德矣：實非有二也。」辨析「惠心」、「惠我德」之感應關係，而強調「有孚」。又引鄭維嶽曰：「損之六五，受下之益者也；益之九五，益下者也。損六五受益而獲元吉；益九五但知民之當益而已，勿問元吉也，此惠心之出於有孚者也。然上雖不望德於民，而民固德其惠矣。其德其惠，亦出於有孚也。故曰王道本於誠意。」辨析損五與益五之異同，亦強調「有孚」。

語譯

益卦陽爻居第五位。九五之君施惠給人民的心是真實具有誠信的，不須占問，本來就大有收穫；人民真實地感受到國君的恩德，也真實地以德報答國君。

象傳

有孚惠心，勿問之矣❶；惠我德，大得志也❷。

注釋

❶勿問之矣

爻辭言「勿問元吉」，其心猶關注於元吉，不能無住。住者，關注、固執之謂也。〈象傳〉但言「勿問之矣」，則一切放下矣。程《傳》：「人君有至誠惠益天下之心，其元吉不假言也。」《傳家易說》記白雲曰：「勿問者，有孚惠心，无所擇也。猶〈象〉言『天施地生』而曰『无方』；〈繫辭〉言益之『長裕』而曰『不設』，皆无限極之意。」更將「勿問」與「无方」、「不設」聯繫，以為有「无限極之意」云。

❷大得志也

程《傳》：「天下至誠懷吾德以為惠，是其道大行，人君之志得矣。」案：〈象傳〉於損上九，亦曰「大得志也」。郭雍嘗較論之。《傳家易說》嘗記其言曰：「損之上九言大得志，蓋自損得益而為得志也；此言大得志，蓋君子有惠天下之志，至於天下信而懷其德，是為大得志之時也。孔子曰：『老者安之，朋友信之，少者懷之。』九五之謂也。」孔子語，見《論語・公冶長》。

語譯

國君施惠給人民的心，他的真實與誠信，是不須占問的了；人民感受到國君的德政，同時以德報答國君，為國家人民謀福利的志趣就大大成功了。

上九爻辭

上九❶：莫益之，或擊之❷。立心勿恆，凶❸。

當益上爻為老，他爻皆少，即由益之屯䷂；或鼎䷱上爻為少，他爻皆老，即鼎之益：這兩種情形，都以益上九爻辭占。

注釋

❶上九

❷莫益之，或擊之

象也。「之」，稱代詞。所稱代者，或以為「六三」，或以為「上九」。在益卦，上九本應下益六三，但六三於損上益下之際，未能履中得正，又處震動之頂，有求益無厭之嫌。而上九為益卦上爻，猶乾之亢龍；損上已至極，物極必反，不甘再損己益人矣；且己亦非中非正，有極端偏頗之行。職是之故，非但未益待六三，竟打擊六三。朱震《漢上易傳》：「上九益之極，有不益者矣；上當益三，而莫益之。」蓋以上九莫益六三也。然前哲注《易》者，多主「之」為「上九」。王、孔、程、朱熹皆然。孔《疏》：「上九處益之極，益之過甚者也。求益無厭，怨者非一，故曰莫益之或擊之也。」程《傳》：「上居无位之地，非行益於人者也。以剛處益之極，求益之甚者也。所應者陰，非取善自益者也。利者，眾人所同欲也。專欲益己，其害大矣。欲之甚，則昏蔽而忘義理；求之極，則侵奪而致仇怨。故夫子曰：放於利而行多怨。孟子謂：先利則不奪不饜。聖賢之深戒也。九以剛而求益之極，眾人所共惡，故无益之者，而或攻擊之矣。」皆主莫益上九也。二說可以互補。「或」，朱熹有說。《朱子語類》：「問或擊之，先生曰：或字，眾无定主之辭，言非但一人擊之也。」

❸立心勿恆，凶

占也。《漢上易傳》：「上九莫益之，持其心不以相益為恆，如是則凶矣。」以上九莫益六三，是其為益之心無恆，故凶。此一說也。《橫渠易說》：「體剛質巽，志應在下，位亢於上，故立心勿恆。」指明志、位之矛盾，以至立心勿恆，但未言何以凶。程《傳》：「立心勿恆，凶。聖人戒人存心不可專利，云勿恆如是，凶之道也，所當速改也。」說凶之故仍未詳。《傳家易說》記白雲曰：「夫以乾之健，猶有姤；以坤之順，猶有復。物之所不能免者。當是時也，戰戰兢兢，如臨深淵，如履薄冰，尚懼不免於擊；況立心勿恆之人乎，其凶宜矣！」以周流變易說之，而勉人戒懼。以上三家所說，皆以立心勿恆凶者，上九也。此另一說也。

語譯

益卦最上面一爻是陽爻。不肯再幫助別人，甚至有時還打擊別人；於是別人也不願幫助他，有時還打擊他。為人民造福的心，立志不堅，沒有恆心，會有損失的。

象傳

莫益之，偏辭也❶；或擊之，自外來也❷。

注釋

❶偏辭也

是偏頗片面不能概全之辭。弼《注》：「處益之極，過盈者也；求益无已，心无恆者也；无厭之求，人弗與也；獨唱莫和，是偏辭也。」以為偏辭是獨唱莫和之辭，由過盈、无恆，人所弗與造成。程《傳》：「云莫益之者，非其『偏己』之辭也。苟不偏己，合於公道，則人亦益之，何為擊之乎！」以為偏辭為只顧自己的片面之辭。《傳家易說》記白雲曰：「偏辭者，言莫益之之辭。謂一偏於求益不已，不知持滿之戒，故至於極而莫之與，是所以謂之偏也。」以為偏辭是一偏於求益之辭。說理皆甚好，而釋「偏辭」皆未妥。惟《漢上易傳》：「一偏之辭不知道之大全也。」言簡意賅，釋「偏辭」詞義最善。《孟子・公孫丑上》：「詖辭知其所蔽。」此言「偏辭」，殆如孟子所謂「詖辭」，偏頗而有所蔽之言辭。

❷**自外來也**

謂招致外來之攻擊也。《疏》：「怨者非一，不待召也，故曰自外來也。」疏不破注，全承弼意。程《傳》：「既求益於人，至於甚極，則人皆惡而欲攻之，故擊之者自外來也。人為善，則千里之外應之，六二中正虛己，益之者自外而至，是也；苟為不善，則千里之外違之，上九求益之極，擊之者自外而至，是也。」言之甚詳，且與六二較論。《折中》案云：「損上以處損之終，自損之極，而得益為義；此爻以處益之終，自益之極，而得損為義。」則較論損上與益上，以明周流變易之大義。

語譯

在益卦卻不肯幫助別人，任何藉口都是偏頗片面之辭；甚至攻擊別人，於是招惹來外界的攻擊。

繫辭傳下

子曰：「君子安其身而後動❶，易其心而後語❷，定其交而後求❸：君子脩此三者，故全也❹。危以動，則民不與也❺；懼以語，則民不應也❻；无交而求，則民不與也❼；莫之與，則傷之者至矣❽。《易》曰：『莫益之，或擊之。立心勿恆，凶。』❾」

注釋

❶君子安其身而後動

安，相對於「動」，是安定；相對於「危」，是安全。如何獲致立身的安定與安全？司馬光《溫公易說》：「眾附身安，乃能兼人。」以為居高層者應取得群眾支持。張栻《南軒易說》：「身不安則存諸己未定，孰能為人乎？故安其身而後動可也。」則強調自己立身安定之重要。王夫之《易內傳》：「安其身，自處有道，而不行險以儌幸也。」重點亦在自處有道。綜此三家之言，居高層者，必先自明明德，自處有道，則存諸己者定；然後親民而能眾附身安：合內外，通上下，可以安身而動矣！

❷易其心而後語

易，平易，平常。易其心，使其心平易，具有平常心。《溫公易說》：「彼不我疑，言則見信。」《南軒易說》：「心不易則是非毀譽懷於胷中，而與之交戰，能無懼乎？故易其心而後語可也。」船山《易內傳》：「易其心，不以極喜極憂而迫於言也。」此在《大學》，為「正心脩身」之工夫。《禮記・大學》：「所謂脩身在正其心者，身有所忿懥，則不得其正；有所恐懼，則不得其正；有所好樂，則不得其正；有所憂患，則不得其正。心不在焉：視而不見，聽而不聞，食而不知其味。此謂脩身在正其心。」

❸定其交而後求

《溫公易說》：「先施恩德，無求不獲。」蓋取《中庸》「所求乎朋友先施之」意也。《南軒易說》：「交不定則好惡異尚而情不通，孰肯應乎？故定其交而後求可也。」求，要求，尤指領導階層對人民的要求，如納稅、服役、守法等等。

❹**君子脩此三者，故全也**

全，司馬光云「無失」，程頤曰「完善」：是也。《傳家易說》記白雲郭雍曰：「君子慎於持滿之戒，脩此三者，以保其常全，蓋懼益之極也。」於益上九所以如此說，有所解釋。《漢上易傳》：「所謂全者，合我與人而為一也。動而與之者，安其身而後動也；語之而應者，平其心而後慮也；求而與之者，定其交而後求也。三者得，故能以天下為一家，中國為一人。故曰：君子脩此三者，故全也。」闡發益詳。

❺**危以動，則民不與也**

危，相對於上文「安其身」，指身不自安。與，參與。《溫公易說》：「身不能自安，他人其誰附之！」《周易玩辭》：「危以動則民不與，黨與之與也。」

❻**懼以語，則民不應也**

懼，相對於上文「易其心」，指恐懼，而缺乏平常心。應，響應，應與。《周易玩辭》：「以易對懼，則義可見矣。直者其語易，曲者其語懼。」《大學》所謂「有所恐懼則不得其正」也。語曲而不得正，民焉能應之！

❼**无交而求，則民不與也**

交，交情；與，給與。《溫公易說》：「交者，恩將往來之謂也。己無施于人，而欲望人之施，人誰與之哉！」《周易玩辭》：「无交而求則民不與，取與之與也。」

❽**莫之與，則傷之者至矣**

此與字，兼上文參與、應與、給與三義。《溫公易說》：「忿其貪妄。」《傳家易說》記白雲曰：「益道未極，則人必與之；人與之，則益日至。益道既極，則人必莫之與；莫之與則莫之益也：故傷之者必至。」

❾**《易》曰：「莫益之，或擊之。立心勿恆，凶。」**

此引益上九爻辭原文，以為先師孔子之言，即以釋此。蓋位居最高層級者，倘德政不施，無以益民，則己危懼無交，而民亦莫之與。益之初本曰「元吉无咎」，上九「莫益或擊」者，「立心勿恆」故也，其「凶」必矣。張浚《紫巖易傳》：「益上九立心勿恆，旋致或擊之凶。夫子以是繫之辭，蓋曰天下之禍，常起於動作、語言、用舍之間，有國有邦者，不可不慎也。」《漢上易傳》：「離而為二，物物成敵，莫或與之，擊之者至矣。故曰立心勿恆凶。勿恆者，不一之謂也。」

語譯

孔子說：「君子先使自己平靜安定然後行動，先使自己平易近人然後講話，先穩固彼此交情然後才可以有所要求：君子學會這三項本領，才能完善無失地與人民合為一體。身不自安卻貿然行動，那麼人民就不願參與；身懷恐懼卻宣布政令，那麼人民就不會答應；與人民沒有交情卻有所要求，那麼人民就不肯付出：人民不願參與、不會響應、不肯付出，那麼攻擊與傷害就會來到了。所以《易經》上說：『不肯再幫助別人，甚至有時還打擊別人；於是別人也不願幫助他，有時還打擊他。為人民造福的心，立志不堅，沒有恆心，會有損失的。』」

夬卦經傳通釋第四十三

卦辭

䷪乾下兌上 夬❶：揚于王庭，孚號：「有厲！」❷告自邑：「不利即戎，利有攸往。」❸

注釋

❶䷪乾下兌上夬 是抉、決、玦、缺、訣、趹等字的字根，有剔除、潰決、玦絕、破缺、訣別、跛腳等意。《荀子・大略》：「聘人以珪，問士以璧，召人以瑗，絕人以玦，反絕以環。」玦如環而缺，形如◯，暗示訣別、絕交。夬卦六爻下五爻皆陽而實，獨上爻陰而虛，與玦類似。〈彖傳〉云：「夬，決也，剛決柔也。」〈序卦傳〉曰：「夬者，決也。」〈雜卦傳〉言：「剛決柔也。」釋夬為決，實取剔除決去之意。就六爻消息言，自復卦䷗一陽初生，至夬五陽，僅餘一陰，勢必剔除。就乾下兌上二體言之，乾為天，兌為澤，澤上於天，必至潰決。就六十四卦卦序言，夬卦接在益卦䷩之後。益極則溢，故亦有潰決之虞。然潰決而水分流，復歸於和諧矣。李鼎祚《周易集解》引鄭玄曰：「夬，決也。陽氣浸長至于五。五，尊位也，而陰先之，是

猶聖人積德說天下，以漸消去小人，至于受命為天子，故謂之夬。」是以陽息陰消說之。又引虞翻曰：「陽決陰，息卦也。剛決柔，與剝旁通。」除消息外，更以與剝卦䷖旁通說之。夬卦是陽決去陰；剝卦是陰剝去陽。及王弼作《周易注》，曰：「夬與剝反者也。剝以柔變剛，至於剛幾盡；夬以剛決柔，如剝之消剛。剛隕則君子道消；柔消則小人道隕。」蓋綜合鄭玄、虞翻之《注》，更參〈雜卦傳〉之說而云然。程《傳》：「夬，〈序卦〉：『益而不已必決，故受之以夬。夬者，決也。』益之極必決而後止，理无常益。益而不已，已乃決也，夬所以次益也。為卦兌上乾下。以二體言之，澤水之聚也，乃上於至高之處，有潰決之象。以爻言之，五陽在下，長而將極，一陰在上，消而將盡，眾陽上進，決去一陰，所以為夬也。夬者，剛決之義；眾陽進而決去一陰，君子道長，小人消衰，將盡之時也。」先引〈序卦傳〉以明夬之義，復言夬卦兌上乾下，有潰決之象；復以六爻說之，有眾陽決去一陰之象。其說後出轉密。就筮法言，當夬六爻皆少，也就是本卦、之卦都是夬；或剝䷖六爻皆老，也就是剝之夬：這兩種情形，都以夬卦辭占。

❷揚于王庭，孚號：「有厲！」

吳澄以為「揚于王庭，孚號」皆象，「有厲」占也。高亨則以為此八字連下文「告自邑」共十一字，皆記事之辭。帛書「揚」作「陽」，「庭」作「廷」，「孚」作「復」。《集解》引鄭玄曰：「揚，越也。五互體乾，乾為君，又居尊位，王庭之象也。陰爻越其上，小人乘君子，罪惡上聞于聖人之朝。故曰『夬，揚于王庭』也。」蓋以上六小人踰越其身分，僭居朝廷之上也。程《傳》：「小人衰微，君子道盛，當顯行之於公朝，使人明知善惡，故云『揚于王庭』。孚，信之在中，誠意也。號者，命眾之辭。君子之道雖長盛，而不敢忘戒備，故至誠以命眾，使知尚有危道。」則以揚為宣揚上六之惡，坦誠號令使民知危也。鄭、程之說，可作參考。楊萬里《誠齋易傳》：「此舜舉十六相去四凶，周公與十夫去三監之時也。」以周公之去三監史事說《易》，亦頗可取。考《尚書・西伯戡黎》：「西伯既戡黎，祖伊恐，奔告于王，曰：『天子，天既訖我殷命。』」云云。言周文王尚為殷之西伯時，平定驪戎，殷賢臣祖伊奔告其王帝辛（紂），言此為殷天命將終之徵。似於史實更切。

❸告自邑：「不利即戎，利有攸往。」

吳澄以「告自邑」為象，以下皆占。高亨亦以「不利即戎利有攸往」為占。即戎，謂立即採取軍事行動。《集解》引干寶曰：「殷民告周以紂无道。」蓋援史解《易》也。案：夬卦卦辭當分兩節看。揚于王庭，孚號有厲者，為被夬者言；而告自邑，不利即戎，利有攸往者，為夬者言。來知德《周易集註》：「揚于王庭，孚號有厲，皆指上六小人。……告自邑者，告同類之陽也，如言告于本家之人也。……不即戎，不尚武勇也。……方利有攸往而小人可決矣！」已見及此。考《史記・周本紀》略云：「武王即位，九年，東觀兵，至于盟津，諸侯不期而會盟津者八百，皆曰：『紂可伐矣。』武王曰：『未可也。』紂昏亂暴虐滋甚。十一年，武王乃作〈太誓〉告于眾庶，共行天罰。諸侯兵會者，車四千乘，陳師牧野。帝紂亦發兵七十萬人距武王。紂師皆倒兵以戰，畔紂。紂走反入，登于鹿臺之上，自燔于火而死。」諸侯皆曰紂可伐矣，告自邑也；武王曰未可，不利即戎也；二年之後陳師牧野，利有攸往也。舊註無如此說者，故未多引；而前所引，亦非如此說，僅供參考而已。再案：泰䷊上六爻辭云：「城復于隍，勿用師，自邑告命，貞吝。」與夬卦辭頗有近似處。蓋泰、夬皆陽長陰消之卦故也。

語譯

三畫的乾卦在下，三畫的兌卦在上，重疊而成六畫的夬卦。夬，有決裂、消除等意思。夬卦下面的陽爻一步一步地向上逼進，於是有人在王庭公布真相，信實地呼喊說：「國家有危險了！」但是地方上的領導者聽了地方上的報告之後，慎重地表示：「不適宜立即採取軍事行動，只應當隨著形勢，有所前進。」

附錄古義

《漢書・藝文志》：「《易》曰：『上古結繩以治，後世聖人易之以書契，百官以治，萬民以察：蓋取諸夬。』『夬揚於王庭；』言其宣揚於王者朝廷，其用最大也。」

〈說文解字序〉：「黃帝之史倉頡，見鳥獸蹏迒之迹，知分理之可相別異也，初造書契。百工以乂，萬品以察：蓋取諸夬。『夬揚于王庭』，言文者宣教明化於王者朝廷，君子所以施祿及下，居德則忌也。」

彖傳

夬，決也，剛決柔也。健而說，決而和❶。揚于王庭，柔乘五剛也❷。孚號有厲，其危乃光也❸。告自邑，不利即戎，所尚乃窮也❹。利有攸往，剛長乃終也❺。

注釋

❶夬，決也，剛決柔也。健而說，決而和

此釋卦名。夬，羅振玉《殷虛書契前編》一、三、四所錄貞人有「□」者，徐中舒《甲骨文字典》云：「□之□實象玦形，為環形而有缺口之玉璧，以兩手持之會意，為玦之本字，從玉為後加義符。」《說文解字》：「□，分決也。从又，□象決形。」朱駿聲《說文通訓定聲》：「按：本義當為引弦彄也。从又，□象彄，丨象弦，今俗謂之扳指，字亦作觖。」《說文》又有：「抉，挑也。」「玦，玉佩也。」「缺，器破也。」「𩫐，城缺也。」「決，行流也。」其初文皆為夬，左文皆後加義符也。〈彖傳〉「夬，決也」，決取堤決而水行流之意。謂之為挑剔，玉玦，破缶，缺城，亦無不可。「剛決柔」者，言夬卦下之五陽合力剔除上六之柔也。「健而說」，以乾下兌上二體言之。乾下為健，兌上為悅。「決而和」，弼《注》：「健而說，則決而和。」《郭氏傳家易說》記白雲曰：「有乾之健故能決，有兌之說故能和。」可從。案：以剛決柔，自應行健不息，然宜出之以悅，務求陰雖被決去，而不失陰陽之和。朱震《漢上易傳》：「健者，乾也，以決而和；說者，兌也，健而說。諸理決而不失其和，非亢暴忿疾以力勝之，決之至善者也。古之人退人以禮，其用刑至於殺之而不怨，所以異於刑名家也。彼嚴而少恩，敢於殺以失人之情，豈知健決有和說之義！故曰：健而說，決而和。此合二體言夬之才也。」已含此意。

❷**揚于王庭，柔乘五剛也**

弼《注》：「剛德齊長，一柔為逆，眾所同誅而无忌者也，故可揚于王庭。」程《傳》：「揚于王庭，柔雖消矣，然居五剛之上，猶為乘陵之象。陰而乘陽，非理之甚，君子勢既足以去之，當顯揚其罪於王朝大庭，使眾知善惡也。」舊註大抵如此。與我對卦辭之注釋，有所扞格。或〈彖傳〉對卦辭之詮釋，未必全是；或我之注釋，亦未必全確。讀者須自思之。以下各注準此。

❸**孚號有厲，其危乃光也**

光，顯明之意。王引之《經義述聞》：「《易》言『光』者，有二義。有訓為光輝者，有當訓為廣大者。」而此「其危乃光」之光則訓廣大云云。號為呼號，然弼、程、郭雍皆訓號令。弼《注》：「剛正明信，以宣其令，則柔邪者危，故曰其危乃光也。」程《傳》：「盡誠信以命其眾，而知有危懼，則君子之道乃无虞而光大也。」《傳家易說》記白雲曰：「明信宣布其所以自取危亡之道，則君子之公義乃明矣。」可作參考。

❹**告自邑，不利即戎，所尚乃窮也**

尚，崇尚，指崇尚武力。《論語・子路》：「子曰：『善人教民七年，亦可以即戎矣！』」是孔子不主輕易「即戎」。《孟子・公孫丑》：「孟子曰：『以力假仁者霸，霸必有大國；以德行仁者王，王不待大，湯以七十里，文王以百里。』」是孟子主以德服人，不主以力服人。〈彖傳〉言「所尚乃窮」，意與孔、孟近。弼《注》：「以剛斷制，告令可也。告自邑，謂行令於邑也。用剛即戎，尚力取勝也。尚力取勝，物所同疾也。」《傳家易說》記白雲曰：「所尚乃窮者，以威力為尚，而不知有道存焉，適足以致小人之辭，是自窮之道也。」可供參考。

❺利有攸往，剛長乃終也

夬卦初、二、三、四、五，皆陽剛之爻。今更向上成長，終則成乾䷀。終者，另一階段之始也。〈彖傳〉於乾說「大明終始」，於歸妹說「人之終始」；又於蠱、恆，言「終則有始」：可為證明。弼《注》：「剛德愈長，柔邪愈消，故利有攸往，道乃成也。」以「終」為「道乃成」意。朱熹《周易本義》：「剛長乃終，謂一變即為純乾也。」又《朱子語類》錄董銖所記朱熹言曰：「〈彖〉云『利有攸往，剛長乃終』，今人以為陽不能无陰，中國不能无夷狄，君子不能无小人，故小人不可盡去。今觀『剛長乃終』之言，則聖人豈不欲小人之盡去邪？但所以決之者，自有道耳！」於剛長成乾，及陰陽消息自有其道，有所說明。呂祖謙《東萊易說》：「夬五剛若能不已而更進，則其剛長而為乾，剛極於此矣，所謂剛長乃終也。至於乾果終乎？曰：天行健，君子以自彊不息。此理未嘗有終也。」從朱熹意而所言益明。

語譯

夬，是決裂、消除的意思。陽剛與陰柔決裂，消除了陰柔的力量。行動要果健而態度要和悅，雖然決裂了但仍然保持和諧的關係。在王庭公布實情：因為陰柔的力量仍然凌駕在五組陽剛力量的上面。信實地呼喊「國家有危險了」，那麼，危機才能明白顯示。向地方民眾宣告「不適宜立即採取軍事行動」，崇尚武力乃是最後不得已的手段；「要隨著形勢前進」，陽剛成長終能完成天命的偉業啊！

象傳

澤上於天，夬❶；君子以施祿及下，居德則忌❷。

注釋

❶澤上於天，夬

夬卦兌上為澤，乾下為天，故有澤上於天之象。《集解》引陸績曰：「水氣上天，決降成雨，故曰夬。」程《傳》：「澤，水之聚也，而上於天至高之處。故為夬象。……不云澤在天上，而云澤上於天，上於天則意不安，而有決潰之勢；云在天上，乃安辭也。」

❷君子以施祿及下，居德則忌

施祿及下，猶澤之潤下；居德則忌，謂忌以德自居，猶澤上於天，不宜再事畜積，潤下實為必然也。弼《注》：「澤上於天，必來下潤，施祿及下之義也。」王夫之《易內傳》：「澤者，天之澤；祿者，天之祿。非君子以市恩而可居之為德者也。有居德之心則驕士，而士且不以為德，故忌而戒之。」案：弼《注》以居德則忌為「居德以明禁也」，忌作「禁」解；伊川則曰「安處其德則約也」，忌作「約立防禁」解。朱熹坦言「居德則忌，未詳」。茲從船山說。

語譯

湖水滿上了天邊，這是夬卦所顯示的現象；君子效法湖水滋潤土地，也將資源與人民分享，這本是應該的，如果以功德自居，那就犯了大忌了！

繫辭傳

上古結繩而治❶。後世聖人易之以書契❷。百官以治，萬民以察，蓋取諸夬❸。

注釋

❶上古結繩而治

《老子・八十章》：「使民復結繩而用之。」《莊子・胠篋》：「昔者容成氏……伏戲氏、神農氏，當是時也，民結繩而用之。」《說文解字・敘》：「神農氏結繩為治，而統其事。」皆嘗記錄上古結繩而治之事。《集解》引《九家易》曰：「古者无文字，其有約誓之事，事大大其繩，事小小其繩。結之多少，隨物眾寡，各執以相考，亦足以相治也。」案：結繩記事並非我國所獨有，乃是世界文化史上的共同記憶。據葛勞德 (Edw. Clodd) 原著《字母的故事》(*The Story of the Alphabet*, 1935. 林柷敔中譯，書名改為《比較文字學概論》) 所述：「希洛多德 (Herodotus) 告訴我們，當大流士 (Darius) 叫愛奧尼亞人 (Ionians) 留守通到伊斯德 (Ister) 的浮橋時，他打六十個結在一條皮帶上，說：『愛奧尼亞的人民……你們守著這條皮帶，聽我說：你們將看我長驅入攻西辛人 (Scythians)，從那時起，一天解掉一個結；假使這些日子中我不到這裏，而你們見到計算日子的結完了，你們就回到你們的本鄉吧！』」(iv. 98) 為結繩記事轉述了一個生動的故事。葛勞德還說：「這樣的手工，古代秘魯人 (Peru) 明顯地最常用，式子也最好，『結繩』(Quipus) 這詞就從他們的語言裏借來。它有一條主要的繩，相當距離結上各種顏色的較細的繩，每繩為了特殊目的變化樣子，每種顏色各有意義。紅繩表示兵，黃的金，白的銀，綠的穀等等，而一個單結表示十，二個單結二十，一個雙結一百，二個雙結二百。這種簡單方法用於多種目的。除便利計數外，他們還作印加帝國(Incas)的年史，傳達命令給外邊的省區；登記軍隊的詳情；甚至保存死者的記錄而結繩與其同葬。」不只秘魯，葛勞德接著說到西非阿特拉士人(Ardrah)，墨西哥助尼人(Mexican Zuni)，更原始的見於北美印第安人。夏威夷收稅人，通用繩子記載稅收，長到四五百尋。埃及的聖書字裡也刻著結繩的使用。葛勞德並且提到密拉尼西亞(Melanesia)、臺灣、澳洲土人的結繩。書上還附上許多圖片，茲錄其圖八結繩於左：

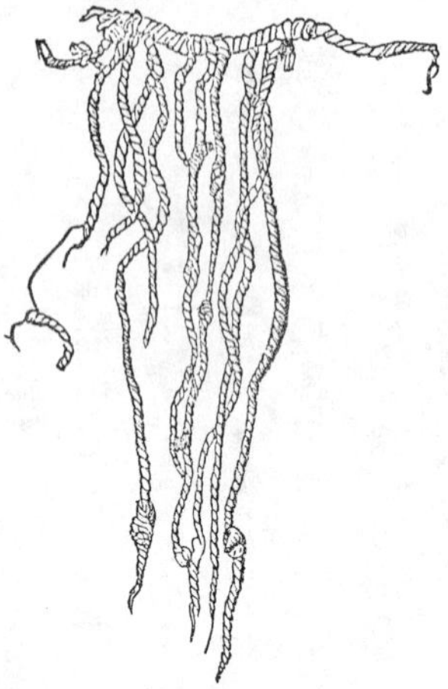

❷後世聖人易之以書契

書契，指文字符號，尤指灼刻在龜甲、獸骨、木版上的文字符號。《詩・大雅・緜》：「爰始爰謀，爰契我龜。」契指灼刻在龜甲上的文字符號，後世在殷墟發現甲骨文字，其研究書籍，每以「書契」名之，其故在此。孔安國〈尚書序〉：「古者伏犧氏之王天下也，始畫八卦，造書契，以代結繩之政，由是文籍生焉！」陸德明《經典釋文・尚書音義》：「書者，文字。契者，刻木而書其側，故曰書契也。一云：以書契約其事也。鄭玄云：『以書書木邊，言其事，刻其木，謂之書契也。』」所言書契指刻在木版上的文字符號，可能還具有契約的功能。

左圖選自郭沫若《殷契粹編》。上為原版，下為楷定釋文。

第三三片

第三四片

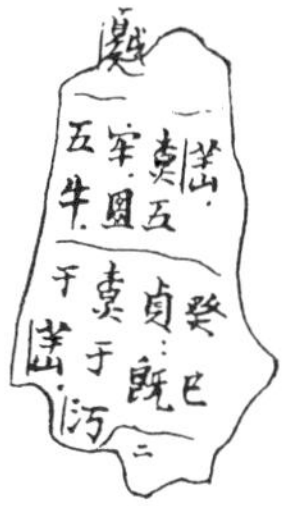

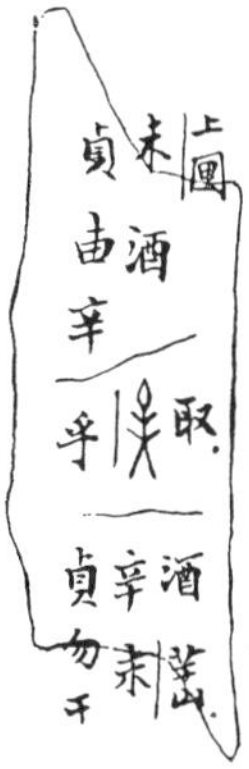

書契亦世界各地古老民族所共有。左圖係澳洲土人著名的訊木 (Message-stick)：

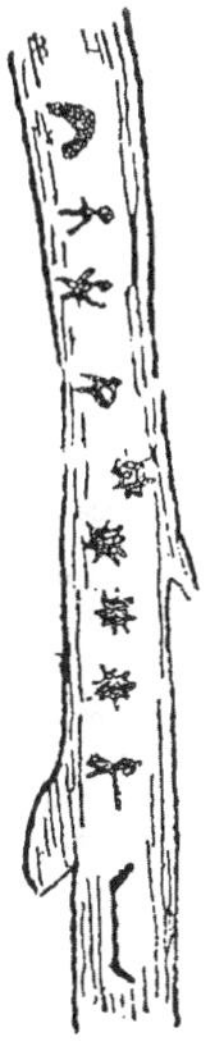

可視為書契形式之一。又北美印第安人墓誌，埃及的楔形文字，亦類似書契。只是或刻於石，或刻於泥版，非刻於木版而已。

「辛酉卜𣪊貞𡖊于芏山」

𣪊舊釋𣪊，今改从孫詒讓說。

第三三片 佚一四六片

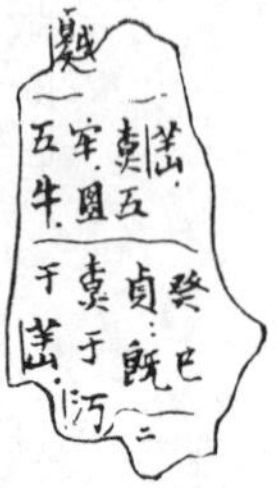

既殆槩首，說文以槩為餼

禮中庸「既廩稱事」注云「既，

餼」。餼者以生物為献也。

第三四片

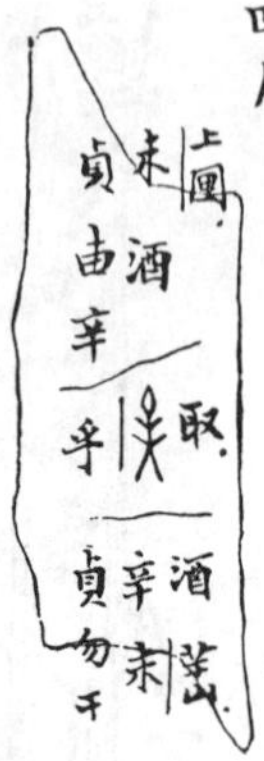

「乎[illegible]取」，乎用為呼。[illegible]乃人名，習見。金文圖形文字亦

此字，酷肖魚脊骨之形，當是脊之初文。小篆譌為𠂹

❸百官以治，萬民以察，蓋取諸夬

夬，下五爻皆實，只有上爻微凹，像是在實物上刻了一道凹痕。古人中有人以為書契之在甲、骨、木、石上刻劃出凹痕，這靈感是從夬卦形狀得來的。《集解》引《九家易》曰：「夬者，決也。取百官以書治職，萬民以契明其事。契，刻也。大壯進而成夬，金決竹木，為書契像，故法夬而作書契矣。」以為大壯☳☰陽已有四爻，再往上生一陽爻，便成夬卦。大壯乾下為金，震上為蒼筤竹，皆見〈說卦傳〉。用金屬器具在竹子再刻一劃，正是「書契」。此說形象鮮明生動。韓康伯《注》：「夬，決也，書契所以決斷萬事也。」以夬與書契皆具決斷功能為釋，亦別有一番見識。

語譯

在遙遠的古代，人們用在繩子上結上大小、多寡不同的結子，來記錄和處理事情。後代的聖人用符號、文字來取代結繩記事的方式，官員們用文字來辨理事情，民眾們用文字來明察事情。文字是實物上刻劃出的凹痕，這靈感，也許取法於夬卦吧！

序卦傳

益之不已必決，故受之以夬❶。夬者，決也。

注釋

❶**益之不已必決，故受之以夬**

《說文》以為「益」字從水皿會意。注水於皿，容易溢出。推之江河湖澤，降雨不止，亦必潰決分流也。韓康伯《注》：「益而不已則盈，故必決也。」得其義矣。

語譯

不斷地增益補助一定會滿溢出來，所以用夬卦接在益卦後面。夬呢，正是潰決流注的意思。

雜卦傳

夬，決也，剛決柔也❶，君子道長，小人道憂也❷。

注釋

❶夬，決也，剛決柔也

此七字，〈彖傳〉已有之，參見〈彖傳〉注釋❶。案：今傳《注疏》本、《集解》本、《程朱》本，〈雜卦傳〉皆以乾始，以夬終。自「乾剛坤柔，比樂師憂」以至於「需，不進也；訟，不親也」亦皆二二相偶相對，唯自大過以下，曰：「大過，顛也。姤，遇也，柔遇剛也。漸，女歸待男行也。頤，養正也。既濟，定也。歸妹，女之終也。未濟，男之窮也。夬，決也。剛決柔也。君子道長，小人道憂也。」獨各言一卦，不復以相對相偶論之。或疑其有亂簡。北宋朱震《漢上易傳》：「自大過顛也而下，簡冊錯亂。當曰：『頤，養正也；大過，顛也。遘，遇也，(遘當作姤)柔遇剛也；夬，決也，剛決柔也。君子道長，小人道憂也。漸，女歸待男行也；歸妹，女之終也。既濟，定也；未濟，男之窮也。』」南宋蔡淵《周易經傳訓解》則改正為：「自大過以下有亂簡。案〈雜卦〉例皆反對協韻為序。今以其例改正：大過，顛也；頤，養正也。既濟，定也；未濟，男之窮也。歸妹，女之終也；漸，女歸待男行也。姤，遇也，柔遇剛也。夬，決也，剛決柔也。君子道長，小人道憂也。」其序又與漢上稍異。而存疑不改者亦有之。《郭氏傳家易說》：「白雲郭氏曰：『姤遇夬決，始終之道異也。聖人貴於行道，每致意於君子小人之際，故以是終之。〈雜卦〉前皆二二相耦，至大過之後，獨各言一卦，觀歸妹、未濟之辭，又非簡錯，聖人之旨，莫可詳究；豈〈雜卦〉從變而言，其序有不同歟？』」朱熹《周易本義》：「自大過以下，卦不反對，或疑其錯簡。今以韻協之，又似非誤，未詳何義？」《朱子語類》云：「〈雜卦〉以乾為首，不終之以它卦，而必終之以夬者，蓋夬以五陽決一陰，決去一陰，則復為純乾矣。」於《周易》周流變易，撥亂反正，貞下起元，天地復春之大義，更有所致意。

❷君子道長，小人道憂也

日本足利本此下有《注》云：「君子以決小人長其道；小人見決云深憂也。」足利本是日本室町時代（一三九二—一五七三）由上杉憲實主持的足利學校陸續收藏的漢籍古抄本。此所錄之《注》以「道長」為「長其道」，則「道」為名詞；「道憂」為「云深憂」，則「道」者，云說之意，為動詞。似不甚妥，疑非韓康伯之原《注》。《集解》本「憂」字作「消」。則與泰卦〈彖傳〉「君子道長，小人道消」同。李鼎祚《注》引「虞義」云：「以乾決坤，故剛決柔也。乾為君子；坤為小人。乾息故君子道長；坤體消滅，故小人道消。」蓋泰䷊與夬，皆陽息陰消之卦，故皆言「君子道長，小人道消」也。

語譯

夬，是決裂、消除的意思。陽剛與陰柔決裂，消除了陰柔的力量。君子的力量一天一天地發展；小人的力量一天一天地消退，因此擔憂啊！

初九爻辭

初九❶：壯于前趾❷，往不勝，為咎❸。

當夬初爻為老，他爻皆少，即由夬之大過䷛；或頤䷚初爻為少，他五爻皆老，即頤之夬：這兩種情形，都以夬初九爻辭占。

注釋

❶初九

❷壯于前趾

象也。前趾，言前其趾，使其趾前進也。程《傳》：「前趾，謂進行。」朱熹《本義》：「前，猶進也。」壯于前趾，勇於前進也。蘇軾《東坡易傳》：「大壯之長則為夬，故夬之初九，與大壯之初九無異。」蓋以大壯爻辭言「壯于趾」，猶夬之言「壯于前趾」；大壯言「征凶有孚」，猶夬之言「往不勝為咎」也。後《傳家易說》記白雲曰：「四剛過中已為大壯，況夬之五剛乎？故大壯初九曰『壯于趾』，而夬曰『壯于前趾』，則又欲速進其壯矣。」朱震《漢上易傳》：「夬自大壯積之，在大壯時，四剛已壯；長而至於五剛，則初九壯于前大壯之趾也。」皆承《東坡易傳》。及項安世作《周易玩辭》，更以「夬初至四，皆大壯也」。吳澄《易纂言》：「卦以五陽決一陰，乾三陽，兌二陽，乾健兌說。〈彖傳〉言『健而說，決而和』。和者，剛柔適中也。健而且說，二者不偏，如此決之而後和。偏於健，則剛過而鄰於暴矣；偏於說，則剛不及而流於懦矣。下體，健者也。初三剛居剛而不中，有過而暴之失；九二雖健體而居柔得中，故不暴。上體，說者也。九四剛居柔而不中，有不及而懦之失；九五雖說體而居剛得中，故不懦。爻辭於初三之壯，則戒其過；於四之次且，則勉其不及。二雖健而惕懼，五雖說而夬夬，唯其中，故能无過无不及也。項氏曰：『夬初至四，大壯也。加九五一爻而成夬，下四爻與大壯相似。初之壯趾，二之以中，三之用壯，四之悔亡：是也。』」言最詳明，並溯源於項氏安世，亦可見《易》說演進之跡也。

❸往不勝，為咎

占也。勝，程頤以為勝負之勝，去聲；吳澄以為勝任之勝，平聲。當決之時，往而能成功，則无咎；往而不能成功，則為咎也。然察乾☰之初九「潛龍勿用」，剛而居初，以沉潛勿用為妥，不宜躁進。弼《注》：「居健之初，為決之始，宜審其策，以行其事。壯其前趾，往而不勝，宜其咎也。」程《傳》：「人之決於行也，行而宜，則其決為是；往而不宜，則決之過也，故往而不勝則為咎也。夬之時而往，往決也，故以勝負言。九居初而壯於進，躁於動者也，故有不勝之戒。」《易纂言》：「勝謂勝其任。壯于前趾，勇往也；往而不勝其任，則為咎矣，戒之之辭也。」

語譯

夬卦初位是陽爻：敢於邁出腳步；如果往前不能取得勝利成功，那就有過錯了。

象傳

不勝而往，咎也❶。

注釋

❶不勝而往，咎也

張載《橫渠易說》：「言能慮勝而往則无咎。」程《傳》：「人之行，必度其事可為，然後決之，則无過矣；理不能勝而且往，其咎可知。凡行而有咎者，皆決之過也。」請參閱乾九四〈文言傳〉「或躍在淵自試也」注釋。案：希臘哲人亞里士多德在《詩學》第十三章中，曾說到「錯誤判斷」造成的「悲劇」。略云：一個善人不應讓他由幸福而至不幸；一個惡人也不應讓他由不幸而至幸福。還有一種介於兩者之間，其人出身顯著門第，享有名望，不幸之降臨卻非由於邪德敗行，而是由於某種錯誤的判斷。夬初九「不勝而往」，正出於錯誤判斷，其「咎」足以釀成「悲劇」。

語譯

沒有必勝的把握，卻貿然前往，這就是過錯啊！

九二爻辭

九二❶：惕號：「莫夜有戎。」❷勿恤❸。

注釋

❶九二

當夬第二爻為老，他爻皆少，即由夬之革䷰；或蒙䷃第二爻為少，他爻皆老，即蒙之夬：這兩種情形，都以夬九二爻辭占。

❷惕號：「莫夜有戎。」

象也。楚竹書作「啻虐莫譽又戎」。啻讀為啼；虐即唬字，假借為號；譽、夜古韻皆在魚部，音近而誤；有、又，古同。漢帛書作「傷號募夜有戎」，莫，《說文》云：「日且冥也，从日在茻中。」即今「暮」字初文。帛書作「募」，為「暮」之異體字。夬卦一陰居上，其下五陽皆欲決而去之。初九壯於前進，勝負與否，在所不計。九二以陽爻居陰位，在決陰之列，則深自警惕，呼號「暮夜有甲兵之事」。如此而已。戎，《說文》作「𢦦」，从戈甲。戈以攻敵，甲以保身。弼《注》：「居健履中，以斯決事，能審己度而不疑者也。故雖有惕懼號呼，莫夜有戎，不憂不惑，故勿恤也。」《注》中「惕懼」，如改為「警惕」，刪去「懼」字，則與下文「不憂不惑」更相符合。蓋「有懼」即不能「不憂」也。參閱下注。

❸勿恤

占也。恤，楚竹書作「卹」，漢帛書作「血」。《說文》：「卹，憂也。」「恤，憂也。」段玉裁《注》：「恤與卹音義皆同，又疑古衹有卹，恤其或體。」夬九二所以勿恤者，程《傳》：「夬者，陽決陰，君子決小人之時，不可忘戒備也。陽長將極之時，而二處中居柔，不為過剛，能知戒備，處夬之至善也。內懷兢惕，而外嚴誡號，雖莫夜有兵戎，亦可勿恤矣。」案：爻辭句讀有異讀。楊萬里《誠齋易傳》：「乃惕然若臨大敵，諄然若警夕掫。有備如此，雖有兵戎之驟至，亦勿憂恤矣。……莫夜絕句。」蓋以「惕號莫夕」為一句；「有戎勿恤」為一句。異讀錄以備考。

語譯

夬卦陽爻居於第二位：心存警惕，呼喊著：「夜晚可能有甲兵行動！」但是不必憂愁。

象傳

有戎勿恤，得中道也❶。

注釋

❶得中道也

《傳家易說》記白雲曰：「得中道者，以剛中自治而已，非如初九之過於用剛者也。大壯以初九、九三用壯，而二則貞吉，皆與夬同。」案：九二居乾下之中，故得其中道；然以剛居柔，失位而非正。〈象傳〉謂其「得中道也」，而不言「得中正也」者，其故在此。

語譯

提防可能有軍事行動，但是不必擔憂，這就符合中庸之道了！

九三爻辭

九三❶：壯于頄，有凶❷；君子夬夬獨行，遇雨若濡❸，有慍无咎❹。

注釋

❶**九三**

在夬卦，上六是唯一陰爻；而九三是唯一與上六有應的陽爻。九三處境之尷尬於此可見。爻辭多異文異讀，以下各句注釋另言之。在筮法上，當夬第三爻為老，他爻皆少，即由夬之兌䷹；或艮䷳第三爻為少，他爻皆老，即艮之夬：這兩種情形，都以夬九三爻辭占。

❷**壯于頄，有凶**

壯于頄，象也；其占為有凶。頄，臉頰上面的顴骨，帛書作頯。《說文》：「頯，權也。」權，今之顴字。《說文》無頄、顴二字。《釋文》：「鄭（玄）作頯；頯，夾面也。」王弼《周易注》：「頄，面權也，謂上六也。最處體上，故曰權也。剝之六三，以應陽為善。夫剛長則君子道興；陰盛則小人道長。然則處陰長而助陽則善；處剛長而助柔則凶矣。夬為剛長，而三獨應上六，助於小人，是以凶也。」與剝卦䷖六三相較，論彼善此凶之故。《傳家易說》記白雲曰：「夬與大壯內卦三爻相類，故初九、九三言壯。壯者，小人用剛之事，非大者之壯也。二卦九三皆具君子、小人二義。故大壯曰：『小人用壯，君子用罔。』而此則曰：『壯于頄，有凶；君子夬夬。』是也。以小人用壯言之，則知壯于頄者，小人之事也。頄，面顴也，上體也。用壯于上，而不知有時焉，是以凶也。」則與大壯九三相較，論君子、小人之別。

❸**君子夬夬獨行，遇雨若濡**

象也。此句有異文異讀。先說異文：楚竹書作「君子夬夬蜀行遇雨女雩」。蜀者，獨從之得聲，獨之聲母字根，義可假借；女，如也；雩，今霧字。漢帛書作「君子缺缺獨行愚雨如濡」。缺，從夬得聲，為夬之聲子，古可通假；愚、遇，皆從禺得聲，亦可通假。再說異讀：弼《注》：「君子處之，必能棄夫情累，決之不疑，故曰夬夬也。若不與眾陽為羣，而獨行殊志，應於小人，則受其困焉。遇雨若濡，有恨而无所咎也。」是以「君子夬夬獨行」句，「遇雨若濡」句，今從之。胡瑗、程頤則以「獨行遇雨」句，「若濡有慍」句。夬夬，弼《注》以上夬為「必能棄夫情累」，下夬為「決之不疑」；程《傳》云「果決其斷也」；吳澄《易纂言》云「夬而復夬」。個人以為：從夬得聲之字多有缺陷之意。疑字當作「赽」，取行走有缺陷之意；夬夬，行走一跛一跛也。夬夬獨行，最能顯示九三處境之兩難：一方面處於五陽消陰之列，當與上六決裂；另一方面九三、上六得位互應：於是蹣跚獨行，決裂與否，千難萬難。程《傳》云：「《易》中言雨者，皆謂陰陽和也。」若濡，謂似被雨霧沾溼然。

❹**有慍无咎**

占也。慍，怨也。群陽怨九三不合作；上六怨九三終與己絕；九三亦自怨處境如此難堪，諺所謂「豬八戒照鏡子，裡外不是人」也。然終與上六絕，所以无咎也。

語譯

夬卦陽爻居第三位，陽剛之氣呈現在臉頰的顴骨上面。怒形於色，必有凶險。成德的君子蹣跚獨行，遇到毛毛細雨，像兒女柔情般沾潤著全身。心中有些怨恨，卻不致犯了差錯。

象傳

君子夬夬，終无咎也❶。

注釋

❶**終无咎也**

程《傳》：「牽梏於私好，由无決也；君子義之與比，決於當決，故終不至於有咎也。」《朱子語類》：「蓋九三雖與上六為應，而實以剛居剛，有能決之象。故壯于頄則有凶；而和柔以去之，乃无咎。」

語譯

成德的君子踽踽獨行，最後考慮清楚，理直氣和、詞婉義正地做出決斷，終於不致有差錯啊！

九四爻辭

九四❶：臀无膚，其行次且❷，牽羊悔亡❸，聞言不信❹。

注釋

❶九四

夬卦九二、九五居中；初九、九三、九五、上六皆得位。不中不正者，九四而已。爻辭多警戒之辭，其故在此。在筮法上，當夬第四爻為老，他爻皆少，即由夬之需䷄；或晉䷢第四爻為少，他爻皆老，即晉之夬：這兩種情形，都以夬九四爻辭占。

❷臀无膚，其行次且

象也。楚竹書作「詎亡肤丌行緀疋」，漢帛書作「脤无膚亓行鄹胥」。臀、詎、脤，古皆舌音，韻同屬文部。古每通用。《莊子・德充符》有名「闉跂支離无脤」者，《經典釋文》引簡文（帝）云：「脤，臀也。」《周禮・考工記・㮚氏》「其臀一寸」，鄭玄《注》：「故書臀作唇。」是其證。膚、肤，同字異體。丌、亓，今作其。次且，劉向《新序・雜事五》引《易》字作趑趄。《釋文》引王肅云：「趑趄，行止之礙也。」與踟躕、躑躅、蹢躕，皆雙聲衍聲複詞。緀疋、鄹胥，亦復如此。緀、鄹、次，皆清紐脂部；疋、胥、且，皆魚部；疋、胥，心紐，且，精紐。並可通假。程《傳》：「臀无膚，居不安也；行次且，進不前也。次且，進難之狀。九四以陽居陰，剛決不足。欲止則眾陽並進於下，勢不得安，猶臀傷而居不能安也；欲行則居柔失其剛壯，不能彊進，故其行次且也。」釋義已明。案：乾九四爻辭云「或躍在淵」，〈文言傳〉以「上下无常，進退无恆」釋之。夬九四「其行次且」，亦有此困境也。

❸牽羊悔亡

牽羊，象也。牽，當作喪；六四居兌上之始，〈說卦〉「兌為羊」，故有羊象。悔亡，謂懊惱可以消亡，占也。楚竹書作「喪羊悔亡」，漢帛書作「桑羊悔亡」，甲骨文喪字從採桑取義，故桑、喪二字可通。案：大壯六五爻辭云：「喪羊于易，无悔。」此「喪羊悔亡」大意略同。又旅䷷上九爻辭云：「鳥焚其巢，旅人先笑後號咷，喪牛于易，凶。」顧頡剛據「喪羊于易无悔」、「喪牛于易凶」之辭，在所撰《周易卦爻辭中的故事》中，首列「王亥喪牛羊于有易的故事」，說：「王亥在喪羊時尚無大損失，直到喪牛時才碰著危險。」請參閱大壯六五爻辭注釋。

❹聞言不信

象也。弼《注》：「剛亢不能納言，自任所處，聞言不信，以斯而行，凶可知矣。」以為「剛亢」之過。程《傳》：「夫過而能改，聞善而能用，克己以從義，唯剛明者能之。在它卦九居四，其失未至如此之甚；在夬而居柔，其害大矣。」則歸咎於「居柔」。蓋王弼注意於九四之九，程頤注意於九四之四故也。案：三、四兩爻處上下之際，倘居非其位，則進退兩難。乾九四「或躍在淵」，〈文言傳〉曰：「或之者，疑之也。」夬九四「聞言不信」，猶乾九四「疑之」也。

語譯

夬卦陽剛之爻九，居第四之柔位，是非中而失位的。屁股被打得皮膚全沒有了，行走踟躕不前。失去了羊隻，懊惱可以消亡。羊到底還是小動物，損失不大。在黃河北岸做牛羊貿易，人人都說不容易，自己也聽說過，卻不肯相信啊！

附錄古義

《新序・雜事篇五》：「宋玉事楚襄王而不見察，意氣不得，形於顏色。或謂曰：『先生何談說之不揚，計畫之疑也？』宋玉曰：『不然，子獨不見夫玄蝯乎？當其居桂林之中，峻葉之上，從容遊戲，超騰往來，龍興而鳥集，悲嘯長吟；當此之時，雖羿逢蒙，不得正目而視也。及其在枳棘之中也，恐懼而掉慄，危視而蹟行，眾人皆得意焉。此皮筋非加急，而體益短也；處勢不便故也。夫處勢不便，豈可以量功校能哉？《詩》不云乎？「駕彼四牡，四牡項領。」夫久駕而長不得行，項領不亦宜乎？《易》曰：「臀無膚，其行趑趄。」此之謂也。』」

象傳

其行次且，位不當也❶；聞言不信，聰不明也❷。

注釋

❶**位不當也**

以陽九居陰四，故位不當。程《傳》：「九處陰，位不當也；以陽居柔，失其剛決，故不能彊進，其行次且。」《傳家易說》記白雲曰：「陽喜進而陰喜退，其位不當，則進退不一，是以次且。」所言可從。

❷**聰不明也**

就象而言，《集解》引虞翻曰：「坎耳離目，折入于兌，故聽不明矣。」筮法由夬之需，或由晉之夬，皆以夬九四占。晉卦離上為目，需卦坎上為耳，夬卦兌上為毀折。揆諸《國語》、《左傳》《易》例，及〈說卦傳〉，虞翻此《注》尚可參考。就義而言，弼《注》：「同於噬嗑滅耳之凶。」《傳家易說》白雲曰：「君子聽思聰，故聞善言則信，九四不足以與此。」參閱噬嗑上九〈象傳〉、〈繫辭傳〉之注釋。

語譯

九四的行動踟躕不進，因為非中失位，位置不得當啊！聽了忠告卻不相信，耳朵不夠靈敏啊！

九五爻辭

九五❶：莧陸夬夬❷，中行，无咎❸。

注釋

❶九五

夬，以五陽上進，欲決去上六一陰。然九三與上六皆得位而互應；九五居大中至尊之正位與上六比鄰相承：處境尷尬。在筮法上，當夬第五爻為老，他爻皆少，即由夬之大壯䷡；或觀䷓第五爻為少，他爻皆老，即觀之夬：這兩種情形，都以夬九五爻辭占。

❷莧陸夬夬

象也。楚竹書作「莧芫夬夬」，漢帛書作「莧蘍鈌鈌」。此句多歧義，茲擇三說。一、莧陸為草名。《釋文》引馬（融）、鄭（玄）云：「莧陸，商陸也。」為一草；又引宋衷云：「莧，莧菜也；陸，當陸也。」則為二草。弼《注》：「莧陸，草之柔脆者也；決之至易，故曰夬夬也。」程頤以為莧陸即「馬齒莧」，殆從馬、鄭。白雲郭雍曰「莧陸二物」，漢上朱震曰「莧，莧蕢，澤草也；陸，商陸，亦澤草也」。殆從宋衷。然皆以為草名則一：此一說也。二、莧借為莞爾之莞，陸借為和睦之睦。《集解》引虞翻曰：「莧，說也。莧讀如『夫子莧爾而笑』之莧。陸，和睦也。震為笑言，五得正位，兌為說，故莧陸夬夬。」《釋文》：「陸，蜀才作睦。睦，親也，通也。」清儒惠棟《九經古義》：「棟案：《論語》『莞爾而笑』，莞本作莧，見《釋文》。……古睦字亦作陸，見〈唐扶頌〉及〈嚴舉碑〉，蜀才所訓與虞同。」《周易述》所述略同。此二說也。三、莧當作萈，山羊也；陸，指陸地。其說始於孟喜。羅苹《路史後紀．注》引孟喜曰：「莧陸，獸名。夬有兌，兌為羊也。」《說文》：「莧，山羊細角者。」〈壽春鼎〉有「萈」字，丫者，山羊之角；目者，山羊之身；儿者，山羊之足，上有短尾也。項安世亦主此說。《周易玩辭》：「莞音丸，山羊也。陸，其所行之路也，猶鴻漸于陸之陸。兌為羊，而在上卦，有山羊之象。羊之行路，喜登高緣險；而山羊為尤甚。九四其險者，上六其高者也。五在三羊之中，獨能自決。」吳澄《易纂言》引項氏曰而是之。王夫之《易內傳》：「莧，細角羊，不能觸者；陸，平原之地，羊所樂處也。兌本羊體而行於平原，得其所安。」朱駿聲《六十四卦經解》：「莧从丫从見，音完，山羊細角者；陸，地之高平者也。」所見略同。近人聞一多《周易義證類纂》：「案《說文》曰：『莧，山羊細角者。』陸讀為踛。《莊子・馬蹄篇》『翹尾而陸』，司馬《注》曰：『陸，跳也。』《文選・江賦》注引作踛。夬讀為趹。《說文》曰：『趹，踶也。』《史記・張儀傳》『探前趹後』，《索隱》曰：『趹謂後足抉地』，《莊子・齊物論篇》『麋鹿見之決驟』崔《注》曰：『決驟疾走不顧』，抉決並與趹通。『莧陸夬夬中行』，謂羊跳趹趹然於道中也。大壯六五變夬，彼云『喪羊于易，悔』，即此之『莧陸夬夬中行，无咎。』舊注多以莧陸為草名，訓夬為分決，虞氏訓莧為說，陸作睦，均遠失之。王夫之、朱駿聲等並知莧為羊，而釋陸夬之義未得，殆失之眉睫乎？」聞一多之說似較妥。

❸中行，无咎

中行，象也，且為无咎之先決條件；无咎，占也。中行，中庸之行；九五居上卦之中，中庸之行，乃其本分也。盡其本分則无咎；未盡本分則有咎也。張載《橫渠易說》：「陽近於陰，不能无累，故必正其行，然後免咎。」

語譯

夬卦陽爻居第五位，與上六比鄰，在上卦之中而得位。像細角的山羊在陸地上一跳一跳地走著。忘卻與上六比鄰的私情，行為合於中庸之道就不會有差錯。

象傳

中行无咎，中未光也❶。

注釋

❶中未光也　光，謂光明正大。程《傳》：「夫人心正意誠，乃能極中正之道而充實光輝。五心有所比，以義之不可而決之，雖行於外，不失中正之義，可以无咎，然於中道，未得為光大也。蓋人心一有所欲，則離道矣。」以九五心有所比，未得光大。《傳家易說》記白雲曰：「九五尊位大中，居光宅天下之任，其道豈決小人而已哉！決小人，臣下之事也，雖得中道，亦未光也。」則謂以九五之尊，局限於決去小人，其志小哉！《朱子語類》記朱熹之言曰：「『中行无咎』，言人能剛決，自勝其私，合乎中行，則得无咎。无咎，但能補過而已，未是極至處。這是說：那微茫間有些箇意思斷未得。釋氏所謂『流注想』，荀子所謂『偷則自行』，便是這意思。照管不著，便走將去那裏去。爻雖無此意，孔子作〈象〉所以裨爻辭之不足。」這段話，啟示我們：〈象傳〉所言，有卦爻「雖無此意」者；而朱子以「釋氏」、「荀子」解《易》，更擴大了《易》義。佛家所說「流注想」，是指前滅後生相續不斷的流動的意識。略近於精神病學上所謂的「觀念之飛揚」(flight of idea)，而朱子所說「那微茫間有些箇意思斷未得」，也可能略近佛洛伊德所謂的「潛意識」。九五對上六的眷戀雖被群陽決陰的現象壓抑下去，但微茫間仍然有些意思斷不得。荀子之言見於〈解蔽篇〉：「心臥則夢，偷則自行。」心在睡眠時就容易做夢，鬆懈時就容易胡思亂想。人若是不能「隨心所欲不踰矩」，終不得名為光明正大也。然聖人年七十始能，於此亦可見中庸之行之難也。

語譯

忘卻與上六比鄰的私情，行為合於中庸之道，就不會有差錯了；這表示不能做到「隨心所欲不踰矩」，中心未達到光明正大的境界啊！

上六爻辭

上六❶：无號❷，終有凶❸。

以一陰下乘五陽，為群剛驅除之對象。雖九三與之有應，九五與之有情，然大勢所趨，已無回天之力。在筮法上，當夬上爻為老，他爻皆少，即由夬之乾䷀；或坤䷁上爻為少，他爻皆老，即坤之夬：這兩種情形，都以夬上六爻辭占。

注釋

❶上六

❷无號

象也。群陽進逼，已無號令天下之可能；所應者離，所比者棄，亦無號呼求饒之必要。弼《注》：「處夬之極，小人在上，君子道長，眾所共棄，故非號咷所能延也。」程《傳》：「陽長將極，陰消將盡，獨一陰處窮極之地，是眾君子得時決去危極之小人也。其勢必須消盡，故云无用號咷畏懼，終必有凶也。」《朱子語類》：「問：『夬卦辭言孚號，九二言惕號，上九言无號，取象之義如何？』先生曰：『卦有兌體，兌為口，故多言號也。』」說義明象已備。惟李光地以无號為無警戒之心。《周易觀象》云：「陽雖盛而陰雖衰，然警戒之心不可忘也。故卦辭曰孚號，二之爻辭曰惕號，此處決之道也。至於上六，陰既窮矣，然當此之時，猶未可忘戒懼。苟以為陰既盡而无呼號之備，則其終必有凶。」蓋以无號為終有凶之因也。

❸終有凶

占也。朱子《本義》：「陰柔小人居窮極之時，黨類已盡，无所號呼，終必有凶也。占者有君子之德，則其敵當之；不然，反是。」船山《易內傳》：「陰慝僭上，雖有與之應而相比以說者，時至則瓦解。徐達師至通州，而元主北去，不能望救於人也。以羣陽相牽，故必待其運之已窮，而終乃凶。《本義》謂：『占者有君子之德，則其敵當之；不然，反是。』《易》不為小人謀，義固然也。」

語譯

夬卦最上面的是陰爻六：已無號令之可能，亦無號呼之必要；最後必有所損失。

象傳

无號之凶，終不可長也❶。

注釋

❶終不可長也

程《傳》：「陽剛君子之道進而益盛，小人之道既已窮極，自然消亡，豈復能長久乎？雖號咷无以為也，故云終不可長也。」所言已詳。案：〈象傳〉言「剛長乃終」，為乾道之成；此言「終不可長」，為坤道之亡。就消息言，大壯䷡四陽二陰，再消一陰，便成夬卦。二卦關係，頗可較論。《周易折中》引龔煥曰：「夬卦似大壯，故諸爻多與大壯相似。初之壯于趾，三之壯于頄之類是也。夬以五陽決一陰，其壯甚矣，聖人慮其夬決之過，故於爻皆致戒，而以陽居陽者為尤甚焉。陽之決陰，君子之去小人，亦貴乎中而已矣。」後加「案」云：「夬之與壯，前三爻全相類，是已；後三爻，先儒未詳說。須知壯之當前者，四也；夬之當前者，五也。故壯四之藩決，即夬五之夬夬。若壯之六五，則壯已過，而非用壯之時；夬之九四，則夬未及，而亦未可為果決之事。故壯五之喪羊，即夬四之牽羊也。若壯上之艱，夬上之號，則戒之始終，不忘危懼而已。壯不如夬之盛，故猶曰不能遂；夬則可以遂矣，然其危懼之心同也。」

語譯

無人接受號令，沒有號呼必要，如此情況造成之損失，終於也不能長久了！

姤卦經傳通釋第四十四

卦辭

䷫巽下乾上姤❶：女壯❷，勿用取女❸。

注釋

❶䷫巽下乾上姤

姤，卦名，由三畫的巽在下，三畫的乾在上，重疊而成。案：姤卦上九「姤其角」，帛書作「狗亓角」，又帛書〈衷〉有「姁者」，又有「坸之卦」、「句之离角」、「句之（適）屬」。則姤字或可作「狗」、「姁」、「坸」、「句」。段玉裁《六書音均表》，句聲、后聲皆列在第四部，古韻同，故可通用。楚竹書姤字作敂，擊也，亦从句聲。《釋文》：「薛（薛虞，或云薛綜。）云：『古文作遘』，鄭（玄）同。〈序卦〉及〈彖〉皆云『遇也』。」李富孫《易經異文釋》：「【姤】《釋文》云：『姤，薛云：古文作遘。鄭同。』〈雜卦〉『姤』，唐石經作『遘』，足利本、古本、宋本同。）案：《說文》云：『遘，遇也。』逅，徐鉉新附字。〈女部〉無『姤』字，是當从古作遘。今作姤，俗字。錢氏曰：『姤字《說文》不載，古文《易》作遘，鄭氏从之。王輔嗣改就俗，獨〈雜卦傳〉一字未改，此古文之僅存者。』段氏曰：『〈雜卦傳〉「遘，遇也」，可以證全經皆當作「遘」矣。』（富孫案：今本〈雜卦〉「遘」字亦皆改作「姤」。）」《集解》引鄭玄曰：「遘，遇也。一陰承五陽，一女當五男，苟相遇耳，非禮之正，故謂之姤。」蓋依卦之六爻陰陽數位而言之。又引虞翻曰：「消卦也，與復（䷗）旁通；巽，長女也。」則以陰消陽及巽為長女，壯而傷陽為言。〈象傳〉言「天下有風」，〈彖傳〉言「天地相遇」，天之遇地者，亦風也。皆以乾象為天，巽象為風言之。若以筮法言之，當姤六爻皆少，也就是本卦、之卦都是姤；或復䷗六爻皆老，也就是復之姤：這兩種情形，都以姤卦辭占。萱按：姤，疑通借作逅，《說文》：「邂：邂逅，不期而遇也，从辵解聲。」又：「逅，邂逅也，从辵后聲。」《詩·鄭風·野有蔓草》：「邂逅相遇，適我願兮。」《經典釋文·毛詩音義》：「邂，戶解反。遘，本亦作逅，胡豆反，邂逅，不期而會。」《詩·唐風·綢繆》：「今夕何夕，見此邂逅。」《釋文》邂逅作邂覯，云：「邂，本亦作解。覯，本又作逅。……邂覯，解脫也。《韓詩》云：『邂覯，不固之貌。』」是姤字古或作逅、遘、覯，義為不期而會，不固之貌。

❷女壯

象也。漢帛書字同，楚竹書作「女藏」，藏，即今藏字。義亦有多說。一、以壯猶「大壯」之壯，健壯也。《釋文》：「大壯，莊亮反。威盛強猛之名。鄭（玄）云：『氣力浸強之名。』王肅云：『壯，盛也。』《廣雅》云：『健也。』」鄭玄《周易注》已以「女壯」有「一女當五男」，「苟相遇」之象，且云：「女壯如是，壯健以淫。」蓋有貶意。弼《注》亦云：「一女而遇五男，為壯至甚。」孔《疏》乃云：「淫壯若此。」直以「淫」斥之，蓋兼取鄭玄說。二、以壯為傷義。或以大壯之壯為傷義。《集解》引虞翻曰：「消卦也。與復（䷗）旁通。巽，長女；女壯，傷也。陰傷陽，柔消剛，故女壯也。」《釋文》：「大壯，馬（融）云『傷也』。郭璞云：『今淮南人呼壯為傷。』」近人于省吾撰《雙劍誃易經新證》，列舉：「壯于趾（大壯初九），壯于大輿之輹（大壯九四），壯于前趾（夬初九），壯于頄（夬九三），女壯（姤），從或戕之（小過九三）。」云：「按壯均應讀如『從或戕之』之戕。壯戕並諧爿聲，故相通借。大壯《釋文》引馬融云：『壯，傷也。』郭璞云：『今淮南人呼壯為傷。』是讀壯為戕也。《易》凡言戕均謂兌。兌為毀折，故為傷也。大壯初至五為大兌象，故初九云：『傷于趾。』九四云：『傷于大輿之輹。』夬為大兌象，故初九云：『傷于前趾。』九三云：『傷于頄。』姤與夬均正覆大兌象，姤九三，正之即夬九四。故均曰：『臀无膚，其行次且。』然則姤之言女壯，即女傷也。小過上互兌，故九三云：『從或傷之』也。」蓋從馬融、虞翻、郭璞之說。三、以壯字當作藏。楚竹書字如此。考《左傳‧昭公二十九年》：「《周易》有之：在乾䷀之姤䷫，曰：『潛龍勿用。』」案：潛龍，即此女藏之義；勿用，即此勿用取女之義。濮茅左〈楚竹書《周易》研究——兼述先秦兩漢出土與傳世易學文獻資料〉：「『女藏』，即『女藏』。女已藏匿，故勿用取女。或讀為『女壯』，柔剛失調，柔奪剛勢，有攲擊之意。壯健犯陽之女不可娶，也不可能與之長久。」云云。已以「女已藏匿」釋此，然亦兼取「柔奪剛勢」之或解。陳仁仁《戰國楚竹書《周易》研究》：「藏，今本、帛本均作壯。藏，即藏，藏匿。可讀為『壯』。」仍並列「藏匿」,「讀為壯」二義。藏匿，以本字說義；讀為，易其字以釋其義，今謂之通借也。女身藏深閨，古代多有，近代回教世界仍存，有其文化背景，此不詳論其是非。唯若心思深藏不露，殊失夫妻坦誠一體之道，則多可商。總之：姤卦巽下，〈說卦〉「巽為長女」，有為妻者年長之意；又「巽，入也」有入藏之義。又為卦一陰初生，上承五剛，有一女遇五男之象。卦辭取象說義，大抵如此。

❸勿用取女

占也。取，通借為娶。《釋文》：「用娶，七喻反。本亦作取。音同。注及下同。」阮元《周易注疏校勘記》：「勿用取女，石經，岳本，閩、監、毛本，同。《釋文》出『娶女』（萱按：實為『用娶』。）云：『本亦作取，注及下同。』古本作『娶』，采〈音義〉。」（萱按：〈音義〉即《釋文》。全名為《經典釋文‧周易音義》。）楚竹書、漢帛書，字皆作「取」。此女所以不可娶者，一、巽為長女，年齡較大，女性易老，恐難長久。二、巽為入，藏其心思，難以溝通。三、為卦一陰在下，上有五陽，譬之於人，一女而遇五男。弼《注》：「施之於人，即女遇男也。一女而遇五男，為壯至甚，故不可取也。」程《傳》：「一陰始生，自是而長，漸以盛矣，是女之將長壯也。陰長則陽消，女壯則男弱，故戒勿用取如是之女。」弼以一女五男立說，伊川以陰長陽消立說，皆能得其一隅。游酢《定夫易說》：「姤女壯，巽為長女也。女壯，則乘陽，其極將至於為剝。故勿用取女。」一指出姤極成剝䷖。《郭氏傳家易說》記白雲曰：「夬之一陰，將消之陰也；姤之一陰，方長之陰也。其陰雖同，所以為陰則異。故夬姤卦象反對，其義正相反。夬以五剛為義，姤以一柔為義也。陰之方長，女壯之象也。自以一陰方長，而陽道向消，无畏五剛之志，欲獨以一柔遇之，用壯之甚也，是以不可取也。觀一陽之復，猶曰朋來无咎，而姤以一陰之遇，不待得朋，是以知其壯也。陽至四五而後言壯；姤一陰方長即為壯者。亦見君子小人之情不同也。是以陽為君子，而陰為小人。」反覆較論姤與夬䷪、復䷗之異同，最為詳盡。

語譯

三畫的巽卦在下，三畫的乾卦在上，重疊成六畫的姤卦。姤，有邂逅、偶而相遇、交媾、敲擊、一女與五男遇合、像狗一樣等等意思。女人的力量壯大，隱藏著禍心，對男人構成傷害，是不能娶來作妻子的女性。

彖傳

姤，遇也，柔遇剛也❶。勿用取女，不可與長也❷。天地相遇，品物咸章也❸。剛遇中正，天下大行也❹。姤之時義大矣哉❺！

注釋

❶姤，遇也，柔遇剛也

此釋卦名。姤，即邂逅之逅，不期而遇也，故以「遇也」釋之。參卦名姤下之注釋。柔遇剛也，補言所遇雙方之名。依姤卦六爻排列，初六一爻在下，九二、九三、九四、九五、上九，五剛爻居其上，有一柔遇五剛，一女遇五男之象，鄭玄、王弼之《注》，皆如此說，上文已引，此不贅。

❷勿用取女，不可與長也

夫婦之道，講究百年好合，從一而終。《詩・邶風・擊鼓》：「死生契闊，與子成說；執子之手，與子偕老。」張愛玲在小說〈傾城之戀〉裡還提到「這是最悲哀的一首詩」。上面說的是中國人心中「百年好合，與子偕老」的婚媾觀念。下面再說「從一而終」。〈易・恆六五〉：「恆其德，貞。」〈象〉曰：「婦人貞吉，從一而終也。」〈繫辭傳〉：「一陰一陽之謂道。」從廣義來解釋，可能也包含這個意思。總之，「可長」是夫妻婚姻中最重要的條件。必須認真考慮。

❸天地相遇，品物咸章也

事物每優劣相待，正負並存。就姤而言亦如此。王弼《注》此，已謂「匹乃功成也」。指出姤遇正面之功。孔《疏》更詳云：「卦得遇名，本由一柔與五剛相遇，故遇辭非美。就卦而取，遂言遇不可用，是勿用取女也。故孔子更就天地歎美遇之為義不可廢也。天地若各亢所處，不相交遇，則萬品庶物，无由彰顯。必須二氣相遇，乃得化生。故曰天地相遇，品物咸章。」追述仲尼（唐以前皆以《十翼》為孔子所作）之意：遇辭非美，然彰顯化生、品物咸章之功不可沒。古人又有以消息、卦氣言之者。《集解》引「荀爽曰：『謂乾成于巽，而舍于離；坤出于離，與乾相遇。南方夏位，萬物章明也。』」又引《九家易》曰：「謂陽起子，運行至四月，六爻成乾，巽位在巳，故言乾成于巽。既成轉舍于離，萬物皆盛大。坤從離出，與乾相遇，故言天地遇也。」李道平《纂疏》云：「九家即申荀說也。一陽起于子，歷六爻至四月成乾。巽巳同宮，故云巽位在巳。至巳成乾，故謂乾成于巽。乾象既成，一陰復生于午，而為姤。午，南方離位也。故謂既成轉舍于離。陽極陰生。故云坤從離出，與乾相遇。以坤一陰遇乾五陽，故曰天地相遇。姤生于午正南方，夏位。萬物盛大之時，離為明，萬物皆相見，故章明也。」覈諸〈說卦傳〉、《易緯・乾鑿度》，尚亦有據。錄之以存異說。

❹剛遇中正，天下大行也

剛遇中正，謂九五以九之陽剛，處上卦之中，而五又為陽位而得正也。天下大行，謂天下生生之化育乃因剛遇中正而得大行也。弼《注》：「化乃大行也。」孔《疏》：「莊氏云：『一女而遇五男，既不可取；天地匹配，則能成品物。由是言之，若剛遇中正之柔，男得幽貞之女，則天下人倫之化，乃得大行也。』」《集解》則引翟元曰：「剛謂九五遇中處正，教化大行于天下也。」《纂疏》云：「五為卦主，以九居五，得中得正，故剛謂九五，遇中處正也。巽申命行事，乾為天，伏坤為下，伏震為行，故教化大行于天下也。」考孔《疏》所引莊氏，不知其名。《隋書・經籍志》、《舊唐書・經籍志》、《新唐書・藝文志》並未載。唯孔《疏》每引之，或次於梁人褚仲都後，或次於陳人周弘正後，蓋其人為梁、陳之後經師。兩《唐書》偶失載耳。《集解》所引之「翟元」，實即「翟玄」，字子玄。清人避康熙名「玄燁」諱改玄為元。《釋文・序錄》引《荀爽九家集注》謂九家為：荀爽、京房、馬融、鄭玄、宋衷、虞翻、陸績、姚信、翟子玄。然亦言《九家集注》「不知何人所集」，又云：「子玄不詳何人，為《易義》。」蓋翟子玄《易》學宗荀爽，時代晚於三國吳人姚信。此其可知者也。

❺姤之時義大矣哉

《集解》引陸績曰：「天地相遇，萬物亦然。故其義大也。」《纂疏》：「天地相遇而後化育成，萬物亦相遇而後生長遂。莊二年《穀梁傳》曰：『獨陰不生，獨陽不生。』故姤之時義大矣哉！」弼《注》：「凡言義者，不盡於見，中有意謂者也。」孔《疏》：「注總為稱義發例，故曰凡言也。就卦以驗名義，只是女遇於男，博尋遇之深旨，乃至道該天地。故云：不盡於所見。」程頤則析姤之時，姤之義為二。程《傳》：「贊姤之時與姤之義至大也。天地不相遇，則萬物不生；君臣不相遇，則政治不興；聖賢不相遇，則道德不亨；事物不相遇，則功用不成。姤之時與義皆甚大也。」然程門後學多不從。《郭氏傳家易說》錄白雲郭雍曰：「卦辭止於女壯勿用取女而已。聖人懼學者止以女子之道而言姤，故極天地，明教化，而言其義之大也。天地不相遇，則萬物不章。剛為天，柔為地也。剛中之臣，非得中正之君，則教化不能盛行。

姤之時義其大如此。」朱熹《本義》：「姤之時義大矣哉，幾微之際，聖人所謹。」《語類》有林學履所記師生問答之語：「問：『姤之時義大矣哉！《本義》云：「幾微之際，聖人所謹。」與伊川說不同，何也？』先生曰：『上面說天地相遇，至天下大行也，正是好時節，而不好之漸已生於微矣。故當謹於此。』」蓋皆以時義為「其時之宜」也。

語譯

姤，是不期而遇的意思。初六柔爻遇見了九二、九三、九四、九五、上九，共五個剛爻，就像一個女子周旋在五個男人間一樣。這是個不可娶她作妻子的女性，因為不可能長久維持夫妻關係啊。不過話說回來，男女遇合也不是絕對不行的。就像上天日光照耀，雨露滋潤大地；下地作物因而成長，天風又幫助了花粉傳播。各種物品因此都化育成長，逐漸彰顯茂盛。姤卦九五作為一卦之主，以陽剛之九，居上卦之中而得正，做事不會苟且，人倫教化自然暢行天下。姤卦因時制宜的道理偉大得很呢！

象傳

天下有風，姤❶，后以施命誥四方❷。

注釋

❶天下有風，姤

姤之為卦，巽下乾上。〈說卦傳〉：「乾為天。」「巽為風。」故姤有「天下有風」之象。《集解》引：「翟元（玄）曰：『天下有風，風无不周布，故君以施令告化四方之民矣。』」孔穎達《正義》云：「風行天下，則无物不遇，故為遇象。」案：姤字之義既為遇，尤指陰陽遇合，而植物界中，媒合雌雄花粉者莫過於風。此義古人未必知，亦未必有；然仍不妨存之。

❷后以施命誥四方

君、后，字皆從口。口以司令，蓋以口宣示命令，故為君長之稱。《說文》：「君，尊也，从尹口，口以發號。」「后，繼體君也，象人之形，从口，《易》曰：『后以施令告四方。』」余嘗聞諸魯師實先先生曰：「君、后皆从口，施令也；君从尹，尹，手執權杖也。為君者口以施令，倘有不從者，手執權杖以擊之。」又曰：「后亦从口施令，倘有不從，則擊以倒之。」《說文》所謂「象人之形」，當為「象倒人之形」。《說文》：「匕，變也，从到人。」即其字也。古之為君為后者，多身強力壯。《史記．殷本紀》嘗記：「帝紂資辨捷疾，聞見甚敏；材力過人，手格猛獸。」《帝王世紀》亦云：「紂倒曳九牛，撫梁易柱也。」固眾所熟知。即商帝武丁之后婦好，亦孔武有力，善征能戰。嘗征伐羌、夷、土方等族，所集統帥之兵員多時達一萬三千人。高宗武丁商代中興，婦好厥功甚偉。

語譯

乾為天下面有巽為風，這是姤卦所顯示的現象；領導人效法天風吹拂大地，也發號施令告誡四方的人民。

附錄古義

《後漢書．魯恭傳》：「恭上疏：『案《易》「五月姤用事。」《經》曰：「后以施令誥四方；」言君以夏至之日施命令止四方行者，所以助微陰也。』」

案：楊樹達《周易古義》按：「惠棟云：《釋文》『誥四方』鄭玄、王肅皆作『詰四方』。詰，止也。與魯恭合。東觀書自作詰；後人習於王弼之學，改詰為誥，非《後漢》本文也。」

序卦傳

決必有遇，故受之以姤❶。姤者，遇也❷。

注釋

❶決必有遇，故受之以姤

唐石經、岳珂本、宋錢遵王校本、古本、足利本，同。閩本、監本、毛晉本「有」下衍「所」字。此言以姤次夬之故。蓋陰陽對決，必有相遇之事實存在也。韓康伯《注》：「以正決邪，必有喜遇也。」《集解》亦引之。孔無《疏》，李道平《纂疏》云：「陽正陰邪，以五陽決一陰，故云『以正決邪』，兌為喜說，反入于巽，故云『必有喜遇』。」蓋夬䷪卦顛倒即為姤卦，夬之兌上☱倒之乃成巽下☴。〈說卦傳〉：「兌，說也。」故《纂疏》云：「兌為喜說，反入于巽」也。或以此種現象為「飛伏」。凡卦見者為「飛」，不見者為「伏」。飛陽則伏陰；飛陰則伏陽。其說倡於京房。今傳雙魚尾太極圖之負陰抱陽，陽中有陰，陰中有陽，以及《老子・五十八章》云：「禍兮福之所倚，福兮禍之所伏。」皆所以顯示此種現象。邵雍《皇極經世・觀物外篇》：「復次剝，明治生於亂；姤次夬，明亂生於治乎？時哉！時哉！未有剝而不復，未有夬而不姤者。」治亂相生，亦禍福相倚伏之意。

❷姤者，遇也

姤者，邂逅，不期而遇。詳已見前。程《傳》：「姤〈序卦〉：夬者，決也。決必有所遇，故受之以姤。姤，遇也。決，判也。物之決判，則有遇合；本合則何遇？姤所以次夬也。為卦乾上巽下，以二體言之，風行天下。天之下者，萬物也。風之行，无不經觸，乃遇之象。又一陰始生於下，陰與陽遇也，故為姤。」分別由前後卦序、上下二體、六爻排列言之，最為周延。

語譯

陰陽對決，一定有陰陽相遇之事實存在，所以代表陰陽相遇的姤卦接在代表陰陽對決的夬卦後面。姤，正是陰陽相遇的意思。

雜卦傳

姤，遇也，柔遇剛也❶。

注釋

❶**柔遇剛也**

姤之為卦，坤陰六之柔入而取代乾剛之初爻，於是柔始遇剛也。《集解》：「姤，坤遇乾也。」《篹疏》：「姤一陰自坤來，坤柔乾剛，故坤遇乾也。」〈雜卦〉之意，如此而已。張栻《南軒易說》：「作《易》者進陽而退陰。以一陰之生為『遇』，言出其不意也；一陽之生為『復』，言反其所也。」更增一層申說進陽退陰、褒復貶姤之意。《郭氏傳家易說》記白雲郭氏（雍）曰：「柔之遇剛曰姤，剛之來復不可謂之遇也。」褒貶之意，亦可自參。

語譯

姤，是陰柔遇上陽剛的意思。坤卦的初六侵入乾卦取代了初九而與九二、九三、九四、九五、上九諸陽邂逅啊。

初六爻辭

初六❶：繫于金柅❷，貞吉❸；有攸往❹，見凶❺；羸豕孚蹢躅❻。

注釋

❶初六

姤卦所以為遇合，是卦中惟一的陰爻初六侵入乾卦，陰陽遇合，為陰消陽之始。履霜堅冰，實始於姤，而遯䷠、否䷋、觀䷓、剝䷖，以至於坤䷁，其所由來者漸矣。在筮法上，當姤初爻為老，他爻皆少，即由姤之乾䷀；或坤䷁初爻為少，他五爻皆老，即坤之姤：這兩種情形，都以姤初六爻辭占。

❷繫于金柅

象也。柅，有異文異義。《經典釋文》：「柅，《廣雅》云『止也』。《說文》作『檷』，曰『絡絲趺也』。王肅作『抳』，从『手』。子夏作『鑈』。蜀才作『尼』，止也。」漢帛書作「梯」。是柅之字，有作：檷、抳、鑈、尼、梯諸形；其義，或云止也，或云絡絲趺。王弼《注》：「柅者，制動之主。」孔《疏》：「柅之為物，眾說不同。王肅之徒，皆為織績之器，婦人所用；惟馬（融）云：『柅者，在車之下，所以止輪令不動者也。』王《注》云：『柅，制動之主，蓋與馬同。』」案：柅義為制動之主，誠是。但所制者為蹢躅之羸豕，非車，亦非織器。近人傅隸樸《周易理解》云：「毛奇齡《仲氏易注》金柅云：『金柅，木名，實如梨而黃，故名金柅。漢儒訓止車之木，則但可止車，而不可繫物，若《子夏傳》作檷（鑈），訓絡絲籆（篗）子，則不特難以繫物，且別一字矣。《子夏傳》偽書耳。』拙見以為金柅即木橛尖端包鐵者，鄉村繫獸，馬絡頭，牛穿鼻，豬穿耳，都用長繩連著，放牧時無人看守，便將繩頭繫在包有鐵尖的木橛上，然後將木橛鐵尖插入土中，使無法逃逸。」所言最妥。至於姤初六所以有繫於金柅之象者，初六居巽下，〈說卦傳〉：「巽為繩直。」故可繫。又二、三、四互體為乾。〈說卦傳〉：「乾為玉為金。」又巽為木，故姤有木橛入金之象。《集解》引虞翻曰：「柅謂二也。巽為繩，故繫；柅，乾為金，巽木入金，柅之象也。」說象可從。

❸貞吉

占也。《集解》引虞翻曰：「初、四失正，易位乃吉，故貞吉矣！」以初六、九四陰陽互換，成初九、六四，得正得位，乃貞乃吉。弼《注》：「臣妾之道，不可以不貞，故必繫于正應，乃得貞吉也。」略依虞翻初四失正之象，益之以臣妾弱者之理。程《傳》：「止之以金柅，而又繫之，止之固也。固止使不得進，則陽剛貞正之道吉也。」則惟從止之固也之象，言貞正之道所以吉。朱《義》：「一陰始生，靜正則吉。」更僅就一陰始生而說靜正。案：虞翻《注》既說「柅謂二也」，則此「貞」當指九二「貞固足以幹事」。九二居巽下之中，與初六相比，所以繫住初六，使不能自縱者，初六靜正能止，故吉也。

❹有攸往

象也。謂初六若不能繫於九二之金柅；而有所往，或應九四，甚或與三、四、五、上諸陽爻一一遇合也。《集解》引《九家易》曰：「絲繫于柅，猶女繫于男，故以喻初宜繫二也。若能專心順二，則吉。故曰『貞吉』；今既為二所據，不可往應四，往則有凶，故曰『有攸往見凶』也。」蓋依象而言其吉凶之故。程《傳》：「姤，陰始生而將長之卦。一陰生，則長而漸盛，陰長則陽消，小人道長也。制之當於其微而未盛之時。……使之進往，則漸盛而害於陽。」則統察全卦形勢，取慎始慎微之意。於此可見漢宋解《易》之不同。

❺見凶

弼《注》：「若不牽于一而有攸往行，則唯凶是見矣。」《周易折中‧案》：「一陰窮於上，眾以為無凶矣，而曰『終有凶』，防其後之辭也；一陰伏於下，眾未覺其凶矣，而曰『見凶』，察其先之辭也。陰陽消息，循環無端，能察於先，即所以防其後；能防其後，即所以察於先也。」萱案：夬、姤相覆。夬上六曰終有凶，姤初六曰見凶。《周易折中・案》以察先、防後告誡，謹之慎之可也。

❻**羸豕孚蹢躅**

象也。楚竹書作「羸豕孚是蜀」，漢帛書作「羸豨復適屬」。《釋文》：「羸，陸（績）讀為累。蹢，一本作躑。躅，本亦作䠱。蹢躅，不靜也。古文作[illegible]。」羸豕，是受繫之豕。陸績羸讀為累，即縲絏之縲，《集解》引宋衷亦曰：「羸，大索所以繫豕者也。」釋字義與陸績同，可從。弼《注》：「羸豕謂牝豕也。群豕之中，豭強而牝弱，故謂之羸豕也。」亦通。孚，帛書作復，較勝，又也，且也。蹢躅，衍音複詞，徘徊不進也。朱熹《本義》：「一陰始生，靜正則吉，往進則凶。……然其勢不可止也。故以羸豕蹢躅曉君子，使深為之備。」

語譯

姤卦初位是柔爻，像用繩子繫在外包著鐵皮的木頭樁子上。初六繫在九二樁子上，靜正能止，吉祥而有所得；如果想掙脫而有所往，會出現凶險，有所損失。像被繩子繫住的豬隻，又在徘徊不得前進。

象傳

繫于金柅，柔道牽也❶。

注釋

❶**柔道牽也**

《集解》引虞翻曰：「陰道柔，巽為繩，牽於二也。」楊時《龜山語錄》：「陰者，小人之象也。小人固當制之於漸也。故當陰之生，則知其有壯之理。……蓋小人之惡，制之於未成，則易；制之於已成，則難。」虞明其象，楊說其理，皆可從。〈文言傳〉釋坤初六云：「臣弒其君，子弒其父，非一朝一夕之故，其所由來者漸矣。由辯之不早辯也。《易》曰：『履霜堅冰至。』蓋言順也。」〈象傳〉於姤初六言「繫于金柅，柔道牽也」，正是早辯而繫止牽制之意。

語譯

像豬隻被繩子繫緊在包鐵的木頭椿子上，陰柔事物的發展道路，就被牽制住了啊。

九二爻辭

九二❶：包有魚❷，无咎❸；不利賓❹。

注釋

❶九二

此爻居中、失位，與初六比鄰而據有之。在筮法上，當姤第二爻為老，他爻皆少，即由姤之遯䷠；或臨䷒第二爻為少，他爻皆老，即臨之姤：這兩種情形，都以姤九二爻辭占。

❷包有魚

象也。《釋文》：「包，本亦作庖，虞（翻）云『白茅苞之』，荀（爽）作『胞』。」楚竹書作「橐」，包裹囊括之意。漢帛書作枹，殆為假借字。《集解》引虞翻曰：「巽為白茅，在中稱包，《詩》云：『白茅包之。』魚謂初陰，巽為魚。」蓋九二在巽下（☴）之中，大過䷛巽下兌上，初六曰「藉用白茅」。〈象傳〉曰：「藉用白茅，柔在下也。」〈繫辭傳上〉：「藉之用茅，何咎之有？」大過之初六亦在巽下。是巽為白茅也。「白茅包之」，《詩・召南・野有死麕》文。巽☴陰爻在下，故為魚；坎☵陰爻在中，故為水；兌陰爻在上，故為澤。虞《注》全以象言。弼《注》：「初陰而窮下，故稱魚。不正之陰，處遇之始，不能逆近者也。初自樂來應己之廚。」則以包為庖廚，並依象而言其義，孔穎達《疏》「包」逕作「庖」。《周易折中》：「案：制陰之義，不取諸九四之相應，而取諸九二之相比者，陰陽主卦，皆以近比者為親切，而處之又有中有不中焉。故復六四之獨復，亦不如六二休復之為美也。夬五近上，則有莧陸之嫌；姤二比初，獨不以陰邪為累乎？曰：夬之陰，其勢極矣，如病之既劇，如亂之已成，非有以除去之不可；姤則陰始生也，如病將發，如亂初萌，豫防而早治之，則不至於盛長矣。」較論姤之九四、九二，復之六四、六二，夬五、姤二：最為詳盡。

❸无咎

占也。《集解》引虞翻曰：「二雖失位，陰陽相承，故包有魚无咎。」以為初六承九二，九二包初六，陰陽相承包涵，故无咎。弼《注》：「初自樂來應己之廚，非為犯奪，故无咎也。」則以義理釋之。朱震《漢上易傳》：「初者，二四之所欲。初本應四，九二據之，宜有咎；然陰出遇陽，二近而包有之，於遇道為得，故无咎。若二不能包，四又遠民，初將散亂而不可制矣。」漢上依象說義最詳明。所謂「近水樓臺先得月」也。

❹不利賓

占也。《集解》引虞翻曰：「賓謂四，乾尊稱賓。二據四應，故不利賓。」程《傳》：「遇道當專一，二則雜矣！」項安世《周易玩辭》：「初六方壯，宜速止之，不可使之及賓。使及九四，非陽道之利也。此即『有攸往見凶』之意。」一陰五陽之卦，以一陰為主，故每兼卦之意。又吳澄《易纂言》：「初，卦之主；四對之，故為賓。乾亦為賓。賓主相對，遇之正也。九二以近比而得初六之遇，則初不復往遇於正應之四矣。」

語譯

姤卦陽爻九居卦之第二位：包藏著一條魚（或廚房中藏著魚），也沒有什麼過錯，不適合向賓客顯示。

象傳

包有魚，義不及賓也❶。

注釋

❶義不及賓也

王弼《注》：「擅人之物，以為己惠，義所不為，故不利賓也。」孔《疏》：「義不及賓者，言有他人之物，於義不可及賓也。」《論語・公冶長》：「子曰：孰謂微生高直？或乞醯焉，乞諸其鄰而與之。」朱熹《論語集注》：「夫子言此，譏其曲意徇物，掠美市恩，不得為直也。范氏曰：『是曰是，非曰非，有謂有，無謂無，曰直。』聖人觀人，於其一介之取予，而千駟萬鍾從可知焉。故以微事斷之，所以教人不可不謹也。」可移此作註腳。

語譯

隱藏著的魚，在道理上是不會拿來招待賓客的。

九三爻辭

九三❶：臀无膚，其行次且❷，厲无大咎❸。

注釋

❶**九三**

夬卦倒轉即成姤卦，姤之九三本為夬之九四，故其象相同；然爻位相異，故其占亦相異也。來知德《易註》：「夬之九四與姤相綜，倒轉即姤之九三，所以爻辭同。」已見及此。又卦惟初六一陰，眾陽皆欲遇之。九三與上九敵應，兩相角鬥，九三不敵，亦受傷之故也。在筮法上，當姤第三爻為老，他爻皆少，即由姤之訟䷅；或明夷䷣第三爻為少，他爻皆老，即明夷之姤：這兩種情形，都以姤九三爻辭占。

❷**臀无膚，其行次且**

象也。楚竹書作「誫亡肤，亓行緀疋」。漢帛書字漫漶不可辨。王弼《注》：「處下體之極，而二據於初，不為己乘。居不獲安，行无其應，不能牽據，以固所處。故曰：臀無膚其行次且也。」李鼎祚《集解》：「案：巽為股，三居上，臀也。爻非柔，无膚行次且也。」依〈說卦〉「巽為股」文，以為九三居巽下之上爻，故有臀象；又以為九三為剛爻，骨剛膚柔，故有骨无膚，其行次且云。朱熹《本義》：「九三過剛不中，下不遇於初，上无應於上。居則不安，行則不進，故其象占如此。」綜合王弼之《注》，鼎祚之「案」、說象最周。參閱夬九四及姤上九爻辭之注釋。

❸**厲无大咎**

占也。三多凶，當姤遇之卦，無遇無應，故有危厲，然以陽居陽得正，故无大咎。《集解》引虞翻曰：

「三得正位，雖則危厲，故无大咎矣！」弼《注》：「然履得其位，非為妄處，不遇其時，故使危厲；灾非己招，是以无大咎也。」朱熹《本義》：「既无所遇，則无陰邪之傷。故雖危厲而无大咎也。」案：姤九三之「厲无大咎」，猶乾九三之「厲无咎」也。

語譯

姤卦陽剛之爻居第三位，屁股在角鬥時被觸到皮膚全沒有了，行走踟躕不前。雖然危險，但沒有太大的過錯。

象傳

其行次且❶，行未牽也❷。

注釋

❶其行次且

舉「其行次且」，而意實包括「厲无大咎」。《集解》引虞翻《注》曰：「在夬失位，故『牽羊』；在姤得正，故『未牽』也。」蓋以夬、姤相綜，姤九三即夬九四也。夬九四爻辭云：「其行次且，牽羊悔亡。」〈象傳〉云：「其行次且，位不當也。」夬九四牽羊，其行次且，既為失位之故；則姤九三居位得正，故應得「厲无大咎」，而非謹「其行次且」而已。〈象傳〉引爻辭有省略之例。

❷行未牽也

《正義》：「行未牽者，未能牽據。」據，指陽爻居於陰爻之上，占據其下陰爻為己所有。未能牽據，意指姤九二已居初六之上，九三受九二阻隔，未能與初六比鄰相牽而據有也。程《傳》：「其始志在求遇於初，其行遲遲；未牽，不從其行也。既知危而改之，故未至於大咎也。」呂大臨《易章句》：「九三之於初六，後不如二之能比，故臀无膚；前不如四之能應，故其行次且。雖未牽初以自助，若孤危然；然剛而當位，卒无大咎。」

語譯

行走踟躕不前，想牽著初六卻牽不到啊！

九四爻辭

九四❶：包无魚❷，起凶❸。

注釋

❶**九四**

此爻失位非中，雖與初六有應，然初六已為九二所據。在筮法上，當姤第四爻為老，他爻皆少，即由姤之巽䷸；或震䷲第四爻為少，他爻皆老，即震之姤：這兩種情形，都以姤九四爻辭占。

❷**包无魚**

象也。包，《釋文》於九二「包有」下云：「包，本亦作庖，同。……下同。」所謂「同」，謂「包」、「庖」字同；所謂「下同」，指此九四「包无魚」之「包」本亦同作「庖」也。楚竹書作「橐亡魚」，漢帛書作「枹无魚」。蓋「包」字或作「庖」，本有包裹、庖廚二義也。請參閱九二「包有魚」之注釋。弼《注》：「二有其魚，故（四）失之也。」程《傳》：「包者，所裹畜也。魚，所美也。四與初為正應，當相遇者也。而初已遇於二矣，失其所遇，猶包之无魚，亡其所有也。」程頤未見楚竹書《周易》，然其《傳》，與楚竹書「橐亡魚」密合。釋包為裹，或受虞翻姤九二《注》「在中稱包」之影響也。本即無有曰无；本有後失曰亡。

❸**起凶**

占也。楚竹書作「巳凶」，漢帛書作「正凶」。今傳本作「起凶」者，弼《注》：「无風而動，失應而作，是以凶也。」以為「起」字有動作之義。而所以「凶」，則无風失應之故也。姤卦巽下乾上，九四在乾上，不在巽下。而乾為天，巽為風，九四在天而非巽无風也。且二既已據初，初不能更為四應，是九四失應也。

程《傳》：「四當姤遇之時，居上位而失其下，下之離由己之失德也。四之失者，不中正也。以不中正而失其民，所以凶也。」則以九四失位失中言之。近人高亨作《周易古經今注》，曰：「起疑當作祀。」後又作《周易大傳今注》，曰：「起疑借為熙，戲也，游蕩也。」又曰：「起凶，漢帛書《周易》作『正兇』，即征凶，言出征則凶。」今學者或是之，或非之。錄以為參考。

語譯

姤卦陽剛之爻居於第四位：包裹中（或廚房中）沒有魚，起心動念引發爭執必然凶險。

象傳

无魚之凶，遠民也❶。

注釋

❶遠民也

孔穎達《正義》：「陰為陽之民，為二所據，故曰遠民也。」以為初六為民，已被九二占據，與九四疏遠。程《傳》：「下之離，由己致之。遠民者，己遠之也。為上者有以使之離也。」呂大臨《易章句》：「九四以初為應，初為己民，二陽間之，遠而不可得。有民而不得其民，如有包无實。以靜猶可，作而起之，是以凶也。」

語譯

沒有魚所引發的爭端或凶險，是因為脫離了人民，與民眾疏遠啊！

九五爻辭

九五❶：以杞包瓜❷，含章❸，有隕自天❹。

注釋

❶九五

居中得正，而處尊位；朱子《本義》謂「五以陽剛中正主卦於上」，而李光地所脩《周易折中》，「案」語逕以「五為卦主」。〈象傳〉言姤云：「天地相遇，品物咸章也；剛遇中正，天下大行也。」即指九五而言。然與九二無應，與初六難遇。在筮法上，當姤第五爻為老，他爻皆少，即由姤之鼎䷱；或屯䷂第五爻為少，他爻皆老，即屯之姤：這兩種情形，都以姤九五爻辭占。

❷以杞包瓜

象也。此句多異文歧義。楚竹書作「㠯芑橐苽」，漢帛書作「以忌枹苽」。《釋文》：「『以杞』，音起。張（璠）云：『苟杞。』馬（融）云：『大木也。』鄭（玄）云：『柳也。』薛（虞）云：『柳柔韌木。』並同。」又云：「『包瓜』，子夏作『苞』。」孔穎達《正義》：「杞之為物，生於肥地者也。先儒說杞，亦有不同。馬云：『杞，大木也。』《左傳》云：『杞梓皮革自楚往。』則為杞梓之杞。《子夏傳》曰：『作杞匏瓜。』薛虞記云：『杞，杞柳也。杞性柔刃，宜屈橈，似匏瓜。又為杞柳之杞。』案王氏云：『生於肥地；蓋以杞為今之枸杞也。』」《正義》又云：「以杞匏瓜者，杞之為物，生於肥地；匏瓜為物，繫而不食。九五處得尊位。而不遇其應，是得地而不食，故曰以杞匏瓜也。」案：近人聞一多《周易義證類纂》：「案《子夏傳》包作匏，句首無以字。《正義》亦作匏，義長。杞、繫聲近，疑杞當讀為繫。《論語・陽貨篇》曰：『予其（豈）匏瓜也哉？焉能繫而不食？』此匏瓜言繫之證。繫匏瓜，蓋謂絡綴之以為樽。《莊子・逍遙遊》曰：『今子有五石之瓠，何不慮以為大樽？』瓠即匏瓜。司馬《注》曰：『慮猶結綴也。』成《疏》曰：『慮者，繩絡之也。』」案：匏瓜幼嫩時稱為瓠瓜，可食；若繫而不採，及其老也，稱為匏瓜，殼堅瓤硬，可作笙、瓢、杓、壺，不復可食。繫而不食，言留在瓜莖上，不採摘食用也。聞一多之說可從。

❸含章

象也。漢帛書亦作含章，楚竹書「含」作「欽」。黃人二〈上博藏簡周易校讀〉：「此字不管分析為從玉、欽聲，或是從欠，玲聲，皆與『含』字音近通假，古皆屬匣母侵部字，整理者讀『含』是。」含章，謂九五含容陰柔，陰陽交遇，品物咸章也。王夫之《易內傳》：「九五剛健中正，盡道自己，而不憂陰慝之作，以其曲成萬物之德，包妄起妄遇之陰，輯其潰亂，而使化為章美。惟含容之道盛，則陰交陽以成品物之章。始於不正，而終於正矣。是豈陰之德足以致之哉？」案：坤六三爻辭曰「含章可貞」，請參閱彼之注釋。再案：有天必有地，有陽必有陰，有君子必有小人。小人非但襯托、彰顯君子之可貴，且亦君子之所包容者。「與狼共舞」、「與疾病共存」，所以漸成共識也。

❹有隕自天

象也。楚竹書作「又（有）惪（憂）自天」，漢帛書作「或塤自天」。塤，假借為隕。《說文解字》：「隕，從高下也。《易》曰：『有隕自天。』」案：《詩・衛風・氓》：「桑之落矣，其黃而隕。」毛亨《傳》：「隕，墜也。」鄭玄《箋》：「桑之落矣，謂其時季秋也。」《詩・豳風・七月》：「十月隕蘀。」《傳》：「隕，墜；蘀，落也。」《箋》：「物成而將寒之候。」有隕自天，謂草木果葉自高處隕落，有天候之因素也。尤指原繫在瓜藤上的匏瓜，瓜肉可食時未採摘。今瓜肉已乾，成葫蘆矣，不能採食，但可為樽等器物。因天候之故，從高處自動墜落也。並意含《周易》，周流變易，死生循環不息之大義。《朱子語類》：「有隕自天，言能回造化，則陽氣復；自天而隕，復生上來，都換了這時節。」俞琰《周易集說》：「杞，大木，九五之象也；瓜，柔物，指初六也。杞譬則君，瓜譬則民。杞參天，瓜附地，猶五與初遠而不相遇。今日以杞包瓜，則相遇矣。瓜，延蔓之物，自下而達于上；杞，葉茂，遂包之也。含即包之謂。章，命令之美。其初含蓄不露，一旦告于四方，自上而降，則猶瓜熟蒂脫，自杞墜地，故曰含章，有隕自天。九五德位中正，權不下移，雖去初遠，而下情无不上達，故言其所遇之道如此。」說甚明達。基督教《聖經・新約・約翰福音》上說：「一粒麥子不落在地裏死了，仍舊是一粒；若是死了，就結出許多子粒來。」意亦相近。自然界如楓樹的翅果，蒲公英帶羽的種子，當成熟時每隨風遠颺，以落入遠方泥土之中，再發芽成長，皆此種自然化育之道的實例。

語譯

姤卦陽剛之爻居第五位：繫留在瓜藤上的匏瓜，內含作為器用的美好性質，時候到了自然會從瓜架上掉落下來。

象傳

九五含章，中正也❶；有隕自天，志不舍命也❷。

注釋

❶中正也

《正義》：「中正，故有美；无應，故含章而不發。若非九五中正則无美可含，故舉爻位而言中正也。」九五以陽剛之九爻居卦中奇數之五位，得位為正；又在乾上之中爻，復得其中也。

❷志不舍命也

志，志願。舍命，言敷施命令。于省吾《雙劍誃易經新證》：「按舍命猶今人言發號施令也。〈毛公鼎〉、〈克鼎〉、〈矢令毀〉均有『舍命』之語。《詩・羔裘》：『舍命不渝』，語例同。其曰『有隕自天』，言非有命令之錫予，而得之於天也。故曰：『志不舍命也。』」是也。案：于氏《新證》此處所言，似本於王國維《觀堂集林・卷二・與友人論詩書中成語書二》：「《詩・羔裘》云：『舍命不渝』，《箋》云：『是子處命不變，謂守死善道，見危授命之等。』案：〈克鼎〉云：『王使善夫克舍命於成周。』〈毛公鼎〉云：『厥非先告父厝，父厝舍命，毋有敢惷，尃命于外。』是舍命與尃命同意，舍命不渝，謂如晉解揚之致其君命，非處命之謂也。」案：古人注《易》，如弼《注》：「包瓜為物，繫而不食者也。九五履得尊位，而不遇其應，得地而不食，含章而未發。不遇其應，命未流行。然處得其所，體剛居中，志不舍命，不可傾隕，故曰有隕自天地。」又如程《傳》：「命，天理也；舍，違也。至誠中正，屈己求賢，存志合於天理，所以有隕自天，必得之矣！」蘇軾《東坡易傳》：「陰長而消陽，天之命也。有以勝之，人之志也。君子不以命廢志，故九五之志堅，則必有自天而隕者。言人之至者，天不能勝也。」似皆非確詁，惟仍可作參考。

語譯

姤卦九五內含作為器用的美好性質，因為居乾上之中又得正位啊；時候到了自然會從瓜架上掉落下來，如果天時未到，志向不會發號施令強加採摘啊。

上九爻辭

上九❶：姤其角❷；吝，无咎❸。

注釋

❶**上九**

當姤上爻為老，他爻皆少，即由姤之大過䷛；或頤䷚上爻為少，他爻皆老，即頤之姤：這兩種情形，都以姤上九爻辭占。

❷**姤其角**

象也。楚竹書作敂丌角，漢帛書作狗亓角。姤其角，謂上九以角與九三相觸也。上九以剛居上，又為乾上之頂，《集解》引虞翻曰：「乾為首，位在首上，故稱角。」上九與九三皆失位，而與初六非比無應，故以角相觸。動物界以爭雌之故，每有兩雄相鬥之事，姤卦惟初六一爻為雌，故上九、九三因而相爭。上九姤其角，謂以其角觸擊九三也；九三則因弱而敗，致臀無膚，其行次且矣。朱熹《本義》：「角，剛乎上者也。上九以剛居上而无位，不得其遇，故其象、占與九三類。」似已見及此。

❸**吝，无咎**

占也。楚竹書「无」作「亡」；漢帛書「吝」作「閵」。弼《注》：「進而无遇，獨恨而已。不與物爭，其道不害。故无凶咎也。」俞琰《大易集說》：「處姤之極，剛亢絕物，而鄙吝如此，能无咎乎？而去初甚遠，與小人不相遇，亦无咎也。」吳澄《易纂言》：「吝，占也。前不可進，剛而能觸，竟何為哉？故吝。无咎，占也。處時之窮，非己有咎也。」上九處姤之極，剛亢絕物，惟與九三觸鬥，而不能與初六遇合，故有吝恨。然初六、上九皆失位非正，相離最遠。不遇，時也，亦甚好。胡炳文《周易本義通釋》：「九三以剛居下卦之上，於初陰無所遇，故雖厲而无大咎；上九以剛居上卦之上，於初陰亦不得其遇，故雖吝而亦无咎。遇本非正，不遇不足為咎也。」更以三、上兩相較論。

語譯

姤卦最上面的一爻是陽剛的九，用頭上的角去觸擊九三，雖然可鄙可恨，倒也不是什麼過錯。

象傳

姤其角，上窮吝也❶。

注釋

❶上窮吝也

上九居乾上，〈文言傳〉謂乾上九「亢龍有悔，窮之災也」。〈繫辭傳上〉：「悔吝者，憂虞之象也。……悔吝者，言乎其小疵也。」〈繫辭傳下〉：「吉凶悔吝者，生乎動者也。……是故吉凶生而悔吝著也。……愛惡相攻而吉凶生；遠近相取而悔吝生；情偽相感而利害生。凡易之情，近而不相得則凶，或害之，悔且吝。」悔吝之義，《十翼》所言，大致如此。《正義》：「上窮吝者，處於上窮，所以遇角而吝也。」程《傳》：「既處窮上，剛亦極矣，是上窮而致吝也。以剛極居高而求遇，不亦難乎？」《郭氏傳家易說》：「白雲郭氏曰：居姤之終，不知道之變。道既上窮，猶欲遇焉，是其所以吝也。」案：張載《橫渠易說》已云：「窮不知變，吝之道也。」郭雍道變之說，蓋本於橫渠。

語譯

用頭上的角去觸擊假想中的情敵九三，居於最上一爻，已經窮途末路，可鄙可恨啊。

萃卦經傳通釋第四十五

卦辭

䷬坤下兌上萃❶：亨❷，王假有廟❸，利見大人❹，亨，利貞❺；用大牲吉❻，利有攸往❼。

注釋

❶䷬坤下兌上萃

萃，六畫之卦名。楚竹書作「噿」，同啐，《說文》訓驚。蕭漢明以為此卦與精神失常症有關云。漢帛書作「卒」，則假借字。張立文《周易帛書今注今譯》引《荀子．富國》「勞苦頓萃」楊倞《注》「萃與顇同」，及《荀子．禮論》「憂戚萃惡」，《荀子．子道》「勞苦彫萃」楊《注》亦並曰「萃與顇同」，以卒、萃、顇義同通用，並引《爾雅．釋詁》：「顇，病也。」萃卦內卦是三畫的坤，外卦是三畫的兌重疊而成。萃，薈萃，聚集會合在一起。《詩．陳風．墓門》：「墓門有梅，有鴞萃止。」毛《傳》：「萃，集也。」《左傳．成公十六年》：「而三軍萃于王卒。」杜預注：「萃，集也。」意並同。萃卦講的就是群居生活一些應注意的事項。在筮法上，當萃六爻皆少，也就是本卦、之卦都是萃；或大畜䷙六爻皆老，也就是大畜之萃：

這兩種情形，都以萃卦辭占。

❷亨

占也。今傳《集解》本、《注疏》本皆有「亨」字。《集解》引鄭玄曰：「萃，聚也。坤為順，兌為說（悅）。臣下以順道承事，其君說德居上待之。上下相應，有事而和通，故曰：『萃亨』也。」又引虞翻曰：「體觀享祀，故通。」而王弼《注》云：「聚乃通也。」然後之研《易》者多因下文又有「亨利貞」三字，以為此處似不必重複言「亨」。故朱熹作《本義》已言「亨字衍文」。近出土之楚竹書、漢帛書果然均無「亨」字。案：《釋文》：「『亨』，王肅本同。馬（融）、鄭（玄）、陸（績）、虞（翻）等並無此字。」然鄭、虞實有此字，已見上文《集解》本所引。《釋文》之言，亦非絕對全然可信。且鄭《注》云「故曰萃亨也」，則所釋正是萃亨之亨，非亨利貞之亨。案：《周易・卦爻辭》有「原筮」、補釋之例。余於比卦卦辭「原筮」下有「釋」，請參閱之。此萃卦先言「亨，王假有廟，利見大人」可能為原筮記錄之文本；後言「亨、利貞」、「用大牲吉」、「利有攸往」：皆後之筮官增補，以釋前三句之文本者。

❸王假有廟

象也。楚竹書作「王畧于窗」，漢帛書作「王叚于廟」。假，王弼、孔穎達、程頤、朱熹等皆訓「至」。楚竹作「畧」。畧，从口，各聲，通格，猶《尚書・堯典》「格于上下」之格，至也。廟，楚竹書作「窗」，从宀苗聲，从宀从广每相通，窗殆為廟之異形字。假，漢帛書作叚可通借。「有」，竹、帛皆作「于」。有，語首助詞，用在名詞之前，無義，如「有苗」、「有邦」、「有家」之類。于，亦可作語首助詞解，如《詩・大雅・江漢》「于疆于理」等。亦可視為表方所之介詞。如《詩・召南・采蘩》「于以采蘩，于沼于沚；于以采藻，于彼行潦」，于沼、于沚、于彼之「于」字皆作「在」解。此處「有廟」，楊樹達《詞詮》列為語首助詞，無義。如有苗、有明、有清諸有之例。項安世《周易玩辭》：「王至于廟中，則諸侯百官之眾，九州之物，人心之精神，无不萃者，此萃之最盛者也。」

❹利見大人

占也。弼《注》：「聚得大人，乃得通而利正也。」以為「利見大人」為「亨利貞」條件之一。孔《疏》：「聚而無主，不散則亂；惟有大德之人，能弘正道，乃得通而利正。」程《傳》：「天下之聚，必得大人以治之。人聚則亂，物聚則爭；事聚則紊。非大人治之，則萃所以致爭亂也。」則強調領導者在群眾運動中之重要。「大人」謂誰？見大人者又謂誰？項安世《周易玩辭》：「二五皆正，二見五為大人。」吳澄《易纂言》：「五，陽剛中正為大人。四陰聚而歸五，利見大人也。」

❺亨，利貞

占也。《集解》引虞翻曰：「亨利貞，聚以正也。」王弼《注》：「聚得大人，乃得通而利正也。」程《傳》：「萃以不正，則人聚為苟合，財聚為悖入，安得亨乎？故利貞。」蓋利貞者，補言萃亨之條件者也。

❻用大牲吉

占也。就象數言，《集解》引虞（翻）曰：「坤為牛，故曰大牲。」又引鄭（玄）云：「大牲，牛也。言大人有嘉會時可幹事，必殺牛而盟。」就義理言，弼《注》：「全乎聚道，用大牲乃吉。聚道不全而用大牲，神不福也。」程《傳》：「萃者，豐厚之時也。其用宜稱，故用大牲吉。」弼強調「全乎聚道」，合作無間，所謂「團結就是力量」！程強調「稱」，用牲與收穫應成比例。《周易玩辭》：「在損之時，則曰：『曷之用？二簋可用，享。二簋應有時。』在萃之時，則曰：『用大牲吉，利有攸往。』順天命也。《易》之隨時如此。」依程意而更與損較論。

❼利有攸往

占也。《集解》引虞翻曰：「三往之四，故利有攸往，順天命也。」虞翻認為萃卦六三、九四皆失位，三往之四、三四易位，則成六四、九三，皆得其位，且六四上順九五之天命矣。又引鄭玄曰：「既盟，則可以往，故曰利往。」則接所《注》上文「大人有嘉會時可幹事，必殺牛而盟」而續言之。孔穎達《正義》：「人聚神祐，何往不利？」程《傳》：「大凡興功之事，貴得有為之時，萃而後用，是以動而有裕，天理然也。」

語譯

三畫的坤在下，三畫的兌在上，重疊成六畫的萃卦。同心聚集，就能亨通。王到了宗廟，利於接見王室菁英和各地來的領導人，亨通必須依靠遵守常規正道。殺牛而盟，方能吉祥而有收穫。利於有所行動。

彖傳

萃，聚也。順以說，剛中而應，故聚也❶。王假有廟，致孝亨也❷。利見大人，亨聚以正也❸。用大牲吉，利有攸往，順天命也❹。觀其所聚，而天地萬物之情可見矣❺。

注釋

❶順以說，剛中而應，故聚也

《集解》引荀爽曰：「謂五以剛中，群陰順說而從之，故能聚眾也。」強調九五以陽剛居中得位有應，能令群陰愛悅，故能聚眾。王弼《注》：「但順而說，則邪佞之道也。剛而違於中應，則強亢之德也，何由得聚？順說而以剛為主，主剛而履中，履中以應，故得聚也。」主張順悅應與剛中平衡互補，方不致偏失。程《傳》：「萃之義，聚也。順以說，以卦才言也。上說而下順。為上以說道使民，而順於人心；下說上之政令，而順從於上。既上下順說，又陽剛處中正之位，而下有應助。如此故能聚也。欲天下之萃，非如是不能也。」倡言上下順說，剛中有應。及程門弟子呂大臨作《易章句》，更拈出一個「本」字。曰：「天下以大聚，不知其本則陵慢爭奪之禍生。王者治天下之大，聚所生者有本焉。順以說，知所以報其本；剛中而應，知所以正其本。」

❷**王假有廟，致孝享也**

《集解》引陸績曰：「王，五；廟，上也。王者聚百物以祭其先，諸侯助祭于廟中。」又引虞翻曰：「享，享祀也。五至初有觀（䷓）象，謂享坤牛，故致孝享也。」以象立說。弼《注》：「全聚乃得致孝之享也。」程《傳》：「王者萃人心之道，至於建立宗廟，所以致其孝享之誠也。祭祀，人心之所自盡也。故萃天下之心者，无如孝享；王者萃天下之道，至於有廟，則其極也。」則以理立說。呂大臨《易章句》曰：「親者，類之本，故王假有廟，致孝享以報本也。」更指出此為報「本」。《周易玩辭》：「古語謂享之豐者為致孝。《詩》曰：『苾芬孝祀。』《論語》以『致孝』對『菲飲食』，蓋以厚對薄也。此以萃享親，故曰『致孝享也』。」項安世引《詩》在〈小雅・谷風之什・楚茨〉篇，曰：「苾芬孝祀，神嗜飲食。」引《論語》在〈泰伯〉篇，曰：「禹，吾無間然矣，菲飲食而致孝乎鬼神。」行動每能激發意氣，此其例也。

❸**利見大人，亨聚以正也**

《集解》引虞翻曰：「坤為聚，坤三之四，故聚以正也。」〈說卦傳〉言「坤為眾」，故虞引申出「聚」。萃卦六三、九四皆失位。坤三之四，成九三、六四，則皆得位而正矣，故虞曰「故聚以正也」。此以象言。弼《注》：「大人體中正者，通眾以正，聚乃得全也。」孔《疏》：「釋聚所以利見大人，乃得通而利正者，良由大人有中正之德，能以正道通而化之，然後聚道得全，故曰聚以正也。」呂大臨《易章句》：「有德有位者，治之本，故利見大人。」此以理言。

❹**用大牲吉，利有攸往，順天命也**

《集解》引虞翻曰：「坤為順，巽為命，三往之四，故順天命也。」李道平《纂疏》：「內坤為順，互巽為命，五乾為天。三往之四，上承五天，故曰順天命也。」以萃六三、九四、九五互體巽，虞翻注〈說卦傳〉「窮理盡性以至於命」，嘗謂「巽為命」也。此以象言之也。弼《注》：「順以說而不損剛，順天命者也。天德剛而不違中，順天則說，而以剛為主也。」孔《疏》：「天之為德，剛不違中，今順以說，而以剛為主，是順天命也。動順天命，可以享於神明，无往不利，所以得用大牲吉，利有攸往者，只為順天命也。」呂大臨《易章句》：「天者，生之本，故用大牲吉，順天命以報本也。」此以理言。《周易玩辭》：「王假有廟，九五也。五為王，上為宗廟。利見大人，利貞，六二也。二、五皆正，二見五為大人。用大牲吉，九四也。故九四為大吉。利有攸往，初六、六二也。故二爻皆往无咎。」綜合〈彖傳〉而作較論，啟人深思。

❺觀其所聚，而天地萬物之情可見矣

《集解》引虞翻曰：「三、四易位成離、坎。坎，月。離，日。日以見天；月以見地。故天地之情可見矣。與大壯、咸、恆同義也。」《篹疏》：「三、四易位，有離、坎象。離日見天；坎月見地。懸象著明莫大乎日月。離也者，明也。萬物皆相見。故天地萬物之情可見。不言萬物，脫文也。大壯四之五，咸四之初，恆初、二已正，四五復位，皆有離、坎象，故云同義也。」案：萃三、四互易成蹇䷦。上體坎月，六二、九三、六四互體離日。〈彖傳〉於咸䷞、恆䷟、大壯䷡三卦，皆有相近之說，故云同義。此以象言之也。弼《注》：「方以類聚，物以群分。情同而後乃聚；氣合而後乃群。」孔《疏》：「此廣明萃義而歎美之也。凡物所以得聚者，由情同也；情志若乖，無由得聚。故觀其所聚，則天地萬物之情可見矣。」《郭氏傳家易說》引白雲郭氏曰：「然天地萬物之情，所以聚者，不過順說而已。其道不順，則无由以聚；其情不說，則不能聚矣。故天地萬物之情既不過順說，是以〈彖〉言可見也。」此以理言之。《周易玩辭》：「天地萬物之所以感、所以久、所以聚，必有情焉。萬變相生，感也；萬古若一，久也；會萬歸一，聚也。知斯三者，而天地萬物之理畢矣。天地之心主於生物，而聚之以正。大人能以天地之心為心，則无往而不為仁；以天地之情為情，則无往而不為義矣。是以聖人表之，以示萬世焉。」於「天地萬物之情」、「天地之心」、「天地之情」，詮釋甚明。

語譯

萃，是聚會的意思。萃卦的內卦坤代表順從，外卦兌代表喜悅，這就顯示聚會是順從而且喜悅的。九五以陽剛之爻居外卦兌中間的位置，而內卦坤的六二和它陰陽互應，所以能夠團聚在一起。國君到了宗廟，呈現了孝順奉獻的誠意。適合在這個場合會見宗室和各地方領袖，以正確的禮儀和大家溝通聚會。用大牛來祭祀，會有吉祥收穫。利於有所行動表現，順從天時而行事啊。觀察聚會的方式過程，而天地化育萬物成長的情態就可以發現了。

象傳

澤上於地，萃❶；君子以除戎器，戒不虞❷。

注釋

❶澤上於地，萃

《集解》引荀爽曰：「澤者卑下，流潦歸之，萬物生焉，故謂之萃也。」指出流潦歸於地面，萃聚成澤，能澤潤萬物，水草交生、魚蝦禽獸繁殖的現象，而化育之理自在其中。弼《注》：「聚而无防，則眾生心。」則偏重於眾心不一之防，以及統御之方。

❷君子以除戎器，戒不虞

《集解》引虞翻曰：「君子謂五。除，脩。戎，兵也。《詩》曰：『脩爾車馬、弓矢、戎兵。』陽在三四為脩。坤為器。三、四之正，離為戎兵，甲冑、飛矢。坎為弓弧。巽為繩。艮為石。謂敹甲冑，鍛厲矛矢，故除戎器也。坎為寇，坤為亂，故戒不虞也。」《纂疏》：「五陽得正，故君子謂五。《周禮．地官．山虞》：『若祭山林則為主而脩除。』故云除脩也。戎兵也。《說文》文。《詩．大雅．抑篇》曰：『脩爾車馬、弓矢、戎兵。』知脩戎即除戎也。又〈常武〉曰：『整我六師，以脩我戎。』亦其證也。陽在三四為脩者，乾三曰『進德脩業』是也。坤形為器，三四變之正，體離。離為甲冑，為戈兵，又為飛，為矢，故為戎兵。坎為弓，故為弓弧。巽繩直，故為繩。艮小石，故為石。《書．費誓》曰：『善敹乃甲冑。』又曰：『鍛乃戈矛，厲乃鋒刃。』故謂敹甲冑，鍛厲戈矛。鄭彼注云：『敹謂穿徹之謂。甲繩有斷絕，當使敹理穿治之。』謂離之甲冑，以巽繩穿治之，故巽為繩。矛矢以離火鍛之，以艮石礪之，故艮為石。皆是脩治之義。故除戎器也。坎為盜，故為寇。坤陰消陽為亂。故戒不虞。虞，度也。案：兌為金，戎器之象。坤知阻，戒不虞之象。又《荀子》曰：『仁人兵兌則若莫邪之利鋒。』《注》云：『兌聚也，萃之為萃，以兌故也。』」言象已至繁瑣矣。孔穎達《正義》：「澤上於地，則水潦聚，故曰：澤上於地萃也。除者，治也。人既聚會，不可无防備。故君子於此之時，脩治戎器，以戒備不虞也。」程《傳》：「澤上於地，為萃聚之象。君子觀萃象，以除治戎器，用戒備於不虞。凡物之萃，則有不虞度之事。故眾聚則有爭，物聚則有奪。大率既聚則多故矣。觀萃象而戒也。除謂簡治也，去弊惡也。」言理甚好。宋王申子《大易緝說》：「澤上有地，臨，則聚澤者，地岸也；澤上於地，萃，則聚澤者，隄防也。以地岸而聚澤，則无隄防之勞；以隄防而聚澤，則有潰決之憂，故君子觀此象為治世之防。除治其戎器，以為不虞之戒。若以治安而忘戰守之備，則是以舊防為无用而壞之也！其可乎？」較論臨䷒、萃之異同，亦可參考。

語譯

水澤匯聚在地上，這是萃卦所代表的現象；在位的領導人因而整頓武器工具，以防意外。

序卦傳

物相遇而後聚，故受之以萃❶。萃者，聚也。

注釋

❶物相遇而後聚，故受之以萃

《集解》引崔憬曰：「天地相遇，品物咸章，故言物相遇而後聚也。」注重在萃聚之功能：品物咸章。今之言環保者，多倡恢復溼地。杭州西湖增闢溼地公園，臺灣淡水擴大紅樹林溼地公園，即其顯例也。溼地恢復後，本土原生水草魚蝦等逐漸成長，候鳥亦依時來棲息，正所謂品物咸章也。張栻《南軒易說》：「凡物相遇然後聚，如羊狼不同囿，鳳鷙不同林，此不相遇，故不聚也。惟同聲相應，同氣相求，此遇也，故為萃也。言其合聚而不散也。」更提出欲求遇而不散，必須聲應氣求。

語譯

萬物相遇然後才能聚集，所以在代表相遇的姤卦之後，接著的是代表聚集的萃卦。萃，正表示薈萃聚集。

雜卦傳

萃聚❶而升不來也❷。

注釋

❶**萃聚**

李鼎祚《集解》自云：「坤眾在內，故聚。」《纂疏》云：「萃內體坤，坤為眾，故坤眾在內為聚。《管子・君臣》：『明君順人心，安性情，而發于眾心之所聚。』是也。」《南軒易說》：「天地之理，有聚有散。惟順以說，故聚也。」

❷**而升不來也**

當於下升卦言之，請參閱。此不贅。

語譯

萃卦會集團聚，而升卦上升卻不返回。

初六爻辭

初六❶：有孚不終❷，乃亂乃萃❸；若號，一握為笑❹；勿恤，往无咎❺。

萃初六失位非中，內與坤下三陰為朋相聚，外與九四陽爻有應。然卦有二陽，九五居中得位居尊，對群陰均具吸引力。而九四失位，下與六三相比，初六不無猜疑。且六三、初六亦失位。在此複雜環境中，爻辭多相對兩可之辭。在筮法上，當萃初爻為老，他爻皆少，即由萃之隨䷐；或蠱䷑初爻為少，他五爻皆老，即蠱之萃：這兩種情形，都以萃初六爻辭占。

注釋

❶初六

❷有孚不終

占也。楚竹書作「又孚不冬」。又、有古通用。冬，為終之本字。漢帛書作「有復不終」，復假借為孚。《集解》引虞翻曰：「孚謂五也。初、四易位，五坎中，故有孚；失正當變，坤為終，故不終。」虞意萃卦初六、九四皆失正，當易位成初九、六四，於是卦成屯䷂，九五在六四、上六之間，為坎☵之中。坎為水，潮水之漲落皆有時，此唐人李益樂府詩〈江南曲〉所以有「早知潮有信，嫁與弄潮兒」之句，故言「有孚」也。坤六三爻辭：「含章可貞。或從王事，无成，有終。」〈文言傳〉：「地道无成，而代有終也。」蓋萃初、四易位，六二、六三、六四仍為坤☷，而坤有終象，故有「有孚不終」之占也。弼《注》則云：「有應在四，而三承之，心懷嫌疑，故有孚不終也。」程《傳》：「初與四為正應，本有孚以相從者也。然當萃時，三陰聚處，柔无守正之節，若捨正應而從其類，乃有孚而不終也。」《折中》引錢氏志立曰：

「萃初與四應，曰『有孚不終』者，有二陽焉。不終於四也。」所釋皆不同。蓋各照一隅，綜而合之，則可見全貌。

❸乃亂乃萃

象也。楚竹作「乃亂迺啐」，乃、迺，秦漢時已通用。漢帛書作「乃乳乃卒」，張立文以為漢簡中常將「亂」作「乳」，可能是當時通用的簡化字。卒，借為萃，病也。《集解》引虞翻曰：「坤為亂為聚，故乃亂乃萃。」相對而言：乾為治，坤為亂。《篡疏》云：「坤陰滅陽為亂；又眾為聚。故曰：『乃亂乃萃。』蓋失位不變，則相聚為亂。」更提出初六「失位不變」的觀點，為易道變易增一理由。弼《注》：「不能守道，以結至好；迷務競爭，故乃亂乃萃也。」程《傳》：「乃亂，惑亂其心也；乃萃，與同類聚也。」朱震《漢上易傳》：「初六柔不中正，進則疑六三之間己；退不能專一以待應。乃亂者，退而亂於三陰之中；乃萃者，欲進而與四相萃也。」漢上朱震以萃為初與四相應，與伊川程頤以萃為群陰與同類聚，完全不同，《易》無定象，可見一斑。案：竹書作「乃亂迺啐」，疑乃、迺意異。李光地《周易觀彖》：「若有孚而不能終，則必至亂所萃矣。上乃字，虛字也；下乃字，猶汝也。」

❹若號，一握為笑

象也。楚竹作「若虐一斛于芺」。金文善鼎有唬字，郭沫若謂當讀如乎，呼號也。斛、握同韻，可相通假。芺字从艸从犬，乃从竹从犬之「笑」字之異體字。漢帛書作「若亓號一屋于芺」。《集解》引虞翻曰：「巽為號，艮為手，初稱一，故一握初動成震，震為笑。」以為萃卦六三、九四、九五互體成巽☴，巽申命，故為號。又以為萃卦坤下☷初動成震☳為笑。弼《注》：「一握者，小之貌也；為笑者，懦劣之貌也。已為正配，三以近寵。」朱震《漢上易傳》：「若號，謂四也。兌為口，巽為號。若四在上號召之，三陰不正，惡初之往合於四。一握其手，笑以喻意，微動之也。艮為手，三往易四，一握手也。兌為口，為說，離喜說動而出聲，笑也。為笑者，獻笑也。巽為工，有造為之象，故曰一握為笑。」言象大抵有〈說卦傳〉為據，然亦不免牽強附會。

❺**勿恤，往无咎**

占也。楚竹書作「勿卹，往亡咎」。漢帛書作「勿血往无咎」。當以恤為本字，《說文》訓「憂也」。卹、血皆假借字。无、亡，古亦可通用。《集解》引虞翻曰：「四動成坎，坎為恤。……初之四得正，故往无咎矣！」《篹疏》：「坎加憂為恤……四易三位，嫌无應有咎，初之四應得正，故往无咎矣！」弼《注》：「若安夫卑退，謙以自牧，則勿恤而往无咎也。」程《傳》：「若能勿恤而往，從剛陽之正應，則无過咎；不然，則入小人之群矣！」王宗傳《童溪易傳》：「初之於四，相信之志，疑亂而不一也。然居萃之時，上下相求，若號焉。四必說而應之。則一握之頃，變號咷而為笑樂矣！謂得其所萃也。故戒之曰勿恤；又勉之曰往无咎。」

語譯

萃卦初位是陰爻，雖有孚信，卻不能堅持到底。於是擾亂了你團聚的意志。如果上級召喚，相見一握而笑。毋須擔憂，上往會面，不會有過錯的。

象傳

乃亂乃萃，其志亂也❶。

注釋

❶**其志亂也**

《集解》引虞翻曰：「坤為亂為聚，故乃亂乃萃；失位不變，則相聚為亂，故象曰其志亂也。」引虞翻又曰：「坎為志，初之四，其志亂也。」弼未注，孔穎達《正義》：「其志亂者，只為疑四與三，故志意迷亂也。」程《傳》：「其心志為同類所惑亂，故乃萃於群陰也；不能固其守，則為小人所惑亂，而失其正矣。」虞意三陰萃聚既為亂，捨陰應四亦為亂。猶豫不決，依違兩可，正其心亂意迷之徵也。孔意初爻疑四、三相比相戀，故志迷亂。程意初爻為三陰同類者所迷。說象各異。初之性格、處境，頗類似莎士比亞筆下丹麥王子哈姆雷特。性格猶豫，凡事均抱厭惡、悲觀態度，為憂鬱症之一，終釀成悲劇也。

語譯

猶豫不決，終於擾亂了你團聚的意志，失去兩相團聚的機會，正表示你性格的迷亂啊！

六二爻辭

六二❶：引吉，无咎❷，孚乃利用禴❸。

注釋

❶六二

六二當萃之時，位居坤下之中，介於初六、六三之間。初六上應九四，皆不中不正；六三上承九四，亦有失中正。獨六二上應九五之君，得中正之道。處汙泥而不染，且引以為鑑，宜深思慎行。在筮法上，當萃第二爻為老，他爻皆少，即由萃之困䷮；或賁䷕第二爻為少，他爻皆老，即賁之萃：這兩種情形，都以萃六二爻辭占。

❷引吉，无咎

占也。《集解》引虞翻曰：「應巽為繩，艮為手，故引吉。得正應五，故无咎。利引四之初使避己，己得之五也。」意為六二、九五相應，六三、九四、九五互體為巽，〈說卦傳〉：「巽，為繩，直。」六二、六三、九四互體為艮。〈說卦傳〉：「艮為手。」九五之繩引九四「大吉」之手與初六「一握為笑」，於是六二、九五居中得正相應就更無可挑剔，故无咎。人事中有如此助人且利己者。弼《注》：「居萃之時，體柔當位；處坤之中，己獨處正，與眾相殊。異操而聚，民之多僻，獨正者危矣！」以為萃初六、六三、九四皆失位；而六二獨正，故為邪僻者所嫉。說可以與虞《注》互補。朱震《漢上易傳》：「萃聚之時，初、三同體之陰，皆萃於四，己於其間，得位守中，不變其志，須五牽引之而後應，不急於萃者也。然陰從陽，靜而待唱，引而後往，其聚也有吉无咎矣。巽為繩，艮手持繩相應也。」則申虞說而加詳。案：聞一多《周易義證類纂・餘錄》：「引吉（萃六二）：案引疑當為弘，字之誤也。『弘吉』占卜術語，卜辭屢見之。《爾雅・釋詁》曰：『弘，大也。』六二『弘吉无咎』猶九四『大吉无咎』也。」

❸孚乃利用禴

占也。楚竹書缺，漢帛書作「復乃利用濯」。張立文《周易帛書今注今譯》略云：「復假借為孚。此爻孚，疑作俘。濯假借為禴，或作礿，禴祭為薄祭。在當時俘虜被大量殺戮的情況下，用俘禴祭，恐被認為是薄祭了。」《集解》引虞翻曰：「孚謂五，禴，夏祭也。體觀䷓象，故利用禴。四之三，故不用大牲。離為夏，故禴祭。」九五、六二皆居中得正而互應，故相孚信。夏祭曰礿（禴），見《爾雅》及《周禮・宗伯》。「故不用大牲」，「不」字原脫，據《纂疏》說補。既濟九五爻辭：「東鄰殺牛，不如西鄰之禴祭。」故知禴為薄祭而不用大牲殺牛也。《纂疏》云：「二孚用禴，乃臣下所以通乎上，在乎心之萃，非在物之厚薄也。」良是。弼《注》：「禴，殷春祭名也，四時祭之省者也。居聚之時，處於中正，而行以忠信，故可以省薄薦於鬼神也。」行以忠信，即是孚也。

語譯

萃卦陰爻居第二位：在初六、六三等不中不正之爻中間，幸好有九五的提攜牽引，不致受到排擠而有過失。只要二、五彼此互信，行事忠信，即使祭祀時禮數上微薄些也無妨。

象傳

引吉无咎，中未變也❶。

注釋

❶中未變也　六二居萃坤下之中，與群陰比處。然初、三皆不中不正，而依於九四；六二獨居中得正，上應剛健中正之九五，心存忠信，實未受初、三所染生變也。程《傳》：「方萃之時，居其間能自守不變，遠須正應剛立者能之。二，陰柔之才，其有中正之德，可覬其未至於變耳。故象舍其意以存戒也。」《漢上易傳》：「不變之中，有孚相應。孚者，萃之本，其誠素著，不假外飾。譬之祭也，精意承之，雖薄可以薦也。」

語譯

獲得剛健尊貴的九五的信任提攜，不致受小人排擠陷害而蒙受冤屈損失，憑的是自己內心的堅貞，富貴不能淫，貧賤不能移，威武不能屈。

六三爻辭

六三❶：萃如嗟如❷。无攸利❸；往无咎，小吝❹。

注釋

❶六三

在萃之卦，失位無應；然上與四比，往可見九五之大人。爵既曰「无攸利」，又言「往无咎」，端視所採之方針耳。在筮法上，當萃第三爻為老，他爻皆少，即由萃之咸䷞；或損䷨第三爻為少，他爻皆老，即損之萃：這兩種情形，都以萃六三爻辭占。

❷萃如嗟如

象也。帛書作「卒若⿰镸左若」。張立文云：「卒假借為萃，病也。⿰镸左假借為嗟。」並謂嗟，⿰镸差也；嗟，佐也。帛書《周易》取「⿰镸差」字之左偏旁「镸」，取「佐」字右偏旁「左」，而成「⿰镸左」。並引《爾雅・釋詁》：「嗟、咨，⿰镸差也。」《釋文》：「嗟，本或作⿰镸左。」以證之。又云：「且嗟、⿰镸左音同。故⿰镸左、嗟義同音同，古相通。」云云，解字可從。至於今本《周易》作「如」，帛書《周易》作「若」，屢見。皆語末助辭，為形容詞、副詞之語尾，無義。《集解》引虞翻曰：「坤為萃，故萃如；巽為號，故嗟如。」蓋六三在坤下，〈說卦傳〉：「坤為眾。」故為眾聚之貌。又六三、九四、九五互體為巽，〈彖傳〉：「重巽以申命。」〈象傳〉：「隨風巽，君子以申命行事。」號者，《易》中有二義：一為號咷、呼號。同人九五：「同人先號咷而後笑。」旅上九：「旅人先笑後號咷。」虞翻並云：「巽為號咷。」夬卦辭：「孚號有厲。」虞《注》：「二失位，動體巽，巽為號。」夬九二爻辭：「惕號莫夜。」虞《注》：「二失位，故惕；變成巽，故號。」孚號、惕號之號，重點在呼號。二、號為號令。夬上六爻辭：「无號。」虞《注》：「應在於三，三動時體巽，巽為號令。四已變坎，之應歷險，巽象不見，故无號。」渙九五爻辭：「其大號。」《集解》引《九家易》曰：「五建二為諸侯，使下君國，故宣布號令。」无號、大號之號，皆為號令也。萃六三之「嗟如」，《纂疏》云：「巽申命為號；陰无應，故嗟如。」兼具號令、號歎二義。又王弼《周易注》：「履非其位，以比於四，四亦失位，不正相聚。相聚不正，患所生也；千人之應，害所起也，故萃如嗟如，无攸利也。」以六三、九四皆失位而相比，既導致六三、上六之無應，且妨害初六、九四之互應。萃如嗟如之象，无攸利之占，皆因此而生也。

❸**无攸利**

占也。楚竹書缺，漢帛書作「无攸利」，與今傳本同。虞翻曰：「失正，故无攸利。」弼《注》實申虞說，前注已引，請參閱之。朱子《本義》：「六三陰柔，不中不正，上无應與，欲求萃於近而不得，故嗟如而无所利。」所言更全面。

❹**往无咎，小吝**

占也。竹書缺，帛書吝作閵。假借也。往，指六三由內卦往外卦發展，與九四比鄰，九四據陰，六五承陽，相得益彰。故往无咎；然六三失位，又與上六無應，且妨害初六、九四之正應，亦不免有小吝。〈繫辭傳上〉：「悔吝者，言乎其小疵也。」俞琰《周易集說》：「三與四比，則其往也，亦可因四而萃五也。初亦言『往无咎』，初之往既因四而得萃于五；則三也捨四可乎？三之從四，四亦巽而受之，故无咎。第无正應而近比于四，所聚非正，有此小疵耳。」因四萃五，五為大人，卦辭所謂「利見大人」也。吳澄《易纂言》：「往无咎，占也。三雖无應，而比近九四之陽，苟能往而上求九四，則可无咎。小吝，占也。若但安於陰卦而不上往求賢，則吝矣。」

語譯

萃卦陰爻居第三位：團聚了，也嗟歎了。損人不利己，沒有好處。上往與九四比鄰相聚，雖沒錯，卻有小小憾惜。

象傳

往无咎，上巽也❶。

注釋

❶上巽也

六三往上，則與九四、九五互體成巽，故曰「上巽也」。〈說卦傳〉：「巽，入也。」上巽亦能接納六三，今之入也。《集解》引虞翻曰：「動之四，故上巽。」《篹疏》：「四體巽，三動而上之四，故曰上巽也。」鄭汝諧《易翼傳》：「上非上六，謂在上之陽也。」

語譯

上往與九四比鄰相聚，沒錯，得到上面的接納啊！

九四爻辭

九四❶：大吉，无咎❷。

在萃卦中，九四非中而失位，可能有咎，倘能善補其過，則可无咎。又上承九五之君，下據三陰之民，有良相親民輔君之象。在筮法上，當萃第四爻為老，他爻皆少，即由萃之比䷇；或大有䷍第四爻為少，他爻皆老，即大有之萃：這兩種情形，都以萃九四爻辭占。

注釋

❶九四

❷大吉，无咎

占也。楚竹書缺，漢帛書亦作「大吉无咎」，與今傳本同。《集解》引虞翻曰：「承五應初，故大吉而无咎矣！」似以「大吉」、「无咎」為有、無雙方並立關係，言既大吉又无咎也。弼《注》：「履非其位，而下據三陰。得其所據，失其所處。處聚之時，不正而據；故必大吉、立夫大功，然後无咎也。」則以「大吉（立夫大功）」為「无咎」之條件。程《傳》：「四當萃之時，上比九五之君，得君臣之聚也；下比下體群陰，得下民之聚也。得上下之聚，可謂善矣！然四以陽居陰，非正也。雖得上下之聚，必得大吉，然後為无咎也。大為周遍之義，无所不周，然後為大；无所不正，則為大吉；大吉則无咎也。夫上下之聚，固有不由正道而得者，非理枉道而得君者，自古多矣；非理枉道而得民者，蓋亦有焉。如齊之陳恆，魯之季氏是也。然得為大吉乎？得為无咎乎？」申弼之說，而言之更為詳明。朱《義》依之，是也。自古功高震主者不賞，漢高之於韓信，漢宣之於霍光，其例多矣；宋太祖杯酒釋兵權，則已寬厚多矣，然宋因而積弱。

此事宜慎思明辨也。

語譯

萃卦陽爻居第四位：伴君如伴虎，卻失位失中，如能善察情勢，大獲吉祥，可以不致犯錯受罰。

象傳

大吉无咎，位不當也❶。

注釋

❶位不當也

《集解》引虞翻曰：「以陽居陰，故位不當。」弼《注》：「履非其位。」孔《疏》：「位不當者，謂以陽居陰也。」程《傳》：「以其位之不當，疑其所為未能盡善。故云必得大吉，然後為无咎也；非盡善安得為大吉乎？」大抵皆從虞說。案：張載《橫渠易說》：「位非極顯，而有物之萃，非大吉則悔吝必矣。」《郭氏傳家易說》記白雲郭雍曰：「以卦爻觀之，萃之六爻，獨有二陽，下皆有應。四又上比於君，得其所聚，莫吉於斯，故言大吉无咎也。位不當者，四得上下之聚，有大君之象，而位非君位，不充其德，故言不當也。以萃聚而得吉之大，固其所宜，而又曰无咎者，以臣而有君聚之象，其位不當，疑於有咎故也。」張載、郭雍蓋皆以九四近於君位，易生嫌疑，因而多懼。所言象、占，與虞、王、孔、程微異。

語譯

如能善察情勢，大獲吉祥，可以不致犯錯受罰。因為位置不恰當啊！

九五爻辭

九五❶：萃有位，无咎❷；匪孚，元永貞，悔亡❸。

注釋

❶九五

在萃卦，九五是聚集諸爻向心力的核心。居尊位得中得正，而下有九四同心同德，又與六二陰陽互應，君民合作。盛位如此，而作《易》者仍以「元永貞」相戒。在筮法上，當萃第五爻為老，他爻皆少，即由萃之豫䷏；或小畜䷈第五爻為少，他爻皆老，即小畜之萃：這兩種情形，都以萃九五爻辭占。

❷萃有位，无咎

萃有位，象也；无咎，占也。帛書作「卒有立无咎」。卒、萃，古可相假借；立、位，亦然。《集解》引虞翻曰：「得位居中，故有位无咎。」《纂疏》：「五得正位，居上之中，五爻聚而歸之，故萃有位；五乘四剛，宜有咎，已得中，故无咎。」蓋以象數解《易》。弼《注》：「處聚之時，最得盛位，故曰萃有位也。四專而據，己德不行，自守而已，故曰无咎匪孚。」蓋以道理解《易》，且以「匪孚」連「无咎」而言之。程《傳》：「九五居天下之尊，萃天下眾，而君臨之。當正其位，修其德。以陽剛居尊位，稱其位矣！為有其位矣！得中正之道，无過咎也。」

❸匪孚，元永貞，悔亡

匪孚，元永貞，事之象也；悔亡，占也。匪孚，帛書作「非復」。非、匪古相通，復假借為孚。虞翻曰：「『匪孚』，謂四也。四變之正，則五體皆正，故元永貞，與比〈彖〉同義，四動之初，故悔亡。」《纂疏》：「四當變正，坎為孚，不變則匪孚，故匪孚謂四也。三與四易，初變正應四，則六爻皆正。五乾陽，乾元故曰元。下應在坤，坤利永貞，比〈彖辭〉曰：『元永貞。』故與比〈彖〉同義。詳見彼《注》。震无咎者存乎悔，四動之初，故悔亡。」意謂：九四變六四，則上體六四、九五、上六成坎，皆得位為正，坎為水，為潮汐，為有孚（參見萃初六「有孚不終」注釋）。若九四不變則不成坎為「匪孚」。九五為乾陽得正居中，有乾元之德，故為元；乾陽行健不息，故為永；貞，指九五中正，貞固端重。且下應有坤，〈坤・用六〉固曰「利永貞」也。比卦䷇〈彖辭〉（指卦辭，非《十翼》中之〈彖傳〉。故本書凡引〈彖傳〉，必加「傳」字，以免混淆。）亦有「元永貞」，請參閱其注釋。虞謂「四動之初」，指萃初六、九四陰陽互易，成初九、六四。於是萃變成既濟䷾，陽居初、三、五，陰居二、四、上。非但九五得正而已，其他五爻亦皆得正。更何悔之有？故「悔亡」也。以上以象數解《易》。弼《注》：「四專而據，已德不行，自守而已，故曰无咎匪孚。夫脩仁守正，久必悔消，故曰『元永貞悔亡』。」弼蓋以內卦三陰，初六與九四應，六三與九四比，而與九五相應者，六二一爻而已。故數量上反不如九四。因有匪孚之憾。然初六、六三、九四皆不中正。而六二、九五中正互應，故元永貞悔亡。重德而不在量也。程《傳》之言見〈象傳〉注釋，請參閱。案：萃與比䷇略同。劉百閔《周易事理通義》云：「萃與比略同，比言：『地上有水』，萃言：『澤上於地』，其卦象略同；萃以九四九五之陽剛而萃聚羣陰，猶比以九五之陽剛而比羣陰，其卦體亦略同；比九五言：『顯比』，萃九五言『萃有位』；比九五言『失前禽』，萃九五言『匪孚』；比〈彖〉言：『原筮元永貞，无咎。』萃九五亦言：『元永貞，悔亡。』當萃聚之時，九五以中正處尊位，自為羣陰所萃聚之宗主，其或誠信未孚，則修『元永貞』之文德以來之，其占為『悔亡』。元者，善之長也；君子體仁足以長人。貞者，事之幹也；貞固足以幹事。又何悔之有哉！」嘗較論萃、比二卦卦辭及九五爻辭，引之以供參考。

語譯

萃卦陽爻居第五位：在萃聚團結的事業上具有尊貴中正核心的地位，沒有過咎。雖然在民意上沒有九四那樣得到信任，但是乾元為眾善之長，只要永恆貞固，悔憾都會逐漸消除的。

象傳

萃有位，志未光也❶。

注釋

❶志未光也

《集解》引虞翻曰：「陽在坎中，故志未光，故屯五同義。」以為萃六三、九四陰陽互換，則九四成六四。於是九五陷於六四、上六兩陰之間，故〈象傳〉曰「志未光也」。案：屯卦䷂九五〈象傳〉曰：「屯其膏，施未光也。」屯九五亦陷兩陰間，故萃成既濟，陽在坎中，與「屯五同義」。弼《注》未釋。孔《疏》云：「雖有盛位，然德未行，久乃悔亡，今時志意未光大也。」程《傳》：「王者既有其位，又有其德，中正无過咎，而天下尚有未信服歸附者，蓋其道未光大也。元永貞之道未至也。在脩德以來之。如苗民逆命，帝乃誕敷文德。舜德非不至也，蓋有遠近昏明之異，故其歸有先後。既有未歸，則當脩德也。」案：《尚書．大禹謨》：「帝（舜）曰：『咨，禹！惟時有苗弗率，汝徂征！』……三旬，苗民逆命。益贊于禹曰：『惟德動天，无遠弗屆。滿招損，謙受益，時乃天道。……至誠感神，矧茲有苗？』禹拜昌言曰：『俞！』班師振旅。帝乃誕敷文德，舞干羽于兩階。七旬，有苗格。」記錄了舜命禹征討苗民，但苗民逆命不從。益建議禹要謙退，改以至誠感化。於是舜帝大施文教；又命將士在兩階之間拿著干戈、盾牌和羽翳跳著文明舞蹈。過了七十天，苗民自動歸順。這就是《論語．季氏》孔子所謂「遠人不服，則脩文德以來之」。程《傳》所謂「苗民逆命，帝乃誕敷文德」，亦指此也。又案：《易》言「光」者有二義。有訓為光輝者，有訓為廣大者。〈萃象傳〉「志未光也」，言其立志未廣大也。說見王引之《經義述聞》。再案：〈象傳〉「志未光也」即爻辭「匪孚」意。坤下三陰中六二僅與九五相應，而初六與九四相應，六三與九四比鄰，皆傾向九四而未傾向九五，而九五亦未孚於初六、六三，其志未光也。

語譯

萃卦九五在萃聚團結的事業上具有尊貴中正核心的地位，但下卦三陰中初六、六三卻傾向九四，顯示九五意志的貫徹尚未廣大啊！

上六爻辭

上六❶：齎咨涕洟❷，无咎❸。

當萃聚之時，居最高位的卻陰柔無能，好在得位知危，未敢自安，不致犯過。在筮法上，當萃上爻為老，他爻皆少，即由萃之否䷋；或泰䷊上爻為少，他爻皆老，即泰之萃：這兩種情形，都以萃上六爻辭占。

注釋

❶上六

❷齎咨涕洟

象也。帛書作「粢欶涕泊」。粢為齎之異體字，可相假借。欶為欬之省，與咨、資亦相通假。洟之作泊，从自从水，示水從鼻出，即今所言鼻涕也。《釋文》：「齎咨，嗟歎之辭也。鄭（玄）同。馬（融）云悲聲、怨聲。鄭云：『自目曰涕，自鼻曰洟。』」案：涕自目，指眼淚。初唐陳子昂〈登幽州臺歌〉：「獨愴然而涕下。」涕仍指淚。以涕自鼻，當是唐後字義之轉變。又案：《集解》本「咨」作「資」。引虞翻曰：「齎，持；資，賻也。貨財喪稱賻。……坤為財，巽為進，故齎資也。」以為執持貨財贈送喪家曰齎資。釋義與馬、鄭不同。王弼《周易注》：「處聚之時，居於上極，五非所乘，內无應援，處上獨立，近遠无助，危莫甚焉。齎咨，嗟歎之辭也。」程《傳》：「六說之主，陰柔小人。說高位而處之，天下孰肯與也？求萃而人莫之與，其窮至於齎咨而涕洟也。齎咨，咨嗟也。」皆從馬、鄭，而不從虞翻。

❸无咎

占也。虞翻曰：「得位應三，故无咎。」純以象言。王弼《注》：「若能知危之至，懼過之深，憂病之甚，至于涕洟，不敢自安，亦眾所不害，故无咎也。」頗有道家弱者哲學意味。朱熹《本義》：「處萃之終，陰柔无位，求萃不得，故戒占者必如此，然後可以无咎也。」依象說占，文簡意足。

語譯

萃卦最上面的一爻是陰爻。悲怨嗟歎，眼淚鼻涕一起流下來，如此也不致犯過。

象傳

齎資涕洟，未安上也❶。

注釋

❶**未安上也**

《集解》引虞翻曰：「乘剛遠應，故未安上也。」純以爻位之乘應關係說之。又引荀爽曰：「此本否卦（䷋），上九陽爻見滅遷移，以喻夏桀殷紂。以上六陰爻代之，若夏之後封東婁公于杞；殷之後封微子于宋。去其骨肉，臣服異姓，受人封土，未安居位。故曰齎資涕洟，未安上也。」更以「卦變」說之，並喻為憂天之杞人，揠苗之宋人。程《傳》：「小人所處，常失其宜。既貪而從欲，不能自擇安地。至於困窮，則顛沛不知所為。六之涕洟，蓋不安於處上也。君子慎其所處，非義不居。不幸而有危困，則泰然自安，不以累其心。小人居不擇安，常履非據，及其窮迫，則隕穫躁撓，甚至涕洟，為可羞也。」說理明白。項安世《周易玩辭》「萃・六三上六」條云：「六三之嗟如與上六之齎咨涕洟相應，六三志欲求萃，而方值上六之咨嗟，兩俱无應，无所利也。不若往比於四，與之相萃，雖非正應，不免小吝。然三本无應，非捨應而妄從。又四為卦主，眾所當萃，以三附四，可成互巽。上巽下順，何咎之有？齎咨，兌口之歎也；涕洟，兌澤之流也。上六以无應之故，至於齎咨涕洟，若可羞矣，而聖人不以為咎者，蓋以當萃之時，孤特无與，雖在上位，豈得自安？故萃之六爻皆不嫌於求萃。然則為上計奈何？曰：不安於上而萃於五。五上交為晉，則五光而上安矣。故五曰未光，上曰未安，皆非決辭，明有可變之理也。」又「九四上六」條云：「九四位不當而受三陰之萃，上六當位而无所萃，此所謂順天命也，非人之所能為也。然四必大吉而後无咎，上雖未安而固无咎也。此則聖人之深意也歟？」以上六與六三、九四較論，錄備參考。

語譯

悲怨嗟歎，眼淚鼻涕一起流下來，不能安居最上面的位置啊！

升卦經傳通釋第四十六

卦辭

䷭巽下坤上升❶：元亨❷，用見大人，勿恤❸，南征吉❹。

注釋

❶䷭巽下坤上升

帛書作「登」。義與升同，每相轉注。又《釋文》：「鄭（玄）本作昇。」但《集解》引鄭玄字作「升」，曰：「升，上也。坤地巽木，木生地中，日長而上；猶聖人在諸侯之中，明德日益高大也：故謂之升。升，進益之象矣！」《說文》無「昇」字，殆後出之俗體。鄭玄並由坤地巽木之卦象引申而言明德日益高大謂之升。王弼《注》：「巽順可以升。」由巽遜坤順之卦德而言巽遜柔順可以升。程《傳》：「（升）為卦坤上巽下，木在地下，為地中生木。木生地中，長而益高，為升之象也。」蓋同鄭說。在筮法上：當升六爻皆少，也就是本卦、之卦都是升：或无妄䷘六爻皆老，也就是无妄之升：這兩種情形，都以升卦辭占。

❷元亨

占也。《集解》引虞翻曰：「臨初之三，又有臨象。剛中而應，故元亨也。」以為二陽四陰之卦，皆自臨䷒、觀䷓來。升卦則臨初九、六三陰陽互易而成。此虞氏卦變之說也。孔穎達《正義》：「升者，登上之義。升而得大通，故曰升元亨也。」則元亨之因在升登，乃大通之意。《郭氏傳家易說》記白雲曰：「天地萬物皆有升，在人則位之升謂之升，德之升亦升也；升位則足以行道，升德則足以進道。是以元亨之理在焉。」說升位升德有元亨之理甚好。項安世《周易玩辭》：「初六以柔升而遇三陰在上之時；下卦以巽入而值上三爻之順；九二剛中而得六五之應：升之卦德有此三者，所以大亨而无阻也。」更明辨升卦所以大亨之故。李光地《周易觀象》：「案：卦下直言元亨而無利貞之辭者三：大有、升、鼎也。皆自賢人取義，聖人之情見乎辭矣。然大有、鼎皆無他辭；升則申以吉利之占。蓋大有者，能有賢也；鼎者，能養賢也。皆主於在上者而言，則亨莫大焉，故言元亨，其辭已足。升之義兼乎在下者，故言元亨，又言其見大人之喜，南征之吉也。」則析「言元亨而無利貞」之故，並與大有、鼎較論。

❸用見大人，勿恤

占也。帛書作「利見大人勿血」。《釋文》：「本或作利見。」《集解》引虞翻曰：「謂二當之五為大人，離為見，坎為恤，二之五得正，故用見大人，勿恤有慶也。」意謂九二、六五陰陽互易，九二升九五為大人，九三、六四、九五成離為見，〈說卦傳〉所謂「離為目」、「相見乎離」也。六四、九五、上六成坎為恤，〈說卦傳〉所謂「坎，其於人也，為加憂，為心病，為血卦」也。故恤或作血也。而九二升九五得正有應，故用見大人，勿恤有慶也。虞翻重《易》象，故其注如此。王弼《周易注》：「陽爻不當尊位，无嚴剛之正，則未免於憂，故用見大人乃勿恤也。」王弼重《易》義，故其注如此。用，介詞，與「以」同，由也，因也。北宋代淵《周易旨要》曰：「尊爻無此人，故不云利見。」以為「五」為尊爻，而六陰居之，非大人也，故不云利見而云用見，用見乃非必然之詞也。李光地《周易觀象》：「訟、蹇、萃、巽之〈彖〉，皆曰『利見大人』，此曰『用見大人』者，四卦之大人，皆以九五當之，故曰利者，有大人於此而利見之也。升則卦無九五，其六五之升階與晉之六五同，皆謂升進之人耳，故不曰利而曰用。言用此人以見大人也。隨之上，益之二，卦之四爻，所謂『王用』者，皆此義。」李光地主編《周易折中》嘗引代淵曰：「尊爻無此人，故不云利見。」並加「案」云：「不曰利見大人，而曰用見，代氏之說得之。」《觀象》此釋，似據代淵而加詳。

❹南征吉

占也。帛書作「南正吉」。征可通假為正。《集解》引虞翻曰：「離，南方卦，二之五成離，故南征吉。」〈說卦傳〉：「離也者，明也，……南方之卦也。」升九二、六五陰陽互易成蹇（䷦），三、四、五互體成離。南征可得光明，故南征吉。以象解卦辭，甚為牽強。王弼《注》：「以柔之南，則麗乎大明也。」程《傳》、朱熹《本義》皆云：「南征，前進也。」釋義嫌太簡。《郭氏傳家易說》記白雲曰：「南為明方，陽之位也，君之所也，君子之類也。故南征无不吉也。唯見大人故可勿恤，勿恤則害己者去而无憂矣。故可至南征，南征斯無不吉，蓋升之有序如此。」所言較詳。近人胡樸安作《周易古史觀》，曰：「『南征吉』者，征伐南方之諸侯，以驗民力是否可用。吉，事前之吉言也。」

語譯

三畫的巽卦在下，三畫的坤卦在上，重疊而成六畫的升卦：象徵著樹木在土地下面生根成長，得到大大發展的機會。也暗示謙遜的自我修養，遇上順利的環境，在地位、品德各方面，都能提升而亨通。由於有機緣見到在位的聖人，無須擔憂。向光明的南方前進，會有收穫的。

附錄古義

徐幹《中論・脩本篇》：「先民有言：『明出乎幽，著生乎微。』故宋井之霜，以基昇正之寒；黃蘆之萌，以兆大中之暑。事亦如之。故君子修德始乎笄丱，終乎鮐背；創乎夷原，成乎喬嶽。《易》曰：『升，元亨，用見大人，勿恤，南征，吉』：積小致大之謂也。」

彖傳

柔以時升❶，巽而順，剛中而應，是以大亨❷。用見大人，勿恤，有慶也❸。南征吉，志行也❹。

注釋

❶柔以時升

《集解》引虞翻曰：「柔謂五，坤也；升謂二，坤邑无君，二當升五虛。震兌為春秋；二升，坎離為冬夏。四時象正，故柔以時升也。」其意以乾剛坤柔，故「柔」謂升卦坤上之六五。「升」謂升卦巽下之九二，陽實而陰虛，乾君而坤民，九二當升至五，原本為陰虛無君之所，乃成九五之君。升卦九三、六四、六五原為震為春，九二、九三、六四原為兌為秋。九二升為九五之後，則九三、六四、九五變為離為夏，六二、九三、六四變為坎為冬，四時變化之象正確了。正好說明了九二升到坤柔中五位需要兩項條件，一是環境柔順，二是時間恰當。不過，虞翻這種說法，後人有不同程度的異見。李道平《集解纂疏》便說：「愚案：升，反萃也。萃坤升上為升，故曰柔以時升。」《纂疏》之說本於來知德《周易集註》：「以卦綜釋卦名。……柔以時升者，萃（䷬）下卦之坤，升而為升之上卦也。柔本不能升，故以時升，所以名升。」經傳注疏之學，素有傳不破經，疏不破注之潛規。道平不惜破虞翻之注，另依來知德，則道平於虞此說之牽強不能苟同者至明。至於以義理說《易》者，如孔穎達《正義》：「升之為義，自下升高，故就六五居尊以釋名升之意。六五以陰柔之質，超升貴位。若不得時，則不能升耳。故曰柔以時升也。」《郭氏傳家易說》記白雲曰：「柔道不升，則沈潛无以自達其德其位，日入於卑污陷溺之域。故《書》謂『沈潛剛克』

者，亦柔以時升之義也。」王夫之《易內傳》：「待有升已者而後升焉，則升以其時矣，所謂進以禮也。」孔君強調陰柔之質，得時方得升；白雲郭雍指出柔道若不時升，必致沉溺之害；船山則倡修己待時之說：皆可參考個人當時主、客觀條件，自作選擇也。《周易折中》「案」云：「柔以時升之義，或主四言，或主五言，或主上體之坤而言；然卦之有六四、六五、及坤居上體者多矣，皆得名為升乎？則其說似皆未確。蓋時升者，固以坤居上體，而四五得位言也；然惟巽為下體，故其升也有根。蓋巽乃陰生之始也，陰自下生以極於上，如木之自根而滋生，以至於枝葉繁盛。此謂升之義矣。此卦與无妄反對。无妄者，陽為主於內也，而其究為健；升者，陰為主於內也，而其究為順。无妄之〈彖〉曰『剛自外來而為主於內』，明剛德自內以達於外也。升〈彖〉曰『柔以時升』，明陰道自下以達於上也。然則柔以時升云者，尤當以初六之義為重。故无妄六爻，獨初九曰吉；此卦六爻，亦惟初六曰大吉，則二卦之所重者可知矣。其下云：『巽而順，剛中而應。』亦與无妄『動而健，剛中而應』之辭相似。皆連釋名之義以釋元亨也。」綜合象、義，且與无妄較論，所言甚善，錄作參考。

❷巽而順，剛中而應，是以大亨

此釋卦辭「元亨」。《集解》引荀爽曰：「謂二以剛居中，而來應五，故能大亨，上居尊位也。」意謂升卦巽下坤上，〈說卦傳〉：「坤，順也。」故升能巽而順。又九二以剛居下卦之中而上與六五相應，此所以升居九五尊位而能大亨之故也。大亨，即元亨，元為「大」之意。《周易玩辭》：「初六以柔升，而遇三陰在上之時；下卦以巽入，而值上三爻之順；九二剛中而得六五之應：升之卦德，有此三者，所以大亨而无阻也。」錄作參考。

❸用見大人，勿恤，有慶也

此以「有慶」釋卦辭「用見大人勿恤」也。《集解》引荀爽曰：「大人，天子，謂升居五，見（音現，顯現也。）為大人，群陰有主，无所復憂，而有慶也。」案：《易緯・乾鑿度》云「二為大夫……五為天子」。王肅《周易注》於〈乾・九二・利見大人〉下注云：「大人，聖人在位之目。」蓋亦指九二之大夫利見九五之天子也。勿恤，消極之戒辭；有慶，積極之鼓勵。程《傳》：「凡升之道，必由大人。升於位，則由王公；升於道，則由聖賢。用巽順剛中之道，以見大人，必遂其升。勿恤，不憂其不遂也。遂其升，則己之福慶，而福慶及物也。」說解淺明周到。

❹南征吉，志行也

以「志行也」釋卦辭「南征吉」。《集解》引虞翻曰：「二之五，坎為志，震為行。」以為升九二到九五之位，六二、九三、六四互坎，〈說卦傳〉「坎為亟心」，故有心志之象。而升卦原來的九三、六四、六五互震。〈說卦傳〉：「震，動也。」又云：「震為足。」足動則成行矣。以象立說如此。王弼《注》：「以柔之南，則麗乎大明也。」「巽順以升，至于大明，志行之謂也。」孔《疏》：「非直須見大德之人，復宜適明陽之地。若以陰之陰，彌足其闇也。南是明陽之方，故云『南征吉』也。」《疏》又云：「志行者，之於闇昧，則非其本志；今以柔順而升大明，其志得行也。」《周易玩辭》亦云：「下之升於上者，其志在於出暗而求明也。升則明，不升則暗矣。征者，升也。南者，明也。故曰：『南征吉，志行也。』言九二之志在於上行也，九二升至六五，乃得離明之位，故六五曰『大得志也』，正與此志字相應。志者，九二之志，非六五之志也。」較論可參。

語譯

具有溫柔本質的人物，依照時機而上升；本身謙遜而環境順利；內心剛毅而外有援應：所以大大亨通。由於有機緣見到在位的聖人，無須擔憂，會有值得慶賀的事。向光明的南方前進，會有收穫，上升的志願實現了。

象傳

地中生木，升❶；君子以順德，積小以高大❷。

注釋

❶地中生木，升

《集解》引荀爽曰：「地謂坤，木謂巽。地中生木，以微至著，升之象也。」王夫之《易內傳》：「變風言木者，風生於空，无在地下之理。聖人取象，必物理之所有，非若京房之流，強合八卦五行而違其實也。」

❷君子以順德，積小以高大

《集解》本「順德」字作「慎德」。引虞翻曰：「君子謂三，小為陽息復時，復小為德之本。至二成臨，臨者大也；臨初之三，巽為高；二之五，艮為慎，坤為積，故慎德積小成高大。」乾九三爻辭曰：「君子終日乾乾。」三、四為人位，故君子謂三。復卦（䷗）一陽復生於初，復卦陽初生息，雖小，而生生不息之德實本於此。〈繫辭傳下〉曰「復小而辨于物」，又云「復，德之本也」，意亦相近。陽息至二成臨卦（䷒）。〈序卦傳〉：「臨者，大也。」臨初之三，成升卦巽下（☴），〈說卦傳〉「巽為高」。升二之五，成蹇卦艮下（☶），〈說卦傳〉：「艮為門闕，為閽寺。」皆防盜戒慎之設。故有慎義。升卦坤上，〈文言傳〉言坤曰：「積善之家，必有餘慶；積不善之家，必有餘殃。」故坤有積義。（案：坤為地。中國文化發展於黃河流域，其地多由黃河所帶黃土沖積而成。坤有積義，或由於此。）關於《注疏》本「順德」，《集解》本作「慎德」，茲再作辨釋如下：一、「順德」說：孔《疏》：「地中生木，始於毫末，終至合抱。君子象之，以順行其德，積其小善，以成大名。故〈繫辭〉云：『善不積，不足以成名。』是也。」程《傳》：「萬物之進，皆以順道。善不積不足以成名。學業之充實，道德之崇高，皆由積累而至。積小所以成高大，升之義也。」蓋皆由下文「積」字以證成順德之「順」。二、「慎德」說：《釋文》：「順德，如字，王肅同。本又作『慎』，師同。」案：《舊唐書・儒林傳》嘗記陸德明「初受學於周弘正」。《陳書・儒林傳》嘗記：周弘正學生張譏，「性恬靜，講《周易》、《老》、《莊》而教授焉。吳郡陸元朗（即《釋文》作者陸德明）、朱孟博、一乘寺沙門法才、法雲寺沙門慧休、至真觀道士姚綏，皆傳其業。」《釋文》所言「師」，似指周弘正及張譏。是則虞翻《周易注》、周弘正《周易講疏》、張譏《周易講疏》、李鼎祚《周易集解》等，字皆作「慎德」。朱熹《本義》：「他書引此，亦多作『慎』，意尤明白，蓋古字通用也，說見〈上篇・蒙卦〉。」而《本義》於蒙卦〈象傳〉「勿用取女，行不順也」下嘗云：「順，當作慎。蓋順、慎古字通用。《荀子》『順墨』作『慎墨』。且『行不慎』，於經意尤親切，今當從之。」萱再案：「無論字作『順』或『慎』，其義可一。」船山《易內傳》：「順德，順其序也，謹於微而王事備，慎於獨而天德全。皆木生地中，日積而為喬林之象。蓋嘗論之：君子之於德也，期至於高明廣大之域一也。而言學者或從而分為二道，皆成德之功；而倚於一偏，則各有所失。或以為道本高大，而局之近小，則循末而忘本；或以為道在卑邇，而頓希乎高大，則志廣而事疏。游夏俱承聖教，而互相非，況後世之言德性、言問學者，相爭不息乎？夫聖人之學《易》，垂訓以詔後學者，非一卦之足以該全，學各有所取，而竝行不悖，聖學之所以大中至正而盡乎人性之良能也，守卑邇以求漸至，是欲變彀率以使企及也。務高大而忽於微，是不待盈科而求盈溝澮也。夫君子於《易》也，取法各有其時，時者莫能違者也。當志學之始，而致知以適道，必規恢乎極至之域，故《大學》之始，即求知止乎至善；而天之命、人之性、聖之所以達天而知化，雖未至焉，必期以為準繩，而不畏登天之難。姑孳孳於近小，及其志之已定，學之已正，然後優而柔之，馴而習之。小節必謹，細行必矜。造天地之道於夫婦之知能，立萬物之命於宮庭之嚬笑，以克副乎大无外小无間之大德。故顏子之心，三月不違仁，而後夫子使即視聽言動以審於幾微。此非可與仲弓以下所亟言也。觀象於升，而積小以高大者，順德之事也。德豈易順者哉！有成德於心，而後察於其序，序已察而後可順焉。然則子游之舍小以求大，君子憂其德之不純；而子夏後倦於高大，固非中道而俟能者之方。故曰：君子於《易》，各有取，於學，各有時。積小以高大者，成德以後之功也。順也，豈初學之以自畫者所得託哉。」言「順德」而兼攝「謹於微慎於獨」，謹慎皆在其中矣。船山之學，本末並重，大小兼顧，講求順時，見於此。

語譯

土地裡生長出樹木，這是生物上進升高的現象；君子受此啟示，順著德性，謹慎行事。累積每一個小小的成就，形成崇高的道德，偉大的功業。

序卦傳

聚而上者謂之升，故受之以升❶。

注釋

❶聚而上者謂之升，故受之以升

萃聚而向上累積，必然升高。而且基層萃聚面積愈廣大，則上層堆疊得愈高，此之謂升。程《傳》：「物之積聚而益高大，聚而上也，故『升』所以次於『萃』也。」雖純以物言，人事象徵，自在其中。《集解》引崔憬曰：「用大牲而致享，故順天命而升為王矣。故言聚而上者謂之升。」崔憬蓋以萃卦辭有「王假有廟。……用大牲，吉。利有攸往」等語，而〈彖傳〉復以「順天命也」釋之。升卦接在萃卦之後，故崔憬所釋如此。並將物理現象提升為人事哲理。張栻《南軒易說》：「天下之物，散之則小；合而聚之，則積小以成其高大。故聚而上者謂升也。升於德則聖敬日躋。若夫冥升，則有所蠱壞而困矣！」物理人事，前因後果，皆齒及矣；且以升有進德與冥升之分，深是。

語譯

聚積而重疊向上的，稱它作「升」。所以接受積升成果的，就用升卦。

雜卦傳

萃聚而升不來也❶。

注釋

❶而升不來也

韓康伯《注》：「來，還也；方在上升，故不還也。」《郭氏傳家易說》記白雲曰：「不來，不知反也。故至於困來，則知止无困矣。」朱震《漢上易說》：「萃，二陽萃於上；升，二陽升於下。升者，升也。升往則不來矣。不來者必聚於上也。氣之方升，誰能遏之？故曰萃聚而升不來也。」項安世《周易玩辭》：「萃則坤眾在內，故聚；升則坤眾往外矣，故不來。精氣聚則為物，魂氣散而不來矣。」俞琰《大易集說》：「地氣萃而在下，是以聚而不去；地氣升而向上，是以散而不來。」此句難解，故僅能集前人之解以供參考。

語譯

萃卦會集團聚，而升卦上升卻不返回。

初六爻辭

初六❶：允升❷，大吉❸。

注釋

❶初六

就巽下始爻言，巽為木，初六其根。就巽木主體言，必與九二、九三之幹同升。再就客體言，坤上始爻為六四，為地下之土，土與根同在，必助根長幹生葉，逐漸滋長而升。在筮法上，當升卦初爻為老，他爻皆少，即由升之泰䷊；或否䷋初爻為少，他五爻皆老，即否之升：這兩種情形，都以升初六爻辭占。

❷允升

象也。帛書作「允登」。《說文・夲部》：「𡙁，進也。从夲，从中，允聲。《易》曰：『𡙁升大吉。』」《說文・敘》：「其稱《易》孟氏。」是「允」字西漢孟喜《易》作「𡙁」。允殆為省體。允升為進升之意。《集解》引荀爽曰：「謂一體相隨，允然俱升。」以允為「允然」之意。王弼《周易注》：「允，當也。巽卦三爻，皆升者也。」以允為應當之意。皆可商。楊萬里《誠齋易傳》：「初六柔而旁散在一卦之最下，木之根也；九二、九三，剛而上進，在初六之上，木之幹也。……初六與六四正應也。而初六，木之始生也；六四，土之最下而生夫木者也。六四為文王岐山之事；則初六其呂望渭濱之事也與？」誠齋言初六與六四正應，殆猶坤爻辭「西南得朋」之類，六四、初六在同位，「正應」取「得朋」之意，非謂兩陰相應也。用字遣詞容或可商，然所言升初為木根，二、三為木幹，四為土之最下者，所言甚當，不可廢也。

❸大吉

占也。《集解》引荀爽曰：「初欲與巽一體升居坤上，位尊得正，故大吉也。」《篹疏》云：「蓋初欲與巽（☴）二陽同體俱升，居于坤（☷）上。以二升五為位尊；以陽居陽為得正。體象大觀在上，故大吉也。」升卦巽下坤上，陽升陰降，則上下兩卦互換，坤下巽上而成觀卦（䷓）。此荀氏升降說中之交卦現象，亦稱「交易卦」、「交錯卦」、「上下易」、「兩象易」。或以「其說亦肇自虞翻（一六四—二三三）」。今考荀爽（一二八—一九〇）此《注》，則虞翻之前荀爽《周易注》已有此例矣。王弼《周易注》：「巽卦三爻，皆升者也。雖无其應，處升之初，與九二、九三合志俱升。當升之時，升必大得，是以大吉也。」意亦與荀爽近。又〈繫辭傳上〉：「是故吉凶者，失得之象也。」再則又曰：「吉凶者，言乎其失得也。」弼《注》以「大得」釋「大吉」，蓋本〈繫辭傳〉。《周易玩辭》：「晉至於六三，然後眾允而悔亡；升之初六，即允升而大吉者。升，坤在上，下升而上允之，則其升也可以大吉而无疑；晉，坤在下為眾，已進而眾允之，則其進也，免於媢嫉之悔而已。」以允為允許之意，雖可商；然言晉六三與升初六異同，則可參考。

語譯

升卦初位是陰爻六：當然進升，大有收穫。

象傳

允升大吉，上合志也❶。

注釋

❶上合志也

「上」何所指？王弼以為初六與九二、九三合志俱升；《誠齋易傳》則言：「允升大吉者，木與土相信而相得，則木之升也必銳；士與主相信而相得，士之升也必達。故曰上合志也。然則初六與誰合志哉？非六四而誰哉！」王弼以為九二、九三，重點在陰陽相比相承之關係；誠齋以為六四，重點在位置相同之關係。人事情境非一，占者視其關係異同輕重，明辨篤行可也。

語譯

當然進升，大有收穫。因為上級與自己志願相合啊！

九二爻辭

九二❶：孚乃利用禴❷，无咎❸。

注釋

❶九二

〈文言傳〉嘗以乾九二「閑邪存其誠」，升九二與六五互應，其重點在於孚信。下以誠敬事上，上以信任待下，祭品、禮物之厚薄，非所計也。在筮法上，當升第二爻為老，他爻皆少，即由升之謙䷎；或履䷉第二爻為少，他爻皆老，即履之升：這兩種情形，都以升九二爻辭占。

❷孚乃利用禴

象也。《集解》引虞翻曰：「禴，夏祭也。孚謂二之五成坎為孚。離為夏。故乃利用禴无咎矣。」意為升九二上升，與六五互易，而成旅卦䷷。旅四、五、上為坎，為孚；三、四、五為離，為夏。弼《注》：「與五為應，往必見任。體夫剛德，進不求寵，閑邪存誠，志在大業，故乃利用納約于神明矣！」《注》言：「閑邪存誠」，本於〈文言傳〉釋乾九二曰：「閑邪存其誠，善世而不伐。」「孚乃利用禴」句已見萃六二爻辭，請參閱彼處注釋❸，此不贅。《周易玩辭》：「萃與升相反，而孚乃利用禴，皆在下卦之中爻，何哉？蓋禴所以亨上也，六二求萃于上，九二亦求升于上，故其義皆同。然有小異者，萃之六二自下萃上，上喜而引之，固已吉而无咎矣。而又於其時，義當用大牲，惟二之事五，可以不用，故於无咎之下，別明此義也。升之九二，自下升上，非上之所樂。必如二五之孚，有喜而无忌，乃可用情於五而无咎也。苟上下之間，未能以情相與，而強干之，豈所謂巽而順乎？故此句在无咎之上，為本爻之主義也。孚者，五用情於二；論者，二用情於五也。」李道平《集解纂疏》：「萃六二『孚乃利用禴』者，二應五，故孚；升九二『孚乃利用禴』者，二之五，故孚。則尚實不尚文，故利用禴。禴，薄祭也。」於此有所較論。

❸无咎

占也。《郭氏傳家易說》記白雲曰：「《書》曰『沈潛剛克』。故升之道，亦以剛中而應而後大亨，九二是也。九二能以誠信之道孚於上下，其進而有喜，不亦宜乎？必曰利用禴者，事天地鬼神與事君一道也。禴祭簡薄，惟以誠為主。苟有誠信，雖天地鬼神，无嫌於簡薄，況人道乎？是以无咎。」案：「沈潛剛克」，《尚書・洪範》文。

語譯

升卦陽爻九居第二位：九二以誠敬服侍六五，六五也信任九二，即使祭祀時禮數上微薄些，也不可能有什麼差錯。

象傳

九二之孚❶，有喜也❷。

注釋

❶九二之孚

取九二爻辭首字，以概括「孚乃利用禴无咎」全文，且突出「孚」之重要性。

❷有喜也

程《傳》：「二能以孚誠事上，則不惟為臣之道无咎而已；可以行剛中之道澤及天下，是有喜也。凡〈象〉言『有慶』者，如是則有福慶及於物也；言『有喜』者，事既善，而又有可喜也。如大畜『童牛之牿元吉』，〈象〉云『有喜』，蓋牿於童則易，又免強制之難，是有可喜也。」又案：〈象傳〉既言九二之「孚」「有喜」，孚必善事。近人頗有以《易》中孚字為俘之初文，以戰俘作禴祭之祭品，此乃薄祭也。試問：代替牛、羊、豬為犧牲品，有何可喜？案：甲骨文「孚」字或作，或作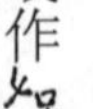；金文或作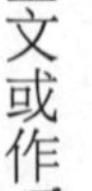、。蓋以鳥翼護卵以保溫，雙爪反覆其卵，求其溫度均勻。為會意字。《說文》：「孚，卵孚也。从爪从子，一曰信也。」徐鍇曰：「鳥之孚卵，皆如其期，不失信也。鳥裒恆以爪反覆其卵也。」蓋孚亦為孵之初文，引申有「信」之意。《易》中之「孚」，多採孚信義，不取俘虜義。

語譯

九二爻辭所說的孚信，對自己，對社會，都是一件可喜的事情。

九三爻辭

九三❶：升虛邑❷。

注釋

❶九三

陽爻居卦之第三畫。九三以陽爻居陽位為得位，與上六互為應援，本身在巽下，有巽遜之德；所對坤上，具柔順之德。我以遜升，彼以順受，故有升虛邑，無所疑之象。在筮法上，當升第三爻為老，他爻皆少，即由升之師䷆；或同人䷌第三爻為少，他爻皆老，即同人之升：這兩種情形，都以升九三爻辭占。

❷升虛邑

象也，而占亦在其中。漢帛書、阜陽漢墓竹簡皆作「登虛邑」。《集解》引荀爽曰：「坤稱邑也。五虛无君，利二上居之。故曰『升虛邑无所疑也』。」〈說卦傳〉云「坤為地」。邑在地上，故坤稱邑。升卦坤居上體，三陰柔順、空虛。六五既非君王，迎九二上居君位；上六亦空虛柔順，迎九三之剛上升也。程《傳》：「三以陽剛之才，正而且巽，上皆順之，復有援應，以是而升，如入無人之邑，孰禦哉！」由九三本身、坤上情境雙方面言其道理。朱熹《本義》：「陽實陰虛，而坤有國邑之象。九三以陽剛當升時，而進臨於坤，故其象占如此。」是也。

語譯

升卦陽爻居第三爻：登上虛心接應的城池。

象傳

升虛邑，无所疑也❶。

注釋

❶无所疑也

朱震《漢上易傳》：「九三、上六相應以正，下巽而上順，如升无人之邑，孰禦哉！巽為不果，三升上，巽毀，无所疑也。」「巽為不果」為〈說卦傳〉文。歷代開國功臣，功高震主而被戮者屢見不鮮。漢高祖時之韓信、漢宣帝時之霍光、明太祖時之藍玉，此其著者。至於宋太祖「杯酒釋兵權」，猶為寬厚也。皆因有「所疑」也。蘇軾《東坡易傳》：「九三以陽用陽，其升也果矣！故曰『升虛邑，无所疑也』。不言吉者，其為禍福未可知也，存乎其人而已。」信矣！

語譯

登上虛心接應的城池，彼此相信，沒有疑忌啊！

六四爻辭

六四❶：王用亨于岐山❷，吉无咎❸。

注釋

❶六四

得位居坤，似「吉」；而近君王，伴君如伴虎，故「多懼」，唯「无咎」是求也。蓋在升卦，倘人、我競升，則災咎立至。周文王三分天下有其二，仍服事殷，以其能柔順，所以能亨。後世若唐郭子儀、清曾國藩，功高不致震主，亦賴其能柔順，然猶遜於文王也。程《傳》：「以柔居坤，順之至也。」在筮法上，當升卦第四爻為老，他爻皆少，即由升之恆䷟；或益䷩第四爻為少，他爻皆老，即益之升：這兩種情形，都以升六四爻辭占。

❷王用亨于岐山

高亨《周易古經通說・周易筮辭分類表》以為「記事之辭」。阜陽漢簡存「亨于枝山」及「吉」字，案《說文・邑部》有「𨙸」字。云：「𨙸，周文王所封，在右扶風美陽中水鄉。从邑，支聲。岐，𨙸或从山，支聲，因岐山以名之也。嶅，古文𨙸，从枝，从山。」是𨙸（𨙸）、岐，同字異形；古文則作嶅。阜簡作枝，嶅之省體也。段玉裁《說文解字注》：「山有兩岐，因以名焉。」《周易集解》引荀爽曰：「此本升卦也。巽升坤上，據三成艮。巽為岐，艮為山，王謂五也。」荀爽意：升卦巽下，上升居坤上之上，於是巽上坤下，則成觀卦䷓。觀卦六四仍為六四，上承九五之王，下據六三之陰。三、四、五互體成艮為山。四、五、上，巽上為木，木枝岐出，有似於岐。故巽為岐，艮為山，是曰岐山。此以象言也。程《傳》：「四，柔順之才。上順君之升，下順下之進。己則止其所焉。……昔者文王之居岐山之下，上順天子而欲致之有道；下順天下之賢而使之升進。己則柔順謙恭，不出其位。至德如此，周之王業用是而亨也。」依史實言其道理，甚清晰。

❸**吉无咎**

占也。《集解》引荀爽曰：「通有兩體，位正眾服，故吉也。四能與眾陰退避當升者，故无咎也。」意謂升卦巽下升居坤上之上，成觀卦䷓。此即虞翻所謂「兩象易」也。觀卦之卦辭固云「盥而不薦」，盥、薦，皆祭祀之儀。〈彖傳〉所以言「觀」乃「聖人以神道設教」也。觀卦九五得中正之道，居至尊之位；其下四陰皆服從之，故「吉」。而六四率坤眾陰退避當升之九五與上九，不致衝突，故「无咎」也。程《傳》：「……周之王業用是而亨也。四能如是，則亨而吉，且无咎矣！四之才固自善矣，復有无咎之辭，何也？曰：四之才雖善，而其位當戒也。居近君之位，在升之時，不可復升，升則凶咎可知。故云：如文王則吉而无咎也。然處大臣之位，不得无事於升。當上升其君之道，下升天下之賢，己則止其分焉。分雖當止，而德則當升也，道則當亨也。盡斯道者，其惟文王乎！」余讀《史記．五宗世家》至「河間獻王德」，謂：「孝景帝前二年用皇子為河間王，好儒學，被服造次，必於儒者。山東諸儒多從之游。」《史記集解》更云：「河間獻王經術通明，積德累行，天下雄俊眾儒皆歸之。孝武帝時，獻王朝。被服造次，必於仁義。問以五策，獻王輒對無窮。孝武帝艴然難之。謂獻王曰：『湯以七十里，文王百里，王其勉之！』王知其意，歸即縱酒聽樂，因以終。」未嘗不俯首暗歎。自知所止，特輔君升德，亦未必无咎也。嗟夫！

語譯

升卦陰爻六居第四位：君王由於在岐山祠堂祭祀祖宗，獲得吉祥，沒有差錯。

象傳

王用亨于岐山，順事也❶。

注釋

❶順事也

弼《注》：「處升之際，下升而進，可納而不可距也。距下之進，攘來自專，則殃咎至焉；若能不距而納，順物之情，以通庶志，則得吉而无咎矣！岐山之會，順事之情，无不納也。」孔《疏》：「順事者，順物之情，而立功立事，故曰順事也。」頗有倡順從民意，戒獨裁自專之意。考政治之事，複雜而多元，《左傳・襄公三十年》：「鄭子皮授子產政。……子產從政一年，輿人誦之，曰：『取我衣冠而褚之，取我田疇而伍之，孰殺子產，吾其與之！』及三年，又誦之，曰：『我有子弟，子產誨之；我有田疇，子產殖之。子產而死，誰其嗣之？』」可見子產施政之初，鄭國民眾對子產是很不滿意的。但三年之後，子產政策之成果出現了。民意也由欲殺子產演變到擔心子產死後，後繼無人！又〈襄公三十一年〉記：「鄭人游于鄉校，以論執政。然明謂子產曰：『毀鄉校，何如？』子產曰：『何為？夫人朝夕退而游焉，以議執政之善否。其所善者，吾則行之；其所惡者，吾則改之：是我師也。若之何毀之？我聞忠善以損怨，不聞作威以防怨。豈不遽止？然猶防川：大決所犯，傷人必多，吾不克救也。不如小決使道，不如吾聞而藥之也。』然明曰：『蔑也今而後知吾子之信可事也。小人實不才，若果行此，其鄭國實賴之，豈唯二三臣？』仲尼聞是語也，曰：『以是觀之，人謂子產不仁，吾不信也。』」則記子產不毀鄉校，任人議論時政。善者行之，惡則改之。子產並以防川為喻，小決可導，大決則多傷。總之，子產執政、不毀鄉校，可知民意是能改變的，而且於政策是指導之良師，並具有宣洩民憤之效果。故移此作弼《注》「下升而進，可納而不可拒」之史證。

語譯

君王由於在岐山祠堂祭祀祖宗，這就表明了上順祖宗，下順民意啊！

六五爻辭

六五❶：貞吉❷，升階❸。

注　釋

❶六五

升卦六五和九二，都居中而能互應，可惜都不得位。解決之道，是六五既已升至黃裳元吉的尊位，居坤上柔順之境，於九二之升，納而不距。於是九二上升為九五，六五下降為六二。陰陽互易，尊卑定位，居中相應。《折中》以此爻「乃卦之主也」。在筮法上，當升卦第五爻為老，他爻皆少，即由升之井䷯；或噬嗑䷔第五爻為少，他爻皆老，即噬嗑之升：這兩種情形，都由升六五爻辭占。

❷貞吉

占也。《集解》引虞翻曰：「二之五，故貞吉。」以為九二失位，升至九五，居中得正；六五亦失位，下降為六二，亦居中得正。得正故曰「貞」；升降後的九五下與六二仍然互應，故曰「吉」：是以「貞吉」。弼《注》：「升得尊位，體柔而應，納而不距，任而不專，故得貞吉。」則以升卦六五得居「黃裳元吉」之尊位，以柔居坤順之中爻，下與九二相應，納九二之上升而不距，任用九二而不自專。此所以為貞順而能獲吉也。蓋以升卦六五、九二原來爻象以釋貞吉之故，不採虞翻二、五陰陽互易之說。程《傳》：「五以下有剛中之應，故能居尊位而吉。然質本陰柔，必守貞固，乃得其吉也。」意近弼而更能說明貞與吉之關係。

❸升階

象也。帛書作「登階」。《集解》引虞翻曰：「巽為高，坤為土，震升高，故升階也。」案：升卦巽下坤上，九三、六四、六五互體為震。〈說卦傳〉：「巽為高。」又：「坤為地。」故又為土。又：「震，動也。……震為足。」地高故有土階，足動則升階而至高地矣。《朱子語類》記朱熹答董銖之問，又曰：「六五『貞吉升階。』與萃九五『萃有位匪孚，元永貞，悔亡。』皆謂有其位，必當有其德。若無其德，則萃雖有位，而人不信；雖有升階之象，而不足以升矣！」較論升六五與萃九五，強調貞固其德。船山《易內傳》：「升者，至階而止升之位也。六五為坤順之主，非有自尊之意。以貞而為陽所樂，推二與應，而延之上升。先言吉，後言升階者，六五柔順為志，不自以升為吉也。」於爻辭先說「貞吉」之占，後說「升階」之象，有所說明。又：虞、弼、程、朱、王夫之對爻辭之詮釋，皆不相同。此亦可見《易》義廣大，各得一隅。讀者宜細思，辨其異同，綜合眾義，以求全貌。難言其孰是孰非也。

語譯

升卦陰爻六居第五位：固守正常的德行必有收穫。隨著臺階一步一步上升，也適時追隨配合陽剛的聖賢一步一步上升。

象傳

貞吉升階，大得志也❶。

注釋

❶大得志也

《集解》引荀爽曰：「陰正居中，為陽作階，使升居五。己下降二，與陽相應，故吉而得志。」以為六五陰爻恰居升卦坤上之中爻，為九二陽爻之上升作階梯。使之上升居五，而為九五。六五自己卻下降到二，而為六二。與九五之陽仍然相應。於是尊卑定位，陰陽互應，大得吉祥，升之志願實現了。孔穎達《正義》：「大得志者，居中而得其貞吉，處尊而保其升階：志大得矣！」張載《橫渠易說》：「柔中極尊，不拒來者，使物皆階己而升，正而且吉，志宜大獲也。《易》所謂『得志』者，聖賢獲其願。欲得臣无家，堯之志也；貞吉升階，舜之志也。」橫渠此段話，似可與十九世紀德國哲學家尼采之超人哲學，作一較論。尼采的《查拉圖斯特拉如是說》嘗言：「人的偉大在於他是一座橋樑，而非一種目的；人的可愛在於他是一種變遷或者一種毀滅。」尼采所謂「橋樑」，近似橫渠「物皆階己而升」義。然尼采所謂「毀滅」，含有犧牲弱者，以成全強者的意思，卻說得過分，超過橫渠「得臣无家」義。由於這些異同，尼采的超人哲學，激勵了後來的法西斯主義，以至於有希特勒等納粹人物出現。而堯舜禪讓，成了中國政治上的美談。特別要指出的是：選擇舜，不是堯一人、一時的決定。堯是和當時領導集團共同討論過的，據《尚書・堯典》記載：堯和當時中央大臣，四方諸侯之長討論過人選。並且還有一段試用考核的過程。像鯀，就被試用九年，成效不好，終未繼位。堯後來又試用眾所推薦的舜。經過三年，用各種方法考驗舜，舜都能一一解決，贏得百官服從，地方敬仰，社會講求倫理，自己也從未曾迷誤。堯才傳位給舜。同樣的，舜立禹為繼承人，也曾與當時的十二牧和四岳共同商量過。而禹治水之功已著，仍以繼承人身分協助舜治理國家達十七年之久，甚至在舜崩逝之後還禮讓舜子商均執政。但是天下諸侯不肯去朝拜商均，卻去朝拜禹。禹逝世之後，傳位給益。三年喪服之後，益又把政事讓給禹子啟。諸侯也就去朝拜啟。當時仍有有扈氏不服，啟率六卿伐之，遂滅有扈氏。於是有了夏朝的家天下局面。也意外的鞏固了中華民族的凝聚力量。奠定了中國成為大一統國家的基礎。程《傳》：「倚任賢才而能貞固，如是而升，可以致天下之大治，其志可大得也。君道之升，患无賢才之助爾。有助，則猶自階而升也。」可與橫渠說互補。《折中》引何楷《古周易訂詁》：「即〈象〉所謂『有慶』、『志行』者也。」《折中》並案云：「自初而升，至此而升極矣。故初曰『上合志』；此日『大得志』。」反覆較論，最能明辨。

語譯

固守正常的德行必有收穫，引導聖君賢臣一步一步地上升：這就大大地實現了自己偉大的志願。

上六爻辭

上六❶：冥升❷，利于不息之貞❸。

在升卦坤體而得位有應，其象其占，皆由此出。在筮法上，當升卦上爻為老，他爻皆少，即由升之蠱䷑；或隨䷐上爻為少，他爻皆老，即隨之升：這兩種情形，都以升卦上六爻辭占。

注釋

❶上六

❷冥升

象也。帛書作冥登。《集解》引荀爽曰：「坤性暗昧，今升在上，故曰冥升也。」李道平《纂疏》：「愚案：坤為冥晦，上處升極而不知止，冥升者也。與冥豫同義。」弼《注》：「處升之極，進而不息者也。進而不息，故雖冥猶升也。」程《傳》：「六以陰居升之極，昏冥於升，知進而不知止者也。其為不明甚矣！」李光地《周易觀象》：「以柔居升之極，故為冥升。凡升晉之道，不可極也。極則知進而不知退，悔厲難免矣！晉之上剛，故亢而有角之象；升之上柔，故溺而有冥之象。」案：《禮記・大學》：「大學之道：在明明德，在親民，在止於至善。」強調「知止」。《周易》乾上九言「亢龍有悔」；坤上六言「龍戰于野」：皆戒不能知止之失也。在西方，也有一個所謂「彼得定律 (Peter's Principle)」與冥升相近。「彼得定律」是美國一位教育學者羅倫斯・彼得於一九六八年所發表，其意指：「在一個組織體系裡，所有成員都有晉升至超乎其能勝任職務的傾向。(In a hierarchy every employee tends to rise to his level of incompetence.)」簡單地說，在任何一個組織體系中，任何人都會由原來能夠勝任的職位，晉升到他無法勝任的職位。進修，職訓，彈性地視在職表現而加以升遷，都是值得考慮的辦法。

❸**利于不息之貞**

占也。《集解》引荀爽曰：「陰用事為消，陽用事為息。陰正在上，陽道不息，陰之所利，故曰利于不息之貞。」以息為陽道生息之意。《纂疏》：「愚案……然上與三為正應，又皆得位。上陰冥升而不降三；三陽不息而不易上，各得其正，故利于不息之貞。」釋象更明白。弼《注》：「施於不息之正則可；用於為物之主則喪矣！終於不息，消之道也。」則設兩端而分別論之。孔《疏》：「若冥升在上，陵物為主，則喪亡斯及；若潔己脩身，施於為政，則以不息為美：故曰利于不息之貞。」故知弼《注》「不息之正」之息，猶「自強不息」之息，止也；弼《注》「終於不息」之息，似為消息之息，生長也。程《傳》：「然求升不已之心，有時而用於貞正而當不息之事，則為宜矣！君子於貞正之德，終日乾乾，自強不息，如上六不已之心，用之於此則利也；以小人貪求无已之心，移於進德，則何善如之！」《周易觀象》：「然時位有適當者，豈可無處之之道？故當晉極者，惟自治其私而已；當升極者，惟固守其正而已。自治，守正，則高而不危，滿而不覆。保終之道，莫過於此。」

語譯

升卦最上面的是陰爻六：糊裡糊塗升到最高處。言行最好要永遠保持正常。

象傳

冥升在上，消不富也❶。

注釋

❶消不富也

為消則不富之意。《集解》引荀爽曰：「陰升失實，故消不富也。」《篹疏》：「陽實陰虛，陰升不已，必失三陽，陽息則陰消。坤廣生為富，故曰『消不富也。』與豫上『冥豫在上，何可長也』同義。」蓋以陰陽消息釋之。弼《注》：「勞不可久也。」則以物極必反，久則生變說明。程《傳》：「昏冥於升極，上而不知已，唯有消亡，豈復有加益也。不富，无復增益也。升既極，則有退而无進也。」略同弼說。《郭氏傳家易說》記白雲曰：「冥升不已，則極於升而困矣。困則消至焉，是以不富。蓋冥升不已，為消之漸。而在消息之理：息則富，而消則不富故也。《易》於坤體多言不富者，陰道常乏也。泰之六四，謙之六五，皆是也。」則綜合兩說，並云《易》言「不富」多在坤體，蓋用歸納之法也。

語譯

糊裡糊塗升到最上面，就會遇上困境，逐漸消損，不能充實而豐富了！

困卦經傳通釋第四十七

卦辭

䷮ 坎下兌上 困❶：亨❷；貞，大人吉，无咎❸；有言不信❹。

注釋

❶䷮坎下兌上困

困之為字，《說文》以為「从木在囗中」，代表樹木被圍困，日光被掩蔽；又云古文作「⿱止木」，代表樹木生長受到限止。《釋文》：「困，窮也。窮悴掩蔽之義。故〈彖〉云『剛掩也』。《廣雅》云『困悴也』。」就六爻排列言，九二被初六、六三包夾；九四、九五被六三、上六包夾。就卦體言：兌上為陰柔之卦，蓋住了坎下陽剛之卦。且坎水在兌澤之下，表示澤已乾涸，困早已發生了。加以九二、六三、九四互體為離；六三、九四、九五互體為巽。〈說卦傳〉：「坎為月」、「離為日」、「巽為入」又代表西方。表示日月入西：這些現象湊在一起，都顯示樹木生長上受限制、被掩蔽之困境。在筮法上，當困卦六爻皆少，也就是本卦、之卦都是困；或賁䷕六爻皆老，也就是賁之困：這兩種情形，都以困卦辭占。

❷亨

占也。仍為亨通之意。《集解》引鄭玄曰：「君子雖困，居險能說，是以通而无咎也。」注意到困卦坎下代表險，兌上代表說（悅）。能冷靜樂觀地面對困境所有的危險，而思突破困境之法，此唯君子能之。又引虞翻曰：「否二之上，乾坤交，故通也。」以為否卦䷋六二與上九陰陽互換，便由天地不交的否境，轉為居險能悅的困境。學《易》者總是能在危險的後面發現可喜的局勢，突破困境，而得亨通。王弼《注》：「困必通也。處窮而不能自通者，小人也。」蓋君子處困窮，知窮則變，變則通，故能不失其自通之道。吳澄《易纂言》：「卦德內雖有險，而外能悅，故雖處困而可以亨。」大抵從鄭玄。案：《孟子・告子下》嘗云：「天將降大任於是人也，必先苦其心志，勞其筋骨，餓其體膚，空乏其身，行拂亂其所為。所以動心忍性，曾益其所不能。」是「困」乃致「亨」之動力也。《周易折中》「案」云：「困亨者，非謂處困而能亨也。蓋困窮者，所以動人之心，忍人之性，因屈以致伸，有必通之理也。」蓋承孟子之說，以為困窮有必通之理。亨者，通也。

❸貞，大人吉，无咎

占也。而貞、大人、吉，又為无咎之條件。《集解》引虞翻曰：「貞大人吉，謂五也。在困，无應宜靜則无咎。故貞大人吉无咎。」案：乾九二、九五爻辭皆言「利見大人」，然九二失位不得言「貞」，九五居中得正始可言「貞」言「吉」，是以「貞大人吉謂五」也。雖然，在困之時，在上之大人九五利見在下之大人九二；在下之大人九二亦利見在上之大人九五。高層與基層之領導人共商突破困境之道，始有所得，是以居困而能无咎也。王弼《注》：「處困而得无咎，吉乃免也。」已知「吉」乃免咎之條件。孔穎達《疏》：「處困而能自通，必是履正體大之人，能濟於困，然後得吉而无咎。」更補上「履正」、「體大之人」二條件。《疏》所謂「體大」，指能體會偉大為何，且體居大位之人也。朱熹《本義》：「二五剛中，又有大人之象。占者處困能亨，則得其正矣！非大人，其孰能之？故曰貞，又曰大人者，明不正之小人不能當也。」已指出「剛中」不僅「五」，還有「二」，皆「有大人之象」。並把「亨」、「貞」、「大人」連繫起來。《折中》「案」續曰：「然惟守正之大人，則能進德。於困而得其所以可通者爾；豈小人之所能乎？」

❹有言不信

象亦占也。《集解》一引虞翻曰：「震為言，折入兌，故『有言不信，尚口乃窮』。」再引虞翻曰：「兌為口。上變口滅，故尚口乃窮。」說頗矛盾，後人對虞《注》之詮釋，復多分歧。故引而不論。來知德《集註》：「兌為口，有言之象；坎為耳痛，耳不能聽，有言不信之象。」據〈說卦傳〉「兌為口，坎為耳痛」之文，說明困卦兌上坎下所以有「有言不信」之象與占。其言較妥。弼未《注》。孔《疏》：「處困求濟，在於正身脩德；若巧言飾辭，人所不信。則其道彌窮，故誡之以有言不信也。」捨象言理。《折中》「案」續云：「困者，君子道屈之時也。屈則不伸矣。『有言不信』，信字疑當作伸字解。蓋有言則動見沮抑，乃是困厄之極，不特人疑之而不信也。夬卦『聞言不信』，已不信人之言也；而夫子以『聽不明』解之。以信字對聽字，則信字當為疑信之信。此卦『有言不信』，人不行己之言也；而夫子以『尚口乃窮』解之。以信字對窮字，則信字當為屈伸之伸。」錄以供再思。

語譯

三畫的坎卦在下，三畫的兌卦在上，重疊而成六畫的困卦：身處險境，而能保持喜悅的心情。天地不交的否境都已消除了，總要從險境看到後面的可悅的局勢！險困只是對自己個人的考驗與磨煉而已。突破困境，前途大好。言行端正，身體力行做一個偉大的人，凡事要求有良好的收穫：這三點做到了，就不會有差錯。不必多費口舌，用事實來證明一切，光是說，別人是不會相信而支持你的。

象傳

困，剛揜也❶。險以說❷，困而不失其所亨❸，其唯君子乎❹！貞，大人吉，以剛中也❺。有言不信，尚口乃窮也❻。

注釋

❶困，剛揜也

《注疏》本揜，《集解》本作弇。《釋文》：「本又作掩。虞作弇。」案：《說文》：「揜，自關以東，取曰揜。从手，弇聲，一曰：覆也。」王筠《說文句讀》：「揜、掩二字同音，故通用；揜為弇之累增字，而亦與奄通；又借掩也。」《句讀》又在《說文》「掩」字下云：「掩揜奄弇通借，互見揜下。」故《周易・彖傳》「揜」或作「掩」、「弇」，皆可通借。其義則為覆蓋、掩蔽。剛揜也，謂剛被柔所覆蔽也。《集解》引荀爽曰：「謂二、五為陰所弇也。」弼《注》：「剛則揜於柔也。」孔《疏》：「此就二體以釋卦名。兌陰卦為柔，坎陽卦為剛。坎在兌下，是剛見揜於柔也。剛應升進，今被柔揜。施之於人，其猶君子為小人所蔽，以為困窮矣！」程《傳》朱《義》大抵從王、孔。項安世《周易玩辭》：「困自否變。上九降二，而為二陰所揜，所以成困。故曰：『困，剛揜也。』以成卦言也。」來知德《集註》：「坎剛為兌柔所揜，九二為二陰所揜，四、五為上六所揜：此困之所由名也。」大抵綜合荀、弼、孔、程、朱、項之說，頗為周延。

❷險以說

《集解》引荀爽曰：「此本否卦，陽降為險，陰升為說也。」以為否卦䷋上九之陽降為九二，則下體成坎☵為險；六二之陰升為上六，則上體成兌☱為悅。此以下上二體之卦德釋卦辭「亨」。弼《注》：「處險而不改其說（悅）。」孔《疏》：「此又就二體名訓以釋亨德也。坎險而兌說。」逕以坎下兌上二體說之，不採升降之說，更為直截了當。《周易玩辭》：「雖當坎險，不失兌說，故曰『亨』。以重卦言也。」指明「險以說」是解釋卦辭「亨」的。

❸困而不失其所亨

《集解》引荀爽曰：「謂二雖弇陰陷險，猶不失中。與正陰合，故通也。」其意以為九二雖為六三之陰所掩，陷於坎險之中，然水能行舟，故〈說卦傳〉又言：「坎為通。」在坎而能亨通也。《纂疏》：「愚（李道平）案：坎險故困，兌說故不失所亨。」無論晉升中之個人或崛起之大國，必遭妒忌而陷困險之中。然阻力恰是動力，刺激提醒國人同心合力，守正睦鄰，樂觀奮鬥，必能突破困境。弼《注》：「困而不失其所亨也。」孔《疏》：「所以困而能亨者，良由君子遇困，安其所遇；雖居險困之世，不失暢說之心。」惠棟《周易述》：「此本否卦上之二，天地交；二之正，上下交：故困而不失其所亨。」否卦（䷋）上九降到二，成九二；於是否卦天地相交變成困卦，而否卦六二也上下相交，升上成為困卦的上六而得正了。困而能亨，其因在此云。案：朱駿聲《六十四卦經解》以「困而不失其所」斷句，「亨」為獨字句。可作參考。

❹其唯君子乎

其，指稱並上托二句：「險以說」、「困而不失其所亨」。謂能如此者，唯君子能之，小人不能也。《集解》引荀爽曰：「喻君子雖陷險中，不失中和之行也。」弼無注。孔《疏》：「結歎處困能通，非小人之事，唯君子能然也。」程《傳》：「下險而上說，為處險而能說；雖在困窮艱險之中，樂天安義，自得其悅樂也。時雖困也，處不失義，則其道自亨；困而不失其所亨也。能如是者，其唯君子乎！」所言最明確。《周易玩辭》：「當困之時，君子則不失其所亨；大人則能致吉而无咎。」於「君子」、「大人」有所比較。

❺貞，大人吉，以剛中也

《集解》引荀爽曰：「謂五。雖弇于陰，近无所據，遠无所應，體剛得中，正居五位，則吉无咎也。」謂九五雖被上六掩蔽。近乘九四之剛，无陰可據；（陽爻居於陰爻之上曰據。）遠與坎下之九二無應。但九五以陽剛之九，得居兌上中位，端端正正地居於五的位置。所以吉祥有收穫，沒有差錯。弼《注》：「處困而用剛，不失其中，履正而能體大者也。能正而不能大博，未能說（音稅，脫也。）困者也。」孔

《疏》：「此就二、五之爻，釋貞大人之義。剛則正直，所以為貞；中而不偏，所以能大。若正而不大，未能濟困。處困能濟，濟乃得吉而无咎也。故曰：『貞大人吉，以剛中也。』」案：荀言重在象數，《注疏》重在義理。卦辭言「貞大人吉」而結以「无咎」，究其果也；〈象傳〉言「貞大人吉」而結於「以剛中也」，推其因也。又荀以「剛中」為「五」，孔以「剛中」為「二、五」，亦有微異。至於弼《注》「未能說困者也」，阮元《校勘記》：「案《正義》，說當作濟。毛（晉）本是濟字。」萱案：說稅脫形近，又皆从兌增累，古書每相假借。如《儀禮・鄉射禮》：「弟子說束。」鄭玄《注》：「今文說皆作稅。」即今脫字。《詩・召南・甘棠》：「召伯所說。」鄭玄《箋》：「說，本或作稅，又作脫。」李白〈行路難〉：「李斯稅駕苦不早。」稅亦即脫字。

❻有言不信，尚口乃窮也

《集解》引虞翻曰：「兌為口，上變口，滅（乾），故尚口乃窮。」《纂疏》：「『兌為口』，〈說卦〉文。『滅』下當脫『乾』字。否上變成兌口，滅乾信，故尚口乃窮。卦窮于上也。」《集解》又引荀爽曰：「陰從二升上六成兌，為『有言』；失中，為『不信』；動而乘陽，故『尚口乃窮也。』」以為否卦䷋陰爻六二上升為上六，則上體由乾☰變兌☱，兌為口，故「有言」；下失六二之中，與九五無應，為「不信」；二升動至上，上六下乘九五之剛，為「尚口乃窮」。皆以象數解《易》也。弼《注》：「處困而言不見信之時也。非行言之時，而欲用言以免，必窮者也。其吉在於『貞大人』，口何為乎？」孔《疏》：「處困求通，在於修德，非用言以免困，徒尚口說，更致困窮。故曰『尚口乃窮也』。」《郭氏傳家易說》記白雲曰：「尚口乃窮者，君子有德，則以德濟身，尚德也；小人无德，則以利口辯辭濟其身，故云『尚口』也。尚德則不失其所亨；尚口則終窮矣！孔子曰：『君子固窮，小人窮斯濫矣。』君子小人，唯困乃見，故〈繫辭〉曰：『困，德之辨也。』」

語譯

困卦，陽剛被陰柔覆蓋、掩蔽了。包括陽剛的坎下被陰柔的兌上所掩蓋，九二之剛被初六、六三之柔所覆蔽，九五之剛被上六、六三之柔所覆蔽。身處險境，而心境保持悅樂，在窮困的時世卻不喪失把握亨通的機會。這可能只有君子才辦得到吧！言行端正，身體力行做個偉大的人，凡事要求有良好的收穫：用剛健中正的態度。光有話來辯解，別人是不會相信的，只重嘴巴正是窮途末路的表現。

象傳

澤无水，困❶；君子以致命遂志❷。

注釋

❶澤无水，困

弼《注》：「澤无水，則水在澤下；水在澤下，困之象也。」孔《疏》：「水在澤下，則澤上枯槁，萬物皆困。」

❷君子以致命遂志

《集解》引虞翻曰：「君子謂三，伏陽也。否坤為致，巽為命，坎為志。三入陰中，故致命遂志也。」《纂疏》：「乾三君子，伏于否下，故『君子』謂三，伏陽也。否內坤，坤『馴致其道』，為『致』；互巽『申命』為『命』；體坎心為『志』。三陽伏入陰中，故『致命遂志』。」說象甚淺明，不贅。弼《注》：「處困而屈其志者，小人也；君子固窮，道可忘乎？」程《傳》：「君子當困窮之時，既盡其防慮之道而不得免，則命也。當推致其命以遂其志，知命之當然也。則窮塞禍患不以動其心，行吾義而已；苟不知命，則恐懼於險難，隕穫於窮戹，所守亡矣！安能遂其為善之志乎？」《郭氏傳家易說》記白雲曰：「君子得位而後能澤加於民，无位則困而窮處矣！君子知命者也。當其困也，豈復怨天尤人哉？一歸之天命而已。故孔子曰：『道之將行也與？命也；道之將廢也與？命也。』（在《論語・憲問》。）而孟子亦曰：『行止非人所能為也。吾之不遇魯侯，天也。』（在《孟子・公孫丑下》。）則孔、孟之困，皆致之天命，而无怨也。遂志者，君子所志者道。道不以困窮而變。窮亦是道也，通亦是道也。故孔子曰：『用之則行，舍之則藏。』（在《論語・述而》。）遂志也。孟子曰：『窮則獨善其身，達則兼善天下。』（在《孟子・盡心上》。）亦遂志也。遂志，是以不失其所亨也。」案：《論語・子張》：「子張曰：『士見危致命，見得思義。』」朱熹《集注》：「致命，致其命，猶言授命也。」而此處《周易》，朱熹《本義》云：「致命，猶言授命，言持以與人而不之有也。」近賢遂有以「殺身成仁，舍生取義」以釋「致命遂志」者，以為「致命」即殺身舍生，「遂志」即成仁取義。錄以供參考。

語譯

湖澤裡面沒有水，乾旱的困境出現了！君子看見這種現象，一方面要了解這可能是自然界必然現象；另一方面也要獻出我生命中所有的智慧、能力，實現我救世救民的本志宿願。

繫辭傳下

困，德之辨也❶。……困窮而通❷。……困以寡怨❸。

注釋

❶困，德之辨也

〈繫下〉三陳九卦，此初陳困卦，釋卦名之義。帛書〈衷〉作：「困也者，德之欲也。」為欲德而困之意。辨，《集解》本作「辯」，引鄭玄曰：「辯，別也。遭困之時，君子固窮，小人窮則濫。德于是別也。」南昌府學重刊宋本《周易注疏》作「辨」。阮元《周易注疏校勘記》：「閩、監、毛本同；石經、岳本辨作辯；《釋文》出『之辯』。」《說文》：「辡，罪人相與訟也。从二辛，會意。」「辨，判也。从刀，辡聲。」「辯，治也。从言在辡之間，會意，辡亦聲。」是辨為判別，辯為辯論，古每通用。韓康伯《注》但言「困而益明」。謂人於困窮之時，其人格特質益為顯明。張栻《南軒易說》：「在困窮之時，不待言而德自辨矣！風雨然後知雞鳴不已；歲寒然後知松柏之後凋也。」依韓《注》而舉自然界之例，意益明顯。朱熹《本義》：「困而通，則可辨其是；困而不通，則可辨其非。」扣著卦辭「困，亨」之「亨」，以通為是，以不通為非。則純以行為之效果作道德判斷之依據。陸九淵〈語錄〉：「不臨患難難處之地，未足以見其德，故曰：困，德之辨也。」則與韓康伯、張南軒義近。案：王夫之疑〈繫辭傳〉文有「傳寫之誤」，《周易內傳》：「按下云：『困以寡怨，井以辨義。』此疑傳寫之誤。當云：『困，德之地也。』剛雖為柔揜，而有地以自處也。『井，德之辨也。』得正而知所擇也。」萱按：帛書〈衷〉作：「困也者，德之欲也；井者，德之地也。……宋（當是困字），竆而達；井，居其所而遷。……困以辟咎也；井以辯義也。」

❷困窮而通

帛書〈衷〉作「宋，竆而達」。宋字似由困漫漶而致誤。竆則為窮之異體字。通、達，義近。《集解》引虞翻曰：「陽窮，否上變之坤二成坎，坎為通。故困窮而通也。」意謂否卦䷋上九變到坤下二位，於是坤成坎☵。〈文言傳〉論乾上九云：「亢龍有悔，窮之災也。」故虞曰否上陽窮。否上九爻辭：「傾否，先否後喜。」困窮者，先否也；而通者，後喜也。參見卦辭「亨」字注釋。韓《注》：「處窮而不屈其道也。」言簡而意賅。朱熹《語類》：「困窮而通，此因困卦說『澤無水，困；君子以致命遂志。』蓋此是致命遂志之時，所以困〈彖〉曰：『險以說，困而不失其所亨，其唯君子乎！』蓋處困而能說也。」〈沈僴錄〉引〈象傳〉、〈彖傳〉而通論之。陸九淵〈語錄〉：「困窮而通，不脩德者，遇窮困則隕穫喪亡而已；君子遇窮困，則德益進，道益通。」則直接訴諸脩德與否，不更引他傳。王夫之《周易內傳》：「困剛為柔揜而能遂其志，則遇窮而心自通，所以為『德之地』，而於土皆安。」「於土皆安」，大有《論語・衛靈公篇》「子張問行」章意。子曰：「言忠信，行篤敬，雖蠻貊之邦行矣；言不忠信，行不篤敬，雖州里行乎哉？」

❸困以寡怨

此三陳，推卦之用。《集解》引虞翻曰：「坤為怨，否弒父與君，乾來上折坤二，故寡怨；坎水性通，故不怨也。」《篹疏》：「坤陰為怨，困自否來，否三弒父與君。否乾下折坤二，則不弒逆，怨讟不作，故寡怨。二體坎，坎水性通。困窮而通，故不怨也。」又：「愚（李道平自稱）案：困〈彖傳〉曰：『險以說。』五〈象〉曰：『乃徐有說。』二坎為險不正，故困。二變應五，五兌為說。說則不怨，故困以寡怨也。」蓋李道平不以虞《注》說象盡善盡是，故《疏》後加案以補充之。韓《注》：「困而不濫，无怨於物。」孔《疏》：「遇困守節不移，不怨天，不尤人，是无怨於物。故寡怨也。」後儒多從之。張栻《南軒易說》：「在困而怨者，不能樂天者也。然人皆有情，能寡其怨者，亦可貴也。」《郭氏傳家易說》記白雲曰：「因困而亨道，則无怨尤於天人。」陸九淵〈語錄〉：「困以寡怨，君子於困厄之時，必推致其命以遂吾之志，何怨之有？推困之義，不必窮厄患難及己也，凡事有所不可行，皆困也。君子於此，自反而已，未嘗有所怨也。」陸氏注意自我反省，防患於事前。說理尤佳。

語譯

面臨窮困災難時的不同作為，正是對個人人格修養作出判別的最佳時機。……困，雖然碰到了窮困災難，卻能克服它而獲致亨通。……窮困災難，正是對自己修養的一項挑戰，給自己克難脫困的機會，用不著怨天尤人。

序卦傳

升而不已必困❶，故受之以困。

注釋

❶升而不已必困

南昌府學重刊《注疏》本文字如此。《古經解彙函》本《集解》文字同。唯李道平《纂疏》本於〈序卦傳〉作「升而上者必困」，於六十四卦困卦之前所附「〈序卦〉曰」則作「升而不已必困」。並引崔憬曰：「冥升在上，以消不富，則窮。故言升而不已必困也。」考升卦上六〈象傳〉：「冥升在上，消不富也。」崔憬之言，實據此。「以消不富」，意為：因為逐漸消損，故不能保持富有也。既不能保持富有，必陷於窮困矣。程《傳》：「升者，自下而上。自下升上，以力進也。不已必困矣。故升之後，受之以困也。困者，憊乏之義。」張栻《南軒易說》：「升於德則聖敬日躋；若夫冥升，則有所蠱壞而困矣：故受之以困。」南軒以為升德則可，冥升則否，略同崔憬。並指冥升則有所蠱壞，與今人常言「權力使人腐化，絕對之權力使人絕對腐化」亦若合符節。《傳家易說》記白雲郭雍曰：「升不知止則遇困。」可與《禮記・大學》所言：「大學之道，在明明德，在親民，在止於至善。知止而后有定，定而后能靜，靜而后能安，安而后能慮，慮而后能得。」合參。辨其異同。

語譯

上升不止必然會有困難，所以接在升卦後面的是困卦。

雜卦傳

井通而困相遇也❶。

注釋

❶井通而困相遇也

井通，參見井卦，此不贅。而困相遇也，或以困卦六三與九四相遇。《集解》引虞翻曰：「困三遇四，故相遇也。」即主此說。或以剛遇柔而見揜。朱震《漢上易傳》：「否上之二，陽遇陰而見揜。」即謂否卦䷋上九與六二陰陽交換，則九二、九四、九五皆遇陰爻而見揜。朱熹《本義》：「剛柔相遇而剛見揜也。」言簡而意同漢上。吳澄《易纂言》說同二朱。或以井困覆綜關係言之。來知德《周易集註》：「此以綜言。困上卦之兌，下而為井下卦之巽；井下卦之巽，上而為困上卦之兌。養而不窮，通也，即不困；則遇其揜，困也，即不通。」來《註》「養而不窮」，據〈彖傳〉「井養而不窮也」；來《註》「則遇其揜」，據〈彖傳〉「困剛揜也」。

語譯

井水與地下水相通，個人生命與自然生態也息息相關；而困境是與相抵觸的事物碰上。

初六爻辭

初六❶：臀困于株木❷，入于幽谷，三歲不覿❸。

注釋

❶初六

居困卦坎下之底部，雖與兌上之九四有應，然兩爻皆失位而非中。初困於幽谷，四吝於來應。故其象占如此。在筮法上，當困卦初爻為老，他爻皆少，即由困之兌䷹；或艮䷳初爻為少，他爻皆老，即由艮之困：這兩種情形，都以困初六爻辭占。

❷臀困于株木

象也。臀，今言屁股。帛書臀作「辰」，為「脤」之省，夬九四爻辭「臀无膚」，帛書作「脤无膚」，可見臀、脤可通借。辰為脤之聲符，亦稱聲母或字根，故可間接借為臀字。株木，乾枯無枝葉之樹木。《集解》引《九家易》曰：「臀謂四，株木三也。三體為木，澤中无水，兌金傷木，故枯為株也。初者四應，欲進之四，四困于三，故曰臀困于株木。」其意蓋為臀在大腿之上，軀幹之下，咸九三曰：「咸其股。」夬九四、姤九三皆曰「臀无膚」。故《九家易》曰「臀謂四」也。又六三、九四、九五互體成巽為木。困卦〈象傳〉言「澤无水」。困卦兌上，〈說卦傳〉：「兌，正秋也。」五行屬金，故《九家易》言「株木三也。……兌金傷木」。初六、九四，陰陽互應，初本以四當己救。未料九四不中不正，為金而剋木。且處澤无水之時，九二、六三、九四互體成離，〈說卦傳〉「離為科上槁」。木枯槁之象甚矣。故臀困于株木必也。此以象解《易》也。至於以義理解《易》者：王弼《注》：「最處底下，沈滯卑困，居无所安，故曰臀困於株木也。」孔穎達《疏》：「初六處困之時，以陰爻最居窮下，沈滯卑困，居不獲安，若臀之困于株木。」程《傳》：「六以陰柔處於至卑，又居坎險之下，在困不能自濟者也。必得在上剛明之人為援助，則可以濟其困矣。初與四為正應，九四以陽而居陰為不正，夫剛而不中，又方困於陰揜，是惡能濟人之困？猶株木之不能蔭覆於物。株木，无枝葉之木也。四，近君之位。在它卦不為无助，以居困而不能庇物，故為株木。臀，所以居也。臀困於株木，謂无所庇而不得安其居，居安則非困也。」說理最詳明。《郭氏傳家易說》記白雲曰：「臀困，內自困也；困于株木，外困於物也。處困之初，內不能自安，外不能有行。內外皆困，而欲以柔濟之，則困益甚矣。」析困之內因外緣甚好。《朱子語類》：「問：『臀困於株木，如何？』先生曰：『在困之下，至困者也。株木不可坐，臀在株木上，其不安可知。』」說株木不可坐，而非不能揜蔽庇護，說與伊川異。

❸入于幽谷，三歲不覿

象亦占也。帛書作「人于要浴三歲不擅凶」。入，帛書作人，形近而誤；幽，暗也，帛書作要，音近而誤；覿，見也，當从見，帛書从手作擅，亦誤也。今通行本無凶字，帛書多凶字。《集解》引《九家易》曰：「幽谷，二也。此本否卦。謂陽來入坎，與初同體。故曰『入幽谷』。三者，陽數。謂陽陷險中，為陰所弇，終不得見，故曰『三歲不覿』也。」《篹疏》：「《說文》曰：『泉出通川為谷。从水半見出於口。』二在坎半，故幽谷謂二。坎為隱伏，故稱幽谷。此本否卦上陽來入于二成坎，與初同體，又巽入，故曰入于幽谷。天數三，故三者陽數。謂陽陷坎中，為初、三二陰所弇。伏離目為覿，為坎所弇，故終不得見。又自初至四，三爻為三歲，故三歲不覿也。」案：「坎為隱伏」、「巽入」、「離目」，皆〈說卦傳〉文。「天三」，〈繫辭傳上〉文。「伏離」，此「飛伏」說。屈師萬里先生《先秦漢魏易例述評》曰：「凡卦見者為飛，不見者為伏。飛陽則伏陰，飛陰則伏陽，其說倡於京房。」坎☵與離☲陰陽相錯，坎飛則伏離也。其說佶屈難通，故屈師以「多歧亡羊，辯生末學」斥之。案：張載《橫渠易說》：「處困者正，乃无咎；居非得中，故幽而不明。」惟以初六、九四，皆失正失中說之，最為簡明。王弼等以義理解之，《注》曰：「欲之其應，二隔其路。居則困于株木；進不獲拯，必隱遯者也。故曰『入于幽谷』也。困之為道，不過數歲者也。以困而藏，困解乃出，故曰『三歲不覿』也。」程《傳》：「入于幽谷，陰柔之人，非能安其所遇。既不能免於困，則益迷暗妄動，入於深困。幽谷，深暗之所也。方益入于困，无自出之勢，故至於三歲不覿，終困者也。不覿，不遇其所亨也。」弼《注》以「困之為道不過數歲」，程《傳》以「終困者也」：其釋「三歲不覿」亦有不同。

語譯

困卦最下面的初位是陰爻六，像光屁股困坐在光禿禿的樹樁上，沒有枝葉遮蔽，樹樁也坐不穩。人到了幽暗的山谷中，三年中見不到活人。

象傳

入于幽谷，幽不明也❶。

注釋

❶**幽不明也**

阮元《校勘記》云：「石經、岳本、閩、監、毛本，同；足利本無幽字。」《集解》引荀爽曰：「為陰所弇，故不明。」《篹疏》：「坎為幽谷，初在下為入于幽谷。坎伏離，離日為明，伏藏不見，故幽不明也。」案：荀爽惟言「為陰所弇」，《篹疏》乃以「飛伏」說之。考太極圖（雙魚形）陽中有陰，陰中有陽，飛伏說亦未必全誤；但如此解《易》，則黑可為白，白可為黑，無是非可言矣！宋張載《橫渠易說》：「處困者，正乃无咎；居非得中，故幽而不明。」惟以非正非中說之，如此可也。案：三國魏人王弼《注》：「言『幽』者，不明之辭也。入于不明，以自藏也。」北宋程頤《傳》：「幽不明也，謂益入昏闇，自陷於深困也；明則不至於陷矣！」皆以理言之。而弼言「自藏」，頤言「自陷」，義復有異，試自較論其異同。

語譯

人到了幽暗的山谷中，昏暗而看不清楚。

九二爻辭

九二❶：困于酒食，朱紱方來❷，利用享祀，征凶，无咎❸。

注　釋

❶九二

本爻有許多缺失。以陽爻居陰位，是失位；與九五並不陰陽互應，是無應；上下相鄰的都是陰爻，陷於陰險的處境。不過這樣也好：失位使自己謙虛點；無應使自己專心點；陷險使自己要與別人以及自然環境多溝通點。凡事有利也有弊，如何興利除弊是人生一大學問。在筮法上，當困第二爻為老，他爻皆少，即由困之萃䷬；或大畜䷙第二爻為少，他爻皆老，即大畜之困：這兩種情形，都以困九二爻辭占。

❷困于酒食，朱紱方來

象也。困于酒食，朱熹《周易本義》：「困于酒食，厭飫苦惱之意。酒食，人之所欲，然醉飽過宜，則是反為所困矣！」朱駿聲《六十四卦經解》：「以燕以樂謂之需；既醉既飽謂之困。困者，厭饇之名。」饇音飫，飽足也。今言吃撐了。朱紱，漢帛書作「絑發」，紱音佛。張立文《周易帛書今注今譯》：「絑與朱古通用。發，假借為紱。」李鼎祚《集解》：「案：二本陰位，中饋之職，坎為酒食，上為宗廟。今二陰升上，則酒食入廟，故困于酒食也。上九降二，故朱紱方來。朱紱，宗廟之服，乾為大赤，朱紱之象也。」蓋以為困自否䷋來。故二本陰位。家人䷤六二爻辭：「无攸遂，在中饋，貞吉。」困二亦有「中饋之職」之象。〈說卦傳〉：「坎者，水也。」又云：「坎為豕。」在中饋以水、豬肉烹調，有酒食之象。「上為宗廟」，《易緯．乾鑿度》文。否卦坤下乾上，〈說卦傳〉：「乾為大赤。」故李云「乾為大赤，朱紱之象也」。朱紱，古代權貴所穿朱紅色服飾，每用以蔽膝。此指權貴。案：紱，《說文》作「巿」，又作「韍」。《說文・七下》：「巿，韠也。上古衣蔽前而已，巿以象之。天子朱巿，諸侯赤巿，卿大夫葱衡。从巾，象連帶之形。凡巿之屬皆从巿。韍，篆文巿，从韋从犮，俗作紱。」朱巿純朱，純朱色深；赤巿帶黃，色較朱淺。弼《注》：「以陽居陰，尚謙者也。居困之時，處得其中。體于剛質，而用中履謙。應不在一，心無所私，盛莫先焉。夫謙以待物，物之所歸；剛以處險，難之所濟。履中則不失其宜；无應則心无私恃。以斯處困，物莫不至，不勝豐衍。故曰困于酒食，美之至矣！坎，北方之卦也；朱紱，南方之物也。處困以斯，能招異方者也。故曰朱紱方來也。」強調謙以待物，剛以處險。乃居困處中之道。呂大臨《易章句》：「九二以陽居陰，困而能謙，為眾之所致養，故困于酒食；為至尊之所下，故朱紱方來。朱者，天子之服；赤者，諸侯之服也。得天人之陰助，故利用亨人鬼，祀天神也。」語皆依實，理路清晰。

❸利用享祀，征凶，无咎

占也。帛書作「利用芳祀，正凶，无咎」。張立文云：「『芳』假借為『享』。」《說文段注》：享、芳古韻皆在十部，故得假借。又《說文》：「延，从辵，正聲；征，或从彳。」《孟子・盡心下》：「征之為言正也。」蓋正為征之聲母、字根，可以通借也。《周易集解》引荀爽曰：「二升在廟；五親奉之，故『利用享祀』。陰動而上，失中乘陽；陽下而陷，為陰所弇，故曰『征凶』。陽降來二，雖位不正，得中有實；陰雖去中，上得居正，而皆免咎，故曰『无咎』也。」荀爽意：困卦本由否卦上九、六二陰陽互易而成（詳本卦〈彖傳〉「險以說」之注釋）。六二升上，《易緯・乾鑿度》：「上為宗廟。」故荀云「二升在廟」，九五居上六之下，是「五親奉之」。此即顯示〈彖傳〉所云「利用享祀」。六二本得中，今升在上，下乘九五之陽。故荀云「失中乘陽」。否上九之陽降至九二，於是下體成坎，陷入初六、六三之中。故荀云「陽下而陷，為陰所弇」。荀氏以為：此所以爻辭言「征凶」也。否上九下降來到下卦為困之九二，雖位不正，但得居中位，為陽為實；否六二雖離開了二之中位，上升成為困之上六，得居陰之正位。所以都能免咎，故爻辭曰「无咎」。荀爽以象解《易》如此。王弼《周易注》則云：「豐衍盈盛，故『利用享祀』。盈而又進，傾之道也。以此而『征』，『凶』誰咎乎？故曰『征凶无咎』。」孔《疏》：「盈而又進，傾敗之道。以征必凶，故曰『征凶』。自進致凶，无所怨咎，故曰『无咎』也。」《注》、《疏》以為「无咎」為「无所怨咎」意，非謂本身无咎也。程《傳》：「利用享祀：享祀以至誠通神明也。在困之時，利用至誠如享祀然。其德既誠，自能感通於上。自昔賢者困於幽遠，而德卒升聞，道卒為用者，唯自守至誠而已。征凶无咎：方困之時，若不至誠安處以俟命，往而求之，則犯難得凶，乃自取也。將誰咎乎？不度時而征，乃不安其所，為困所動也。失剛中之德，自取凶悔，何所怨咎？諸卦二五以陰陽相應而吉，唯小畜與困乃戹於陰，故同道相求。小畜，陽為陰所畜；困，陽為陰所揜也。」案：程頤以「无咎」為「何所怨咎」，乃承《注》、《疏》。又二、五同道相求，乾九二、九五皆曰「利見大人」，已如此，非僅小畜與困也。

語譯

困卦陽爻九居第二位：酒喝醉了，吃得撐了，也是一種困擾。天子賞賜的大禮服送到了。適合在宗廟祭祀表達自己感恩的誠意，急忙赴任會有凶險，又能怪罪誰呢？

象傳

困于酒食，中有慶也❶。

注釋

❶**中有慶也**
〈小象傳〉每錄首句，而意兼爻辭全文。此處錄首句「困于酒食」，除指酒食豐盛，既飽既醉外，兼指

「朱紱方來」，上賜厚重；「利用享祀」，天人鬼神間溝通良好也。孔《疏》：「中有慶者，言二以中德被物，物之所賴。故曰『有慶』也。」程《傳》：「雖困於所欲，未能施惠於人，然守其剛中之德，必能致亨而有福慶也。雖使時未亨通，守其中德，亦君子之道亨，乃有慶也。」來知德《周易集註》：「言有此剛中之德，則自亨其道矣！所以有此『朱紱方來』之福慶。」

語譯

被酒醉飯飽所困擾，其中當然有可慶可賀的喜事啊！

六三爻辭

六三❶：困于石，據于蒺蔾❷；入于其宮，不見其妻❸。凶❹。

注釋

❶六三

六為陰柔之爻，居三失位非正，非二而失中。所鄰上下皆剛爻。故其象進退皆困，歸亦不得安。其占直言「凶」也。在筮法上：當困卦第三爻為老，他爻皆少，即由困之大過䷛；或頤䷚第三爻為少，他爻皆老，即頤之困：這兩種情形，都以困六三爻辭占。

❷困于石，據于蒺蔾

象也。帛書作「困于石號于疾莉」。張立文云：「『號』為『據』轉寫之譌。據，依也，安也。『疾』假借為『蒺』。……『莉』假借為『藜』。」《集解》引虞翻曰：「二變正時，三在艮山下，故『困於石』。『蒺蔾』，木名。坎為蒺蔾。二變，艮手據坎，故『據蒺蔾』者也。」意為：困九二失正，須變為六二得正，此時六二、六三、九四互體為艮。〈說卦傳〉「艮為小石」，故困九二變六二後，六三有困於小石之象。蒺蔾之蔾，既从艸，下又从木，故虞翻以為木名。實即茨草。其果實帶刺。〈說卦傳〉「艮為手」，手抓著帶刺的茨草，必被刺痛刺傷。孔穎達《周易正義》曰：「困于石據于蒺蔾者，石之為物，堅剛而不可入也。蒺蔾之草，有刺而不可踐也。六三以陰居陽，志懷剛武，己又无應。欲上附於四，四自納於初，不受己者也，故曰困于石也；下欲比二，二又剛陽，非己所據，故曰據于蒺蔾也。」張立文又引聞一多《周易義證類纂》，以為石為嘉石，立於朝門左邊當眾的地方。民有罪過，桎梏之使坐於嘉石之上，以示眾羞辱他。據於蒺蔾，即狴獄之象，被關入布滿蒺藜的監獄。張引聞說，可供參考。案：吳澄《易纂言》已發此說。曰：「此爻之辭蓋謂困若拘囚之人。六三陰柔不中正，猶《周官》所謂罷民也。困于石，其坐諸嘉石者與？據于蒺藜，其寘之圜土而薦之以棘者與？入于其宮不見其妻，則雖暫時還家，而其妻已離異隔絕也；《國語》云罷士无伍，罷女无家。蓋古法凡坐嘉石，入圜土之罷民，則離異其夫妻，而不使之有室家與？凶者，《傳》所謂既辱且危而死將至也。」

❸入于其宮，不見其妻

象也。帛書作「入于冂宮不見冂妻」。《集解》引虞翻曰：「巽為入，二動，艮為宮，兌為妻，謂上无應也。三在陰下，離象毀壞，隱在坤中。死其將至，故不見其妻。」虞翻以為困卦六三、九四、九五互體成巽為入；九二變動成六二，則六二、六三、九四成為艮，艮☶是觀卦䷓的縮小，有宮觀的樣子。困卦兌上為少女為嬌妻，但六三、上六無應，故不見嬌妻。又九二、六三、九四互體為離為目，萬物皆相見。當九二變回六二，離象破壞，隱沒在初六、六二、六三坤陰之中。冥暗死寂的日子將來到，所以不能見到自己的妻子了。以象解《易》如此。至於以義理解《易》，〈繫辭傳〉備矣，此姑引程朱之言。程《傳》：「宮，其居所安也；妻，所安之主也。知進退之不可，而欲安其居，則失其所安矣！」《周易本義》：「宮，謂三；而妻則六也。」惟朱熹亦非純言義理，已涉及象數矣！三為爻位，故宮謂三；六為陰爻，故妻則六也。

❹凶

占也。詳已見注釋❷所引吳澄之言，此不贅。

語譯

困卦陰爻六居於第三爻，罪犯白天被綑在路旁的石頭上示眾，晚上關在鋪滿帶刺的蒺藜的牢房裡。釋放回家，看不到妻子。情況非常凶險。

象傳

據于蒺藜，乘剛也❶；入于其宮，不見其妻，不祥也❷。

注釋

❶乘剛也

《集解》李鼎祚云：「案：三居坎上，坎為蒺棘，而木多心，蒺藜之象。」六三在困卦居坎下之上爻，下乘九二之剛，指蒺藜之屬。〈說卦傳〉：「坎，……其於木也，為堅多心。」蓋坎陽剛在中故也。李《解》云「而木多心」，以蒺藜為木本，一據〈象傳〉「乘剛」，木剛而草柔。二據虞翻「蒺藜木名」之注。案「棘」，為叢生多刺之灌木。余於植物學無精深研究，亦不敢確定其為草為木也。

❷不祥也

《集解》作「不詳也」。詳為祥之假借。《說文》：「祥，福也。从示，羊聲。」段玉裁《注》：「凡統言則災亦謂之祥；析言善者謂之祥。」《周易集解》：「《九家易》曰：『此本否卦，二四同功為艮。艮為門闕，宮之象也。六三居困，而位不正。上困於民，內无仁恩，親戚叛逆，誅將加身。入宮无妻，非常之困，故曰不詳也。』」王弼《周易注》：「无應而入，焉得配偶？在困處斯，凶其宜也。」孔《疏》：「祥，善也，吉也。不吉必有凶也。」

語譯

關在鋪滿帶刺的蒺藜的牢房裡，乘靠的是硬刺啊；回到家裡，看不到自己的妻子，不吉祥啊！

繫辭傳下

《易》曰：「困于石，據于蒺蔾。入于其宮，不見其妻，凶。」❶子曰：「非所困而困焉，名必辱❷；非所據而據焉，身必危❸。既辱且危，死期將至，妻其可得見耶❹？」

注釋

❶《易》曰：「困于石，據于蒺蔾。入于其宮，不見其妻，凶。」

此困卦六三爻辭文。注已詳彼，此不贅。

❷非所困而困焉，名必辱

《集解》引虞翻曰：「困本咸，咸三入宮，以陽之陰，則二制坤，故以次咸。為四所困，四失位惡人，故『非所困而困焉』。陽稱『名』，陰為『辱』，以陽之陰下，故『名必辱』也。」虞翻注困卦辭，謂「否二之上」；今又言「困本咸」。是困、咸皆自否卦來。咸䷞直接由否䷋卦六三、上九陰陽互易而成。困固然可能由否卦六二、上九陰陽互換而成，亦可能由咸六二、九三位置對調而成。咸九三本來是艮下的上爻，像門闕。今進入艮宮之中為九二，以九之陽到二之陰位，是為失位，有失立場。而且制裁折毀了否卦的坤下。虞翻說：所以在〈繫辭傳下〉，這段文字會接在孔子論咸九四爻辭「憧憧往來朋從爾思」後面的緣故，正在於此。九四是失位的惡人，卻把困六三困住。困卦六三原不應被困，但事實上卻被困住了，名聲上必然受到恥辱。若以名聲、恥辱分陰陽，名聲是陽，恥辱是陰。韓康伯無注，孔穎達《正義》曰：「非所困，謂九四。若六三不往犯之，非六三之所困；而六三彊往干之，而取困焉。名必辱者，以向上而進取，故以聲名言之，云名必辱也。」孔君《正義》之說，朱熹亦頗接受。《語類》：「問『非所困而困焉名必辱』大意。謂：石不能動底物，自是不須去動他。若只管去用力，徒自困耳。曰：文意謂不可做底，便不可入頭去做。」（學履）又張栻《南軒易說》：「困，人所不免也。要在處之有道。困而不失其所亨者，乃為君子。困之六三，應於上六。而上六无情，屹然不動，有類於石者也。……有應於上，將以求名；今困于石，此非所困而困焉，名必辱也。」孔、朱、張栻之說，亦頗平實。皆不同於前引吳澄、聞一多說，故前引吳、聞言，僅云「可供參考」。

❸非所據而據焉，身必危

《集解》引虞翻曰：「謂據二，二失位，故非所據而據焉。二變時坤為身，二折坤體，故身必危。」虞意：六三居於九二之上，皆失位。這是不可作為依據的卻去依據著它。咸九三、六二陰陽互易，使否卦坤下身體受到毀折，所以身必危。《正義》：「非所據而據焉者，謂九二也。若六三能卑下九二，則九二不為其害，是非所據也。今六三彊往陵之，是非所據而據焉。身必危者，下向安身之處，故以身言之，云身必危也。」象、義互補，《易》旨乃明。

❹既辱且危，死期將至，妻其可得見耶

《集解》引陸績曰：「六三從困辱之家，變之大過，為棺椁，死喪之象。故曰：死其將至，妻不可得見。」陸績《易解》依〈傳〉文「名必辱」、「身必危」，故言六三「從困辱之家」。六三失正，倘變正，則為大過䷛。〈繫辭傳下〉前文嘗云：「後世聖人易之以棺椁，蓋取諸大過。」故大過有棺椁之象，借代死喪之事也。雖親近如夫妻，亦不可得見也。《郭氏傳家易說》記白雲郭雍曰：「當困而困，當據而據，道之正也；非所困非所據，失道之正，是以名辱身危也。〈太甲〉所謂『自作孽，不可逭』者也。妻者，至近而易保，入宮必可見者也。非所宜為而為之者，終至於不能保其妻子，尚安能保四海乎？此所謂失道者寡助也。」〈太甲〉，《尚書》篇名，分上、中、下，引文在〈太甲中〉。又《孟子‧梁惠王上》有「推恩」說，曰：「故推恩，足以保四海；不推恩，無以保妻子。」白雲保四海之引申，實依孟軻。

語譯

《易經》說：「白天綑在鬧區大石頭上示眾，黑夜在牢房靠著有刺的蒺藜睡覺。回到家裡，妻子也不見了：這是凶險的兆頭啊！」孔子說：「本來不能困住人的，卻被困住，名聲一定會受到侮辱；本來不必去憑靠的，卻去依靠，對身體必然會有危害。既受到侮辱，又受到傷害，死期就到了，還能見得到妻子嗎？」

九四爻辭

九四❶：來徐徐❷，困于金車❸。吝，有終❹。

注釋

❶九四

九四以陽爻居陰位，失位而能謙；上承九五，有伴虎之重；下應初六，初亦失位，且與六二朋比，四之行止，殊難決定；居乾上坤下將變坎下兌上之際，諸多費心。故其象占如此。在筮法上，當困卦第四爻為老，他爻皆少，即由困之坎䷜；或離䷝第四爻為少，他爻皆老，即由離之困：這兩種情形，都以困九四爻辭占。

❷來徐徐

象也。帛書作「來徐」，徐不疊。《說文》：「徐，安行也。從彳，余聲。」《釋文》：「徐徐，疑懼皃。馬云：『安行皃。』子夏作『荼荼』，翟同。荼音圖，云：『內不定之意。』王肅作余余。」《集解》引虞翻曰：「來，欲之初；荼荼，舒遲也。見險，故來荼荼。」李道平《纂疏》：「自外曰來，四與初應，故來欲之初。《禮．玉藻》：『荼前詘後。』鄭《注》：『荼讀如舒遲之舒。』故云：荼荼，舒遲也。初體坎為險，離目為見。見險，故來舒遲也。」王弼《注》：「徐徐者，疑懼之辭也。志在於初，而隔於二，履不當位，威令不行。棄之則不能，欲往則畏二，故曰『來徐徐』。」

❸困于金車

象也。金車，本亦作金輿，《集解纂疏》有作「金轝」者。《集解》引虞翻曰：「否乾為金，坤為車。之應歷險，故困于金車。」意為困自否卦變來。否乾上為金，坤下為大輿，皆〈說卦傳〉文。困卦坎下為險，九四、初六同位相應，故四來應初，必歷坎險也。王弼《注》：「金車謂二也。二剛以載者也，故謂之金車。」程頤亦以九二為金車。程《傳》：「初比二，二有剛中之才，足以拯困。則宜為初所從矣。金，剛也；車，載物者也。二以剛在下載己，故謂之金車。四欲從初，而阻於二。故其來遲疑而徐徐，是困于金車也。」釋義甚好，釋象則異於虞。使金車除乾、坤外，亦可以九二釋之。《易》無定象，多一解釋，亦不妨也。又案：呂大臨《易章句》：「四以陽剛為九五所乘，故曰金車。」《易》象紛歧亦甚矣！

❹吝，有終

占也。吝，帛書作閵。吝、閵音同可通借。《集解》引虞翻曰：「失位宜吝。易位得正，故有終矣！」案：九四、初六皆失位。易位成初九、六四，則兩皆得正而有終。弼《注》：「有應而不能濟之，故曰吝也。然以陽居陰，履謙之道。量力而處，不與二爭。雖不當位，物終與之。故曰有終也。」則以陽居陰位為「履謙」。然仍以為「雖不當位」。程《傳》：「當困之時，上下相求，理當然也。四與初為正應，然四以不中正處困，其才不足以濟人之困。初比二，二有剛中之才，足以拯困。則宜為初所從矣。……己之所應，疑其少己而之它，將從之。則猶豫不敢遽前，豈不可羞吝乎。有終者，事之所歸者正也。初四正應，終必相從也。寒士之妻，弱國之臣，各安其正而已。苟擇勢而從，則惡之大者，不容於世矣。」

語譯

困卦陽爻九居第四位，心中疑懼，走向初位有些慢吞吞地。被九二這輛金車擋住了，雖然很憾惜，但會有成果的。

象傳

來徐徐，志在下也❶。雖不當位，有與也❷。

注釋

❶**志在下也**

王弼《注》：「下謂初也。」《集解》所引，亦僅引弼《注》而已。《郭氏傳家易說》記白雲郭氏曰：「當困之時，以陰求陽者，无它焉，求濟而已。初六之困甚矣，而九四正應，不能以濟者，以九二剛中在下，力足以有濟，而初六近而可從也。故有金車之象焉。金有堅剛之象，車有積中之德，謂九二也。來徐徐者，初六既從二，而於九四之應，則徐徐其來也。當困之時，九二得濟難之權，四不當位，非其敵也，故不能濟初之急，而致徐徐其來也。不能濟初之急，是困於九二之權也。困於九二而未能應初，吝也，雖吝而有終者，正道終復而應也。故初六言『三歲以見』，雖久而有期，非若終凶者也。與九四有終之義相符。〈象〉言『志在下』者，彼雖徐徐其來，而四則未有忘初之志也。『有與』者，雖不當濟困之事，以初六正應，而有當與之道也。」言之已精當詳明，不煩再贅。

❷**有與也**

《集解》引崔憬曰：「位雖不當，故吝也；有與於援，故有終也。」《纂疏》：「坎心為志。初在坎下，故曰志在下也。初四失位不當，故吝。易位得正，陰陽有與，上下相援，故有終也。」意謂初六、九四陰陽互換成初九、六四，雙雙得正，且陰陽互應相與，所以雖吝有終。弼無注。孔君《正義》：「有與者，位雖不當，執謙之故，物所與也。」朱震《漢上易傳》：「四履不當位。欲去則志初，欲行則懼二。處困有應，而不能相濟，吝道也。然以陽居陰，能說而巽，明於處困，不與二爭。雖不當位，終有與之者，以困之時，上下急於相求故也。是以吝而有終。」

語譯

慢吞吞地來到下卦，心中希望娶到的是下卦初六啊。雖然所居爻位不得當，但九四、初六相應相許啊！

九五爻辭

九五❶：劓刖，困于赤紱❷。乃徐有說❸，利用祭祀❹。

注釋

❶九五

處於困卦，剛中而居尊位，然上為陰掩，下則乘剛，在此變動而複雜之世界，必須誠敬謹慎面對，力求化除困境。在筮法上，當困卦第五爻為老，他爻皆少，即由困之解䷧；或家人䷤第五爻為少，他爻皆老，即家人之困：這兩種情形，都以困九五爻辭占。

❷劓刖，困于赤紱

象也。帛書作「貳椽困于赤發」。《釋文》：「劓，徐（邈）：魚器反。刖，徐：方刮反，又音月。荀（爽）、王肅本：劓刖作臲䠱，云：不安皃。陸（績）同。鄭（玄）云：劓刖當為倪伔。京（房）作劓劊。案《說文》：『劊，斷也。』」于豪亮《帛書周易》曰：「貳字與臲、槷、劓、劓音近相通。……椽、掾與刖、䠱、劊等字相通。」張立文《今注今譯》引之，云：「于說是也。」張君又云：「發假借為紱」，今亦遵從之。劓刖（臲䠱、倪伔）二字之義，《釋文》引荀爽、王肅云「不安皃」。引《說文》又有「斷也」一義。考《集解》引虞翻曰：「割鼻曰劓；斷足曰刖。四動時，震為足，艮為鼻，離為兵，兌為刑，故劓刖也。」虞意困九四失位，當變成六四得位。於是困卦變成坎卦䷜。九二、六三、六四互體成震為足；六三、六四、九五互體成艮為鼻；又困卦九二、六三、九四互體成離為戈兵；而困卦兌上為毀折之刑。考虞翻本條之注，其取象或據原困卦，或據所變坎卦；或據卦之上下體，或取互體。又所言之象，或見於〈說卦傳〉，或有不見於〈說卦傳〉之所謂「逸象」。故信者恆信，不信者恆不信。余個人不甚信，然基於對不同意見之尊重，仍姑錄以存其說耳。王弼《周易注》：「以陽居陽，任其壯者也。不能以謙致物，物則不附。忿物不附，而用其壯猛，行其威刑。異方愈乖，遐邇愈叛。刑之欲以得，乃益所以失也。故曰：『劓刖，困於赤紱也。』」則以九二、九五較論，略用老子「柔弱勝剛強」之意。程《傳》：「截鼻曰劓，傷於上也；去足為刖，傷於下也。上下皆揜於陰，為其傷害，劓刖之象也。五，君位也，人君之困，由上下无與也。赤紱，臣下之服，取行來之義。故以紱言人君之困，以天下不來也。」朱熹《本義》：「劓刖者傷於上下。上下既傷，則赤紱无所用，而反為困矣！九五當困之時，上為陰揜，下則乘剛，故有此象。」以上所述：自西漢京房、東漢許慎、三國吳虞翻、魏王弼，以至北宋程頤、南宋朱熹，皆主劓刖為肉刑。而不取荀爽、王肅、陸績字作「臲卼」，鄭玄字作「倪伔」，義為「不安皃」之說。一直到清人惠棟作《周易述》，於〈周易・下經三・困卦〉云：「九五：劓刖，困於赤紱。注：『劓刖當為倪伔，不安也。』」始肯定荀、王、陸、鄭之說。又清人陳壽祺《左海經辨》有〈釋劓刖〉一文，余博士論文《魏晉南北朝易學書考佚》於〈魏・王肅《周易注》〉章嘗引之，此不贅引。

❸乃徐有說

象亦占也。《集解》引虞翻曰：「兌為說，坤為徐。二動應己，故乃徐有說也。」困卦兌上為說（悅）。困自否來，否卦坤下為徐（緩）。困九二失正，動而歸正成六二，上應九五，其過程非一蹴可及。此乃徐有說也。王弼《周易注》：「二以謙得之，五以剛失之。體在中直，能不遂迷，困而後能用其道者也。致物之功，不在於暴，故曰徐也。困而後乃徐徐則有說矣。」則較論九二與九五，二謙而五剛，二得而五失。雖然，九五以居中得其正直，倘去暴而任徐，仍不致迷失而終有悅也。程《傳》：「五雖在困，而有剛中之德，下有九二剛中之賢，道同德合，徐必相應，而來共濟天下之困。是始困而徐有喜說也。」朱熹《本義》：「九五當困之時，上為陰揜，下則乘剛，故有此象。然剛中而說體，故能遲久而有說也。占具象中。」皆能依象說義，以為占具象中。

❹利用祭祀

占也。帛書「祭」作「芳」，張立文云：「芳假借為享。」九二爻辭亦云「利用享祀」。案：程《傳》：「祭與祀、享，泛言之，尚可通；分而言之：祭天神，祀地示，享人鬼。五君位言祭，二在下言享。各以其所當用也。」以為祭、享二者，分言之，對象有異。泛言之，則可通。伊川又云：「五與二皆陽爻，以剛中之德，同而相應相求，而後合者也。如君臣朋友義合也。」考爻辭於乾九二、九五皆曰「利見大人」。程《傳》於乾九二「利見大人」傳云：「以聖人言之，舜之田漁時也。利見大德之君，以行其道；君亦利見大德之臣，以共成其功；天下利見大德之人，以被其澤。」又云：「乾坤純體，不分剛柔，而以同德相應。」伊川於困卦言：五、二以剛中相應相求，猶於乾卦言「同德相應」也。

語譯

當困卦陽爻九居於第五位：對於犯罪者，或割去鼻子，或砍掉腳，如此殘暴地統治天下，令人忐忑不安。九五之君被穿著禮服的權貴們圍困住了。於是慢慢地和權貴們言歸於好，利用在宗廟祭祀時表達自己的誠敬。

象傳

劓刖，志未得也❶。乃徐有說，以中直也❷。利用祭祀，受福也❸。

注釋

❶志未得也

《集解》引陸績曰：「无據无應，故志未得也。」九五下比九四，九四剛爻非柔，不可稱據。又與九二同位，兩剛相敵而无應。又〈說卦傳〉以「坎」「其於人也為心病」，「其於馬也為亟心」，「其於木也為堅多心」：故坎代表心志。九二在坎下之中，故言九五心志因無據無應而未有所得也。《正義》：「由物不附己，己德未得，故曰志未得也。」《郭氏傳家易說》記白雲曰：「志未得者，非樂於用刑也。君子未進，人君志未得之，初不得已而用之也。」

❷以中直也

《集解》引崔憬曰：「以其居中當位，故有說。」九五居上卦之中而當位，故言「中直」。不言「中正」而曰「中直」是有理由的：一、與二合言，九二居中而失正。程《傳》：「徐而有說，以中直之道，得在下之賢，共濟於困也。不曰中正，與二合者，云直乃宜也。」即主此說。二、直，與上文「志未得」之得，下文「受福」之福，古音協韻。段玉裁《群經韵分十七部表》皆列為第一部。吳澄《易纂言》：「中直即中正，改正為直以叶韻。」則主協韻說。

❸受福也

《集解》引荀爽曰：「謂五爻合同，據國當位，而主祭祀，故受福也。」《篡疏》：「二剛『利用』，五剛亦『利用』。以剛合剛，故謂『五爻合同』。二變坤為國，五應之為『據國』。五乾為福。〈禮器〉曰：『祭則受福。』九五當位而主祭祀，故受福也。」案：〈禮器〉為《禮記》中之一篇。篇中嘗言管仲厚祭，「君子以為濫矣」；晏平仲薄祭，「君子以為隘矣」。然後言：「是故君子之行禮也，不可不慎也，眾之紀也，紀散則眾亂。孔子曰：『我戰則克，祭則受福。』蓋得其道矣！」總之以「得其道」為原則。

語　譯

割鼻斷腳，令人忐忑不安，官民同心同德以治天下的志願尚未得到啊！於是慢慢解脫困境心懷喜悅，因為九五自居上卦之中爻，在正直的位置上啊！利於在宗廟合乎規律地舉行祭祀，會受到天地祖靈的福祐啊！

上六爻辭

上六❶：困于葛藟，于臲卼❷，曰動悔有悔，征吉❸。

居困之極，乘剛无應。然困則變，變則通。此爻之大勢也。在筮法上，當困卦上爻為老，他爻皆少，即由困之訟䷅；或明夷䷣上爻為少，他爻皆老，即明夷之困：這兩種情形，都以困上六爻辭占。

注釋

❶上六

❷困于葛藟，于臲卼

象也。葛藟，葛與藟也。楚竹書作「葛蘲」，漢帛書作「褐纍」。葛，豆科，多年生之蔓草，莖長二三丈，每纏繞於他物上。藟，似葛，亦攀附他物而蔓生。《詩・周南・樛木》：「南有樛木，葛藟纍之。」鄭玄《箋》：「葛也、藟也，得纍而蔓之，而上下俱盛。」《釋文》：「藟，似葛之草。」又：《詩・王風》有〈葛藟〉篇。〈序〉云：「葛藟，王族刺平王也。周室道衰，棄其九族焉。」朱熹《詩集傳》：「世衰民散，有去其鄉里家族，而流離失所者，作此詩以自嘆。」臲卼，竹書作「剌類」，帛書作「貳椽」。皆恐懼不安之意。《集解》引虞翻曰：「巽為草莽，稱葛藟，謂三也。兌為刑人，故困于葛藟于臲卼也。」虞意六三、九四、九五互體為巽，巽為木，又為草莽，豆藤之類皆屬之。困卦兌上為「正秋」，為「毀折」，有刑人之象。王弼《周易注》：「居困之極，而乘於剛，下无其應，行則愈繞者也。行則纏繞，居不獲安，故曰困于葛藟于臲卼也。下句（指『于臲卼』上）无『困』，因於上也（今言『承前省略』）。處困之極，行无通路，居无所安，困之至也。」程《傳》：「葛藟，纏束之物；臲卼，危動之狀。六處困之極，為困所纏束，而居最高危之地，困于葛藟與臲卼也。」弼《注》、程《傳》，說義理甚清晰，故不贅。

❸**曰動悔有悔，征吉**

占也。曰，語首助詞，無義。王引之《經傳釋詞・卷二》：「《說文》曰：『欥，詮詞也。』字或作聿，或作遹，或作曰。其實一字也。」並引《詩經・秦風・渭陽》：「我送舅氏，曰至渭陽。」〈豳風・七月〉：「曰為改歲」，「曰殺羔羊」，等為例證。唯王弼以為「曰者，思謀之辭也」。意為：面對「困于葛藟，于臲卼」之象，應如何思謀，以獲應對之占？亦通。助辭雖無義，但仍具語法上承轉起首等等之功能。《集解》引虞翻曰：「乘陽，故動悔；變而失正，故有悔；三已變正，己得應之，故征吉也。」意為：困上六下乘九五之陽，故「動悔」；上六倘變回上九與下六三相應則又失正位，故「有悔」。不如失位之六三變為九三，使上六、九三相會互應，故「征吉」也。《纂疏》：「六爻惟上言吉，亦困極則通也。」王弼《注》：「處困之極，行无通路，居无所安，困之至也。凡物窮則思變，困則謀通，處至困之地，用謀之時也。曰者，思謀之辭也。謀之所行，有隙則獲，言將何以通至困乎？曰動悔，令生有悔，以征則濟矣！故曰動悔有悔征吉也！」程《傳》：「動悔，動輒有悔，无所不困也；有悔，咎前之失也。曰，自謂也。若能曰如是動皆得悔，當變前之所為，有悔也。能悔，則往而得吉也。困極而征，則出於困矣，故吉。三以陰在下卦之上而凶，上居一卦之上而无凶，何也？曰：三居剛而處險，困而用剛，險故凶。上以柔居說，惟為困極耳。困極則有變困之道也。困與屯之上皆以无應居卦終，屯則泣血漣如，困則有悔征吉。屯險極，而困說體故也。以說順進，可以離乎困也。」

語譯

困卦最上面的一爻是陰爻六：像被蔓藤之類植物纏繞住了，被恐懼不安的心情籠罩著了。反省為何動輒生悔而有所檢討改正，努力向前走仍有收穫而吉祥的。

象傳

困于葛藟，未當也❶；動悔有悔，吉行也❷。

注釋

❶未當也

《集解》引虞翻曰：「謂三未變當位應上故也。」《纂疏》：「上應在三，三未變正，當位應上，故上困于三也。」弼《注》：「所處未當，故致此困也。」孔《疏》：「未當也者，處於困極，而又乘剛。所處不當，故致此困也。」程《傳》：「為困所纏，而不能變，未得其道也，是處之未當也。」

❷吉行也

《集解》引虞翻曰：「行謂三變乃得當位之應，故吉行者也。」《纂疏》：「〈爻〉言『征』，〈象〉言『行』：〈釋言〉：『征，行也。』三變正應上，上得當位之應。行有應，故吉行也。」弼無注，孔《疏》：「吉行者，知悔而征，行必獲吉也。」程《傳》：「知動則得悔，遂有悔而去之，可出於困，是其行而吉也。」案：〈釋言〉，《爾雅》篇名。

語譯

像被藤蔓之類植物纏繞住了，是自己處理得不當啊！反省為何動輒生悔而有所檢討改正，是吉祥而有所收穫的行程啊！

井卦經傳通釋第四十八

卦辭

䷯巽下坎上井❶：改邑不改井❷，无喪无得❸，往來井井❹，汔至亦未繘井❺，羸其瓶，凶❻。

注釋

❶ ䷯巽下坎上井

漢帛書作「井」，與今通行本同，上博楚竹簡作「汬」，濮茅左云：「『汬』，古文『阱』字。《說文・井部》：『阱，陷也，从自、井，井亦聲。穽，阱或从穴。汬，古文阱，从水。』或讀為『井』。」案：楚簡汬字似兼有灌田之井與陷阱之阱雙重意義。

❷ 改邑不改井

象也。「改」，漢帛書作「茝」，為通假字；「井」，上博楚簡作「汬」，為異體字。《集解》引虞翻曰：「泰初之五也。坤為邑，乾初之五，折坤，故改邑。初為舊井，四應甃之，故不改井。三陽三陰之卦，或自泰䷊來，或自否䷋來；故困䷮自否來，井自泰來也。泰乾下之初爻上升與泰坤上之五爻互易，於是坤上成坎上，坤土原為邑，遭折成坎水，故改邑。初為井底，亦為舊井；四為井甃，亦屬井壁：故不改井。王弼《周易注》：「井以不變為德者也。」孔《疏》：「此卦明君子修德養民，有常不變，終始无改，養物不窮，莫過乎井，故以修德之卦，取譬名之井焉。改邑不改井者以下，明井有常德。此明井體有常。邑雖遷移，而井體无改，故云改邑不改井也。」

❸无喪无得

占也。楚竹簡作「亡（无）丛（喪）亡（无）㝵（得）」，漢帛書作「无亡无得」。《集解》引虞翻曰：「无喪，泰初之五，坤象毀壞，故无喪；五來之初，失位无應，故无得。」是坤本有消喪之象，泰初之陽升往五，則坤中陽生而无喪矣；泰六五來初，為井初六，初六失位，與井六四无應，失位无應，是无得矣。王弼《注》則曰：「德有常也。」孔《疏》：「此明井用有常德。終日引汲，未嘗言損；終日泉注，未嘗言益：故曰无喪无得也。」此條最足以見言象者之窮，與言義理者之可取。然亦不可據此而盡掃象數也。

❹往來井井

象也。帛書同，竹簡「井」作「汬」。《集解》引虞翻曰：「坎為通，故往來井井。往謂之五，來謂之初也。」坎為通，〈說卦傳〉文。自內卦（下卦）至外卦（上卦）為「往」，故泰卦乾下初九至外卦五位為九五為往。自外卦至內卦為「來」，故泰卦坤上六五至內卦初位為初六為來。弼《注》：「不渝變也。」孔《疏》：「此明性常井井，絜靜之貌也。往者來者，皆使潔靜，不以人有往來，改其洗濯之性。」程《傳》：「至者皆得其用，往來井井也。」朱熹《本義》：「往者來者皆井其井也。」是王、孔以「井井」為形容詞絜靜之貌。程、朱以「井井」為「井其井」，則上井為動詞，下井為名詞。邱富國《周易輯解》：「改邑不改井，井之體也；无喪无得，井之德也；往來井井，井之用也。此三句言井之事。」

❺汔至亦未繘井

象也。楚竹簡作「气至亦母䨓汬」，漢帛書作「𣢑至亦未汲井」。汔、气、𣢑，皆通假字，本字當作「迄」，至也，竟也。簡「母」字當為「毋」，與「未」義近。簡「䨓」字原形如下：「[illegible]」，左上从午月

（肉），右上从隹心，即惟字。下半為犬字，徐在國〈上博竹書㈢《周易》釋文補正〉以為左上「午」為「米」，則米、肉、犬合成為「類」字異體，類、惟都是聲符，當讀為「繘」。故與繘可以通假。陳劍在〈上博竹書異文選釋六則〉中以為「」在上「」即楚文字「達」字。整個字可以直接讀為達。達井是通井的意思。《集解》引虞翻曰：「巽繩為繘。汔，幾也，謂二也。幾至初改，未繘井，未有功也。」「巽為繩直」，〈說卦傳〉文。繘，繫瓶之繩。虞故云「巽繩為繘」。泰初升五而改邑，然二未改，故井未改。

❻羸其瓶，凶

占也。《集解》引虞翻曰：「羸，鉤羅也。艮為手，巽為繘，離為瓶。手繘折其中，故羸其瓶。體兌毀缺，瓶缺漏，故凶矣！」羸，鉤掛羅致。艮為手，〈說卦傳〉文。繘為井綆（繩）。離（☲）中虛，故有瓶象，此指桔槔。桔槔未出井水面，因操作失誤，或覆或漏或碎，則其功未竟，而有所失，故曰凶。《正義》：「水未及用，則井功未成；其猶人德事（未）被物，亦是功德未就也。」朱震《漢上易傳》：「汲水至於井口，羸掛其瓶，瓶口在下，覆其瓶也。」以井卦巽下（☴）成倒兌（☱），像覆瓶之形也。

語譯

三畫的巽卦在下，三畫的坎卦在上，重疊成六畫的井卦。住宅的位置可以遷改；但水井的位置不可以遷改。整天汲用井水，井水水位不會降低；終日源泉相通流注，井水水位也不會提高。源泉、井水，使用井水的人，取予之間自然有潔淨、靜謐的原則與秩序存在。假如井繩一直放到最低仍搆不著清水，或許撞破了汲水的瓶罐子，那就有損失了。

象傳

巽乎水而上水，井❶。井，養而不窮也❷。改邑不改井，乃以剛中也❸。汔至亦未繘井，未有功也❹。羸其瓶，是以凶也❺。

注釋

❶**巽乎水而上水，井**

此以卦德卦象而釋卦名。《集解》引荀爽曰：「巽乎水，謂陰下為巽也；而上水，謂陽上為坎也。木入水出，井之象也。」〈說卦傳〉言八卦之功能（卦德），曰：「巽，入也；坎，陷也。」又言八卦之陰陽（以男女為具體代表），曰：「巽一索而得女，故謂之長女；坎再索而得男，故謂之中男。」又論八卦所象徵之事物（卦象），曰：「巽為木，為風，為長女，為繩直……。」「坎為水，為溝瀆，……為通……。」荀爽之言，大致依據〈說卦傳〉。弼《注》：「音舉上之上。」孔《疏》：「此就二體釋井之名義。此卦坎為水在上，巽為木在下。又巽為入，以木入於水而又上水，井之象也。」「《注》『音舉上之上』，嫌讀為去聲，故音之也。」案：上有上、去二讀。讀上聲者取高升之義，如《易》本句，又《莊子・逍遙遊》：「摶扶搖而上者九萬里。」讀去聲者，指位在他物之上，如《易・渙》：「風行水上，渙。」又《春秋左傳・襄公二十九年》：「猶燕之巢于幕上。」此當讀上聲，不讀去聲。程《傳》：「巽入於水下而上其水者，井也。」釋義甚明。

❷**井，養而不窮也**

《集解》引虞翻曰：「兌口飲水，坎為通，往來井井，故養不窮也。」案：〈繫辭傳下〉言「古者包犧氏之王天下也……近取諸身，遠取諸物，於是始作八卦」。井卦巽下坎上，九二、九三、六四互體成兌，〈說卦傳〉：「兌為口。」近取諸身也。又曰：「坎為水。」「為通。」遠取諸物也。虞翻此處注大抵從《傳》而引申之。孔穎達《正義》：「井養而不窮者，歎美井德，愈汲愈生，給養於人，无有窮也。」程《傳》：「井汲之而不竭，存之而不盈。」所以不窮也。

❸**改邑不改井，乃以剛中也**

《集解》引荀爽曰：「剛得中，故為改邑；柔不得中，故為不改井也。」李道平《篹疏》：「泰初之五，剛得中位，故為改邑；五之初，柔不得中，故不改井。惟剛居尊位，故能不失初陽，是以五改邑並及初不改井也。」言象甚明，不勞再釋。弼《注》：「以剛處中，故能定居其所而不變也。」孔《疏》：「改邑不改井，乃以剛中也者，此釋井體有然，由於二、五也。二、五以剛居中，故能定居其所，而不改變也。不釋往來二德者，无喪无得，往來井井，皆由以剛居中，更無他義，故不具舉經文也。」

❹**汔至亦未繘井，未有功也**

《集解》引荀爽曰：「汔至者，陰來居初，下至汔竟也。繘者，所以出水，通井道也。今乃在初，未得應五，故未繘也。繘者，綆汲之具也。」又引虞翻曰：「謂二未變應五，故未有功也。」蓋井以繩綆繫瓶入井引水上出為功，今至終仍未得引井水出井，故未有功也。孔氏《正義》：「水未及用，則井功未成。」是也。

❺**羸其瓶，是以凶也**

《集解》引荀爽曰：「井謂二，瓶謂初。初欲應五，今為二所拘羸，故凶也。」孔氏《正義》：「汲水未出而覆，喻脩德未成而止，所以致凶也。」朱震《漢上易說》：「坤為腹，兌為口。井中之器，有腹有口，瓶也。在井之內，水實其中，汲水而上之象也。自四至初成反兌，兌為口，為毀折。巽繩反上而毀折之，汲水至於井口，羸掛其瓶，瓶口在下，覆其瓶也。井之用喪矣！凶言初二不正，不正則凶。」以象說義甚巧。姑且引之。項安世《周易玩辭》：「幾至而未至者，特未而已，猶可勉而至也。一羸其瓶，綆斷瓶碎，无可為矣！」

語譯

水桶瓦罐等器具沉入水中而把水裝滿拉上來，這便是「水井」。水井，把水供養人們而無窮無盡。住宅區可以遷改，但是水井的位置不可以搬動，因為水井必須與地下水層相通，就像九二、九五都能以剛居上下之中，相互利見，能夠連接啊！假如井繩轆轤始終搆不到井中清水，這就沒有功用了。若是撞破了裝水的罐瓶，那就有損失，得不到好結果。

象傳

木上有水，井❶；君子以勞民勸相❷。

注釋

❶木上有水，井

王弼《注》：「木上有水，井之象也。上水以養，養而不窮者也。」孔《疏》：「木上有水，則是上水之象，所以為井。」程《傳》：「木承水而上之，乃器汲水而出井之象。」皆以木器盛水出井說之。惟朱熹與項安世說與王、孔、程三家異。《本義》：「木上有水，津潤上行，井之象也。」《語類》：「問：木上有水井之義。曰：如草木之生津潤，皆上行直至樹末，此即木上有水之義。雖至小之物亦然。如石菖蒲每晨葉尾皆有水如珠，非露水也。曰：如此則井字之義與木上有水何預？曰：木上有水便如井中之水，水本在井底，卻能汲上來供人食用。故取象如此。」《周易玩辭》：「說者謂運以轆轤，舉以桔槔，為木上有水。或以木為井幹，此皆汲者之事，非井之本象也。凡〈大象〉皆據自然，无用人為者，草木之液，自下而升，上出其杪。往來而不息者，自然之井也。」顯然，朱熹和同時代學者項安世都發現到草木津液上升現象，並用以說「井」。現代生物學家也在綠色植物體內發現維管束組織。分別自根、莖至葉互相連成運輸的管道，使根吸收的水與礦物質向上運輸至莖和葉，葉所製造的養分則送到莖與根。維管束現象可以證明朱熹的卓見，但以釋「木上有水」，則有很多問題。錄以供參考而已。

❷君子以勞民勸相

《集解》引虞翻曰：「君子謂泰乾也。坤為民，初上成坎為勸，故勞民勸相。相，助也，謂以陽助坤矣！」泰〈象傳〉言「君子道長，小人道消」；乾九三爻辭言「君子終日乾乾」。故「君子謂泰乾也」。〈說卦傳〉：「乾為君，坤為眾。」是坤為民眾也。〈說卦傳〉又云：「坎者，水也，正北方之卦也，勞卦也，萬物之所歸也，故曰勞乎坎。」故泰初升五為井，坤毀成坎，有勞民眾勸相助之象。王弼《注》：「上水以養，養而不窮者也。相猶助也。可以勞民勸助，莫若養而不窮也。」程《傳》：「木承水而上之，乃器汲水而出井之象。君子觀井之象，法井之德，以勞徠其民。而勸勉以相助之道也。勞徠其民，法井之用也；勸民使相助，法井之施也。」說理可從。

語譯

木桶裡裝滿了水提上來，這就是井卦的現象；水井不是一人所能建，不只一人可以用，君子因此犒勞民眾，勸導互助。

繫辭傳下

井，德之地也❶。……井居其所而遷❷。……井以辨義❸。

注釋

❶**井，德之地也**

〈繫下〉三陳九卦，此井卦初陳。釋卦名之義。帛書〈衷〉「井」下有「者」字。《集解》引姚信曰：「井養而不窮，德居地也。」依〈彖傳〉文釋此。韓康伯《注》：「所處不移，象居得其所也。」孔《疏》：「改邑不改井，井是所居之常處，能守處不移，是德之地也。言德亦不移動也。」《朱子語類》：「問井德之地，曰：『井有本，故澤及於物，而井未嘗動。如人有德而後能施以及人，然其德性未嘗動也。』」陸九淵〈語錄〉：「井以養人利物為事，君子之德，亦猶是也。故曰：井，德之地也。」

❷**井居其所而遷**

帛書〈衷〉其作丌。《集解》惟引韓康伯《注》，今自《注疏》本錄其言如下。韓《注》：「改邑不改井，井所居不移，而能遷其施也。」孔《疏》：「言井卦居得其所，恆住不移，而能遷其潤澤，施惠於外也。」蓋井居其所指井所在之位置不變；而遷指井水之施用可由水桶、水管等惠及往來者。《朱子語類》：「井是不動之物，然其水卻流行出去利物。」陸九淵〈語錄〉：「井居其所而遷，如君子不以道徇人，故曰居其所；而博施濟眾，無有不及，故曰遷。」

❸**井以辨義**

帛書〈衷〉：「井以辯義也。」《注疏》本亦作「井以辯義」，惟《集解》本作「井以辨義」。引虞翻曰：

「坤為義，以乾別坤，故辨義也。」案：《說文》：「辨，判也，从刀，辡聲。」取判別義；又：「辯，治也。从言在辡之間。」取治理義。古書辨、辯二字多通假混用。井以辨義，判別義重於治理義，作辨較妥。韓《注》：「施而无私，義之方也。」孔《疏》：「井能施而无私，則是義之方所，故辨明於義也。」朱子《本義》：「辨義，謂安而能慮。」陸九淵〈語錄〉：「井以辨義，君子之義，在於濟物。於井之養人，可以明君子之義。」

語譯

井，是道德的基地啊！……井，雖然固定在一個地方，但井水能藉用其他工具流動，而博施濟眾，惠及需要的人。……井，博施惠人而无私，能擔任供水的責任。

序卦傳

困乎上者必反下❶，故受之以井❷。

注釋

❶困乎上者必反下

《集解》引崔憬曰：「困及于臲卼（卦首引作『極于劓刖』），則反下以求安，故言困乎上必反下。」《纂疏》：「劓刖當從〈序卦注〉作臲卼，言不安也。困極于上，則反下以求安。井居其所，安道也。否、泰反其類，困之上反于下為井。故曰：困乎上必反下也。」程《傳》：「謂上升不已而困，則必反於下也。物之在下者，莫如井，井所以次困也。為卦坎上巽下。坎，水也；巽之象，則木也。巽之義則入也，水器之象。木入於水，下而上乎水，汲井之象也。」

❷**故受之以井**　程《傳》：「承上升而不已必困為言。」困必反下而為井，是故困掛之後為井卦。

語譯

上升受困擾的必然返回底下，教養人民，所以承受困卦之後的是井卦。

雜卦傳

井(ㄐㄧㄥˇ)通(ㄊㄨㄥ)❶。

注釋

❶**井通**　《集解》引虞翻曰：「泰初之五為坎，故通也。」韓《注》：「井，物所通用而不吝也。」朱震《漢上易傳》：「泰初之五，往來不窮，故曰井通。」則申虞說。張栻《南軒易說》：「井內不失己，外不失人，无所蔽也。故為通。」《郭氏傳家易說》記白雲曰：「往來井井，則其道通。」則申韓《注》。

語譯

井水汲了，源泉又補上來。一直保持流通。

初六爻辭

初六❶：井泥不食❷，舊井无禽❸。

在井卦最下，失位無應。爻辭即由此象所發。在占筮上，當井初爻為老，他爻皆少，即由井之需䷄；或晉䷢初爻為少，他五爻皆老，即由晉之井：這兩種情形，都以井卦初六爻辭占。

注釋

❶初六

❷井泥不食

象也。《集解》引干寶曰：「在井之下，體本土爻。故曰泥也。井而為泥，則不可食。故曰不食。此託紂之穢政，不可以養民也。」案：惠棟《易漢學・卷四・八卦六位圖》，出《火珠林》。干寶「納甲納支」之法，殆亦類此。圖第四行「巽屬木」以巽初六「辛丑土」，九二「辛亥水」，九三「辛酉金」，六四「辛未木」，九五「辛巳火」，上九「辛卯水」。圖云初六「辛丑土」，即干寶云「在井之下體本土爻」之意也。至於說「此託紂之穢政」，使《易經》幾淪為讖緯之書，固其失也；然開後《易》學「史事」派之先河，亦不無功也。弼《注》：「最在井底，上又无應，沉滯滓穢，故曰井泥不食也。」所言最為簡明合理。案：「井泥不食」，帛書同。上博楚竹簡「泥」字作「」，或釋為「替」，或釋為「普」。《說文・七篇上・日部》：「普，無色也。从日，並聲。」又〈十篇下・並部〉：「替，廢也，一偏下也。从竝，白聲。」上博簡研究者：濮茅左釋「普」，楊澤生以為「應讀為『湴』」。並舉南京江蘇教育出版社，白宛如編纂《廣州方言詞典》「把泥漿叫做泥湴漿」。認為簡文把井中之泥稱為「湴」，「用詞非常精當。」李零〈讀上博楚簡《周易》則以為「應釋替」。陳偉〈楚竹書《周易》文字試釋〉（二〇〇四）亦以為此字當可釋為「替」。並舉《莊子・則陽》「與世偕行而不替」成玄英《疏》：「替，廢也，堙塞也。」以為這與「泥」的辭義相通。黃人二〈上博藏簡周易校讀〉、孟蓬生〈上博竹書㈢字詞考釋〉（二〇〇四）同申「替說」。

❸**舊井无禽**

象也。《集解》引干寶曰：「舊井謂殷之未喪師也，亦皆清絜，无水禽之穢，又況泥土乎？故舊井无禽矣！」弼《注》：「井泥而不可食，則是久井不見渫治者也。久井不見渫治，禽所不嚮，而況人乎？一時所共棄舍也。」朱熹《本義》：「井以陽剛為泉，上出為功。初六以陰居下，故為此象。蓋井不泉而泥，則人所不食，而禽鳥亦莫之顧矣。」王夫之《易內傳》：「禽，獲也。謂得水也。陰空在下，二漏而入，浚治之所不及，泥滓不堪食矣。舊井謂舊所嘗鑿者，井水下漏，則其上无水，雖汲而必不可得。小人濁亂於下，君子道廢，民不興行，天下无可用之材，不言凶而凶固可知。朱子所謂占在象中也。」王引之《經義述聞》：「【舊井无禽】初六：『井泥不食，舊井无禽。』……引之謹案：《易》爻凡言田有禽、田无禽、失前禽，皆指獸言之，此禽字不當有異。井，當讀為阱。阱字以井為聲，（《說文》：『阱，大陷也。從𠂤井，井亦聲。』）故阱通作井，與『井泥不食』之『井』不同。井泥不食，一義也；舊阱无禽，又一義也。阱與井相似，故因井而類言之耳。〈粊誓〉：『杜乃擭，敜乃穽（與阱同）。』鄭注曰：『山林之田，春始穿地為穽，或投擭其中以遮獸。』（見《正義》。）〈秋官・雝氏〉：『春令為阱擭溝瀆之利於民者，秋令塞阱杜擭。』鄭注曰：『阱，穿地為塹，所以禦禽獸；其或超踰，則陷焉。世謂之陷阱。』又〈冥氏〉：『為阱擭以攻猛獸，以靈鼓敺之。』注曰：『敺之使驚趨阱擭。』〈魯語〉：『鳥獸成，於是乎設穽鄂以實廟庖。』韋注曰：『穽，陷也。鄂，柞格，所以誤獸也。謂立夏鳥獸已成，設取獸之物。』（《廣雅》說麞曰：『不入陷穽，不羅罘網。』則他獸固入陷穽矣。）是阱所以陷獸也。舊阱，湮廢之阱也。阱久則淤淺，不足以陷獸，故无禽也。所以无禽，由於阱不可用，故曰『舊阱无禽時舍』也。卦體上坎下巽，坎為陷，巽為入，故有禽獸陷入於阱之象。初六陰爻體坤，坤土塞阱，故湮廢而不用也。不然，則久井不見渫治，為禽所不嚮，仍是『井泥不食』之義。既云『井泥不食』，其義已足，何須又言『舊井无禽』乎？井水至深，非綆與瓶不能汲，禽則何能取而飲之乎？若干氏之解為水禽，崔氏之讀禽為擒，無論《易》之言禽者從無此例，且井中安得有水禽？又有何物可擒獲乎？直不足辨矣。」慶萱敬案：《述聞》所述禽字之義，亦有例外者，如師六五爻辭「田有禽」。請參閱該條注釋。此引五家之說，各有其據，請嘗試較論其優劣是非。

語譯

井卦初位是老陰六。井底的泥巴，又髒又臭，沒有鳥獸要吃它，老舊的水井，不可能捉到什麼。

象傳

井泥不食，下也❶。舊井无禽，時舍也❷。

注釋

❶下也

《集解》引虞翻曰：「食，用也。初下稱泥。巽為木果，无噬嗑食象。下而多泥，故不食也。」又引崔憬曰：「處井之下，无應于上，則是所用之井不汲，以其多塗久廢之井，不獲，以其時舍，故曰井泥不食。」《纂疏》：「虞注《詩・天保》曰：『日用飲食。』蓋飲食為日用所需，故云：『食，用也。』」初在坎水之下，故稱『泥』。『木果』當為『不果』，『巽為不果』，〈說卦〉文。與噬嗑（䷔）旁通。（指䷯井。謂兩卦相比，爻體互異。此陽則彼陰，此陰則彼陽，兩兩相通也。）井成，噬嗑象毀，在下多泥，故不果食也。」崔《注》：「初處井下，與四敵應，故无應于上所用之井。不汲者，以其在下多塗也。……」孔《疏》：「下也者，以其最在井下，故為井泥也。」

❷**時舍也**

《集解》引虞翻曰：「時舍也，謂時舍于初，非其位也，與乾二同義。」初六以陰爻居陽位，故云非其位；猶乾二以陽爻居陰位，亦非其位也。時舍，暫時停留休止也。《集解》又引崔憬曰：「久廢之井，无所獲者，以其為時所舍也。」舍作捨棄解。參乾九二〈文言傳〉注。

語　譯

井中泥巴不可吃，它沉積在水井的底下。老舊的水井捕捉不到什麼鳥獸，只可以暫時停留休止啊！

九二爻辭

九二❶：井谷射鮒❷，甕敝漏❸。

注釋

❶九二

井卦陽爻九居第二位。此爻以陽爻居陰位，行事不顧環境；上與九五無應，無相與相助者。故象、占如此。在筮法上，當井卦第二爻為老，他爻皆少，即由井之蹇䷦；或睽䷥第二爻為少，他爻皆老，即睽之井：這兩種情形，都以井九二爻辭占。

❷井谷射鮒

象也。《集解》引虞翻曰：「巽為谷為鮒，鮒，小鮮也。」《篹疏》：「巽，坎水半見于下，故為谷；震陽為龍，巽陰為魚。郭璞云：『魚者，震之廢氣也，故為鮒，鮒，小鮮也。』王肅曰：『小魚是也。』」案：《篹疏》謂「巽坎水半見于下」，此虞翻半象之說。其說可以繁衍卦體，以便說象；然纖巧支離，焦循已辭而闢之；屈師萬里先生亦斥以「無當於經旨」。又案：郭璞謂魚為震之廢氣所生，古人頗多此種誤解，置之勿論可也。王肅謂「鮒為小魚」，考鄭玄亦曰：「山下有井，必因谷水所生。魚無大魚，但多鮒魚耳。」王肅《注》蓋本於鄭玄。上博楚簡作「汬浴弡豜」。浴為谷之異體，指谷中有水，義與沐浴之浴無關。弡即射之異體。豜字不見於字書。漢帛書作「井瀆射付」。張立文《今注今譯》：「『瀆』、『谷』古音同屬屋韻，音近相通。……『瀆』是溝瀆，是河水入口處。……《說文》：『泉水出通川為谷。』……『瀆』、『谷』意同而通。」釋可從。又于豪亮《帛書周易》：「付讀為鮒。……鮒魚就是鯽魚。」亦見張書所引，所釋亦是。

❸甕敝漏　象亦占也。《集解》引虞翻曰：「離為甕，甕瓶毀缺，羸其瓶凶。故『甕敝漏』也。」《纂疏》：「二應五互離，離為大腹，外實中虛。互兌為口，象甕，故為甕。甕，瓶類也。二失位无應，又互兌為毀折。巽下畫斷，故甕瓶毀缺。卦辭『羸其瓶凶』，此爻當之。故云『甕敝漏』也。」案：此二句爻辭為譬喻。高亨《周易雜論・周易卦爻辭的文學價值》一文曾提到「《周易》常用比喻的手法來指示人事的吉凶」中即舉此二句為例云：「〈井・九二〉：『井谷射鮒，瓮敝漏。』乃比喻有些人施展手段，不適應客觀環境，因而招致損失。」說象釋占就更明白了。

語譯

井卦陽剛的九爻居第二位：竟用弓箭射井底的小魚，卻把井底的瓶罐子射破。瓶罐子破就漏水了。

象傳

井谷射鮒，无與也❶。

注釋

❶无與也　與，相應合作也。《集解》引崔憬曰：「唯得于鮒，无與于人也。井之為道，上汲者也。今與五非應，與初比，則是若谷水下注，唯及于魚，故曰：『井谷射鮒』也。」案：若從崔釋，「射鮒」為井水向下注射以

活鮒魚。「无與」為井水不能上汲養人。考王弼《注》：「谿谷出水，從上注下，水常射焉。井之為道，以下給上者也。而无應於上，反下與初。故曰『井谷射鮒』，鮒謂初也。失井之道，水不上出，而反下，其道不交，則莫之與也。」崔憬唐人，晚於晉代王弼，崔說似承弼《注》。王弼掃象，然偶仍為象所惑而致誤。「井谷射鮒」，個人仍以近人高亨所說為是。

語譯

竟用弓箭射井底的小魚，沒有幫他一起撈魚的人，或勸告的人啊！

九三爻辭

九三❶：井渫不食❷，為我心惻❸。可用汲❹。王明，並受其福❺。

注釋

❶九三

井卦陽爻居第三位。此爻以九居三為得正。惜下爻為九二，亦陽剛之爻。互相排拒，九二不能為九三之內助為憾。在筮法上，當井卦第三爻為老，他爻皆少，即由井之坎☵；或離☲第三爻為少，他爻皆老，即由離之井：這兩種情形，都以井九三爻辭占。

❷井渫不食

象也。《集解》引荀爽曰：「渫，去穢濁，清絜之意也。三者得正，故曰『井渫』。不得據陰，喻不得用，故曰『不食』。」《篹疏》：「鄭（玄）氏謂『已浚渫也。』向（秀）云：『渫者，浚治，去泥濁也。』故云：『渫去穢濁，清絜之意也。』三爻得正，濁已去也。故曰『井渫』。二未變正，故不得『據陰』。喻不見用于人，故曰『不食』。」案：陽爻居陰爻之上曰「據」。井卦九二失位不正，故《篹疏》云「二未變正，故不得據陰」。又案：井渫不食，鄭玄云「已浚渫也」，固是；惟亦包括正在渫井時，亦不食也。事實上渫井須刷壁苔、浚底泥，其時井水尤汙濁也。又案：「井渫不食」，上博竹簡作「汬朻不飤」，漢帛書作「井莛不食」。汬，古文阱，已見前。朻，濮茅左以為或讀為「收」。收為整修收拾之意。漢帛書作「莛」，則為「渫」之省誤，義同。飤，疑為飲之誤。

❸為我心惻

象也。九三下為九二，而非六二，既不得據陰，雖渫而无人食用；卻與坎卦上六相應。〈說卦傳〉：「坎，其於人也，為加憂，為心病。」故荀爽曰：「不得據陰，喻不得用。……道既不行，故我心惻。」《纂疏》：「上應坎為心、為加憂。……道既不行，故上應坎，為我心惻也。」「為我心惻」楚竹簡作「為我心𡨄」，漢帛書作「為我心塞」。惻為悽惻，𡨄為心寒，塞為心受阻塞，三者義近。

❹可用汲

占也。《集解》引荀爽曰：「謂五可用汲三。」《纂疏》：「五乾為王、為福，互離為明。三與五同功。」案：〈說卦傳〉：「乾為天，為圜，為君，為父，為玉，為金。」乾既為君，故引申有為王意；為天為圜，故引申有圓滿、福氣意。井九三、六四、九五互體為離為明。〈繫辭傳下〉：「三與五同功而異位：三多凶，五多功，貴賤之等也；其柔危其剛勝邪？」為《纂疏》「三與五同功」說之所本。井九三為剛爻居剛位。為剛勝之爻，故可以汲。「可用汲」，楚竹簡作「可以汲」。漢帛書作「可用汲」，與今本同。前既言「井渫不食」，此又言「可以汲」者，洗井之水，仍可作灌溉等用也。

❺王明，並受其福

象亦占也。吳澄以為「申占之意。仕進者遇王之明則必見用；而賢人與眾人俱受其福。王，五也。三四五互離為明」。高亨《古經通說》則以井九三爻辭皆「取象之辭」。王弼《注》：「處下卦之上，復得其位，而應於上，得井之義也。……王明則見昭明：既嘉其行，又欽其用，故曰『王明並受其福也』。」「其」，竹簡作「丌」，帛書作「亓」。朱子《本義》：「九三以陽居陽，在下之上，而未為時用，故其象、占如此。」

語譯

井卦陽爻九居第三位：井在清洗，不能飲食，使我心中悽惻。井水可以汲取，另作他用。領導者英明，君民都受到正確政策帶來的幸福。

象傳

井渫不食，行惻也❶；求王明，受福也❷。

注釋

❶**行惻也**

程《傳》：「三居井之時，剛而不中，故切於施為，異乎『用之則行，舍之則藏』者也。然明王用人豈求備也？故王明則受福矣。三之才足以濟用，如井之清潔可用汲而食也。」案：「用行舍藏」為《論語・述而》孔子自謂與顏回共具之美德。《郭氏傳家易說》記白雲曰：「〈象〉言『井渫不食，行惻也』者，蓋言渫治而不見用，其行可傷惻也。」

❷**受福也**

程《傳》：「若上有明王，則當用之而得其效：賢才見用則己得行其道；君得享其功；下得被其澤。上下並受其福也。」此五句，首句「得其效」為領；中三句「行其道」、「享其功」、「被其澤」，為分而細述之；末句「並受其福」，總托上文以釋「受福」之意。白雲郭雍曰：「〈爻〉言『王明』，而〈象〉言『求王明』者，君子難進易退，蓋求明而事之也。故古之人有非其君不事者，所以求王明也。欲見〈爻〉言『王明』為九三之未遇，故曰『求王明』也。」郭云「古之人」，似指伯夷。《孟子・公孫丑下》：「非其君不事，非其民不使，治則進，亂則退。伯夷。」（又見〈萬章下〉。）

語譯

水井已經刷洗，仍沒人飲用，這就使人為它傷心啦！要求君主英明識才，全國上下都享受福祉啊！

六四爻辭

六四❶：井甃❷，无咎❸。

注　釋

❶六四

在井卦以六居四，雖得其位，然下與初六無應；僅能自我補過而不能協助初六清除井泥。井甃之象，无咎之占，其因在此。在筮法上，當井卦第四爻為老，他爻皆少，即由井之大過䷛；或頤䷚第四爻為少，他爻皆老，即頤之井：這兩種情形，都以井六四爻辭占。

❷井甃

象也。《釋文》：「甃，側舊反。馬（融）云：『為瓦裏下達上也。』《子夏傳》云：『脩治也。』干（寶）云：『以甎壘井曰甃。』《字林》云：『井壁也。』」萱案：水井欲與地下泉水保持滲透溝通，故以甎瓦在裡層由下向上壘疊而成，外或加碎石粗砂木炭之類，除保持滲透外，亦具過濾功能。舊井除定期渫洗外，還須定時整脩。故《子夏傳》云「脩治也」。渫期較修治期相隔時間短而次數多，故三曰渫而四曰甃，以示進程也。《周易折中》引邱富國曰：「三在內卦，渫井內以致其潔；四在外卦，甃井外以禦其污。蓋不渫則污者不潔；不甃則潔者易污。」良是。又案：楚竹簡作「[illegible]」。是井得到整修保護。見濮茅左《楚竹書《周易》研究》。漢帛書作「井梂」。于豪亮《帛書周易》、張立文《今注今譯》均以為「梂」與「甃」可假借。

❸无咎

占也。王弼《周易注》：「得位而无應，自守而不能給上。可以修井之壞，補過而已。」案〈繫辭傳上〉：「无咎者，善補過也。」

語譯

井卦陰柔的六居第四位：整脩井壁，填補缺漏，不會有過錯的。

象傳

井甃无咎，脩井也❶。

注釋

❶**脩井也**

項安世《周易玩辭》：「泥與甃皆陰也。初六不正而在下，故不能自脩而為泥；六四正而在上，故能自脩而為甃。甃，所以禦泥而護泉者也。有閑邪存誠之功，故為脩井之象。」案：「閑邪存其誠」為〈文言傳〉釋乾九二爻辭之文。

語譯

整理井壁，填補缺漏，所以沒錯，因為脩井啊！

九五爻辭

九五❶：井洌❷，寒泉食❸。

注釋

❶**九五**

井卦九五居中正至尊之位，其下三渫四甃，洗刷整治。九二射鮒，固為不智，然二亦大人，利於相見，告誡亦甚方便，故其象占如此。《本義》：「陽剛中正，功及於物，故為此象。占者有其德，則契其象也。」朱子強調「有其德」，則「契其象」，此朱子所以每言「故其『象占如此』」；而占之能否成真，則視象而定，亦非必然。在筮法上，當井卦第五爻為老，他爻皆少，即由井之升䷭；或无妄䷘第五爻為少，他爻皆老，即无妄之井：這兩種情形，都以井九五爻辭占。

❷**井洌**

象也。洌，水之清潔甘美也。井之六爻，具層次性養護歷程。初則井泥不食，二則井谷射鮒，皆不潔之象也；三則渫洗，四更整脩；於是有五之井洌，上之有孚也。王弼《注》：「洌，絜也。居中得正，體剛不撓，不食不義，中正高絜，故井洌寒泉，然後乃食也。」朱熹《本義》：「洌，潔也。陽剛中正，功及於物，故為此象。占者有其德，則契其象也。」王弼所言「不食不義」，朱子所言「有德契象」宜留心。井，楚竹書作「汬」；洌，上博楚簡作「栵」，漢帛書作「戾」，阜陽漢簡作「厲」。栵、洌一字異形。「戾」、「厲」、「洌」古音同屬來紐月部，音近通借。

❸**寒泉食**

象亦占也。《集解》引虞翻曰：「泉自下出稱井。周七月，夏之五月，陰氣在下。二已變，坎十一月為寒泉。初二已變，體噬嗑食。故洌寒泉食矣。」案：周建子，以十一月為一年之首月；夏建寅，以正月為首月。故「周七月夏之五月」。據《魏書．律曆志．正光術》：「十一月，未濟、蹇、頤、中孚、復。十二月，屯、謙、睽、升、臨。正月，小過、蒙、益、漸、泰。二月，需、隨、晉、解、大壯。三月，豫、訟、蠱、革、夬。四月，旅、師、比、小畜、乾。五月，大有、家人、井、咸、姤。六月，鼎、豐、渙、履、遯。七月，恆、節、同人、損、否。八月，巽、萃、大畜、賁、觀。九月，歸妹、无妄、明夷、困、剝。十月，艮、既濟、噬嗑、大過、坤。」知孟喜分六十卦值月之法，大有、家人、井、咸、姤值五月，而井值夏曆五月午，為周之七月，姤一陰已生於下。故曰「陰氣在下」。井九二已變正，成六二，初六變正成初九，於是初九、六二、九三為離。與井上卦坎三爻皆位正而互應，成既濟䷾定。而坎為北方，主冬季。故虞云「坎十一月為寒泉」。又井與噬嗑䷔旁通。（兩卦六爻，陰陽全異曰旁通。）故《纂疏》言「噬嗑有食象」。又案：寒泉食，楚竹書作「寒湶飤」，漢帛書作「寒湶食」。湶、泉義同。

語譯

井卦陽剛的九居第五位：井水清潔，寒冷的泉水可以飲食。

象傳

寒泉之食，中正也❶。

注釋

❶中正也

九五居中得正，固為寒泉可食之主因，然苟非九三井渫，六四脩井，九五之寒洌不可能也。事賴眾力者多矣，人人盡其所能，事其本分可也。孔穎達《正義》：「以中正者，若非居中得正，則任用非賢，不能要待寒泉，然後乃食也。必言寒泉者，清而冷者，水之本性，遇物然後濁而溫，故言寒泉表絜也。」《集解》引崔憬曰：「洌，清潔也。五為居中，九為得正，而近比于上。則是井渫水清，既寒且潔，汲上可食于人者也。」

語　譯

清涼的泉水，可以飲食，因為溫度適中，衛生適當啊！

上六爻辭

上六❶：井收，勿幕❷；有孚，元吉❸。

注釋

❶上六

井卦最上面的一爻是陰寒清洌的六。為陰故能寒，在上故能清。井上六得位有應，下比九五。得位有應，則井水與源泉相通而不相犯；下比九五，九五「井洌寒泉食」而上六亦能分得之。程《傳》：「夫體井之用，博施而有常，非大人孰能？它卦之終，為極為變，唯井與鼎，終乃為成功。」在筮法上，當井卦上爻為老，他爻皆少，即由井之巽☴；或震☳上爻為少，他爻皆老，即震之井：這兩種情形，都以井上六爻辭占。

❷井收，勿幕

象也。《集解》引虞翻曰：「幕，蓋也。收，謂以轆轤收繘也。坎為車，應巽繩為繘，故井收勿幕。」轆轤字皆从車，蓋車屬，汲水之器也，又名桔槔，俗名水車。上六居坎上，下與巽下九三相應。王弼《注》：「處井上極，水已出井，井功大成在此爻矣，故曰井收也。群下仰之，以濟淵泉，由之以通者也。幕猶覆也，不擅其有，不私其利，則物歸之，往无窮矣，故曰勿幕。」程《傳》：「井以上出為用，居井之上，井道之大成也。收，汲取也。幕，蔽覆也。取而不蔽，其利无窮，井之施廣矣大矣。」案：上博楚竹簡作「汬丩勿寞」。帛書字同今通行本。丩、收皆从丩得聲，古音相近，可以通用。寞，冷落、荒廢之意。字、義當從帛書與今通行本，後出轉精。

❸有孚，元吉

占也。《集解》引虞翻曰：「有孚謂五坎，坎為孚，故元吉也。」王弼以「勿幕有孚元吉」為一句。《周易注》：「不擅其有，不利其利，則物歸之，往无窮矣，故曰『勿幕有孚元吉』也。」孚，蓋不斷付出之意。案：楚竹「有」作「又」，二字古通用。漢帛「孚」作「復」，「又恢復了原狀」，濮茅左說。

語譯

井卦最上面的一爻是陰柔的六：水井已收工完成，不必遮蓋起來，要不斷供人使用。能夠不斷付出，必大吉大利。

象傳

元吉在上，大成也❶。

注釋

❶大成也

《集解》引虞翻曰：「謂初、二已變，成既濟定，故大成也。」井卦初六、九二皆失位，當變回成初九、六二，方得正。如此，井卦六爻變為：「䷾」，成既濟卦矣。「成既濟定」者，虞氏卦變四例之一。謂爻之不正者，皆當變而之正。如《彖傳》、《象傳》所言「正位」或「當位」也。即初、三、五皆當為陽，二、四、上皆當為陰，如此六爻皆正，而成既濟卦，爻位乃定也。《周易玩辭》：「上九在上，當井口之成，『勿幕』足矣。又曰『有孚元吉』者，推賢揚善，出於惻怛之誠心，則井渫見汲，而天下並受其福矣。在上者必如是，而後為大成。故曰：『元吉在上，大成也。』

語譯

大吉大利而在井卦的上位，供水養人的功能廣大成功。

革卦經傳通釋第四十九

卦辭

䷰離下兌上革❶：巳日乃孚❷，元亨利貞，悔亡❸。

注釋

❶ ䷰離下兌上革

革，六畫之卦名。革字象去毛剖腹去臟展開之獸皮：頭、身、腿、尾之形。本義為皮革，引申為更改變革。革卦由三畫之離在下，三畫之兌在上，重疊而成。離火在下，兌澤在上。兩相衝突，設非澤滅火，即為火燒乾澤。《集解》引鄭玄曰：「革，改也，水火相息而更用事，猶王者受命改正朔，易服色，故謂之革也。」由水火相熄引申出改朝換代的意思來。又離為中女，兌為少女，同處一室。少女在上，中女在下，地位違理。程《傳》：「（革）為卦兌上離下，澤中有火也。革，變革也。水火相息之物，水滅火、火涸水，相變革者也。火之性上，水之性下，若相違行，則睽（䷥）而已。乃火在下，水在上，相就而相克，相滅息者也，所以為革也。又二女同居，而其歸各異，其志不同，為不相得也，故為革也。」除承鄭玄水火相息義，並與睽較論，更據〈彖傳〉補以二女同居志不同之義。案：項安世《周易玩辭》：「革自大壯䷰變。六五降而為二，九二升而為五。二、五相變，故謂之『革』，此其所以為湯武之事也。」則純以爻位變化，推卦之所由來。以為革自大壯來也。朱駿聲《六十四卦經解》自注云：「又革兼四義：時之革，一也。命之革，二也。火革金，三也。獸革毛，四也。」綜而言之，說甚詳備。案：革，帛書作勒。張立文《周易帛書今注今譯》：「『勒』，假借為『革』。」

❷巳日乃孚

象亦占也。《集解》引虞翻曰：「遯（䷠）上之初，與蒙（䷃）旁通。……離為日，孚謂坎。」虞翻以為二陰四陽之卦凡十五，除中孚（䷼）、「訟初之四」，從訟（䷅）來外，餘皆自遯及大壯來。此虞氏卦變四例之一。又虞氏所謂「旁通」，謂兩卦相比，爻體互異：此陽則彼陰，此陰則彼陽，相旁而陰陽相通也。革卦六二在離（☲）下之中，離為日，納己（《集解》本此處作「己」）。虞翻注〈繫辭傳上〉：「懸象著明，莫大乎日月。」云：「日中則離，離象就己。」故此云「己日」。王弼《周易注》作「巳」，曰：「夫民可與習常，難與適變；可與樂成，難與慮始。故革之為道，即日不孚，巳日乃孚也。」考《左傳・襄公三十年》：「鄭子皮授子產政。……從政一年，輿人誦之，曰：『取我衣冠而褚之，取我田疇而伍之，孰殺子產，吾其與之！』及三年，又誦之，曰：『我有子弟，子產誨之。我有田疇，子產殖之。子產而死，誰其嗣之。』」可移作王弼此《注》例證。又考上博楚竹簡「巳日乃孚」作「改日迺孚」。朱興國〈楚竹書《周易・革》「改日」考釋〉（二〇〇七）：「『巳』與『改』均從巳，『巳』有可能是『改』字之省，『改日』極有可能就是正文。」萱案：「改日」乃「日後」委婉的說法。李學勤、濮茅左、林忠軍都認為「巳日」即「改日」。是也。又「孚」，帛書作「復」，蓋假借也。洪邁《容齋續筆》卷第二「義理之說無窮」云：「經典義理之說，最為無窮。以故解釋傳疏，自漢至今，不可概舉。至有一字而數說者。姑以《周易・革卦》言之。『巳日乃孚，革而信之。』自王輔嗣以降，大抵謂即日不孚，巳日乃孚，巳字讀如矣音，蓋其義亦止如是耳。唯朱子發讀為戊己之己，予昔與《易》僧曇瑩論及此，問之曰：『或讀作己日，如何？』瑩曰：『豈唯此也，雖作巳（音似）日亦有義。乃言曰：『天元十干，自甲至己，然後為庚。庚者，革也。故己日乃孚。猶云從此而革也。』十二辰自子至巳，六陽，數極則變而之陰，於是為午。故巳日乃孚，猶云從此而變也。用是知好奇者欲穿鑿附會，固各有說云。」蓋說《易》者「穿鑿附會」，非但言象數者而已，言義理者亦然。余之《通釋》，殆亦不免，嗟乎！

❸元亨利貞，悔亡

占也。《集解》引虞翻曰：「悔亡謂四也。四失正，動得位，故悔亡。離為日，孚謂坎。四動體離，五在坎中，故己日乃孚，以成既濟䷾。乾道變化，各正性命，保合太和，乃利貞。故元亨利貞悔亡矣！與乾〈彖〉同義也。」革卦，二、上為陰；初、三、五為陽，皆得正也。今四由陽動而成陰得正，遂成既濟，爻皆得正有應，所謂「成既濟定」也。亦虞氏卦變四例之一。朱子《本義》：「以其內有文明之德，而外有和說之氣，故其占為有所更革，皆大亨而得其正，所革皆當，而所革之悔亡也。一有不正，則所革不信不通，而反有悔矣！」增加革內卦離為文明，外卦兌為和悅以說其占。並舉所革若當則大亨而得其正，不當則否。最為實際。案：「悔」，楚竹書作「悔」。

語譯

三畫的離在下，三畫的兌在上，重疊而成六畫的革卦。改革等大事，急不得，改天才能為人民所信任。革卦內有離下文明之德，外有兌上和悅態度。有所改革，都能亨通，利於遵守正常道理，一切遺憾都會消除。

附錄古義

《論衡・譴告篇》：「是故離下兌上曰革；革，更也。火金殊氣，故能相革。如俱火而皆金，安能相成？」

《宋書・禮志一・引高堂隆改正朔議》：「按自古有文章以來，帝王之興，受禪之與干戈，皆改正朔所以明天道，定民心也。《易》曰：『革，元亨利貞。』『有孚，改命，吉。』『湯武革命，應乎天，從乎人。』其義曰：水火更用事，猶王者必改正朔易服色也。」

彖傳

革，水火相息❶。二女同居，其志不相得，曰革❷。已日乃孚，革而信之❸；文明以說，大亨以正❹；革而當，其悔乃亡❺。天地革而四時成❻；湯武革命，順乎天而應乎人❼。革之時大矣哉❽！

注釋

❶水火相息

《說文》：「息，喘也。从心自。」本意是用鼻子喘氣呼吸。又有熄字：「熄，畜（蓄）火也。从火，息聲。亦曰滅火。」是熄原有火之儲存與熄滅雙重意義。《周易集解》引虞翻曰：「息，長也。離為火，兌為水。〈繫〉曰：『潤之以風雨。』風巽雨兌也。四革之正，坎見，故獨于此稱水也。」蓋息有喘息、休息之義，熄有滋息、滅息正反二義。王弼《周易注》：「凡不合，然後乃變生。變之所生，生於不合者也。故取不合之象以為革也。息者，生變之謂也。火欲上而澤欲下，水火相戰而後生變者也。」是「息」於本義「喘息」外，更有「長」、「熄」、「生變」三義。朱熹為之辯證，《本義》云：「水火相息，以卦象釋卦名義，大略與睽相似。然以相違而為睽，相息而為革也。息，滅息也，又為生息之義。滅息而後生息也。」又朱震《漢上易傳》：「兌澤離火，而〈彖〉曰『水火』，何也？曰：坎兌一也。澤者，水所鍾，无水則无澤矣。坎上為雲，下為雨。上為雲者，澤之氣也；下為雨，則澤萬物也。故屯、需之坎為雲，小畜之兌亦為雲；坎為川，大畜之兌亦為川；坎為水，革兌亦為水。……坎陽兌陰，陰陽二端，其理則一，知此始可以言象矣！」

❷二女同居，其志不相得，曰革

《集解》引虞翻曰：「二女離、兌，體『同人』象。蒙艮為居，故『二女同居』，四變體兩坎象，二女有志，離火志上，兌水志下，故『其志不相得』。坎為志也。」〈說卦傳〉：「離為中女」、「兌為少女」。故曰「二女離、兌」。同人䷌離下乾上，革䷰略似之，革三、四、五體乾，四、五、上體兌故也。革旁通蒙䷃，蒙艮上為居（☶象門戶形）。倘革四變，成既濟䷾，二、三、四，四、五、上，各得一坎。故曰「四變得兩坎象」。離為火，兌為澤，皆〈說卦傳〉文。坎為志乃逸象。〈說卦傳〉：「坎，其於人也，為加憂，為心病。……其於馬也，為亟心。……其於木也，為堅多心。……」皆與心志有關。王弼《周易注》：「二女同居而有水火之性，近而不相得也。」案：二女居家未嫁時，鍾情對象不同；將來各自于歸，夫壻不同。程《傳》：「二女同居，而其歸各異，其志不同，為不相得也。故為革也。」亦即此意。又離☲為中女，理應居上在外；兌☱為少女，理應居下在內。而今反之。朱熹《本義》：「中少二女，合為一卦，而少上，中下，志不相得，故其卦為革也。」意亦指此。

❸巳日乃孚，革而信之

巳日，《集解》本如此，引干寶曰：「天命已至之日也。乃孚，大信著也。武王陳兵孟津之上，諸侯不期而會八百國。皆曰：『紂可伐矣。』武王曰：『爾未知天命，未可也。』還歸。二年，紂殺比干，囚箕子。周乃伐之。所謂巳日乃孚，革而信也。」案：爻辭「巳日」，楚竹書作「攺日」，為「日後」之意，而此處干寶援《史記》所記以為指「天命已至之日」，亦可從。所謂改日即指等待紂惡滿盈，天命屬周之日也。此時革紂之命，當更能為民眾所信從矣！

❹文明以說，大亨以正

此釋革卦辭「元亨利貞」。《集解》引虞翻曰：「文明謂離。說，兌也。大亨謂乾四動成既濟定，故大亨以正。」《纂疏》：「坤為文，離中自坤來故，文離嚮明，故『文明謂離』。『兌以說之』，故說為兌也。『乾元者，始而亨者也』，故大亨謂乾。乾四『乾道乃革』，當革而變正。革四動成既濟定，六爻皆正，故『大亨以正』。」孔穎達《正義》：「『文明以說』者，此舉二體，上釋『革而信』，下釋『四德』也。能思文明之德，以說於人，所以革命而為民所信也。『大亨以正』者，民既說文明之德而從之，所以大通而利正也。」程《傳》：「『文明以說』，以卦才言革之道也。離為文明，兌為說。文明則理无不盡，事无不察。說則人心和順。革而能照察事理，和順人心，可致大亨，而得貞正。」

❺革而當，其悔乃亡

《集解》引虞翻曰：「革而當位，故悔乃亡也。」《纂疏》：「四失位，宜悔；動得正，故革而當位，其悔乃亡也。」王弼《注》：「非當，如何？」孔穎達疏之，《正義》：「若合於大通而利正，可謂當矣；革而當理，其悔乃亡消。」程《傳》：「天下之事，革之不得其道，則反致弊害，故革有悔之道。唯革之至當，則新舊之悔皆亡也。」胡炳文《周易本義通釋》：「〈彖〉未有言『悔亡』者，惟革言之。革易有悔也。必革而當，其悔乃亡。『當』字即是『貞』字。一有不貞，則有不信，有不通，皆不當者也。不當則不見革之亨。惟有革之悔。革而當，其悔乃亡。聖人慎之之意可知矣！」

❻天地革而四時成

《集解》引虞翻曰：「謂五位成乾，為天。蒙坤為地。震春兌秋。四之正，坎冬離夏，則四時具，坤革而成乾，故天地革而四時成也。」革三、四、五皆陽爻，成乾卦，乾為天。革旁通為蒙卦䷃，蒙三、四、五皆陰爻，互體成坤卦，坤為地。蒙卦二、三、四互體成震為春；革卦兌上為秋。革九四本失位，變正成六四，則六四、九五、上六互體成坎為冬；革卦離下為夏。如此乾天坤地之變革而春、夏、秋、冬四時形成矣！弼無注。《正義》：「天地革而四時成者，以下廣明革義，此先明天地革者，天地之道，陰陽升降，溫暑涼寒，迭相變革，然後四時之序，皆有成也。」程《傳》：「推革之道，極乎天地變易，時運終始也。天地陰陽，推遷變易，而成四時。萬物於是生長成終，各得其宜，革而後四時成也。時運既終，必有革而新之者。」

❼湯武革命，順乎天而應乎人

《集解》引虞翻曰：「湯武謂乾，乾為聖人。天謂五，人謂三。四動順五應三，故順天應人。巽為命也。」乾為君，故湯武謂乾，聖人在位之稱也。六爻中初、二為地，三、四為人，五、上為天。故天謂五，人謂三。九四動而成六四，得位得正。六四以陰上承九五之陽，順天美命；而下乘九三之剛，以陰應剛而得人。革卦六二、九三、九四互體成巽。〈象傳〉：「隨風，巽；君子以申命行事。」故「巽為命也」。《正義》：「夏桀殷紂，凶狂无度。天既震怒，人亦叛亡。殷湯周武，聰明睿智。上順天命，下應人心。放桀鳴條，誅紂牧野。革其王命，革其惡俗。故曰『湯武革命，順乎天而應乎人』。計王者相承，改正易服，皆有變革，而獨舉湯武者，蓋舜禹禪讓，猶或因循；湯武干戈，極其損益，故其相變甚者，以明人革也。」邵雍〈觀物內篇〉：「昔者孔子語堯舜，則曰『垂衣裳而天下治』；語湯武，則曰『順乎天而應乎人』。斯言可以該古今帝王受命之理也。堯禪舜以德，舜禪禹以功。以德，帝也；以功，亦帝也。然而德下一等則人於功矣！湯伐桀以放，武王伐紂以殺。以放，王也；以殺，亦王也。然而放下一等則入於殺矣！是知時有消長，事有因革。前聖後聖，非出於一塗哉！」《周易本義通釋》：「『順乎天而應乎人』，革言之，兌亦言之。兌，說也。順天理，應人心，說道也。革，重事也。而必以悅道行之，其義大矣！」

❽革之時大矣哉

《集解》引干寶曰：「革天地，成四時；誅二叔，除民害；天下定，武功成。故『大矣哉』也。」案：此干寶注援史證《易》之例，然周公之誅管叔、蔡叔，在武王滅殷之後，乃成王時，約當西元前一〇六一年。武王伐紂，約當西元前一〇六六年。非同年之事也。《正義》：「『革之時大矣哉』者，備論革道之廣，訖總結歎其大。」程《傳》：「天道變改，世故遷易，革之至大也。故贊之曰：『革之時大矣哉！』」《郭氏傳家易說》記白雲曰：「甚哉！革道之難也！天下之事不和則革，和則无革。是革之繫乎時者也。聖人以道論之，乖於道則革，不乖於道則不革。是革又繫乎聖人也。然方革之初，固不能使天下之盡信；俟其盡信，則失時矣。故聖人觀當革之時，盡其在我。所以革之之道，雖眾所未孚，革巳，則其孚必矣！蓋得革之道也。」又云：「惟順天，故元亨利貞；惟應人，故巳日乃孚。上乃順天，下能應人，故悔亡。……革通天道，非止人事改更而已，故曰『大矣哉』！」

語譯

革卦講改革大事，就像水和火一樣：火可以燒乾水；水也可以澆滅火。又像中女和少女同住在一起，她們心目中的情郎不一樣。這情況就會變更。卦辭說「改日才能被人民信任」，意指改革成功而被人民信任；文明的作風和成果使得人人喜悅；擴大溝通採用正當的方法；改革而且適當，這樣悔恨才能消亡。天地變革，於是春、夏、秋、冬形成；商湯伐桀，周武王伐紂，這樣的革命行動順從了天道也響應了民意。變革的時機掌握重大得很啊！

附錄古義

《漢書・律曆志》：「《易》金火相革之卦曰：『湯武革命，順乎天而應乎人。』又曰：『治曆明時』，所以和人道也。」

《白虎通・聖人》：「何以言文、武、周公皆聖人也？《詩》曰：『文王受命』；非聖不能受命。《易》曰：『湯武革命，順乎天。』湯與文王比方。《孝經》曰：『則周公其人也。』下言：『夫聖人之德，又何以加於孝乎？』」

《白虎通・三正》：「王者改作樂，必得天應而後作；何？重改制也。《春秋瑞應傳》曰：『敬受瑞應，而王改正朔，易服色。』《易》曰：『湯武革命，順乎天而應乎民也。』」

《漢紀・四・高祖紀論》：「夫帝王之作，必有神人之助；非德無以建業，非命無以定眾：或以文昭，或以武興，或以聖立，或以人崇。焚魚斬蛇，異功同符，豈非精靈之感哉！《書》

曰：『天工人其代之』；《易》曰：『湯武革命，順乎天而應乎人』：其斯之謂乎？」《風俗通・三王》：「《易》稱：『湯武革命。』《尚書》：『武王戎車三百兩，虎賁八百人，擒紂於牧之野。惟十有三祀，王訪於箕子。』《詩》云：『亮彼武王。襲伐大商；勝殷遏劉，耆定武功。』由是言之，武王審矣。《論語》：『文王率殷之叛國以服事殷。』時尚臣屬，何緣便得列三王哉？經美文王三分天下有其二，王業始兆於此耳。」（萱案：今本《論語・泰伯》有「三分天下有其二，以服事殷。」而無《風俗通》所引《論語》文。）《三國志・吳書・孫皓傳・注引陸機辨亡論》：「《易》曰：『湯武革命，順乎天。』或曰：『亂不極則治不形。』言帝王之因天時也。」《宋書・禮志一・引高堂隆改正朔議》見革卦辭附錄古義。

象傳

澤中有火，革❶；君子以治厤明時❷。

注釋

❶澤中有火，革

《集解》引崔憬曰：「火就燥，澤資溼，二物不相得，終宜易之，故曰『澤中有火，革。』也。」〈文言傳・乾九五〉：「水流濕，火就燥。」蓋水與溼性質類似；火與燥性質類似，相類似之物容易相親相合。今火與澤性質不同。火燥澤溼，所以不得相親相合，最後還是應當更改變易，也就是「革」。臺灣關子嶺溫泉在二十世紀還有「水火同源」奇景，到二十一世紀逐漸消失。朱震《漢上易傳》：「水火相會，其氣必革。澤中有火，革之時也。其在地則溫泉是也。」可信。

❷君子以治厤明時　厤，各本或作「歷」，或作「曆」。此從《注疏》本。三字古通用。今厤字廢用，歷史字作歷，曆法字作曆。或廢或分，不相混矣。關於「澤中有火」，上條注釋嘗舉溫泉說明。今更補言之云：溫泉地區或有噴氣現象，如美國黃石公園有名「老忠實」者，曾長期每隔十五分鐘噴發一次，可以之記時。古代地殼變動頻繁時期，此種現象可能甚普遍，於是能啟發人「治曆明時」。《尚書・堯典》：「(帝堯)乃命羲、和，欽若昊天，歷象日月星辰，敬授人時。分命羲仲、……羲叔、……和仲、……和叔……。帝曰：『咨！汝羲暨和。朞三百有六旬有六日，以閏月定四時成歲。』允釐百工，庶積咸熙。」欽，敬謹。若，順從。昊天，元氣廣大的青天。人，本作民字，唐人避太宗李世民諱，「民」改作「人」。「觀世音」省稱「觀音」，亦避諱也。羲、和，指羲仲、羲叔、和仲、和叔。分居東、南、西、北四方，以察春、夏、秋、冬四時。「朞三百有六旬有六日」，朞，週年，《史記》字作「歲」。有，通又。地球繞日一周，為三百六十五又四分之一日，此舉成數言之。閏月，月繞地球一周，需二十九日餘。全年十二周為三百五十四日多。與地球繞日相差十日餘。故十九年中，置七個閏月，以免十二月寒暑差錯。「允釐百工，庶積咸熙。」《史記》作「信飭百官，眾功皆興」。是知：允，信也；釐，飭也。百工，百官也。庶，眾也。積，功也。咸，皆也。熙，興也。《史記》引《尚書》等周代之書籍而改其字者甚多，兩相校核，可知周、漢時漢語之變遷，並可作訓詁之依據，此殆其一例也。

語　譯

溫泉中有定時的火焰噴出，這是變革的現象；在位的領導者因此整修曆法來表明四時歲月。

附錄古義

《漢書・律曆志》見〈彖傳〉附錄。《續漢書・律曆志中》：「賈逵論曆云：『天道參差不齊，必有餘。餘又有長短，不可以等齊。治曆者方以七十六歲斷之，則餘分稍長，稍得一日。』故《易》金火相革之卦，〈象〉曰：『君子以治曆明時』，又曰：『湯武革命，順乎天，應乎人』：言聖人必曆象日月星辰，明數不可貫數千萬歲，其間必改更，先距求度數，取合日月星辰所在而已。」

序卦傳

井道不可不革，故受之以革❶。

注釋

❶井道不可不革，故受之以革

韓康伯《注》：「井久則濁穢，宜革易其故。」蓋受〈雜卦傳〉：「革，去故也。」之啟發而云然。程《傳》：「井之為物，存之則穢敗，易之則清潔，不可不革者也，故井之後受之以革也。」又受韓《注》影響。案：井卦辭：「改邑不改井。」〈彖傳〉：「改邑不改井，乃以剛中也。」而〈序卦傳〉又言「井道不可不革」者，蓋「井」不可改而「井道」可革也。張栻《南軒易說》：「井居其所不可革，其道不可不革，故受之以革。」已指明不可革者，井之所；不可不革者，井之道。朱震《漢上易傳》：「井，在下者也。井久則穢濁不食。治井之道，革去其害井者而已。」所謂「井道」，乃「治井之道」也。又俞琰《周易集說》：「井之為物，居其所而不可革者也。其道則不可不革。蓋井舊而有泥滓，存之則穢濁而不可食，渫而治之，去其舊而潔然一新，乃可以食。故井後繼以革。洪容齋曰：『大衍之用，四十九。一行以之起歷（曆），而革卦之序在《周易》正當四十九。諸儒贊《易》皆不及此。』」洪容齋名邁，所著有《容齋五筆》等，俞氏所引，見於《四筆・卷第十二・治歷明時條》。全文甚長，不贅引。

語譯

水井的保管不能不隨時作換水清理的工作。所以接在井卦之後的是革新的革卦。

雜卦傳

革，去故也❶。

注釋

❶革，去故也

物久則疲乏甚至腐朽，事久則弊漸露而害生。金屬疲勞，木質腐朽，事之弊害，皆不可避免，總要時時注意防備，修理更換。我個人不太相信「永恆之真理」、「普世之價值」等論述。張栻《南軒易說》：「革弊所以去其故。」是也。

語譯

革，是除去舊的。

初九爻辭

初（ㄔㄨ）九（ㄐㄧㄡˇ）❶：鞏（ㄍㄨㄥˇ）用（ㄩㄥˋ）黃（ㄏㄨㄤˊ）牛（ㄋㄧㄡˊ）之（ㄓ）革（ㄍㄜˊ）❷。

注釋

❶初九

以九處革之初，為革之始。九剛處下，當稟乾龍勿用之訓，不可輕易言革。且上與九四無應，下無任何可據，形勢未成熟也。以筮法言之：當革卦初爻為老，他爻皆少，即由革之咸䷞；或損䷨初爻為少，他爻皆老，即損之革：這兩種情形，都以革初九爻辭占。

❷鞏用黃牛之革

象也。《集解》引干寶曰：「鞏，固也。離為牝牛，離爻本坤，黃牛之象也。在革之初，而无應據，未可以動，故曰『鞏用黃牛之革』。此喻文王雖有聖德，天下歸周三分有二，而服事殷，其義也。」《篹疏》：「『鞏，固也』，〈釋詁〉文。『離為牝牛』，《九家說卦》文。離中爻自坤來，坤土色黃，又為子母牛，故有黃牛之象。卦自遯䷠來，故與遯二同辭。詳見彼注。在革之初，四无正應。下又无據，未可妄動。故曰『鞏用黃牛之革』。喻文王有聖德，固守臣志而不變。《詩》云：『遵養時晦。』《論語》曰：『三分天下有其二，以服事殷。』是其義也。」王弼《周易注》：「在革之始，革道未成，固夫常中，未能應變者也。此可以守成，不可以有為也。鞏，固也。黃，中也。牛之革堅韌，不可變也。固之所用，常中堅韌，不肯變也。」程《傳》：「變革，事之大也。必有其時，有其位，有其才，審慮而慎動，而後可以无悔。九以時則初也。動於事初，則无審慎之意，而有躁易之象。以位則下也，无時无援而動於下，則有僭妄之咎，而无體勢之重。以才則離體而陽也，離性上而剛體健，皆速於動也。其才如此，有為則凶咎至矣。蓋剛不中而體躁，所不足者，中與順也。當以中順自固而无妄動則可也。鞏，局束也。革，所以包束。黃，中色。牛，順物。鞏用黃牛之革，謂以中順之道自固不妄動也。不云吉凶，何也？曰：妄動則有凶咎；以中順自固，則不革而已，安得便有吉凶乎！」《郭氏傳家易說》記白雲曰：「革有革者，有革之者，有從革者，有輔君之革者，諸爻之義不同。初九在下，非能革人，亦非人所革者，從革而已。故固用黃牛之革。」案：楚竹書作「巩用黃牛之革」，巩殆鞏字之初文。漢帛書作「共用黃牛之勒」。張立文《今注今譯》謂「共」假借為「鞏」。

語譯

革卦初位是老陽九：改革的開始要用堅韌的黃牛皮來約束鞏固它。

象傳

鞏用黃牛，不可以有為也❶。

注釋

❶不可以有為也

《集解》引虞翻曰：「得位无應，動而必凶，故不可以有為也。」孔穎達《正義》：「有為謂適時之變，有所云為也。既堅忍自固，可以守常，不可以有為也。」鄭汝諧《東谷易翼傳》：「居位之下，革之而人未必從；當革之始，遽革而人未必信。……固執中順之道，循理而變通可也；自我有為，不可也。……天下之理，窮則變，變則通，惟中與順而已。中則不過，順則不逆。……於革之初言之，欲其謹於始也。」

語譯

改革之初，要用黃牛皮來約束鞏固，不可以有毛躁的行為啊！

六二爻辭

六二❶：巳日乃革之❷，征吉，无咎❸。

注釋

❶六二

革卦陰爻居第二位。柔順中正，得位而為內卦離之主，具文明之德。上承三、四、五，體乾皆陽，六二應知所選擇。「三多凶，五多功。貴賤之等也。」〈繫辭傳〉已明言之。而九四失位，當革正為六四。然則六二之趨舍甚明。在筮法上，當革卦第二爻為老，他爻皆少，即由革之夬䷪；或剝䷖第二爻為少，他爻皆老，即剝之革：這兩種情形，都以革六二爻辭占。

❷巳日乃革之

象也。巳日，楚竹本作「改日」，已詳卦辭注釋。巳日乃革之，言於以後適當時機實行改革也。《集解》引荀爽曰：「日以喻君也。謂五已居位為君，二乃革，意去三應五，故曰『巳日乃革之』。」〈說卦傳〉：「乾為天，為圜；為君，為父。」《易緯・乾鑿度》：「初為元士，二為大夫，三為三公，四為諸侯，五為天子，上為宗廟：凡此六者，陰陽所以進退，君臣所以升降，萬人所以為象則也。」據此革卦九五有天子為君為父之尊也。為君者，宜掌握良機，革去舊弊也。六二待九五已居君位，乃棄去與九三比鄰之卑，而上應九五天子之尊也。王弼《周易注》曰：「陰之為物，不能先唱，順從者也；不能自革，革巳乃能從之。故曰『巳日乃革之也』。」蓋「巳」取止盡、完成之意。程《傳》：「以六居二，柔順而得中正，又文明之主。上有剛陽之君，同德相應。中正則无偏蔽；文明則盡事理；應上則得權勢；體順則无違悖。時可矣，位得矣，才足矣，處革之至善者也。然臣道不當為革之先，又必待上下之信，故巳日乃革之也。」論理井井有條，偏重儒家君臣倫理。熊良輔《周易本義集成》：「泉峰龔氏曰：『巳日乃孚者，人未能遽信也；巳日乃革者，事未可遽變也。天下之事，必人心信而後可革，此革之所以不可遽也。』愚案：六二為內卦之主，故卦辭之『巳日』見之於此。然卦曰『巳日乃孚』，爻曰『巳日乃革』者，孚而後革也。故征吉无咎。」龔氏較論乃孚乃革，熊氏申之，值得留意。「巳日」，竹書作「改日」。「革」，帛書作「勒」。

❸征吉，无咎

占也。征，漢帛作「正」，征、正，古通用。无，楚竹作「亡」，亦可通用也。《集解》引荀爽曰：「上行應五，去卑事尊，故曰『征吉无咎』也。」以為革卦六二居正得位，倘能捨與九三比鄰之卑，九四又革而為六四，得正而成既濟，則六二上行，與九五陰陽應合，必獲吉而无咎矣。弼《注》：「二與五雖水火殊體之異，同處厥中，陰陽相應。往必合志，不憂咎也。是以征吉而无咎。」程《傳》：「如二之才、德、所居之地、所逢之時，足以革天下之弊，新天下之治。當進而上輔於君，以行其道，則吉而无咎也。不進則失可為之時，為有咎也。以二體柔而處當位。體柔則其進緩；當位則其處固。變革者，事之大，故有此戒。二得中而應剛，未至失於柔也。聖人因其有可戒之疑而明其義耳！使賢才不失可為之時也。」弼《注》兼顧殊體與相應，言簡而意足。程《傳》條理清晰，句句相扣。所釋已詳。

語譯

革卦陰爻六居第二位：當改革時機成熟，就起來改革；進行改正的工作，必有收穫，不會有差錯。

象傳

巳日革之，行有嘉也❶。

注釋

❶行有嘉也

《集解》引虞翻曰：「嘉謂五，乾為嘉，四動承五，故『行有嘉』矣！」《纂疏》：「嘉謂五者，五，乾也。乾〈文言〉曰：『亨者，嘉之會也。』故乾為嘉。四動承五，二往應之，陰陽相得，五必嘉二，故『行有嘉也。』」大致著重外緣。又引崔憬曰：「得位以正，居中有應，則是湯武行善，桀紂行惡，各終其日，然後革之。故曰：巳日乃革之，行此有嘉。」大致著重內因。崔氏以「巳日」為「各終其日」，新解可作參考。孔穎達《正義》：「行有嘉者，往應見納，故行有嘉慶也。」謂二往應五，言簡意賅。程《傳》：「巳日而革之，征則吉而无咎者，行則有嘉慶也。謂可以革天下之弊，新天下之事；處而不行，是无救弊濟世之心，失時以有咎也。」析理周延。朱震《漢上易傳》：「夫變動貴乎適時，趨舍存乎機會。二當可革，濡滯而不行於革道，安得无咎？征吉无咎者，以行有嘉也。二，巽體，不果，故勉之。」案：六二、九三、九四，互體為巽。〈說卦傳〉：「巽為不果。」故漢上如此云。俞琰《周易集說．爻傳下》：「革，所以去弊。未當革而遽往，則其往為貪功競進，變革紛紛，適以滋弊耳，何嘉之有？必往於巳日當革之時，則其行有嘉美之功。行，釋征字；嘉，釋吉无咎。」朱震恐革之濡滯，並依〈說卦〉明象；俞琰戒其競進，並較論爻、〈象〉字義。皆可採信。

語譯

當改革時機成熟就起來改革，行動會得到嘉獎。

九三爻辭

九三❶：征凶，貞厲❷；革言三就，有孚❸。

注釋

❶九三

革卦陽爻居第三位。當上下卦交接之際，得位有應。然居離下之上，如火上燃；而上卦兌為澤，水之載體。上下水火不容，征、守兩難，故宜慎思明辨，多所商量。而象占多由此發。在筮法上，當革卦第三爻為老，他爻皆少，即由革之隨䷐；或蠱䷑第三爻為少，他爻皆老，即蠱之革：這兩種情形，都以革九三爻辭占。

❷征凶，貞厲

占也。《集解》引荀爽曰：「三應于上，欲往應之，為陰所乘，故曰『征凶』。若正居三而據二陰，則五來危之，故曰『貞厲』也。」《纂疏》：「三與上為正應，欲往應上，為四陽所乘，乘者非陰，故知陰當作陽也。三應上為不正之陽所隔。三多凶，故曰征凶也。若正居三位，而下據二陰，亦云『貞』矣。乃四承五，來危三，故曰『貞厲』也。」《纂疏》訂正及闡釋荀說，可從。王弼《注》：「已處火極，上卦三爻，雖體水性，皆從革者也。……『革言三就有孚』，而猶征之，凶其宜。」荀純言象，弼則依象言理。程《傳》：「九三以剛陽為下之上，又居離之上而不得中，躁動於革者也。在下而躁於變革，以是而行，則有凶也。然居下之上，事苟當革，豈可不為也。在乎守貞正而懷危懼，順從公論，則可行之不疑。」所言最為周全得當，或伊川正處王安石變法之際，身為洛黨領袖，思慮特深故也。

❸革言三就，有孚

革言三就為象，有孚為占。《集解》引翟玄曰：「言三就上二陽，乾得，共有信，據于二陰。故曰：革言三就，有孚于二矣。」以為九三上接九四、九五二陽爻，互體得乾，乾為誠、實，故有信，下據六二之陰。至於革言之「言」，《集解》李道平云：「愚案：上應兌口，有言象。伏蒙震聲，亦有言象。」以為革離下兌上，〈說卦傳〉「兌為口」，故有言象。又旁通蒙䷃，蒙二、三、四互體震，亦有言象云云。是以「言」為「實詞」言語之意。然趙汝楳《周易輯聞》曰：「革言，猶《詩》之『駕言』。」則以為「言」為語中助詞，無義。猶〈繫辭傳〉「德言盛，禮言恭」之「言」也。「三就」亦有多說。上引翟玄「言三就上二陽」，蓋指三、四、五，三爻。一也。弼《注》：「上卦三爻，雖體水性，皆從革者也。自四至上，從命而變，不敢自違。故曰革言三就。」則指上卦三爻，自四至上。二也。呂大臨《易章句》：「九三居下體之上，自初至三，徧行三爻，革之有漸，革道以成，故曰革言三就。言三就，言至於三，則民信之矣。」則指下卦三爻，自初至三。三也。然則三就倘指三爻，已多歧義。此三說中，呂說似較妥。《集解》又引崔憬曰：「雖得位以正，而未可頓革。故以言就之。夫安者有其危也。故受命之君，雖誅元惡，未改其命者，以即行改命，習俗不安，故曰『征凶』。猶以正自危，故曰『貞厲』。是以武王克紂，不即行周命，乃反（返）商政，一就也；釋箕子囚，封比干墓，式商容閭，二就也；散鹿臺之財，發鉅橋之粟，大賚于四海，三就也。故曰革言三就。」以武王克紂所施政，落實三就，此「史事易」淵源之一，然於《易》義，固有所限制也。又《郭氏傳家易說》記白雲曰：「下言『革言三就有孚』，則明革之卦辭，言三就之道也。三就有孚者，謂『元亨利貞』、『悔亡』、及『已日乃孚』也。」案：九三非革卦主爻，毋須以之釋卦辭，白雲郭雍之言，作為參考可也。《朱子語類》：「革言三就，言三番結裹成就。如第一番商量這个是當革不當革，說成一番。又更如此商量一番，至於三番，然後說成了。」則為三番四次，再三商量意，最當。這個「三」也不是實數，只是「多」的意思。又「就」字，楚竹書從京、從攵，即「就」之異文。

語譯

革卦陽爻九居第三位：想往上響應上六，卻被九四阻擋，會有損失；要正正當當地遵守本分，心存危機意識。從事改革要再三商量考慮，與民眾擁有共識。

象傳

革言三就，又何之矣❶！

注釋

❶又何之矣

《集解》引虞翻曰：「四動成既濟定，故又何之矣。」言革卦九四變為六四，則成既濟䷾，六爻皆得位有應而定矣。當此天下安定互助之際，九三又有什麼地方好去革命呢？程《傳》：「稽之眾論，至於三就，事至當也。又何之矣，乃俗語更何往也。如是而行，乃順理時行，非己之私意所欲為也，必得其宜矣。」《周易玩辭》：「九三居下卦之終，世道將革，而強狠自用，罔有悛心，若是者動凶靜危，无一利者，將為人所革者也。眾言三就，以為當革。則其勢必革，斷可信矣，尚何所逃哉！故曰：『革言三就，又何之矣！』此桀紂之爻也。」伊川就正面立論，安世就負面立論，合則兩全矣。

語譯

從事改革要再三商量考慮，與民眾擁有共識。不然，又怎麼辦呢？

九四爻辭

九四❶：悔亡❷，有孚❸，改命吉❹。

注釋

❶九四

以剛居柔，是為失位；以多懼之四承至尊之五，是為伴虎；下與初九皆剛，是為无應：如此之象乃有如此之占。筮法上，當革卦第四爻為老，他爻皆少，即由革之既濟䷾；或未濟䷿第四爻為少，他爻皆老，即未濟之革：這兩種情形，都以革九四爻辭占。

❷悔亡

占也。《集辭》引虞翻曰：「革而當，其悔乃亡。」《纂疏》：「四失位，當悔。革則悔亡。〈彖傳〉曰：『革而當，其悔乃亡。』謂四也。」王弼《周易注》：「初九處下卦之下，九四處上卦之下，故能變也。无應，悔也。與水、火相比，能變者也。是以悔亡。」虞翻以失位當悔，「革而當，其悔乃亡。」重點在失位當革；王弼以「无應，悔也」。「能變」則「悔亡」。重點在无應能變。弼固言人所未言，然必合「失位當革」、「无應能變」二者，其義方全。程《傳》：「九四，革之盛也；陽剛，革之才也；離下體而進上體，革之時也；居水火之際，革之勢也；得近君之位，革之任也；下无係應，革之志也；以九居四，剛柔相濟，革之用也：四既具此，可謂當革之時也。事之可悔，而後革之。革之而當，其悔乃亡也。」程頤析論，句句連環相扣，詳則詳矣。然言「以九居四，剛柔相濟」雖云易道屢遷，唯變所適，然總覺與九四失位說乖違。又一言「革之時也」，結論再言「當革之時也」，細目與總結雷同，亦不免繁複。書此以為自我警惕。

❸有孚

占也。帛書「孚」作「復」，張立文謂「復假借為孚，孚，俘也」。《集解》引虞翻曰：「孚謂五也。」《篹疏》：「四變，五在坎中，故孚謂五也。」以為九四變成六四，則上卦成：「六四、九五、上六，為坎；而九五在坎之中。」重點在「象」。《黃永武解周易》：「凡言孚乃坎象，且陽居二五也。孚者誠信，坎為月，坎為水，盈虧潮汐皆可信之物。坎又為心，故心之可信曰孚。」言象中義可從。王弼《周易注》：「處水火之際，居會變之始，能不固吝，不疑於下。」虞《注》重五之數與有孚之占兩者關係，弼《注》重六四離下兌上之處境及其有孚具體現象。《周易折中》引劉牧曰：「成革之體，在斯一爻。且自初至三，則革道已成，故下三爻，皆以革字著於爻辭；至於四，則惟曰『悔亡，有孚，改命吉』也。」案：劉牧著《易數鉤隱圖》及《遺論九事》均未見此語。又〈劉氏新注《周易》〉早佚，《卦德通論》我未見。《折中》又引《朱子語類》：「問：『革下三爻有謹重難改之意，上三爻則革而善。蓋事有新故。下三爻則故事也。未變之時，必當謹審於其先。上三爻則變而為新事矣。』曰：『然。乾卦到九四爻，謂「乾道乃革」也。是到這處方變。』」《語類》此段係林學履所錄。《折中》所引文字略有刪節。

❹改命吉

占也。改，帛書作苣。張立文曰：「苣假借為改。」《集解》引虞翻曰：「巽為命，四動，五坎，改巽，故改命吉。四乾為君，進退无恆，在離焚棄，體大過死。〈傳〉以比桀紂。湯武革命，順天應人，故改命吉也。」言革卦原六二、九三、九四互體為巽。〈象傳·巽〉：「隨風，巽；君子以申命行事。」故「巽為命」。虞云「四動」，言革九四變為六四，成既濟卦。既濟六四、九五、上六成坎，九五乃在坎中。故「四動五坎」。革二、三、四互巽被更改了。這會有收穫的，故「改巽，改命吉」。〈說卦傳〉以「乾為君」。〈文言傳〉以乾九四：「上下无常，非為邪也；進退无恆，非離群也。」故虞《注》此言「四乾為君，進退无恆」。既濟下卦為離，九三、六四、九五互體為離。離下離上，重疊為離卦。離九四爻辭：「突如其來如、焚如、死如、棄如。」故此言「在離焚棄」。革卦六二、九三、九四互體為巽；上卦為兌。巽下兌上，重疊則為大過卦䷛。〈繫辭傳下〉：「古之葬者，厚衣之以薪，葬之中野，不封不樹，喪期无數。後世聖人易之以棺槨，蓋取諸大過。」故虞云「體大過死」。〈彖傳〉言革「湯武革命，順乎天而應乎人」。故虞《注》此云：「《傳》以比桀紂。湯武革命，順天應人，故改命吉也。」弼《注》：「信志改命，不失時熙，是以吉也。有孚則見信矣，見信以改命，則物安而无違。故曰『悔亡有孚改命吉』也。處上體之下，始宣命也。」言理脈絡分明。程《傳》：「改命，改為也，謂革之也。既事當而弊革，行之以誠。上信而下順，其吉可知。」又曰：「四非中正而至善，何也？曰：唯其處柔也，故剛而不過，近而不逼，順承中正之君，乃中正之人也。《易》之取義无常也。隨時而已！」程云「處柔」，指處四陰柔之位；云「剛而不過」，指九陽剛之爻；云「近而不逼」，指九四近九五之君而不威脅九五。所言「《易》之取義无常」，則合乎〈繫辭傳下〉：「《易》之為書也不可遠，為道也屢遷，變動不居，周流六虛。上下无常，剛柔相易，不可為典要，唯變所適。」

語譯

革卦陽爻九居第四位：失位、无應而多懼，本有些悔憾，但能適當地改革變化，悔憾自然消失。變成既濟卦後，坎上為月為水。月之圓缺，水之潮汐，都不須占筮，皆自然真實可信。改革弊端，天命也就改變而革舊立新，當然大吉大利有收穫。

象傳

改命之吉，信志也❶。

注釋

❶信志也

《集解》引虞翻曰：「四動成坎，故信志也。」九四動而為六四，則革卦兌上☱變坎上☵，〈說卦〉「坎為月」、「坎為水」，月之圓缺，水之潮汐，皆可信者也。弼《注》：「信志而行。」孔《疏》：「信下之志而行其命也。」張載《橫渠易說》：「見孚於眾，改命倡始，信已可行，故吉。」所謂「信下之志」，「見孚於眾」，則以民意為依歸。程《傳》：「改命而吉，以上下信其志也。誠既至，則上下信矣！」除信任民意外，兼信主政者之志。案：信，古每作「伸」解。

語譯

改朝換代所帶來的收穫，就像天上月亮的圓缺，地上潮水的漲落，很有信用。人民意志也得到伸張了。

附錄古義

《宋書・禮志一・引高堂隆改正朔議》見革卦辭附錄古義。

九五爻辭

九五❶：大人虎變❷，未占有孚❸。

注釋

❶九五

革卦九五，得位、得中而居尊，又處兌上悅樂之境，故其象占如此。在筮法上，當革卦第五爻為老，他爻皆少，即由革之豐䷶；或渙䷺第五爻為少，他爻皆老，即渙之革：這兩種情形，都以革九五爻辭占。

❷大人虎變

象也。《集解》引虞翻曰：「乾為大人，謂五也。蒙坤為虎變，〈傳〉論湯武以坤臣為君。」又引馬融曰：「大人虎變，虎變威德，折衝萬里，望風而信。以喻舜舞干羽，而有苗自服；周公脩文德，越裳獻雉。」乾九二、九五爻辭皆有「利見大人」之語，革二為六二，唯五為九五，故虞云「乾為大人，謂五也」。革九五亦具乾九五為大人之德也。革卦與蒙䷃旁通，蒙卦六三、六四、六五互體成坤。京房《易傳》：「坤為虎刑。」革卦九三、九四、九五之乾既旁通蒙卦三、四、五之坤，故為虎變。故虞云「蒙坤為虎變」。又虞所云〈傳〉，指〈彖傳〉，所言「湯武革命」也。蒙卦互坤本為臣，變為革卦互乾乃為君，故云「以坤臣為君」。《集解》所引馬融《周易馬融注》，《纂疏》云：「虎有威德，故折衝萬里。『風從虎』，故望風而信。《書・大禹謨》：『帝乃誕敷文德，舞干羽于兩階，七旬，有苗格。』《尚書大傳》：『成王之時，越裳以三象重九譯而獻白雉。公曰：「德澤不加焉，則君子不享其質；政令不施焉，則君子不臣其人。吾何以獲此也？」其使曰：「吾受命吾國之黃者曰：『久矣，天之無別風淮雨！意者中國其有聖人乎？有則盍往朝之！』」周公乃以薦于宗廟。』」又見《周傳・歸禾》。」案：《漢書・平帝紀》：「元始元年春正月，越裳氏重譯獻白雉一，黑雉二。詔使三公以薦宗廟。」漢平帝時，王莽攝政，其事頗堪玩味。《集解》所引虞翻言，多追究爻辭之根柢；所引馬融言，多追究爻辭之出處，並詳言其史實。王弼不注，孔穎達《正義》云：「九五居中處尊，以大人之德為革之主，損益前王，創制立法，有文章之美，煥然可觀，有似虎變，其文彪炳。」釋義甚正。張載《橫渠易說》：「以剛居尊，說而唱。下為眾所覩，其文炳然。」程《傳》：「九五以陽剛之才中正之德居尊位，大人也。以大人之道，革天下之事，无不當也，无不時也。所過變化，事理炳著，如虎之文采，故云虎變。」則可代表北宋儒門釋《易》之範例。案：變，漢帛書作「便」，熹平石經作「辯」。當以「變」為本字，便、辯，皆假借字也。或便有便民，辯有雄辯之意。

❸未占有孚

占也。《集解》引虞翻曰：「占，視也。離為占，四未之正，五未在坎，故未占有孚也。」《纂疏》：「『占視也』，揚子《方言》文。離，目。故為占。四雖未變之正，五未成坎。然陽在五，具坎體為孚，故未占有孚也。」揚子，指西漢揚雄。著《方言》。〈說卦傳〉：「離為目。」故虞云：「占，視也。離為占。」革未成既濟前，九五在兌，尚未在坎；及成既濟，則在坎有孚矣。王新軍《周易虞氏學》：「未行占斷，即知其具有誠信。」是也。弼《注》：「未占有孚，合時心也。」《正義》：「不勞占決，信德自著。」程《傳》：「以大人中正之道變革之，炳然昭著，不待占決，知其至當，而天下必信也。天下蒙大人之革，不待占決，知其至當而信之也。」則承王、孔之《注疏》，更指明變革之人、其道，及革者，蒙革者，分別詳言之。《周易折中》引胡炳文曰：「自三至五，皆言有孚。三議革而後孚，四有孚而後改，深淺之序也。五未占而有孚，積孚之素也。」又引鄭汝諧曰：「革之道，久而後信。五與上，其革之成乎？五陽剛中正，居尊而說體，盡革之美，是以未占而有孚也。其文曉然，見於天下。道德之威，望而可信，若卜筮罔不是孚，虎變之謂也。」又引龔煥曰：「革以孚信為主，故〈彖〉與三、四皆以孚為言。至五之未占有孚，則不言而信，而無以復加矣！」於義更多所補充。

語譯

革卦陽爻九居第五位：象徵聖人處至尊之位，主持改革，創制立法，政策架構優美，內容雄辯，執行果斷，像老虎皮毛一樣光鮮壯麗。不必占筮就曉得這種改革是值得信任、必須遵守的。

象傳

大人虎變，其文炳也❶。

注釋

❶大人虎變，其文炳也

炳，明顯，煥耀。《集解》引宋衷《周易注》曰：「陽稱大，五以陽居中，故曰大人。兌為白虎。九者，變爻，故曰『大人虎變，其文炳也。』」又引虞翻《周易注》曰：「乾為大明，四動成離，故其文炳也。」《纂疏》：「宋《注》：陽大陰小，故陽稱大。五陽居中，故稱大人，與乾五同義。白虎，西方之宿也。兌，西方，故為白虎。《說文》：『九者，陽之變也。』故九者變爻。九居兌中，故曰『大人虎變，其文炳也。』虞《注》：五體乾，〈乾・彖〉曰：『大明終始。』故乾為大明。四動，五成離。離，目。坤來為文。又嚮明為明。《說文》：『炳，明也。』故曰：其文炳也。」案：宋衷言「五以陽居中，故曰大人」，指乾九五爻辭「利見大人」。又：「兌為白虎」，〈說卦傳〉以兌為正秋，方向為西。又古人觀測日、月、五星的運行，選擇沿天球四周的恆星，劃分為二十八星宿：東方七宿稱蒼龍；南方七宿稱朱雀；西方七宿稱白虎；北方七宿稱玄武。故言「兌為白虎」也。九為變爻，據〈筮儀〉，六為老陰，七為少陽，八為少陰，九為老陽。少者不變，老者變。故九者變爻也。其他《纂疏》已詳，不贅。弼未注。《正義》曰：「其文炳者，義取文章炳著也。」程《傳》：「事理明著，若虎文之炳煥明盛也。天下有不孚乎？」《折中》引俞琰《周易集說》曰：「虎之斑文，大而疏朗。革道已成，事理簡明，如虎文之炳然也。」說理亦甚明。

語譯

聖人處至尊之位，主持改革，創制立法，雄辯果斷，變得像老虎一樣：法令的優雅清楚明白，就像虎皮的光鮮亮麗。

附錄古義

《群書治要．引桓譚新論》：「《易》言：『大人虎變』、『君子豹變』即以是論諭人主。」

《論衡．佚文篇》：「候氣變者於天，不於地；天文明也。衣裳在身，文著於衣，不在於裳；衣法天也。察掌理者左不觀右：左文明也。占在右不觀左：右文明也。《易》曰：『大人虎變，其文炳』；『君子豹變，其文蔚』。又曰：『觀乎天文』，『觀乎人文』。此言天人以文為觀，大人君子以文為操也。」

《風俗通．正失》：「《易》稱：『大人虎變，其文炳』；『君子豹變，其文蔚』。〈傳〉曰：『山有猛虎，草木茂長。』故天之所生，備物致用，非以傷人也。然時為害者，乃其政使然也。」

上六爻辭

上六❶：君子豹變❷，小人革面❸。征凶，居貞吉❹。

注釋

❶上六

得位而居正，才弱而遠三、四所代表的人民。在筮法上，當革卦上爻為老，他爻皆少，即由革之同人䷌；或師䷆上爻為少，他爻皆老，即師之革：這兩種情形，都以革上六爻辭占。

❷君子豹變

象也。《集解》引虞翻曰：「蒙艮為君子，為豹，從乾而更，故君子豹變也。」《纂疏》：「旁通蒙，上體艮，艮三乾體，為君子，艮為黔喙之屬，故為豹，上由艮變，從乾三而更，故君子豹變也。」革卦旁通蒙卦䷃，蒙卦上體為三畫的艮，上九陽爻屬乾體。乾為君子，〈說卦傳〉：「艮為黔喙之屬。」彼處《集解》引馬融《注》曰：「黔喙，肉食之獸，謂豺狼之屬。」《纂疏》又引鄭氏（玄）「以為虎豹之屬」。「乾陽在上，其色玄黃，為首在上。坤二陰似口在下，坤亦色黑。故為黔喙之屬也。」王弼《周易注》：「居變之終，變道已成，君子處之，能成其文。」孔《疏》：「上六居革之終，變道已成，君子處之，雖不能同九五革命創制，如虎文之彪炳；然亦潤色鴻業，如豹文之蔚縟。故曰君子豹變也。」《集解》所引虞翻《注》，多由爻象推辭之所由來。《纂疏》除疏通虞之注解外，更檢出〈說卦傳〉之馬融《注》與鄭玄《注》對「黔喙之屬」加以詮釋。弼《注》孔《疏》則純由革之過程業已完成釋之。程《傳》、朱《義》，大抵從王、孔，故未贅引。

❸小人革面

象也。《集解》引虞翻曰：「陰稱小人也。面謂四，革為離，以順承五，故小人革面。」《纂疏》：「陽大陰小，故稱小人。四變，陰為小人。四在乾首中，故面謂四；革變為離，順承五乾，故小人革面。」案：革卦三、四、五皆陽，互體為乾。故「四在乾首中」。四由九變六，革成既濟，互乾變離。離六四順承五乾，虞翻以為小人革面指此。然上爻爻辭，似不宜取四爻言之，此言象可商。弼《注》惟言：「小人樂成，則變面以順上也。」孔《疏》：「小人處之，但能變其顏面容色，順上而已。」《周易折中》「案」曰：「五上兩爻相承，虎豹兩物相似。程《傳》以君子為被王化之人，似不如孔氏（穎達）、楊氏（啟新）以為繼體守成之為安也。如文武開基，肇造維新，豈非若虎之變，而文采煥然者乎？成康繼世，禮明樂備，豈非若豹之變而文理繁密者乎？言君子雖稍別於大人，然革道必至此而後為詳且備也。至「小人革面」，方以被王化者言之。所謂革面者，亦非但革其面而不能革心之謂。此卦以禽獸取義：凡禽獸之有靈性而近於人者，如猩猩、猿猴之類，皆革其面，故以此為民風丕變之喻爾。王道之行，則仁義成俗，而心亦無不革矣！不然，何以為必世後仁乎？」《折中》此段案語，所言甚是。又王引之以革面為改其所向之意。《經義述聞》云：「【小人革面】革上六：『君子豹變，小人革面。』《正義》曰：『小人處之但能變其顏面容色順上而已。』李鼎祚曰：『兌為口，乾為首。今口在首上，面之象也。』（見《集解》。）引之謹案：《廣雅》曰：『面，鄉也（鄉與向同）。』革面者，改其所鄉而鄉君也。上六下應九三，則九三者，其所鄉也。然九三剛而不中，非所宜鄉，不若鄉九五之為得正，是以改其所鄉而鄉九五也。〈象傳〉曰『小人革面，順以從君也』，則鄉九五之謂矣。〈夏官・撢人〉：『使萬民和說而正王面。』鄭《注》曰：『面，猶鄉也。使民之心曉而正鄉王。』正所謂『小人革面，順以從君也』。不然，而小人但改其顏面容色，則心猶未改，豈得遂謂之順從乎？至口在首上而為面，則形體出於天性，又不可得而變改者也。〈魏志・武帝紀〉載漢獻帝策命曰：『遠人革面，華夏充實。』《文選》『革面』作『回面』。李善注引〈勮秦美新〉曰：『海外遐方，回面內鄉。』陸機〈漢高祖功臣頌〉曰：『覘幾蟬蛻，悟主革面。』顧悅之〈訟殷浩疏〉曰：『仰憑皇威，羣醜革面。』（見《晉書・殷浩傳》。）《梁書・武帝紀》齊帝璽書曰：『革面回首，謳吟德澤。』皆謂『革鄉』為『革面』。」案：「革面」謂革向，宋朱震、項安世、元俞琰皆已言之。《漢上易傳》：「革面，非謂面從也，旋其面目也。」《玩辭》曰：「小人革面，非謂面革而心不革也。若其心不革，何以謂之有孚？面者，向也。古語面皆謂向，如牆面、王面、南面，皆是。當是時也，小人易向而遵王之道矣，故曰小人革面，順以從君也。君子本與君同向，因是而追琢成章爾；小人本不同向，故以革面言之。」俞琰《周易集說》曰：「為小人者，亦皆改過而回心嚮道。……面者，嚮之謂。」

❹征凶，居貞吉

占也。《集解》引虞翻曰：「乘陽失正，故征凶。得位，故居貞吉。蒙艮為居也。」上六居九五陽爻之上，故曰「乘陽」。上為陰位，六為陰爻，上六以陰爻居陰位，並未失位或失正。虞云「失正」，似就「乘陽」說。陰居陽上，非正常現象也。並以為此為「征」所以「凶」之故。革與蒙旁通，蒙卦艮上，艮有門觀家居之象，上六得位，故居貞吉也。王弼《注》：「改命創制，變道已成。功成則事損，事損則无為。故居則得正而吉，征則躁擾而凶也。」虞由象數究其根本，弼由論理推其演進。程《傳》：「已甚非道也。故至革之終，而又征則凶也，當貞固以自守。革至於極，而不守以貞，而所革隨復變矣。天下之事，始則患乎難革，已革則患乎不能守也。故革之終，戒以居貞則吉也。」朱《義》：「革道已成，君子如豹之變，小人亦革面以聽從矣。不可以往，而居正則吉。變革之事，非得已者，不可以過，而上六之才亦不可以有行也。故占者如之。」大抵從王弼，而特重中庸之道。《折中》引龔煥曰：「九三與上六皆曰『征凶』，而有『貞厲』、『貞吉』之殊者：三之征凶，戒其不可妄動也；上之征凶，謂事之已革者，不可復變也。三當革而未革，故守貞則厲；上已革而當守，故居貞則吉。三革道未成；上革道已成故也。」龔氏言「貞」，取「守常」之意。案：革道重時，〈彖傳〉已言之。時者，進程也。《周易折中》於革卦之後有〈總論〉，引龔煥之言云：「初言『鞏用黃牛』，未可有革者也；二言『已日乃革』，不可遽革者也；三言『革言三就』，謹審以為革者也：皆革道之未成也。四言『有孚改命』，則事革矣；五言『大人虎變』，則為聖人之神化矣；

上言『君子豹變，小人革面』，則天下為之丕變，而革道大成矣！」近人研究文學評論者，或引《周易》此處文字以論「變化神話」，雖稍牽強，然擴大了研《易》者之視野，仍有參考價值。又項安世《周易玩辭》：於革卦「六爻變義」條云：「革自大壯來。初九不變：在大壯為壯于趾，為征凶；故其在革亦不可以有為。六二本九二所變：在大壯則為九二，貞吉，以不變言也；在革則為征吉，為行有嘉，以變言也。九三不變：在大壯為貞厲，為觸藩羸角；故其在革亦為貞厲，為征凶。九四不變：在大壯為悔亡，為尚往；故其在革亦為悔亡，為改命吉。九五本六五所變：在大壯為喪羊；至革則為虎變。上六爻雖不變，而其體變矣：在大壯為羝羊；至革則為豹變，明二爻皆自羊變而成也。自大壯之革，上卦復兌，象當為羊而反變為虎豹者，革之九五，自大壯九二乾爻來也。乾兌屬金，皆有虎象。而兌為陰，金乾為陽，金故專。兌則為羊，兌雜乾則為虎。就虎類言之，陽者為虎，陰者為豹，虎大而豹小也。故九五為虎，上六為豹。觀朱子發『尾火虎，箕水豹。』之說，可見其辨矣。上六本不變，因五之變而成革，故曰：『小人革面，順以從君也。』」余於「卦變」說，本不甚認同。及後漸覺所言亦有合理者。此錄《玩辭》，聊作參考耳。《玩辭》所引朱子發，即朱震。語見《漢上易傳》：「陸績曰：『兌之陽爻稱虎，陰爻稱豹。』」考之天文，尾為虎，火也；箕為豹，水也。同位於寅，虎豹同象而異爻也。」又案：尾箕皆屬二十八宿東方蒼龍七宿。

語譯

革卦最上面是陰爻六：君子像花豹皮毛變得更濃密豐盛，政令也更加仔細美滿；一般平民也轉向順從新領導人。這時若再從事征伐會有損失，靜處正常日子才有收穫。

象傳

君子豹變，其文蔚也❶；小人革面，順以從君也❷。

注釋

❶其文蔚也

《集解》引虞翻曰：「蔚，蔇也。兌小，故其文蔚也。」《纂疏》：「《倉頡篇》：『蔚，草木盛貌。』《說文》：『蔇，草多貌。』皆取茂盛之義。故云『蔚，蔇也』。兌，少女，故為小；上體坤陰，亦為小。地以草木為文，故其文蔚也。」弼未注。孔氏《正義》：「其文蔚者，明其不能大變，故文炳而相暎蔚也。」暎，字亦可作映。暎蔚，互相映襯而茂密。張載《橫渠易說》：「以柔為德，不及九五剛中炳明。故但文章蔚縟。」呂大臨《易章句》：「九五以剛居尊而履中正，革道大成，聖人作而萬物覩者也。煥乎其有文章，不待占而後信也。上六與九五皆革道已成之時，變而成文，五以剛得位居中故為大人；上以柔无位失中故為君子。虎之文脩大而有理；豹之文密茂而成斑。蓋大人與天地合其德，其文炳然，如火之照而易辨也。君子學以聚之，其文蔚然，如草之暢茂而叢聚也。」《郭氏傳家易說》記白雲曰：「炳者，文之著明也；蔚者，文之茂密也。」釋義可以參考。

❷順以從君也

《集解》引虞翻曰：「乾，君，謂五也。四變，順五。故順以從君也。」《纂疏》：「五位乾為君，故『乾君謂五也』。四變正，上順五，故『順以從君也』。」案：古人行文多省略。虞曰「四變順五」當如《纂疏》所言「四變正，上順五」方可。否則易誤解為順五者為「四」而非「上」，則此句當在四爻言之，不當置於上六也。《正義》：「順以從君者，謂其不能潤色立制，但順而從君也。」古時民智未開，「潤色立制」，實有困難也。倘上六已為「太上皇」或「宗廟」（《易緯》說），亦宜遠離實務，一切順從當今之君可也。

語譯

君子像花豹皮毛變得更濃密豐盛，政令也更加仔細美滿，文采燦爛得很哪！一般平民也轉向了，順承新政服從新領導人啊！

附錄古義

桓譚《新論》、王充《論衡》、應劭《風俗通》均曾言及，參見革卦九五爻辭附錄古義。

鼎卦經傳通釋第五十

卦辭

䷱巽下離上鼎❶：元吉，亨❷。

注釋

❶䷱巽下離上鼎

鼎，是六畫之卦的卦名。下卦是三畫的巽，上卦是三畫的離。鼎，甲文有作[古文字形]者，見《殷虛文字甲編》。金文有作[古文字形]者，見《作冊大鼎》；有作[古文字形]者，見《作父己鼎》。《說文》：「鼎，三足兩耳，和五味之寶器也。象析木以炊，貞省聲。……《易卦》巽木於下者為鼎。古文以貞為鼎，籀文以鼎為貞。」「三足兩耳」，是指器形，甲文偶如此。「象析木以炊」，是說鼎字下半部的左邊是爿，右邊是片；是劈開的「木」字。拿來生火的。《說文》以鼎上半「目」為「貞省聲」，又於「貞」云「貞，鼎省聲」。貞、鼎，聲同韻同，原為一字。故《說文》云「古文以貞為鼎，籀文以鼎為貞」也。參見乾卦辭「元、亨、利、貞」中「貞」字注釋。《集解》引鄭玄曰：「鼎，象也。卦有木火之用。互體乾兌，乾為金，兌為澤。澤鍾金而含水，爨以木火，鼎亨孰物之象。鼎亨孰以養人，猶聖君興仁義之道以教天下也。故謂鼎矣！」《周易》據數以言象，由象而推占。鄭云：「鼎，象也。」〈彖傳〉已如此說。鼎卦巽下為木，離上為火，皆據〈說卦傳〉。故鄭玄云「卦有木火之用」。鼎卦九二、九三、九四互體為乾，九三、九四、六五互體為兌。「乾為金，兌為澤」，〈說卦傳〉文。鄭玄以此由木生火，為烹飪熟物之象。《說文》：「䰞，食飪也。从丮𦎫，《易》曰『孰飪』。」今孰飪之孰，下皆加四點之「火」作「熟」，而「孰」惟作疑問代名詞「誰」或「什麼」解。又亨、享、烹，古可通用。王弼《周易注》：「鼎者，成變之卦也。革既變矣，則制器立法以成之焉。」孔穎達《疏》：「鼎者，器之名也。自火化之後，鑄金而為此器，以供烹飪之用，謂之為鼎。亨飪成新，能成新法。然則鼎之為器，且有二義：一有烹飪之用，二有物象之法。」蓋鼎有二義：一為烹飪之器。一為內鑄有法律規條而藏之宗廟之重器，可代表國家。如「鼎祚」之言國運，「問鼎」為爭奪國家領導權，「鼎革」為改朝換代等是。程《傳》：「取其象者有二：以全體言之，則下植為足。中實為腹，受物在中之象。對峙於上者，耳也。橫亙乎上者，鉉也。鼎之象也。以上下二體言之，則中虛在上，下有足以承之，亦鼎之象也。取其義，則木從火也。巽，入也，順從之義。以木從火為然（今作燃）之象，……烹飪之象也。」朱熹《本義》：「鼎，烹飪之器。為卦下陰為足，二、三、四陽為腹，五陰為耳，上陽為鉉，有鼎之象。又以巽木入離火而致烹飪，鼎之用也。故其卦為鼎。」程詳朱簡，合之則意甚明。《折中》引易祓曰：「《易》之諸卦，皆言象。取諸物以名卦者，鼎與井而已。井以木巽水，鼎以木巽火，二卦以養人為義。故皆以實象明之。」案：易祓，宋朝人，於《易》著有《易學舉隅》、《周易總義》，其書未見，故自《折中》轉引。

❷元吉，亨

占也。《集解》引虞翻曰：「大壯上之初，與屯旁通，天地交。柔進上行，得中應乾五剛，故元吉亨也。」二陰四陽之卦凡十五。其中鼎為「大壯（䷡）上之初」。亦即大壯上六來為鼎之初六，大壯初九往為鼎之上九。鼎與屯卦（䷂）六爻同一位陰陽都相異，此為「旁通」，陰陽相伴溝通也。屯卦震下是乾入坤初，坎上是乾入坤二，代表天地開始相交。故虞曰「天地交」。晉卦（䷢）坤下離上，睽卦（䷥）兌下離上，以及此鼎卦，〈彖傳〉皆曰「柔進而上行」，故知「柔進而上行」皆指「離上」也。又大有（䷍）乾下離上，〈彖傳〉曰「柔得尊位大中而上下應之」。噬嗑（䷔）震下離上，〈彖傳〉曰「柔得中而上行」。離卦（䷝）重離，〈彖傳〉曰「柔麗乎中正」。旅卦（䷷）艮下離上，〈彖傳〉曰「柔得中乎外而順乎剛」。未濟（䷿）坎下離上，〈彖傳〉曰「亨，柔得中也」。所謂「柔」亦皆指離上六五，惟重離「柔麗乎中正」指離下六二耳。是以虞以「柔進上行」釋「離上」也。鼎六五上行得中，與屯九五乾剛旁通互應，此虞所以云「得中應乾五剛」也。綜上所述，虞以「天地交」、「柔進上行」、「得中應乾五剛」，釋卦辭「元吉亨」者，理由在此也。弼《注》：「革去故而鼎取新。取新而當其人，易故而法制齊明。吉，然後乃亨。故先元吉而後亨也。鼎者，成變之卦也。革既變矣，則制器立法以成之焉。變而无制，亂可待也。法制應時，然後乃吉。賢愚有別，尊卑有序，然後乃亨。故先元吉而後乃亨。」則與革相提並論，而說出先吉後亨之理由。程《傳》：「以卦才言也。如卦之才，可以致元亨也。止當云『元亨』，文羨『吉』字。卦才可以致元亨，未便有元吉也。〈彖〉複止云『元亨』，其羨明矣。」《郭氏傳家易說》記白雲郭雍曰：「《易》以器物名卦者，井、鼎二卦而已。聖人名卦必以道，獨二卦以器者，以明道器皆一也。由道可見器，由器可推道也。井以不改為德，以動出為功，井之道也；鼎用以亨上帝，養聖賢，鼎之道也。伊川謂吉為羨字，卦才可以致元亨，未便有元吉也。」白雲言「道器皆一」，為民國熊十力「體用不二」說開了先河。朱子《本義》：「其占曰『元亨』、『吉』，衍文。」程頤、郭雍、朱熹，皆以「吉」是誤增多餘的字，應刪去。卦辭只有「元亨」二字，唯「大有」與「鼎」而已。

語譯

三畫的巽在下，三畫的離在上，重疊而成六畫的鼎卦。鼎是烹燒珍貴食材的用具，在個人健康和賓主感情等方面，美食都大有效果，使人舒暢發展。

附錄古義

《漢書・五行志・中之下》：「劉歆說：『《易》有鼎卦。鼎，宗廟之器。主器奉宗廟者，長子也。』」

彖傳

鼎，象也❶。以木巽火，亨飪也❷。聖人亨以享上帝，而大亨以養聖賢❸。巽而耳目聰明❹，柔進而上行，得中而應乎剛❺：是以元亨❻。

注釋

❶鼎，象也

《集解》引荀爽曰：「巽入離下，中有乾。象木火在外，金在其內，鼎鑊亨飪之象也。」〈說卦傳〉：「巽，入也。」又云：巽為木，離為火，乾為金。今鼎卦巽下為木，離上為火。二、三、四爻互體成乾為金。故有木火燃於外，金屬器物鼎鑊在木火之內，像在烹飪。《集解》又引虞翻曰：「六十四卦皆觀象繫辭，而獨于鼎言象，何也？象事知器，故獨言象也。」〈繫辭傳上〉：「聖人設卦，觀象繫辭焉而明吉凶。」「觀象繫辭」出乎此，言觀六十四卦之卦象而繫之以卦辭，觀三百八十四爻之爻象而繫之以爻辭，皆所以明吉凶也。〈繫辭傳下〉：「象事知器，占事知來。」「象事知器」出乎此。〈繫辭傳上〉：「見乃謂之象，形乃謂之器。」所以「象事知器」是說觀察《周易》所描述的事物現象，推知器具的結構、形成、和功能。弼《注》：「法象也。」孔《疏》：「明鼎有亨飪成新之法象也。」蓋「法象」者，指器之功能與現象也。程《傳》：「卦之為鼎，取鼎之象也。鼎之為器，法卦之象也（一作法象之器也）。有象而後有器，卦復用器而為義也。鼎，大器也，重寶也。故其制作形模，法象尤嚴。鼎之名正也，古人訓方，方實正也。以形言則耳對植於上，足分峙於下，周圓內外，高卑厚薄，莫不有法而至正，至正然後成安重之象。故鼎者，法象之器，卦之為鼎，以其象也。」頗有綜合虞、弼二《注》之意。案：俞樾《古書疑義舉例》：「《周易》『象』字，依《說文》當作像。《說文・人部》：『像，象也；从人象聲，讀若養字之養。』然則『鼎，象也。』猶曰鼎，養也。下文云『聖人亨以享上帝，而大亨以養聖賢。』是其義也。學者不知象為『養』之叚字，故不得其義。」新說可以參考。

❷以木巽火，亨飪也

巽，順從之意。以木巽火，以鼎卦巽下之木從離上之火，故為燃燒烹飪之意也。或以巽為入，亦甚好。《集解》引荀爽曰：「巽入離下，中有乾象，木火在外，金在其內，鼎鑊亨飪之象也。」依〈說卦傳〉「巽，入也」文，以此「木巽火」為「巽入離下」，即以巽為入。程《傳》：「以二體（巽木、離火）言鼎之用也。『以木巽火』，以木從火，所以亨飪也。」則以巽為從。〈象傳〉「鼎，象也。以木巽火，亨飪也。」釋鼎卦之名。弼《注》：「亨飪，鼎之用也。」孔《疏》：「此就用釋卦名也。」

❸聖人亨以享上帝，而大亨以養聖賢

《集解》引虞翻曰：「聖人謂乾。初、四易位，體大畜。震為帝，在乾天上，故曰『上帝』。體頤象，三動噬嗑食，故以享上帝也。大亨謂天地養萬物，聖人養賢以及萬民。賢之能者稱聖人矣。」案：乾九五〈文言傳〉曰：「聖人作而萬物覩。」故「聖人謂乾」。鼎初六、九四皆失位，當易位成初九、六四，則鼎卦成大畜䷙。大畜內卦為乾，九三、六四、六五互體成震。〈說卦傳〉：「震為長子。」又云：「帝出乎震。」古者帝位由長子繼承，故震可為帝。在乾天之上，故曰「上帝」。大畜三、四、五，四、五、上，互體可成頤卦䷚，頤卦六三動而成九三。（頤在頭為上下顎，咬食之時，下顎恆動，而上顎不動；且六三失位不正，動而為九三方正也。）虞以此為「聖人亨以享上帝」，其巧思附會，亦云甚矣。「天地養萬物，聖人養賢以及萬民。」頤〈彖傳〉文。虞引此以釋「大亨」，以〈傳〉釋〈傳〉，則甚好。弼《注》：「亨者，鼎之所為也。革去故而鼎成新，故為亨飪調和之器也。去故取新，聖賢不可失也。飪，孰也。天下莫不用之。而聖人用之，乃上以亨上帝，而下以大亨養聖賢也。」孔《疏》：「此明鼎用之美。亨飪所須，不出二種。一供祭祀，二當賓客。若祭祀則天神為大，賓客則聖賢為重。故舉其重大，則輕小可知。享帝直言亨，養人則言大亨者，亨帝尚質，特牲而已，故直言亨；聖賢既多，養須飽飫，故亨上加大字。」《周易折中》李光地案云：「釋名之後，繼以『享帝』、『養賢』兩句，指明卦義之所主也。與『井養而不窮也』對觀之便明。蓋彼主養民，此主亨帝養賢，而亨帝之實，尤在於養賢也。」

❹巽而耳目聰明

《集解》引虞翻曰：「謂三也，三在巽上，動成坎離，有兩坎兩離象，乃稱『聰明』。日月相推而明生焉，故『巽而耳目聰明』。眇而視，不足以有明，聞言不信，聰不明。皆有一離一坎象故也。」案：鼎卦巽下，九三在三畫之巽為上爻，九三如變動成六三，則鼎卦將成未濟䷿，坎下而離上。又二、三、四互體為離，三、四、五互體為坎。是有兩坎兩離之象。〈說卦傳〉：「坎為耳，離為目。」兩坎兩耳主聽，兩離兩目主明。故虞曰「謂三也……乃稱聰明」。〈繫辭傳下〉：「日往則月來，月往則日來。日月相推而明生焉！」蓋亦因〈說卦傳〉云：「坎為月」、「離為日」，仍謂「三在巽上，動成坎離」故也。又履卦䷉六三〈小象傳〉：「眇能視，不足以有明焉。」卦僅九二、六三、九四互體得一離，單目獨眼也。又夬卦䷪九四爻辭「聞言不信」，〈小象傳〉曰：「聞言不信，聰不明也。」指九四失位不正，倘動而成六四，則卦成需䷄，乾下坎上，且三、四、五互體成離，則具一耳一目矣，是「聰不明也」。故雙耳雙目則聰明，單耳獨目則欠聰明也。虞云「皆有一離一坎象故也」。此之謂也。以象數釋之大致如上，若以義理解之，弼《注》：「聖賢獲養，則己不為而成矣！故巽而耳目聰明也。」孔《疏》：「此明鼎用之益。言聖人既能謙遜，大養聖賢。聖賢獲養，則憂其事，而助於己。明目達聰，不勞己之聰明，則不為而成矣！」此道家無為哲學也。程《傳》：「下體巽，為巽順於理，離明而中虛於上，為耳目聰明之象。」《郭氏傳家易說》

記白雲曰：「『巽而耳目聰明』者，人君之視聽，以天；而其明四目、達四聰也，以人。能享上帝養聖賢則其耳目聰明之用廣大矣！」伊川、白雲之說，則儒者之言也。

❺柔進而上行，得中而應乎剛

《集解》引虞翻曰：「『柔』謂五，得上中，應乾五剛。巽為進，震為行。非謂應二剛，與睽五同義也。」離上之卦，如晉、睽、鼎，皆言「柔進而上行」。柔均指離上六五。又大有、噬嗑、離、旅、未濟，〈彖傳〉亦皆有「柔」字，均指六五。參見本卦卦辭注釋❷。又鼎卦與屯卦旁通，鼎六五上行得中，與屯卦九五相伴相應，是「應乎剛」。〈說卦傳〉：「巽為進退。」蓋進、退皆順也。又：「震為龍，……其於馬也……。」蓋震富龍馬精神，而能行也。虞謂〈彖傳〉所言「應乎剛」，非謂鼎六五應九二之剛，二、五皆失位，非合理相應也。而鼎六五與屯九五相應，與睽六五應蹇九五，其義例相同也。弼《注》：「謂五也。有斯二德，故能成新而獲大亨也。」稍嫌簡略。孔《疏》：「此就六五釋元吉亨。以柔進上行，體已獲通，得中應剛，所通者大，故能制法成新，而獲大亨也。」仍欠明白。程《傳》：「凡離在上者，皆云柔進而上行。柔在下之物，乃居尊位，進而上行也。以明居尊而得中道，應乎剛，能用剛陽之道也。五居中而又以柔而應剛，為得中道，其才如是，所以能元亨也。」呂大臨《易章句》：「柔上行而得中，所以能奉天道；應乎剛，所以能尊有道，敬有德。凡鼎之義皆主於柔，巽順於天人，而不自用，此所以能元吉亨也。」程頤及其弟子呂大臨析義理則精而實矣。蓋以柔居尊位，必賴剛之支持，行事更宜合乎中道也。又案：吳澄《易纂言》：「卦自兌變。兌三之柔進而上行為六五，得上卦之中，而應九二之剛，聰明則非昏懦之巽。上行則非卑下之柔。應剛則非止柔中而已。卦有此三善，所以為元而能致亨也。」所言卦變爻應，皆不同於虞翻。孰是孰非，可以三思。

❻是以元亨

上托「聖人亨以享上帝，而大亨以養聖賢。」「巽而耳目聰明。」「柔進而上行，得中而應乎剛。」三句，以為此乃卦辭所以言「元亨」之理由。舊注每以「柔進……」一句為限，似可商。蓋〈彖傳〉先以「鼎，象也。以木巽火，亨飪也」釋鼎卦名。「聖人」以下，皆釋卦辭「元亨」者也。《郭氏傳家易說》記白雲郭雍曰：「自『聖人亨以享上帝』以至『得中而應乎剛』，皆致『元亨』之道也。」已先我而見及此。

語譯

鼎卦六爻排列，像烹飪器具「鼎」的形狀。用木柴點火燃燒，這是烹燒食物啊。聖人烹燒食物來祭祀天帝，又用豐盛的筵席來款待、頤養聖賢。順從天命，任賢用能，於是耳聰目明，感知靈敏。以謙柔的態度向上發展，符合中庸之道而且得到堅強的支持：所以使人大大舒暢發展。

附錄古義

《北堂書鈔．設官部．引應劭漢官儀》：「三公三人以承君，蓋由鼎有足。故《易》曰：『鼎，象也。』」

象傳

木上有火，鼎❶；君子以正位凝命❷。

注釋

❶木上有火，鼎

鼎卦巽下為木，離上為火。故木上有火在燃燒著，像在用鼎鑊烹飪一般，故有鼎象。《集解》引荀爽曰：「木火相因，金在其間。調和五味，所以養人，鼎之象也。」《篹疏》：「木火相因，謂巽木生離火也。金居其間，謂互乾為金。兌，西方，亦為金。故象鼎也。《說文》：『鼎，和五味之寶器也。』故云『調和五味，所以養人，鼎之象也。』」即此之意。弼未注。孔《疏》云：「木上有火，即是以木巽火，有亨飪之象，所以為鼎也。」程《傳》：「木上有火，以木巽火也。烹飪之象，故為鼎也。」從孔穎達之《疏》。朱子《本義》不釋。而項安世《玩辭》：「以木入火，則象鼎之烹飪也；木上有火，自取其氣之上蒸。先儒於『木上有火』亦以烹飪釋之，非也。凡〈彖〉與〈大象〉，无同用者。」則駁斥孔《疏》程《傳》，以為〈彖〉、〈象〉無同用者。其異同是非，釋者不欲專斷，讀者當自行審思明辨。

❷君子以正位凝命

《集解》引虞翻曰：「君子謂三也。鼎五爻失正，獨三得位，故以『正位』。凝，成也。體姤謂陰始凝初，巽為命。故君子以正位『凝命』也。」虞《注》之長處，在字字說得有來歷。乾九三爻辭：「君子終日乾乾，夕惕若，厲无咎。」鼎九三之本義來自乾九三，故亦稱「君子」也，參見彼注。鼎六爻，獨九三得位得正，其他五爻皆失位失正，「正位」二字自此。鼎卦巽下，巽〈彖傳〉言「重巽以申命」，〈象傳〉言「君子以申命行事」，故「巽為命」。又坤初六〈象傳〉：「履霜堅冰，陰始凝也。」鼎初六之本義來自坤初六，可參見彼注。又姤䷫六爻，獨初為陰，亦陰始凝之象也。「凝命」二字自此。然牽強附會，亦不能免；牽強附會，正是象數《易》之特色也。弼《注》：「凝者，嚴整之貌也；鼎者，取新成變者也。革去故而鼎成新。正位者，明尊卑之序也；凝命者，以成教命之嚴也。」孔《疏》：「君子以正位凝命者，凝者，嚴整之貌也。鼎既成新，即須制法。制法之義，莫若上下有序，正尊卑之位，輕而難犯，布嚴凝之命。故君子象此以正位凝命也。」則純就法理言之，避言象數。程《傳》：「鼎者，法象之器。其形端正，其體安重。取其端正之象，則以正其位，謂正其所居之位，君子所處，必正其小。至於席不正不坐，毋跛毋倚。取其安重之象，則凝其命令，安重其命令也。凝，聚止之義，謂安重也。今世俗有凝然之語，以命令而言耳。凡動為皆當安重也。」則一以修身為本。案：「席不正不坐」，《論語・鄉黨》所記孔子坐席之儀態。又《禮記・內則》：「升降出入揖遊，不敢噦噫嚏咳、欠伸跛倚睇視。」「毋跛毋倚」脫胎於此。從程頤所引《論語》、《禮記》，皆儒家經典，亦可知其立場也。

語譯

木頭上有火燒著，這像是用鍋鼎烹煮食物來祭天宴客；君子受到啟示，也要端正身心，遵行這時候自然界和社會交付給自己的使命，凝聚天命和民心。

序卦傳

革物者莫若鼎❶，故受之以鼎❷。

注釋

❶革物者莫若鼎

鼎鑊之類烹飪器材，可以把生米煮成熟飯，把生魚蒸成清蒸魚，把生肉燒成紅燒肉，不但味道變得可口，而且燒死寄生的病菌。又鼎更可以代表國家。夏禹收九牧之金鑄九鼎，以為王位傳承之寶器，由夏傳殷、周、秦，遂轉為王位、帝業之稱。《說文》：「鼎、昔禹收九牧之金，鑄鼎荊山之下，入山林川澤，魑魅魍魎，莫能逢之，以協承天休。《易》卦，巽木於下者為鼎，象析木以炊也。」《左傳．宣公三年》：「楚子伐陸渾之戎，遂至於洛，觀兵于周疆。定王使王孫滿勞楚子。楚子問鼎之大小輕重焉。對曰：『在德不在鼎。昔夏之方有德也，遠方圖物，貢金九牧，鑄鼎象物。百物而為之備，使民知神姦。故民入川澤山林，不逢不若。螭魅罔兩，莫能逢之。用能協于上下，以承天休。桀有昏德，鼎遷于商，載祀六百。商紂暴虐，鼎遷于周。』」所以「鼎遷」有改朝換代的意思。韓康伯《注》：「革去故，鼎取新。既以去故，則宜制器立法，以治新也。鼎所以和齊生物成新之器也，故取象焉。」韓《注》把「和齊生物成新之器」引申到改朝換代「制器立法」上。王夫之《周易外傳》：「鼎柔上而居中，則風力聚而火道登矣！天下未定，先以驅除；天下已定，納以文明。風以盪之，日以晅之。有其盪而日以升，有其晅而風不散，故離位正而巽命凝也。……漢之新秦也，非其固有也。嘉勞父老，約法三章，柔效登而位正矣！蕭曹定法於上，畫一而不可干。而又眾建諸侯，以彊其輔，故剛以節柔。其後一篡再篡，而不可猝亡。宋之新五代也，非其固有也。竊竊然其懷寶而沾沾然其弄飴。趙普之徒，早作夜思，以進擥固之術：解刑網，釋兵權，率欲媚天下而弱其骨。故以柔濟柔而无節。渙散侹仆，一奪於女真，再奪於韃靼，而亡亦熸矣！嗚乎！柔之為道，止驅除而新命，得則為周，失則為宋；剛之為道，納之柔世，而卒難舍也，而節則為商，不節亦不失為漢。」韓康伯、王夫之之釋「鼎」也，重點在革故而立法治新也。又程《傳》：「鼎之為用，所以革物也。變腥而為熟，易堅而為柔。水火不可同處也，能使相合為用而不相害，是能革物也，鼎所以次革也。」重點在烹飪。所言使「不可同處」者「能使相合為用而不相害」，尤具新意。讀者宜三思其言！

❷故受之以鼎

韓康伯《注》曰：「革去故，鼎取新。既已去故，則宜制器立法，以治新也。鼎新以和齊生物，成新之器也，故取象焉！」此條前已引用，今再引之，不得已也。朱震《漢上易傳》：「三代之革，其禮相因，損益可知也，故次之以革。鼎之革物，以水濟火而熟之。革物者，莫如鼎，故次之以鼎。」案：《論語・為政》：「子張問：『十世可知也？』子曰：『殷因於夏禮，所損益可知也；周因於殷禮，所損益可知也；其或繼周者，雖百世可知也。』」漢上語「其禮相因」，由此。而孔子此語能說出《周易》因故而知來的基本理論，故特引而置於此。

語譯

變革事物，沒有任何東西比得上鼎，所以承接革卦的是鼎卦。

雜卦傳

鼎，取新也❶。

注釋

❶鼎，取新也
鼎為烹飪之器，使生米變成熟飯。又為宗廟之重器，代表國、家。詳已見〈序卦傳〉注釋。

語譯

鼎，是採取新的。

初六爻辭

初六❶：鼎顛趾❷，利出否❸。得妾以其子❹，无咎❺。

注釋

❶初六

鼎卦的初位是陰爻六。失位，但承陽有應，也顯示了頭重腳輕。在筮法上，當鼎卦初爻為老，他爻皆少，即由鼎之大有䷍；或比卦䷇初爻為少，他五爻皆老，即比之鼎：這兩種情形，都以鼎初六爻辭占。

❷鼎顛趾

象也。《集解》引虞翻曰：「趾，足也。應在四，大壯震為足。折入大過，大過顛也。故鼎顛趾也。」趾，甲文作「」，像腳掌及腳趾之形。金文或作「」，篆文作「止」，楷體為「止」，後添「足」作「趾」。《爾雅・釋言》：「趾，足也。」鼎卦初六與九四相應。又卦自大壯乾下震上，〈說卦傳〉：「震為足。」鼎卦三、四、五互體成兌。〈說卦傳〉：「兌為毀折。」巽下為「入」。巽下兌上則成大過卦䷛，故云「折入大過」。〈雜卦傳〉：「大過，顛也。」虞氏以為這些就是「鼎顛趾」在象數上的根據。實在太牽強了。連李道平的《篹疏》都說：「又爻例『初為足』。」加以初六，陰爻失位，腳趾不穩，所以鼎腳顛覆，這就簡明合理得多了！王弼《注》：「凡陽為實，而陰為虛。鼎之為物，下實而上虛。而今陰在下，則是為覆鼎也。鼎覆則趾倒矣！」何等直截了當！程《傳》：「六在鼎下，趾之象也。上應於四，趾而向上，顛之象也。鼎覆則趾顛，趾顛則覆其實矣！非順道也。然有當顛之時，謂傾出敗惡，以致潔取新，則可也。」伊川依象數說義理，以為烹飪之初，當倒出鼎中舊積敗惡之物，刷洗清潔也。雖「非順道」，但有「致潔取新」之功，「則可也」。立身行事，宜視時宜，「變易」合時，此乃「不易」之道也。呂大臨《易章句》：「初六以一陰承二陽，上強下弱者也。上強下弱，其勢必顛，故鼎顛趾也。」不以初六應九四釋「鼎顛趾」，而以頭重腳輕為釋，亦甚好。

❸利出否

占也。否，汙穢之物。利出否，謂利於傾倒出鼎中舊積存之汙穢也。《集解》引虞翻曰：「初陰在下，故否；利出之四，故曰利出。」《篹疏》：「初陰在下，鼎初即否初也，故稱否。否，閉也。初失位，與四應，伏震為出。故利出之四，而曰利出否也。」弼《注》唯曰：「否謂不善之物也。……處鼎之初，將在納新施顛以出穢。」程《傳》：「顛趾利在於出否。否，惡也。」程頤所謂「惡」，即王弼所謂「不善之物」。參閱注釋❷。

❹得妾以其子

象也。《集解》引虞翻曰：「兌為妾。四變得正成震，震為長子，繼世守宗廟而為祭主。故得妾以其子，无咎矣！」鼎卦三、四、五互體成兌☱，〈說卦傳〉：「兌為妾。」鼎卦初六與九四相應，惜位皆失正。倘此兩爻易位，變而得正，卦成大畜䷙，大畜三、四、五爻互體成震，〈說卦傳〉：「震為長子。」〈彖傳·震〉：「出可以守宗廟社稷，以為祭主也。」又《春秋公羊傳·隱公元年》：「子以母貴，母以子貴。」虞翻之《注》，依據大抵如此。參閱本卦〈彖傳〉注釋❸。王弼《注》：「取妾以為室主，亦顛趾之義也。」胡一桂《周易本義附錄纂註》引徐氏曰：「妾，初也。子，四也。柔巽處卑，妾之象也。從剛應四，以其子也。言妾雖賤，從子貴也。」胡氏《纂註》所引「徐氏」，存姓無名。而胡一桂又撰《周易發明啟蒙翼傳·中篇·易學傳注·宋》所記諸儒傳注「徐」姓者僅「徐庸」一人。疑此「徐氏」即「徐庸」也。胡氏《啟蒙翼傳》：「徐庸，《周易意蘊凡例總論》一卷，《周易卦變解》二卷。庸，東海人。皇祐初撰。以《注疏》淲漫，故著論九篇。始於〈易蘊〉，終於〈大衍〉。又〈卦變序〉云：『皇祐初述《周易凡例》，粗驗〈彖辭〉，然未罄萬事之變，閱唐李氏所集諸儒《易》詁，遂成《周氏卦變解》二卷。益明卦有意象，爻有通變，以矯漢魏諸儒旁通、互體推致之失。』」徐庸《易》學內蘊，大致可見。

❺无咎

占也。《集解》所引及弼《注》，已見注釋❹。朱熹《本義》：「此爻之象如此（指『鼎顛趾，利出否，得妾以其子。』），而其占『无咎』，蓋因敗以為功，因賤而致貴也。」所言「因敗以為功」，蓋指「顛趾出否」；所言「因賤以致貴」，蓋指「得妾以其子」。則「无咎」上托三句。而虞翻則以「无咎」僅指「得妾以其子」而言。見注釋❹引文。兩者相較，虞說為長。蓋「利出否」之為占，正因「鼎顛趾」之象而生也。吳澄《易纂言》：「以其子而達於上，則非上僭也，故无咎。」

語譯

鼎卦初位是陰爻六：像鼎顛倒了腳趾，恰好可以便利地倒出裡面髒東西。又像娶了小老婆因為她為你生了兒子而扶為正妻。沒有差錯。

象傳

鼎顛趾，未悖也❶。利出否，以從貴也❷。

注釋

❶未悖也

說明爻辭「鼎顛趾」未違背易道。《集解》引荀爽曰：「以陰承陽，故未悖也。」初六以陰居初，雖然失位，有悖亂的嫌疑。但上承九二、應九四之陽，接受陽剛的領導，所以並未違背易道，這是就位應來說明。

弼《注》：「倒以寫否，故未悖也。」寫，今作瀉，傾洩之意。把鼎倒過來傾洩汙穢，所以未違易道。則純以除舊所以納新的道理來詮釋。程《傳》：「鼎覆而趾顛，悖道也。然非必為悖者，蓋有傾出否惡之時也。」朱《義》：「鼎而顛趾，悖道也。而因可出否以從貴，則未為悖也。」又《語類》記朱子與門人間之問答曰：「或曰：『據此爻，是凡事須用與他翻轉了，卻能致福？』曰：『不然！只是偶然如此。此本是不好的爻，卻因禍致福，所謂不幸中幸。蓋鼎顛趾本是不好，卻因顛覆而傾出鼎中惡穢之物，所以反得利而无咎。非是故意欲翻轉鼎趾，而求利也。』」行事宜視其動機，察其後果，始能論其合道或悖道也。

❷以從貴也

說明爻辭「利出否」的理由。《集解》引虞翻曰：「出初之四，承乾五，故『以從貴也』。」《篹疏》：「利出否，初之四，上承乾五，謂屯伏陽也。陰賤陽貴，又五位天子，亦為貴。故『以從貴也』。」案：虞云「承乾五」，《篹疏》云：「上承乾五，謂屯伏陽也。」此「飛伏」、「旁通」之說。所謂「飛伏」，是說：凡卦表面呈現者為「飛」，骨子裡涵攝的為「伏」。飛陽則伏陰，飛陰則伏陽。其說倡於京房，荀爽、虞翻等皆承其說。所謂「旁通」，是指兩卦六爻陰陽互異，前已多次提及。鼎卦與屯卦䷂旁通。鼎初六上出至四，而成六四，上承本為六五，飛陰而伏陽，伏著像屯卦九五類似的陽。陽貴，九五又有天子的身分。所以初六上出所成的六四可算是跟到了貴人。這樣本卦本爻不能解釋的，於是講旁通；旁通仍不能解釋的，再講飛伏。那麼幾乎沒有不能解釋的了。實在太牽強附會了。但是隱隱中似乎也反映了我們祖先那種化不可能為可能，或化可能（如有咎、凶）為不可能（如无咎、逢凶化吉），以及與對方宜相互涵攝、相互溝通的理念。而這種理念是可貴的。弼《注》：「棄穢以納新也。」孔《疏》：「舊，穢也；新，貴也。棄穢納新，所以從貴也。」程《傳》：「去故而納新，瀉惡而受美，從貴之義也。應於四，上從於貴者也。」伊川偶亦言象，《傳》云「應於四」，言象之例也。朱《義》大抵從程。來知德《周易集註》：「貴對賤，言鼎中之否則賤物也。以從貴，言欲將珍羞貴物，相從以實于鼎中，不得不出其否賤，以濯潔也。正位君子，當先洗心。」虞翻、王弼、孔穎達、程頤、朱熹、來知德等，大抵皆遵〈象傳〉原文「利出否以從貴也」而作出解釋。王夫之《易內傳》：「從貴，從九五養賢之志也。言從貴，則得妾以子之義亦明矣。」始以為兼釋「得妾以其子」。余嘗檢視三百八十四爻爻辭與〈小象傳〉，倘爻辭所言僅一事者，〈小象〉之詮釋每亦僅一句。如乾初九爻辭「潛龍勿用」，〈小象〉「潛龍勿用，陽在下也。」履九五爻辭「夬履貞厲」，〈小象〉「夬履貞厲，位正當也。」晉六三爻辭「眾允悔亡」，〈小象〉「眾允之志，上行也。」等是也。倘爻辭所言有二，〈小象〉亦多以二句分別詮釋之。如坤初六爻辭「履霜，堅冰至。」〈小象〉「履霜，陰始凝也；馴致其道，至堅冰也。」謙上六爻辭「鳴謙，利用行師，征邑國。」〈小象〉「鳴謙，志未得也；可用行師，征邑國也。」革上六爻辭「君子豹變，小人革面，征凶，居貞吉。」〈小象〉「君子豹變，其文蔚也；小人革面，順以從君也。」皆是其證。再由〈小象〉釋爻辭之例審核鼎初六爻辭「鼎顛趾，利出否」為一事，「得妾以其子，无咎」為另一事。〈小象〉「未悖也」釋「鼎顛趾」，「以從貴也」不應仍釋「利出否」，應是釋「得妾以其子」者。〈小象〉當作：「鼎顛趾，未悖也。得妾以其子，以從貴也。」蓋正室無子，妾以其子能「守宗廟社稷以為祭主」，母以子貴，故曰「以從貴也」。余此說缺乏版本上之證據，但盼續有出土文物，保存〈象傳〉原文，可證余說也。

語譯

鼎顛倒了腳趾，並沒有違反了道理。因為生了兒子能傳宗接代作宗廟社稷的祭主，小老婆能夠扶為正室，這是母因有貴子而尊貴啊！

九二爻辭

九二❶：鼎有實❷，我仇有疾❸，不我能即❹：吉❺。

注釋

❶九二

以九陽剛之爻，處鼎卦第二位，為內卦巽下中爻。下據初六之陰，上應六五之陰。進退取捨，須特別注意。必以剛中自守，方為上策。以筮法言之，當鼎卦第二爻為老，他爻皆少，即鼎之旅䷷；或節䷻第二爻為少，他爻皆老，即節之鼎：這兩種情形，都以鼎九二爻辭占。

❷鼎有實

象也。《集解》引虞翻曰：「二為實，故鼎有實也。」《纂疏》：「陽實陰虛，二陽為實，故鼎有實也。」九二以陽居鼎內卦之中，代表鼎中有實物，有烹燒的食物。弼《注》：「以陽之實，處鼎之中，有實者也。有實之物，不可復加。益之則溢，反傷其實。」更在「有實」的基礎上加了「滿招損」的思想。程《傳》：「二以剛實居中，鼎中有實之象。」朱《義》：「以剛居中，鼎有實之象也。」大抵從舊說而有所取捨。

❸我仇有疾

象也。仇，帛書作救，張立文《周易帛書今注今譯》：「『救』疑為『仇』之異體字。」並引《詩．關雎》：「君子好逑。」《釋文》：「逑，本亦作仇。」以為救、逑、仇同音相假。又據《說文》：「仇，讎也。」及《左傳．桓公二年》：「嘉耦曰妃，怨耦曰仇。」以為「我仇」猶「我之怨敵」。《集解》引虞翻曰：「坤為我，謂四也。二據四婦，故相與為仇。謂三變時，四體坎，坎為疾，故我仇有疾。」《纂疏》：

「坤身為我，四當變坤，故我謂四也。初為四婦，二據初，為據四婦。怨耦曰仇，故相與為仇。三變，四體在坎，坎心病，為疾，故我仇有疾。」虞翻以為鼎卦與屯䷂旁通。屯六二、六三、六四爻互體為坤。而坤為我。屯六四是坤我的完成，所以說「謂四也」。虞翻這樣講很牽強。其實「我」只是九二自指。不必由旁通互體輾轉來附會。九二與初六比鄰，九二以陽據陰。而初六與九四相應，所以九四是「我仇」，是九二的情敵。虞氏所言「二據四婦，故相與為仇」，當如是理解。虞還以為「四體坎，坎為疾」，認為鼎九三變為六三時，九四便陷於六三、六五兩陰之中，〈說卦傳〉：「坎為心病。」為有疾。此「飛伏」說，亦甚牽附。不過虞氏提到「坤為我」此一逸象，似意味著「乾為人」。我，個體，是坤，是陰，是卑下的；人，人民大眾，是乾，是陽，是尊貴的。則頗有意思。弼《注》：「我仇，謂五也。困於乘剛之疾。」孔《疏》：「六五，我之仇匹，欲來應我，困於乘剛之疾。」《注》、《疏》以「我仇」指六五，與虞指九四不同。程《傳》：「仇，對也。陰陽相對之物，謂初也。相從則非正而害義，是有疾也。」朱《義》：「我仇謂初，陰陽相求而非正，則相陷於惡而為仇矣！」程、朱以「我仇」為初，與虞異，與王、孔亦不同。《易》無定象，《詩》無確詁，信哉！

❹不我能即

象也。「即」，帛書作「節」，張立文云：「『節』，假借為『即』。」《集解》引虞翻曰：「四之二，歷險。二動得正，故不我能即，吉。」《篹疏》：「三變，二與四皆在坎中，故『四之二歷險』也。二不變，則與四爭初；二動，體艮為止，故『不我能即』。《說文》：『即，就也。』二動得正，故吉也。」以為鼎九三變為六三，則九四陷於六三至六五坎險之中；九二陷於初六至六三坎險之中。所以「四之二歷險」。倘鼎九二動，變為六二，則鼎巽下變為艮下，而〈說卦傳〉云「艮，止也」，引申有「慎」意。「不我能即」，古漢語詞序如此，今則曰「不能即我」。即，接受親近之意。弼《注》：「不能就我，則我不溢。」孔《疏》從《注》。程《傳》：「二當以正自守，使之（指初六）不能來就己。」朱《義》：「二能以剛中自守，則初雖近，不能以就之矣！」程、朱蓋取「凡事責己，而不怨天尤人」之意。

❺吉 占也。《集解》所引及《纂疏》之釋已見上條。程《傳》：「二當以正自守，使之不能來就己。人能自守以正，則不正不能就之矣，所以吉也。」朱《義》：「是以其象如此，而其占為如是，則吉也。」胡炳文《周易本義通釋》：「鼎諸爻與井相似。井以陽剛為泉；鼎以陽剛為實。井九二有泉象，下比初六，則有射鮒之象；鼎九二有實象，下比初六，則有我仇之象。井初為泥，二視之為鮒；鼎初為否，二視之為疾，皆陰惡之象也。井二无應，故其功終不上行；鼎二有應，而能以剛中自守。故初雖近，不能就之而吉。」胡炳文《通釋》，較論井二與鼎二，《折中》亦引之。《折中．案》云：「此疾字是妒害之義，所謂『入朝見疾』是也。夫相妒害，則相遠而不相即矣。然小人之害人也，必託為親愛以伺其隙，故必不惡而嚴，使之不我能即，而後無隙之可乘也。此只據九二剛中能自守而取此象，不必定指一爻為我仇也。」所言頗能貫通爻義而表明之。以疾是妒害之義，則疾假為嫉，亦甚好。

語譯

鼎卦陽爻九居第二位：代表鼎中有實物。我那「小冤家」有嫉忌的毛病，不肯親近我。這也好，在我品德上反而有所收穫。

附錄古義

《列女傳．母儀》、《漢書．谷永傳》、《後漢書．楊震傳》已見家人六二爻辭。

象傳

鼎有實，慎所之也❶。我仇有疾，終无尤也❷。

注釋

❶慎所之也

解釋爻辭「鼎有實」對個人行為的啟示。之，往也。《集解》引虞翻曰：「二變之正，艮為慎。」《纂疏》：「二失位，貴變之正，二變互艮，艮陽小為慎，故『慎所之也』。」鼎內卦巽下☴，九二失位，須變正為六二，則成艮下☶。艮為少男，又為止，皆見〈說卦傳〉。少男知止，故能慎其所往。弼《注》：「有實之鼎，不可復有所取。才任已極，不可復有所加。」孔《疏》：「之，往也。自此已往，宜慎之也。」取知止戒滿之意，近於道家。程《傳》：「鼎之有實，乃人之有才業也。當慎所趨向。不慎所往，則亦陷於非義。二能不暱於初，而上從六五之正應，乃是慎所之也。」朱《義》：「有實而不謹其所往，則為仇所即，而陷於惡矣。」則依人情世故言之，近於儒家。

❷終无尤也

說明爻辭「我仇有疾，不我能即」的後果。《集解》引虞翻曰：「『不我能即，吉。』故終无尤也。」弼《注》：「五既有乘剛之疾，不能加我，則我終无尤也。」程《傳》：「我仇，對己者，謂初也。初比己而非正，是有疾也。既自守以正，則彼不能即我，所以終无過尤也。」朱《義》：「有實而不謹其所往，則為仇所即，而陷於惡矣。」項安世《周易玩辭》：「九二以剛居中，鼎有實矣。未實之初，鼎尚可顛，既實之後，當謹其所之，不可妄動。初雖與我比而成偶，然其人有顛趾之疾，不可近也。」

二能守其實以從黃耳之正應，使顛趾之人不得相近，則可免於覆實之尤矣。」此處虞未言象，而孔、程反言象。弼不注，《本義》簡略，《玩辭》詳明。耐人尋味。

語譯

鼎中已放滿食物，要謹慎選擇行動的趨向。雖然我那「小冤家」有嫉忌的毛病，最後也不至於有怨尤或過失。

九三爻辭

九三❶：鼎耳革，其行塞，雉膏不食❷。方雨，虧，悔終吉❸。

注釋

❶九三

鼎卦陽爻居第三位。過剛而失中，居下卦之上，為多凶之位。與六五非比非應而不相遇。宜以剛自守以待也。在筮法上，當鼎卦第三爻為老，他爻皆少，即由鼎之未濟䷿；或既濟䷾第三爻為少，他爻皆老，即既濟之鼎：這兩種情形，都以鼎九三爻辭占。

❷鼎耳革，其行塞，雉膏不食

象也。革，帛書作「勒」。其，帛書作「亓」。張立文云：「『勒』，假借為『革』。」《集解》引虞翻曰：「動成兩坎，坎為耳，而革在乾，故『鼎耳革』。初四變時，震為行，鼎以耳行。伏坎，震折而入乾，故『其行塞』。離為雉，坎為膏。初四已變，三動體頤。頤中无物，離象不見，故『雉膏不食』。」謂鼎九三動，變成六三，則卦成未濟䷿。初六、九二、六三為一坎，六三、九四、六五再為一坎，故「動成兩坎」。《說卦傳》：「坎為耳。」而九三本在鼎卦九二、九三、九四互體所成的乾中，故「而革在乾」。這就是「鼎耳革」在象數中的根源。虞故曰「故『鼎耳革』」也。「初四變時」，指鼎卦初六、九四陰陽交換而成大畜䷙時，大畜九三、六四、六五互體為震，《說卦傳》：「震，動也。」引申為行動，故「震為行」。鼎之移動，須以舉鼎之器「鉉」貫鼎耳而移之，故「鼎以耳行」。如上所述，三動所成的兩坎耳，被初、四互易所成大畜中的震所毀折，而隱沒在大畜下體的乾中。坤虛乾實，鼎耳填實，鉉不能穿貫，鼎就無法移動了。

故虞曰：「伏坎，震折而入乾，故『其行塞』也。」〈說卦傳〉：「離為雉。」屯九五爻辭「屯其膏」。屯卦震下坎上，九五居坎上之中，是坎為膏也。虞曰「離為雉，坎為膏」，本此。當鼎卦初、四互易而成大畜時，大畜三四五為震☳，四五上為艮☶，震下艮上則成頤䷚。所以虞曰：「初四已變，三動體頤。頤中无物，離象不見，故『雉膏不食』。」其牽附亦歎乎觀止矣。弼《注》：「鼎之為義，虛中以待物者也。而三處下體之上，以陽居陽，守實无應，无所納受。耳，宜空以待鉉，而反其實塞。故曰『鼎耳革，其行塞』，雖有雉膏，而終不能食也。」掃象而專言義。孔《疏》從《注》，不贅引。程《傳》繁瑣，且尊君封建思想太濃，亦不引。《郭氏傳家易說》：「白雲郭氏曰：『鼎以虛中故能受，耳以虛中所以納鉉。九三居下體之上，有鼎耳之象。以陽居陽，其實甚矣。不能虛中以待，是所以鼎道革而其行塞也。凡物之行以足，獨鼎待鉉故以耳。耳實而其行塞，其行塞則不為用。雖有雉膏，烏得而食之?』」朱子《本義》：「以陽居鼎腹之中，本有美實者也。然以過剛失中，越五應上，又居下之極，為變革之時，故為鼎耳方革而不可舉移，雖承上卦文明之腴，有雉膏之美，而不得以為人之食。」釋義已明。胡炳文《本義通釋》：「井鼎九三，皆居下而未為時用。井三如清潔之泉而不見食，鼎三如鼎中有雉膏而不得以為人食。然君子能為可食，不能使人必食。六五鼎耳，三與五不相遇，如鼎耳方變禧（禧，《折中》引作「革」。）而不可舉移，故其行不通。」更與井三較論，甚好。

❸方雨，虧，悔終吉

高亨《周易古經通說・周易筮辭分類表》以「方雨虧」為「取象之辭」，「悔終吉」為「斷占之辭」。《集解》引虞翻曰：「謂四已變，三動成坤。坤為方，坎為雨，故曰方雨。三動，虧乾而失位，悔也。終復之正，故方雨虧悔終吉也。」意謂鼎卦九四既與初六易位而成六四，九三又動，變為六三。於是卦成損卦䷨。損卦三、四、五互體為坤。〈文言傳〉謂坤「至靜而德方」，故「坤為方」。〈彖傳〉謂屯「雷雨之動滿盈」，雷指屯䷂震下為雷，雨指屯卦坎上為雨，故「坎為雨」。爻辭言「方雨」，虞曰本此。鼎九二、九三、九四本為乾。九三變六三，就虧損了乾，而六三又失位，故曰「三動虧乾而失位」。這是令人後悔的。如能悔而改正，則「終吉」。故虞曰「三動虧乾而失位，悔也。終復之正，故『方雨虧悔終吉』也」。弼《注》：「雨者，陰陽交和，不偏亢者也。雖體陽爻而統屬陰卦，若不全任剛亢，務在和通，方雨則悔虧，終則吉也。」孔《疏》大抵從《注》，無新意。朱熹《本義》：「然以陽居陽，為得其正。苟能自守，則陰陽將和而失其悔矣。占者如是，則初雖不利而終得吉也。」胡炳文《通釋》：「然五文明之主，三上承文明之腴，必以剛正自守，五終當求之，方且如陰陽和而為雨，始雖有不遇之悔，終當有相遇之吉。井三所謂『王明並受其福』者，亦猶是也。」

語譯

鼎卦陽爻九居第三位。就像鼎器的耳部本當中空卻變得充實了，致使扛鼎的行動受到阻礙。鼎中的雉膏美食也不能吃到。將會下雨（代表陰陽和合，風調雨順），先前雖吃了些虧，悔改後終於有收穫。

象傳

鼎耳革❶，失其義也❷。

注釋

❶**鼎耳革**

舉鼎九三爻辭首句，實概括全文。

❷**失其義也**

《集解》引虞翻曰：「鼎以耳行。耳革行塞，故失其義也。」《纂疏》：「鼎以耳受鉉而行，祭所需也。

今革去其耳，是其行閉塞矣。義者，宜也。行塞失宜，故曰『失其義也』。」弼不注。孔穎達《正義》曰：「失其虛中納受之義也。」程《傳》：「始與鼎耳革異者，失其相求之義也；與五非應，失求合之道也；不中，非同志之象也：是以其行塞而不通。然上明而下才，終必和合，故方雨而吉也。」伊川已以「失其義」釋九三爻辭全文，是也。

語譯

九三爻辭說的「鼎器耳部的孔被塞住了」等等，是因為失去適中合宜的配套措施。

九四爻辭

九四❶：鼎折足❷，覆公餗❸，其形渥❹，凶❺。

注釋

❶九四

以陽爻九，居第四位，曰九四。四本多懼之位，而九四以陽爻居陰位，又失位。上承六五，下應初六，既承又應，更非己力所能勝任。爻辭大抵由此而言。在筮法上，當鼎卦第四爻為老，他爻皆少，即由鼎之蠱䷑；或隨䷐第四爻為少，他爻皆老，即隨之鼎：這兩種情形，都以鼎九四爻辭占。

❷鼎折足

象也。《集解》引虞翻曰：「謂四變時，震為足，足折入兌，故『鼎折足』。」《纂疏》：「四變互震為足。大壯四震亦為足。互兌為毀折。震折入兌，故鼎足折也。」以為鼎九四變為六四時，則九三、六四、六五互體為震，又大壯䷡九四、六五、上六亦為震，參閱卦辭「元吉亨」之注釋。〈說卦傳〉「震為足」。又鼎九三、九四、六五互體為兌，〈說卦傳〉「兌為毀折」。震足入兌被毀折，故「鼎折足」也。弼《注》：「處上體之下，而又應初，既承且施，非己所堪。故曰『鼎折足』也。」程《傳》：「四，大臣之位，任天下之事者也。天下之事，豈一人所能獨任？必當求天下之賢智與之協力。得其人，則天下之治可不勞而致也；用非其人，則敗國家之事，貽天下之患。四下應於初，初陰柔小人，不可用者也，而四用之。其不勝任而敗事，猶鼎之折足也。」釋義詳明，朱子《本義》：「九四，居上任重者也，而下應初六之陰，則不勝其任矣！」大抵從程伊川。

❸**覆公餗**

象也。帛書作「復公茈」。張立文云：「『復』、『覆』同聲系，古相通。……傾覆、翻覆也。」又云：「茈，疑當讀為蔬，或為蔬之省文。餗、茈皆可訓為菜、蔬菜，義同而通。」《集解》引《九家易》曰：「鼎者，三足一體，猶三公承天子也。三公謂調陰陽，鼎謂調五味。足折餗覆，猶三公不勝其任，傾敗天子之美，故曰覆餗也。」李鼎祚並加「案」云：「餗者，雉膏之屬。公者，四為諸侯上公之位，故曰『公餗』。」原義喻意，均甚明白，不勞再釋。弼《注》：「初已出否，至四所盛，則已絜矣。故曰『覆公餗』也。」孔《疏》：「初以出否，至四所盛，故當馨絜矣！故以『餗』言之。初處下體之下，九四處上體之下，上有所承而又應初，下有所施。既承且施，非己所堪。故曰『鼎折足』。鼎足既折，則『覆公餗』也。」程《傳》：「鼎折足則傾覆公上之餗。餗，鼎實也。居大臣之位，當天下之任，而所用非人，至於覆敗。乃不勝其任，可羞愧之甚也。」蘇軾《東坡易傳》：「鼎之量極於四，其上則耳矣。受實必有餘量以為溢地也，溢則覆矣！」請參閱本卦所附〈繫辭傳〉之注釋。

❹**其形渥**

象也。帛書作「亓刑屋」，熹平石經作「其刑剭」。《集解》引虞翻曰：「兌為刑，渥，大刑也。」《篹疏》：「兌，西方金，故為刑。渥，鄭（玄）作『剭』。《前漢書．班固敘傳》『底剭鼎臣』服虔《注》：『剭者，厚刑，謂重誅也。』《新唐書．元載傳贊》『鼎折足，其刑剭』。〈秋官．司烜氏〉『邦若屋誅』屋亦同剭。故云：『渥，大刑也』。」今本作「其形渥」。弼《注》：「渥，沾濡之貌也。」孔《疏》：「既覆公餗，體則渥霑也。」程《傳》：「其刑渥，謂赧汗也。」故知「其形渥」，非但帛書、石經與今本文字不同；且虞云「渥，大刑也」，與弼云「渥，沾濡也」，釋義亦迥然相異。朱震《漢上易傳》既言：「鄭康成（玄）、虞仲翔（翻）本作『其刑剭，凶』。王沿曰：『古之大刑有剭誅之法。』《周官．掌戮》：凡爵者殺之于甸師氏。」又云：「王輔嗣（弼）作『其形渥』，《(伊川)易傳》從輔嗣。……澤流被而沾濡其體。」是兩存其說。朱熹《本義》：「晁氏曰：『形渥，諸本作刑剭，謂重刑也。』今從之。」晁氏為晁說之，著有《錄古周易》。其言「刑剭，謂重刑也」，蓋從鄭玄、虞翻，而《本義》「從之」。又《朱子語類》：「刑剭，若作形渥，卻只是澆濕渾身。」似亦有兼存兩義之意。

❺凶

占也。《集解》引虞翻曰：「鼎足折則公餗覆，言不勝任。象人大過死，凶。故『鼎折足，覆公餗，其形渥，凶。』」《纂疏》：「鼎折足則公餗覆，言不勝其任也。初至五體大過棺椁死象，故凶。四失位，不與初易。故折足覆餗刑剭而凶如此也。」案：鼎初、二、三，為巽☴；三、四、五，為兌☱。巽下兌上相疊則成大過䷛。〈繫辭傳下〉：「古之葬者，厚衣之以薪，葬于中野，不封不樹，喪期无數。後世聖人易之以棺槨，蓋取諸大過。」是大過有棺槨死象。又「凶」上承「鼎折足」等三句，但三句關係不是並立的，而是承接的。弼《注》：「既覆公餗，體為渥沾，知小謀大，不堪其任，受其至辱，災及其身，故曰『其形渥凶』也。」《折中》引胡瑗曰：「夫鼎之實，必有齊量，不可盈溢。若遇其盈溢，則有覆餗之凶。君子之人，雖有才德，亦有分量。若職事過其才分，則有墮官之謗矣。」胡瑗，北宋大儒，著有《安定易解》。朱子嘗曰：「胡安定《易》，分曉正當，伊川亦多取之。」

語譯

鼎卦陽爻九居第四位：自己立場本欠正確。加上對上要侍奉弱主，對下要支持腳趾顛倒放的屬下，責任過重，像鼎毀折了腳，把王公的美味弄翻了，湯汁沾滿身上，情況很尷尬。必然有嚴重損失。

附錄古義

《春秋繁露・精華》：「以所任賢，謂之主尊國安，所任非其人，謂之主卑國危：萬世必然，無所疑也。其在《易》曰：『鼎折足，覆公餗。』夫鼎折足者，任非其人也；覆公餗者，國家傾也。是故任非其人而國家得不傾者，自古至今未嘗聞也。」

《漢書・敘傳》：「班彪〈王命論〉曰：『是故駑蹇之乘，不騁千里之塗；燕雀之疇，不奮六翮之用；楶梲之材，不荷棟梁之任；斗筲之子，不秉帝王之重。《易》曰：「鼎折足，覆公餗」，不勝其任也。』」《漢紀・平帝紀》、《漢紀・光武紀》文同。

《漢紀・武帝紀論》：「夫封必以功，不聞以位。孔子曰：『如有所譽，必有所試矣。』譽必待試，況於賞乎。《易》曰：『鼎折足，覆公餗，其刑剭，凶。』若不勝任，覆亂鼎實，刑將加之，況於封乎？」

《漢紀・哀帝紀下》：「王閎上書諫曰：『臣聞王者立三公，法三光；立九卿以法天：明君臣之義，當得賢人。《易》曰：「鼎折足，覆公餗」；喻三公非其人也。』」

《論衡・卜筮篇》：「魯將伐越，筮之，得『鼎折足』。子貢占之，以為凶。何則？鼎而折足，行用足，故謂之凶。孔子占之，以為吉，曰：『越人水居，行用舟，不用足，故謂之吉。』魯伐越，果克之。」

《潛夫論・三式》：「《易》曰：『鼎折足，覆公餗，其刑渥，凶』；此言公不勝任，則有渥刑也。」

《後漢紀・光武紀論》：「世祖中興，王道草昧，格天之功，實賴台輔。不徇選賢而信讖記之言，拔王梁於司空，委孫臧於上將，失其方矣。苟失其方，則任非其人，所以眾心不悅，民有疑聽，豈不宜乎？梁實負罪不暇，臧亦無所聞焉。《易》曰：『鼎折足，覆公餗』；此之謂也。」

象傳

覆公餗❶，信如何也❷？

注釋

❶覆公餗

舉九四爻辭中最主要一句以概括「鼎折足，覆公餗，其刑渥，凶」之全文。依〈小象傳〉句例，似亦可作「折足之凶」。

❷信如何也

《集解》引《九家易》曰：「既覆公餗，信有大罪，刑罰當加，无可如何也。」是以「信」為表態副詞，今語曰「真的」。弼《注》：「不量其力，果致凶災，信如之何？」亦以「信」為表態副詞。程《傳》：「大臣當天下之任，必能成天下之治安，則不誤君上之所信，下民之所望，與己致身任道之志，不失所期，乃所謂信也。」以「信」為君上之信任，下民之仰望，與個人的自我期許，則「信」為動詞。朱子《本義》：「言失信也。」從伊川。兩相比較，副詞說為長。

語譯

把王公的美味弄翻了，真的該怎麼辦才好呢？

繫辭傳下

子曰：「德薄而位尊，知小而謀大，力少而任重❶，鮮不及矣❷！《易》曰：『鼎折足，覆公餗，其形渥，凶。』言不勝其任也❸。」

注釋

❶德薄而位尊，知小而謀大，力少而任重

《集解》引虞翻曰：「鼎四也。則離九四，凶惡小人，故德薄；四在乾位，故位尊。兌為少知，乾為大謀。四在乾體，故謀大矣。五至初，體大過，本末弱，故力少也。乾為仁，故任重。以為己任，不亦重乎！」考離九四爻辭云：「突如其來如，焚如，死如，棄如。」〈象傳〉曰：「突如其來如，无所容也。」是離九四為凶惡見棄而無所容之小人。鼎九四既同離九四，則亦為凶惡見棄之小人，德薄者也。鼎卦九二、九三、九四，互體為乾，九四在乾位，為諸侯三公，故「位尊」。鼎卦九三、九四、六五互體為兌，〈說卦傳〉：「兌為少女。」故「知小」。〈文言傳．乾九五〉：「夫大人者，與天地合其德，與日月合其明，與四時合其序，與鬼神合其吉凶。」九四在乾體，但未達於五而失位，故「謀大」而實不能也。鼎初至五，互體為大過，已見前注。大過初、上皆為陰爻（六），故本末皆弱，是以「力少」也。乾元具萬物資始之仁，故「乾為仁」。《論語．泰伯》：「曾子曰：『士不可以不弘毅，任重而道遠。仁以為己任，不亦重乎！死而後已，不亦遠乎！』」虞云「乾為仁……不亦重乎！」本於《論語》。案：〈繫辭傳〉上下，王弼所不注，而韓康伯注之；然本節，並韓亦未注。程《傳》割裂〈彖傳〉、〈象傳〉，分置於卦爻辭下，又割裂〈文言傳〉，分置於乾、坤之卦爻辭下，與王弼同。又以〈序卦傳〉分置諸卦之首，如李鼎祚《集解》然。〈繫辭傳〉等，則亦無傳。朱子《本義》於此節則詳於注音而略其釋義，惟言「此釋鼎九四爻義」而已。

❷**鮮不及矣**

《集解》本「鮮」字作「尟」。引虞翻曰：「尟，少也；及，及于刑矣。」《釋文》：「尟，本亦作鮮，他善反，少也。」《注疏》本作「鮮」。孔穎達《正義》云：「言不能安其身，知小謀大而遇禍，故引《易・鼎卦・九四》以證之。」

❸**言不勝其任也**

《正義》：「此夫子之言。引《易》後以此結之。其文少，故不云『子曰』也。」

語譯

孔子說：「品德薄弱而地位尊貴，知識狹小而謀畫廣大，能力輕少而責任重多，很難不受懲罰的！《易經》說：『像鼎毀折了腳，把王公的美味弄翻了，湯汁沾滿身上，情況尷尬，必然有嚴重損失。』說的就是不能勝任啊！」

六五爻辭

六五❶：鼎黃耳金鉉❷，利貞❸。

注釋

❶六五

鼎卦陰爻六居第五位，是鼎卦離上的中爻。離中虛，虛所以能納受實物。且上承上九，下應九二。陰而承陽，柔而應剛。其象其占，皆本此數。在筮法上，當鼎第五爻為老，他爻皆少，即由鼎之姤䷫；或復䷗第五爻為少，他爻皆老，即由復之鼎：這兩種情形，都以鼎六五爻辭占。

❷鼎黃耳金鉉

象也。《集解》引虞翻曰：「離為黃，三變，坎為耳，故『鼎黃耳』。鉉，謂三，貫鼎兩耳。乾為金，故『金鉉』。」考〈文言傳〉釋坤上六「龍戰于野其血玄黃」云：「夫玄黃者，天地之雜也，天玄而地黃。」是坤為地，其色黃。離☲中爻自坤☷來，故亦曰黃。此離卦䷝六二爻辭所以言「黃離元吉」也。又黃為中之色，故言「黃」多在二、五：坤六五爻辭「黃裳元吉」、噬嗑六五爻辭「噬乾肉得黃金」、離六二爻辭「黃離元吉」、遯六二爻辭「執之用黃牛之革」、解九二爻辭「得黃矢」：皆是也。此言「鼎黃耳」，亦然。唯一例外為革初九爻辭「鞏用黃牛之革」，言「黃」不在二、五，而在初爻。虞云「三變」，指鼎九三變為六三，成未濟，初、二、三為一坎，三、四、五再成一坎，而〈說卦傳〉「坎為耳」。虞所以言「故『鼎黃耳』」也。詳已見九三爻辭「鼎耳革」之注釋。九三鼎耳既革，變成六三，鼎卦亦成未濟卦，六三貫初二三與三四五兩坎之間，故虞云「鉉謂三貫鼎兩耳」。鉉者，貫穿鼎兩耳，扛鼎而舉之之具。或以木為之，今稱「木桿」；或以金屬品銅為之，今稱「銅桿」。鼎九三在九二、九四之間，互體為乾，〈說卦傳〉「乾為金」，所以虞云「乾為金，故『金鉉』」。《集解》又引干寶曰：「凡舉鼎者，鉉也；尚三公者，王也。金喻可貴，中之美也。故曰金鉉。」萱案：干寶言「凡舉鼎者，鉉也」者，用《說文》及馬融義。《說文》：「鉉，舉鼎也。」《釋文》：「馬云：鉉，扛鼎而舉之也」。言「尚三公者，王也」者，本鼎九四「鼎折足覆公餗」及〈繫辭傳〉：「子曰：言不勝其任也。」意。以鼎三足為三公，並受董仲舒、荀悅、應劭、鄭玄等之說影響。董仲舒《春秋繁露・精華》：「夫鼎折足者，任非其人也。」荀悅《漢紀・哀帝紀下》：「《易》曰鼎折足覆公餗，喻三公非其人也。」《北堂書鈔・設官部》引應劭《漢官儀》：「三公三人以承君，蓋由鼎有足，故《易》曰：鼎，象也。」《周禮正義・秋官・司烜氏》引鄭玄《周易注》：「鼎三足三公象。」《周易集解》引《九家易》曰：「鼎者三足一體，猶三公承天子也」，六五當鼎足之上，故為王，與爻位貴賤例亦合也（已見坤六三）。云「金喻可貴，中之美也」者，六五居中也（凡爻居二五稱中）。或以鉉為鼎蓋。朱駿聲《六十四卦經解》云：「鼎之蓋曰鉉，飾以金玉。鼎不皆有蓋，其有蓋者尚溫也。」異說錄以作參考。又王弼、孔穎達、程頤、朱熹等，皆合象占為一而釋之。故於下條注釋再言之。

❸利貞

占也。《集解》引虞翻曰：「動而得正，故利貞。」《篹疏》：「『動而得正』者，三已變，復之正，成既濟，故曰『利貞』也。」案：張惠言《虞氏易事》云：「三變未濟，兩坎為鼎耳。然後五得正。五已正，二、四、初，前正者，皆正。三復受上動出為鉉，成既濟。五之金鉉，上之玉鉉，皆三也。五上兩爻享帝養賢之象也。故（虞）《注》云：『體大有上九。』四折足覆餗。鼎三足象三公。四惡人當公位。養聖賢則必去不肖，所以服大刑也。蓋初、二爻，正位之事；上四爻，凝命之事。」《篹疏》此處所言殆本於張惠言。鼎九三倘變六三，則卦成未濟。鼎六五即未濟六五，今「動而得正」，則成九五。而「九二」，虞前《注》已言「二動得正」，言成「六二」也。「初六」，虞前《注》已言「利出之四」。「九四」，虞前《注》已言「謂四變時」，指初六、九四陰陽互易，而成初九、六四也：故「二、四、初，前正者，皆正」。「九三」，虞前《注》雖言「動成兩坎」，即「三變未濟」。今「三復受上動出為鉉」，「復之正，成『既濟』。」故九三一變成六三，再變復之正為九三，乃得其位也。而「上九」，李道平《篹疏》曰：「愚案：六爻唯三得正，上變應之，成既濟定。」則上九變成上六，下與九三相應。於是全卦由初九、六二、九三、六四、九五、上六組成，乃成既濟卦也。屈萬里先生於《先秦漢魏易例述評》嘗云：「以象數釋『卦爻辭』，縱能圓通，已非《易》旨，況支離謬悠，至於此極！」信哉！王弼《周易注》云：「居中以柔，能以通理，納乎剛正，故曰『黃耳金鉉利貞』也。耳黃則能納剛正以自舉也。」孔《疏》：「黃，中也。金，剛也。鉉，所以貫鼎而舉之也。五為中位，故曰黃耳。應在九二，以柔納剛，故曰金鉉。所納剛正，故曰利貞也。」考〈文言傳〉謂「坤六五」：「君子黃中通理，正位居體，美在其中。而暢於四支，發於事業，美之至也。」為弼《注》「居中以柔，能以通理」之所本。鼎六五蓋得坤六五之善美者也。《橫渠易說》：「居中，故其耳黃。體柔，故其鉉金。柔，故利於貞。」程《傳》：「五在鼎上，耳之象也。鼎之舉措在耳，為鼎之主也。五有中德，故云黃耳。鉉，加耳者也。二應於五，來從於耳者，鉉也。二有剛中之德，陽體剛，中色黃，故為金鉉。五文明得中而應剛，二剛中巽體而上應。才无不足也。相應至善矣，所利在貞固而已。六五居中應中，不至於失正。而質本陰柔，故戒以貞固於中也。」朱子《本義》：「五於象為耳，而有中德，故云黃耳。金，堅剛之物。鉉，貫耳以舉鼎者也。五虛中以應九二之堅剛，故其象如此，而其占則利在貞固而已。或曰：金鉉以上九而言，更詳之。」程《傳》提出六五為鼎卦主之說，朱《義》提出或曰金鉉為上九之說。考王宗傳《童溪易傳》曰：「六五以中虛之德，為鼎之主。中則不亢，虛則能受。此所以居无為之地，而尸舉措之功者也。故曰『鼎黃耳』。然在鼎之上，受鉉以舉鼎者，耳也，六五之象也。在鼎之外，貫耳以舉鼎者，鉉也，上九之象也。……六五之有取於『金鉉』云者，蓋謂以虛而受實，體柔而納剛。以六五之中虛而能來上九剛實之助，此黃耳之得金鉉也。以是為正，非所利歟？故曰『利貞』。」所言更詳。胡炳文《周易本義通釋》亦曰：「金鉉，《本義》存兩說。竊謂鉉在上可以舉鼎。二剛在下，可謂之金，不可謂之鉉。不若上之剛可謂之金鉉。利貞，五質陰柔，故曰占而為之戒。」案：《周易折中》嘗引

「王氏宗傳曰」及「胡氏一桂曰」。所引「王氏宗傳曰」，僅存「在鼎之上，受鉉以舉鼎者，耳也，六五之象也。在鼎之外，貫耳以舉鼎者，鉉也，上九之象也」八句。而所引「胡氏一桂曰」，再三檢胡一桂《周易本義附錄纂註》而未見所引之文。故未敢轉引。而胡炳文《通釋》意與胡一桂《纂註》意略近，故引之。

語譯

鼎卦陰爻六居第五位。鼎配有黃色的鼎耳和扛鼎用的銅桿子，利於用桿子正確地穿過鼎耳，扛著鼎擺放得穩固。

象傳

鼎黃耳❶。中以為實也❷。

注釋

❶鼎黃耳

舉爻辭首句而包括全文。

❷中以為實也

《集解》引陸績曰：「得中承陽，故曰：『中以為實』。」居五，得外卦之中，故曰「中」。上承上九陽爻，陽為實，故「以為實」。前引朱子《本義》「或曰金鉉以上九而言」，殆指《集解》此所引之陸績「承陽」說，又王宗傳，宋淳熙八年（一一八一）進士，約與朱熹並時而稍早之。亦言上九，已見前注。

語譯

鼎配有黃色的鼎耳。耳中空著預備給桿子穿過來扛。

上九爻辭

上九❶：鼎玉鉉❷，大吉，无不利❸。

注釋

❶上九

在鼎卦最上面的是陽爻九。上爻陽剛，五爻為六是陰。陰下陽上，相互修補，剛柔合適。在筮法上，當鼎上爻為老，他爻皆少，即由鼎之恆䷟；或益䷩上爻為少，他爻皆老，即益之鼎：這兩種情形，都以鼎上九爻辭占。

❷鼎玉鉉

象也。《集解》引虞翻曰：「鉉謂三，乾為玉鉉。」案：鼎六五爻辭「鼎黃耳金鉉」，注釋已據《集解》引虞翻曰：「鉉謂三，貫鼎兩耳。」而此虞再曰「鉉謂三」，可見虞言亦嘗有其一致性。注釋已詳於彼，此不贅。又彼言「金鉉」，此言「玉鉉」，皆本於〈說卦傳〉：「乾，為玉，為金。」〈說卦傳〉先「玉」後「金」，與鼎上九爻辭曰「玉鉉」，六五爻辭曰「金鉉」，其先後重輕間似或有關係。《集解》又引干寶曰：「玉又貴于金者。凡亨飪之事，自鑊升于鼎，載于俎。自俎入于口。馨香上達，動而彌貴。故鼎之義，上爻愈吉也。」孔穎達《正義》：「玉者，堅剛而有潤者也。上九居鼎之終，鼎道之成。體剛處柔，則是用玉鉉以自舉者也。故曰『鼎玉鉉』也。」朱熹《本義》：「上於象為鉉，而以陽居陰，剛以能溫，故有玉鉉之象。」項安世《周易玩辭》：「金鉉，實用之物也；玉鉉，為文而已。二五君臣相交以治鼎事，故以實言之；上九鼎實已成，无所復治，故曰玉鉉。在上，明設而不用也。飾以寶玉，陳之廟庭而已。」胡炳文《本義通釋》：「上九一陽橫亘乎鼎耳之上，有鉉象。金，剛物。自六五之柔而視上九之剛，則以為金鉉。玉，具剛柔之體。上九以剛居柔，而又下得六五之柔，則以為玉鉉。」《本義》、《玩辭》、《通釋》，於「金鉉」、「玉鉉」多所較論，錄作參考。又「玉鉉者，金而飾以玉，非以玉為鉉也」，此朱駿聲說，見《六十四卦經解》。於玉鉉之實質，有所明辨。朱駿聲又以「鼎之蓋曰鉉，……其有蓋者尚溫也。」已詳見於六五爻辭注釋❷，請參閱。

❸大吉，无不利

占也。《集解》引虞翻曰：「體大有上九，『自天右之』，位貴據五，三動承上，故『大吉无不利』。」大有上九爻辭：「自天右之，吉无不利。」「右」，《注疏》本作「祐」。謂庇祐也。《周易折中》案語嘗較論大有與鼎，下再詳之。弼《注》：「處鼎之終，鼎道之成也。居鼎之成，體剛履柔，用勁施鉉，以斯處上，高不誠亢，得夫剛柔之節，能舉其任者也。應不在一，則靡所不舉。故曰『大吉无不利』也。」依鼎六爻進程，並與乾上九「亢龍有悔」較，援〈象傳〉以說爻辭，又強調「應不在一」之大用，蓋取道家之說也。程《傳》：「九雖剛陽，而居陰履柔，不極剛而能溫者也。居成功之道，唯善處而已。剛柔適宜，動靜不過，則為大吉，无所不利矣。」所謂「剛柔適宜，動靜不過」，儒家中庸之義也。《周易折中・案》云：「此卦與大有，只爭初六一爻耳，餘爻皆同也。大有之〈彖辭〉直曰『元亨』，它卦所無也。惟鼎亦曰『元亨』，大有上爻曰『吉无不利』，它爻所無也。惟鼎上爻亦曰『大吉无不利』，以其皆為尚賢之卦故也。上九剛德為賢，六五尊而尚之，是尚賢也。在它卦有此象者，如賁、大畜、頤之類，其義皆善。其〈彖傳〉亦多發尚賢、養賢之義。然以卦義言之，則大有與鼎獨為盛也。卦義之盛，重於此兩爻之相得。故吉无不利。皆於上爻見之。即〈彖〉所謂『元亨』者也。又《易》中〈大象〉言『天命』者，亦惟此兩卦。一曰『順天休命』，一曰『正位凝命』。《書》曰『天命有德，五服五章哉』，故退不肖而進賢者，天之命也。大有以遏惡揚善為順天。此則推本於正位以凝命，所謂君正莫不正者。用能協於上下。以承天休也。」以鼎卦與大有卦之卦辭、上九爻辭、〈大象傳〉，作多方之比較；且與《尚書・皋陶謨》「天命有德，五服五章哉」相提並論。五服，指天子、諸侯、卿、大夫、士五等禮服；五章，彰顯此五等人之身分、地位。《折中》於此卦結束處更有〈總論〉，引邱氏富國曰：「初為足，故曰『顛趾』；二三四為腹，故曰『有實』，曰『雉膏』，曰『公餗』；五為耳，故曰『黃耳』；上為鉉，故曰『玉鉉』。此豈非全鼎之象乎？然初曰『趾』，四亦曰『足』者，以四應乎初，而四之足即初也；上曰『鉉』，而五亦曰『鉉』者，以五附乎上，五之鉉即上也；五曰耳，而三亦曰耳者，則以三無應乎五，而有『鼎耳革』之象。」於六爻與全鼎間之對應關係，及異爻而同辭之區別：有所討論。

語譯

鼎卦最上面的位置是陽爻九：像鼎上面玉製的蓋子，有保溫的功能，收穫廣大，沒有任何不利。

象傳

玉鉉在上❶，剛柔節也❷。

注釋

❶玉鉉在上

舉「玉鉉」二字，概括爻辭「鼎玉鉉大吉无不利」全文。「在上」，指在鼎卦為「上九」，在最上面也。

❷剛柔節也

剛柔，謂陽剛陰柔也。節，一謂禮節、節制、制度，一謂承接也。《集解》引宋衷曰：「以金承玉，君臣之節。上體乾為玉，故曰『玉鉉』。雖非其位，陰陽相承，剛柔之節也。」「以金承玉」，謂六五金鉉承接上九玉鉉也。「君臣之節」，六五以陰為臣，上九以陽為君也。考《史記・高祖本紀》：「未央宮成，高祖大朝諸侯群臣，置酒未央前殿。高祖奉玉卮，起為太上皇壽曰：『始大人常以臣無賴，不能治產業，不如仲力。今某之業所就，孰與仲多？』殿上群臣，皆呼萬歲，大笑為樂。」此皇帝對太上皇自稱「臣」之例。揆諸《易》例，五指天子，上為太上皇，亦合。宋衷釋「節」字，蓋兼禮節，承接二義。《篹疏》：「三變應上，成未濟。雖非其位，然陰陽相承，故曰『剛柔節』也。」李道平更自加「愚案」云：「上變應三，初、四易位，二、五利貞：成既濟定。故曰『剛柔節』也。」蓋無論未濟、既濟，六爻皆由陰、陽相間排列而成，均可云「剛柔節」也。惟未濟六爻皆非其位，而既濟六爻皆正，有所不同耳。弼於鼎上九象傳無注，然於上九爻辭，《注》已言「體剛履柔」，「高不誠亢，得夫剛柔之節。」為孔《疏》「以剛履柔，雖復在上，不為乾之亢龍，故曰剛柔節也。」之所本。夫相鄰二爻，上爻履下爻，下爻承上爻。弼曰「體剛履柔」者，指上九以剛體居六五柔爻之上也，此採「承接」以釋「節」也。又云「高不誠亢得乎剛柔之節」，此採「節制」以釋「節」也。張載《橫渠易說》：「以剛居上，能貞潔如玉，以成鼎道，不牽陰柔，以固其節，則吉无不利。鼎，象也：足陰，腹陽，耳虛，鉉剛，故曰剛柔節也。」「以固其節」之節為節制，鼎象則陰陽虛剛相承接也。蓋「承接」其象，「節制」其義也。程《傳》：「井、鼎皆以終為成功，而鼎不云『元吉』，何也？曰：井之功用皆在上出，又有博施有常之德，是以元吉。鼎以亨飪為功，居上為成德，與井異。以剛柔節，果得大吉也。」較論井言「元吉」，而鼎不言之故。甚好。

語譯

玉製的鼎蓋在鼎的最上面，使鼎陰陽、虛實、剛柔交互承接，具有節度啊！

◎新譯老子讀本

余培林／注譯

《老子》又名《道德經》，是先秦道家思想的開山之作與主要源頭，也是中國歷史上首部完整的哲學著作。《老子》一書雖僅五千餘言，可是歷代有關《老子》的著述，卻不下千餘種，一是其思想微妙玄通，深不可識，使人一接觸，就感到其中別有天地，廣大無根，非要窮其究竟不可；一是其思想已深入到每個中國人的軀體裡，如「知足常樂」、「柔能克剛」、「功成身退」等，可見《老子》受世人重視之一斑。本書目的即在以現代語言，把《老子》注釋、翻譯出來，以供現代人閱讀，希望能為現代人提供一個充滿哲思的精神食糧。

◎新譯老子解義

吳　怡／著

有關《老子》的注解與著述汗牛充棟，對後人而言確實是一筆豐富的資產，但其中許多紛紜複雜的考證和妙絕言詮的玄談，又往往使人望而卻步。本書跳脫一般古籍的注釋形式，吳怡教授以曉暢的語譯和豐富的解義，透過不斷自問的方式，把涉及的各面向問題一層層地剝開。本書是希望了解《老子》真義，而能用之於自己生活、思想上的讀者的最佳參考。

◎新譯莊子讀本

黃錦鋐／注譯

莊子是一位曠代的大哲人，絕世的大文豪，《莊子》一書對中國哲學、文學、藝術均有深遠影響，因此可說是研究中國文化者所不可不讀。不過《莊子》的文字瑰奇，變幻多端，一般讀者頗難以窺其端倪。本書乃參考、引述前人與時賢之著述，加以注釋、語譯，力求通俗易曉，以供初學《莊子》的讀者參考之用，也盼能為進一步的深入研究開一坦途。

◎新譯周易六十四卦經傳通釋（上）

黃慶萱／注譯

《易經》是傳承千年的智慧寶庫，向來被稱為群經之首。從文獻學的立場來看，《周易》的確是經典中的經典，根源裡的根源。不讀《周易》，即談不上了解中華文化。

《周易》包含「經」與「傳」兩部分：「經」，即《易經》，包括六十四卦卦象、卦爻名、卦爻辭。「傳」，即《易傳》，又稱《十翼》，其對於《易經》的解釋，幫助讀者更加了解《易經》。

本書乃作者繼《新譯乾坤經傳通釋》之後，《周易》研究的最新力作。全書徵引詳盡，釋義通透，「注釋」、「語譯」之後並附有極具參考價值之「古義」，堪稱研讀《易經》的最佳讀本。

國家圖書館出版品預行編目資料

新譯周易六十四卦經傳通釋(中)／黃慶萱注譯.——
初版一刷.——臺北市：三民，2021
面；　公分.——（古籍今注新譯叢書）

ISBN 978-957-14-7178-5（平裝）
1. 易經 2. 注釋

121.12　　110005725

古籍今注新譯叢書

新譯周易六十四卦經傳通釋（中）

注 譯 者　黃慶萱
校　　對　黃明理　曾守正
責任編輯　邱文琪
美術設計　李唯綸

發 行 人　劉振強
出 版 者　三民書局股份有限公司
地　　址　臺北市復興北路 386 號（復北門市）
　　　　　臺北市重慶南路一段 61 號（重南門市）
電　　話　(02)25006600
網　　址　三民網路書店 https://www.sanmin.com.tw

出版日期　初版一刷 2021 年 10 月
書籍編號　S034510
I S B N　978-957-14-7178-5